U0575008

“十四五”时期国家重点出版物出版专项规划项目（重大出版工程）

中国工程院重大咨询项目

现代智慧生态农业战略研究

刘　旭　李文华　赵春江　主编

科 学 出 版 社

北　京

内 容 简 介

本书是中国工程院重大咨询项目“中国2050年现代智慧生态农业战略研究与发展路线图”的成果总结。为实现农业强而永续、农村美并生态、农民富且体面的乡村全面振兴美好愿景，本书提出了未来我国农业应坚持发展“现代智慧生态农业”这一基本方略，实现“确保国家粮食安全、高效绿色高值农业永续发展”两个目标，推进“农业效能提升、系统优化、资源高效循环”3个战略，重构“创新型农业科技体系、现代化农业经营体系、社会化农业服务体系、新时代农业人才体系”4个体系，创新“生物技术、装备技术、生态技术、信息技术”4项技术，为实现社会主义现代化强国的宏伟目标奠定坚实基础。

本书适合国内从事农业发展研究的从业人员，以及从事国家农业战略研究、农业发展管理的从业者参考使用，也适合国内大中型图书馆馆藏。

图书在版编目（CIP）数据

现代智慧生态农业战略研究/刘旭，李文华，赵春江主编. —北京：科学出版社，2024.3

ISBN 978-7-03-078163-5

Ⅰ. ①现… Ⅱ.①刘… ②李… ③赵… Ⅲ. ①智能技术–应用–生态农业–发展战略–研究–中国 Ⅳ.①F323.2

中国国家版本馆CIP数据核字（2024）第048383号

责任编辑：马 俊 郝晨扬 / 责任校对：郑金红
责任印制：肖 兴 / 封面设计：无极书装

科学出版社出版
北京东黄城根北街16号
邮政编码：100717
http://www.sciencep.com
北京建宏印刷有限公司印刷
科学出版社发行 各地新华书店经销
*
2024年3月第 一 版 开本：787×1092 1/16
2024年3月第一次印刷 印张：16 3/4
字数：397 000

定价：218.00元

（如有印装质量问题，我社负责调换）

现代智慧生态农业战略研究
编委会

前　言

当前，我国农业现代化发展进入了新时代。2018年9月，习近平总书记在北大荒建三江国家农业科技园区考察时指出，中国现代化离不开农业现代化，农业现代化关键在科技、在人才。要把发展农业科技放在更加突出的位置，大力推进农业机械化、智能化，为农业现代化插上科技的翅膀。以智慧、生态为特征的现代农业发展方向与实施乡村振兴战略的要求高度吻合。

自2004年以来的中央一号文件中，7份连续提出“要鼓励发展循环农业、生态农业”，“提高农业可持续发展能力”，“加强资源保护和生态修复，推动农业绿色发展”，“推行绿色生产方式，增强农业可持续发展能力”和“推进乡村绿色发展，打造人与自然和谐共生发展新格局”。8份连续提出“加快科技研发，实施智慧农业工程，推进农业物联网和农业装备智能化”，“发展数字农业，推进物联网实验和遥感技术的应用”，“加快突破农业关键核心技术”，“培育一批农业战略科技创新力量，推动生物种业、重型农机、智慧农业、绿色投入品等领域自主创新”和“支持薄弱环节适用农机研发，促进农机装备产业转型升级，加快推进农业机械化”。世界各国农业发展实践表明，现代农业经历了机械化、化学化、信息化和智慧生态化之路。中国加快推进农业农村现代化，急需回答中国农业走向何方，探讨如何全面实现农业现代化、智慧化、生态化，展望中国农业2050年美好前景等一系列重大问题。

目前，中国现代智慧生态农业发展依然存在诸多问题。生态农业还是以通过物质循环和能量多级利用追求产出为主，对农业的多种生态服务功能没有给予充分的重视；以种植业为核心的基本格局与其他产业部门的耦合不够，同时缺乏市场化的引导、规模经营、专业化生产和品牌化推广，很难获取显著的经济收益；理论研究落后于实践，往往只重视模式的结构搭配与组装，而不太重视结构组分之间适宜的比例参数、各个环节的关键配套技术；农业管理标准化整体还处于较低水平，标准不完善、可操作性差。智慧农业模型、遥感技术与网络技术的结合不够紧密，作物生产精准化管理、精准控制灌溉系统与气象数据的整合程度低，农业综合生产能力与效益相对较低，优质化、多样化、专用化农产品发展相对滞后。在资源环境约束趋紧的背景下，农业发展方式粗放的问题日益凸显。在国内外农产品市场深度融合的背景下，农业竞争力不强的问题日益严峻。农村人口的基础教育水平较低，缺乏人才成长的基础。

为深入学习贯彻习近平总书记关于“三农”工作的重要论述，丰富农业农村发展的科学理论，落实乡村振兴重大决策部署，加快推进农业农村现代化，中国工程院高度重视现代智慧生态农业发展战略研究，多次邀请相关领域内院士专家研究讨论后于2020年实施了“中国2050年现代智慧生态农业战略研究与发展路线图”重大咨询研究项目。项目坚持“重中之重”的战略定位，把推进农业供给侧结构性改革作为主线，牢牢把握国家粮食安全主动权，坚持绿色生态导向，推动农业农村可持续发展；以科学咨询支撑科学决策，以科学决策引领现代智慧生态农业发展，为我国农业农村现代化进程、中华民族的伟大复兴提供有力支撑。

该研究旨在提出智慧农场、智慧植物工厂、智慧牧场、智慧渔场、智慧农产品加工车间、智慧物流、智慧服务、智慧营销等发展方向的技术框架体系，明确智慧农业技术在农产品全生命周期和全要素利用效率中的作用机制、测评指标、测评方法和关键控制点。在系统总结国际生态农业发展趋势和我国生态农业发展成绩与问题的基础上，全面阐释现代生态农业的概念、内涵；从不同尺度与经营主体的生态农业技术与模式、不同区域与产业耦合的生态农业技术与模式角度，根据我国农业发展的总体趋势和基本要求，提出现代生态农业发展的总体目标、战略措施与主要对策。通过厘清现代农业的本质内涵、特征并展望其未来的发展趋势，分析支持现代农业发展所需的人力、资本、制度与政策等方面的保障体系，从而使得现代农业成为国民经济中具有较强竞争力的产业部门，为实现其高效、可持续运行提供相应的保障体系，为我国农业实现现代化、智慧化、生态化提出政策建议和技术路线。

在突出农业农村现代化的前提下，该研究聚焦“智慧、生态、现代”关系主线，设置了 4 个课题：现代智慧农业发展战略研究、现代生态农业发展战略研究、现代生物技术与现代农业发展保障体系及发展战略研究以及综合研究。经过一年半时间的研究，研判了当前和未来 15~30 年生物技术、信息技术、装备技术、生态技术的发展方向、发展趋势及其对农业领域的影响，提出了未来我国农业应坚持发展“现代智慧生态农业”这一基本方略，实现“确保国家粮食安全、高效绿色高值农业永续发展”两个目标，推进“农业效能提升、系统优化、资源高效循环”3 个战略，重构“创新型农业科技体系、现代化农业经营体系、社会化农业服务体系、新时代农业人才体系”4 个体系，创新“生物技术、装备技术、生态技术、信息技术”4 项技术，实施“现代智慧生态农业试点示范工程、以养殖企业为主导的种养结合模式创建工程、现代生产生活废弃物处理工程、农业全产业链高质量发展监测与评估工程、现代智慧生态农业的人才工程”5 大工程，形成了保障国家食物安全、增强农业及农产品竞争力、实现农业永续发展的具有中国特色的现代智慧生态农业发展战略与路线图。

本书作为该研究的主要成果之一，是项目全体人员共同智慧的结晶。在项目执行过程中，得到了中国工程院、相关国家主管部门、项目参与单位以及各调研地政府的大力支持，在此一并表示感谢！

由于水平有限，书中不足之处在所难免，敬请读者批评指正。

目　录

第一章　过去 40 年成绩

第一节　保障了粮食安全与农产品有效供给

一、农产品供应能力提高及结构优化

（一）农产品供应能力持续提高

过去 40 年，我国农业经济实现了高速增长，创造了世界农业发展的奇迹。改革开放以来，我国农业产值增长速度较改革前提高一倍，农业国内生产总值（gross domestic product，GDP）年平均增长率从 1952～1977 年的 2.2%提高到 1978～2019 年的 4.5%。增长速度最快的阶段发生在改革开放初期（1978～1984 年）。虽然近年来农业增长速度随着整体经济结构转型逐步放缓，但在 2016～2019 年农业 GDP 年平均增长率也达 3.6%。根据国家统计局的报告，2019 年我国农业 GDP 和增加值已分别达 123 967.9 亿元（图 1-1）和 70 466.7 亿元，我国已成为世界上最大的农产品生产国。

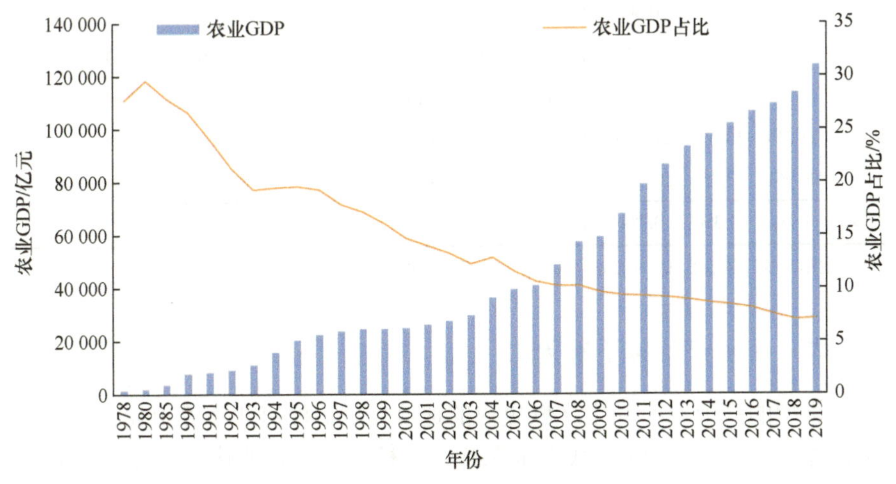

图 1-1　1978～2019 年我国农业 GDP 及其占比

数据来源：《中国统计年鉴》

伴随着市场改革和技术进步，粮食总产量在波动中上升，稳定了市场供应。我国粮食生产变动大致可以划分为 3 个时期。1980～1998 年为第一个时期，粮食总产量持续提高。粮食产量由 1980 年的 3.2 亿 t 增长为 1998 年的 5.1 亿 t，增长率近 60%，年均增长 2.6%。其中，1984 年之前的粮食产量增长迅速，主要动力来自联产承包责任制带来的激励机制的改善，而 1985～1998 年的稳定增长动力主要来源于农业技术进步和市场改革。第二个时期是 1999～2003 年，20 世纪 90 年代末由于粮食储备显著提高，相对于其他农作物，粮食价格开始下降，影响了农户种粮积极性，导致粮食产量持续下降，国家

靠减少库存来维持粮食供给。到 2003 年，粮食总产量下降到 4.3 亿 t，年均下降 3.3%。第三个时期是 2004～2018 年，该时期是粮食生产的恢复时期，在产量实现“五连增”后，到 2008 年，粮食产量逐步增加到 1998 年以前的水平。自 2009 年以来粮食产量继续增长，在 2018 年达到了 6.58 亿 t。

畜产品增长率显著超过种植业，基本满足国内提高的消费需求。我国肉类产量从 1980 年的 1205 万 t 提高到 2019 年的 7759 万 t（表 1-1），年均增长率为 4.9%，高于同期粮食产量增长率。其中，牛肉和羊肉同期年均增长率分别为 8.6%和 6.3%，牛肉和羊肉产量分别从 1980 年的 26.9 万 t 和 44.5 万 t 增长到 2019 年的 667.3 万 t 和 487.5 万 t；禽肉生产年均增长率为 8.1%，从 1985 年的 160.2 万 t 增长到 2019 年的 2238.6 万 t；猪肉的年均增长率相对较低，为 3.4%，从 1980 年的 1134.1 万 t 增长到 2019 年的 4255.3 万 t。我国奶类产量从 1980 年的 136.7 万 t 增长到 2019 年的 3297.6 万 t，年均增长率为 8.5%。禽蛋产量从 1980 年的 256.6 万 t 增长到 2019 年的 3309 万 t，年均增长率为 6.8%。

表 1-1　1980～2019 年我国主要农产品产量及年均增长率　（单位：万 t）

年份	稻谷	小麦	玉米	大豆	棉花	油料	糖类	蔬菜	水果	肉类	蛋奶	水产
1980	13 990	5 520	6 260	794	270	769	2 911	—	679	1 205	393	450
1985	16 857	8 581	6 383	1 050	415	1 578	6 047	—	1 164	1 927	824	705
1990	18 933	9 823	9 682	1 100	451	1 613	7 215	—	1 874	2 857	1 270	1 237
1995	18 523	10 221	11 199	1 350	477	2 250	7 940	25 727	4 215	5 260	2 350	2 517
2000	18 791	9 964	10 600	1 541	442	2 955	7 635	44 468	6 225	6 125	3 162	4 279
2005	18 059	9 745	13 937	1 635	571	3 077	9 452	56 451	16 120	6 939	5 303	4 420
2010	19 723	11 609	19 075	1 541	577	3 157	1 303	57 265	20 095	7 994	5 988	5 373
2015	21 214	13 256	26 499	1 237	591	3 391	11 215	66 425	24 525	8 750	6 342	6 211
2019	20 961	13 360	26 078	1 809	589	3 493	12 166	72 103	27 401	7 759	6 607	6 480
年均增长率	1.0%	2.3%	3.7%	2.1%	2.0%	4.0%	3.7%	4.4%	9.9%	4.9%	7.5%	7.1%

数据来源：《中国统计年鉴》。表中部分数据与上文提及的数据不一致是修约问题导致。后同

（二）农产品生产结构不断优化

劳动密集型的高值农产品生产以更快的速度增长。种植业和养殖业在 20 世纪 80 年代经历了快速增长后，自 90 年代以来保持较平稳的增长和变化（图 1-2）；1980～2019 年，肉类和蛋奶类产品年均增长率分别为 4.9%和 7.5%，高于种植业的水平，水产品生产增长率也达 7.1%（表 1-1）。受需求增长的驱动，种植业内部水果生产的增长明显高于粮食作物的增长，1980～2019 年的年均增长率达 9.9%，是所有农产品中增长最快的。同期，蔬菜播种面积也以年平均 5.1%的速度显著增长；如果加上单产和质量的提高，其产值增长更快。

种植业内部粮油作物产量显著提高的同时，饲料生产量的比例也逐步提高。土地密集型的粮棉油糖（粮食、棉花、油料、糖料）作物生产量显著增长，但饲料粮和高值农产品生产的增长速度更快。1978～2019 年，粮食生产年均增长 2.0%，明显高于同期的人口年均增长速度，使得人均占有量逐年提高。与此同时，棉花、油料和糖料作物及饲

料作物产量也显著增长。粮棉油糖产量的增长，解决了中国人的温饱问题。与粮棉油糖产品相比，其他高值农产品包括蔬菜、水果等产量增长速度更快。1978～2019 年的年均增长率分别达 3.7%和 4.4%，是同期粮棉油糖的两倍（图 1-3）。高值农产品生产的快速增长改变了种植业内部结构，使其朝高值农业方向发展。

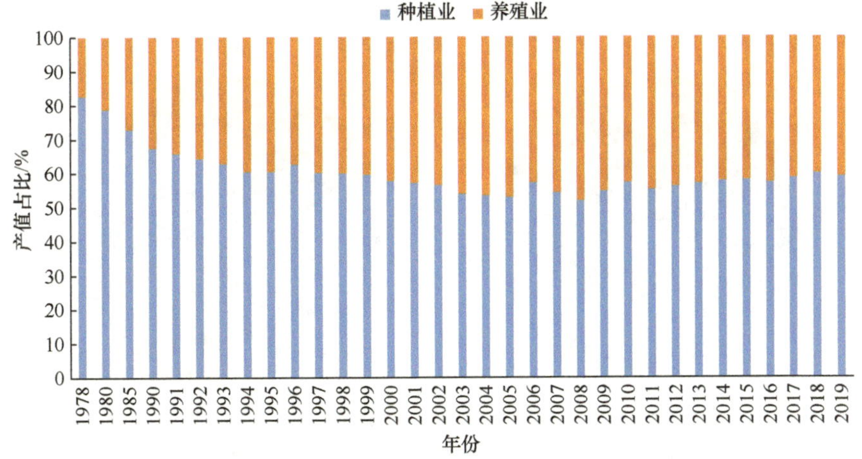

图 1-2　1978～2019 年种植业和养殖业产值占比

数据来源：《中国统计年鉴》

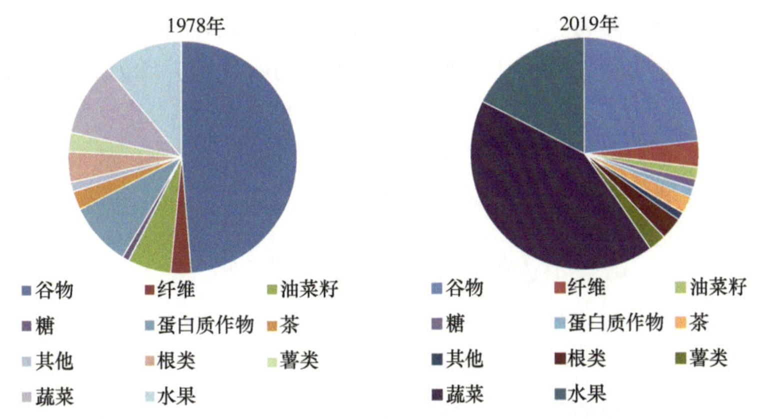

图 1-3　1978 年和 2019 年种植业内部各产品价值结构变化

数据来源：《中国统计年鉴》

生产布局逐步由传统产区向优势产区集中演变。改革开放以来，我国连续实施优势农产品区域布局规划以及特色农产品区域布局规划，并不断推进农业产业结构优化调整，目前基本形成了区域化布局、专业化生产的农业产业格局。在资源优势和政策驱动下，我国主要种植业产品优势生产带初具规模，形成了以黄淮海为重点的小麦优势带，以东北和长江流域为重点的水稻优势带，以东北北部和黄淮海南部为重点区域的大豆产业优势带，以新疆为重点区域的棉花优势带，以长江流域为重点区域的油菜优势带，以广西、云南为重点区域的糖料优势带。

畜牧业和渔业生产结构不断优化，朝高质、高值方向调整。从肉蛋奶的比例来看，奶类和蛋类产量在肉蛋奶总量中的比例显著增加。20 世纪 80 年代中期，我国肉蛋奶在畜禽产品中的比例分别为 80%、12%和 8%，到 2019 年分别为 54%、23%和 23%。在肉类产品中，禽肉和牛羊肉产量增长较快，猪肉产量增幅相对较小。禽肉占肉类比例从 1985 年的 9%上升为 2019 年的 29%，牛羊肉占我国肉类总产量的比例从 5%上升到 2019 年的 15%，猪肉所占的比例从 86%下降为 56%（图 1-4）。

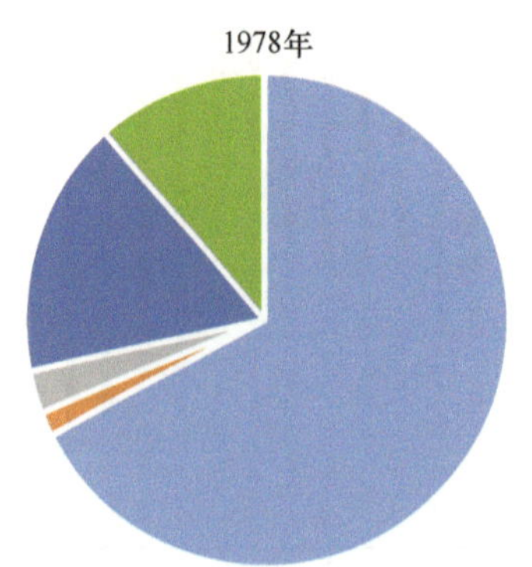

图 1-4　1978 年和 2019 年畜牧业内部各产品产量结构变化

数据来源：《中国统计年鉴》

畜禽和水产养殖从农户散养向专业化养殖快速转变。改革开放初期，我国生猪、奶牛、肉牛和羊以农户散养为主，专业化养殖比例不足，仅占 5%。2018 年，我国畜牧业生产已经转变为以专业化和规模化养殖为主。未来随着我国劳动力成本的提高，畜禽业生产专业化养殖比例还会呈不断上升趋势。此外，过去 40 年，水产品捕捞量以 5.2%的年均增长率增长，养殖量以 6.7%的年均增长率增长。2018 年，水产品总产量达 6459 万 t，而养殖业的稳定发展促进了农民增收和农村减贫。

二、农业生产方式和生产条件发生了显著变化

（一）机械化水平不断提升

我国农业生产由传统的生产方式向机械化生产方式转变，主要经历了以下 4 个阶段。一是体制转换阶段（1979～1995 年），伴随着我国农业机械化在改革调整中的发展。该时期大中型农机具保有量停滞不前，但以运输、作业兼用型为代表的手扶拖拉机等小型农机具得到迅速发展。价格低廉、适应性好的农用运输车开始出现，深受农民青睐。二是市场导向阶段（1996～2003 年），见证了中国特色农业机械化发展道路的初步形成。在该时期，市场需求推动农机服务的社会化、市场化进程明显加快；以跨区作业为主要模式，初步探索出一条符合我国国情的农业机械化发展道路，极大地提高了农机利用率和农机经营效益，保障了农业机械化的可持续发展。三是依法促进阶段（2004～2014 年），意味着我国农业机械化进入科学发展的新时期。一方面，耕种收综合机械化水平跨过 40%的门槛，说明农业生产方式发生重大变革，机械化生产方式由原来的次要地位开始向主导地位转化；另一方面，农业劳动力占全社会从业人员的比例显著下降，说明

我国农业发展方式发生重大转变，由原来依赖和占用人力资源为主向依靠科学技术和现代农业装备为主转变。四是发展转型阶段（2014 年开始），意味着我国农机发展从粗放到集约（如图 1-5 中人均耕地面积变化，侧面展现了农业从粗放到集约的过程），从低端到高端，加快转型升级、提质增效发展。

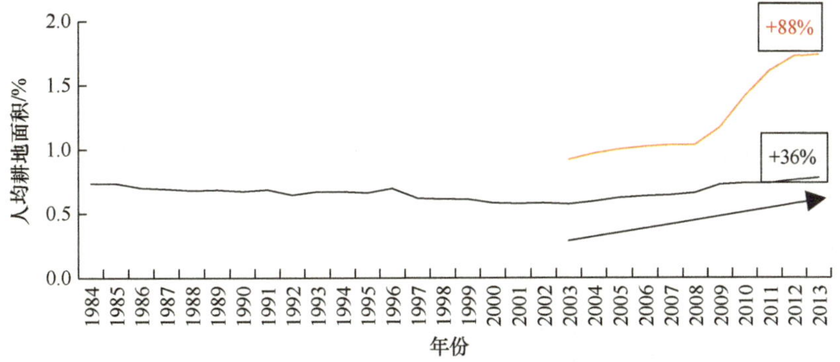

图 1-5　1984～2013 年我国人均耕地面积变化

数据来源：北京大学中国农业政策研究中心（CCAP）

我国农业机械化发展呈现如下 3 个特征。第一，随着农业产业的发展，农业机械化水平不断提高（图 1-6）。2018 年，全国主要农作物耕种收综合机械化率为 69.1%，其中主要粮食作物耕种收综合机械化率均超过 80%。第二，农产品机械化发展不平衡的状况不断改善。粮食作物机械化发展高位运行，增速变缓；经济作物机械化加速追赶，增长迅速；设施农业、林果茶、畜牧水产、农产品初加工等领域发展不平衡现象不断改善。第三，全程全面机械化带动农机作业范围不断拓展。农业机械的作业对象从主要粮食作物扩大到大豆、马铃薯、花生、甜菜、棉花、油菜等主要农作物。葱、姜、蒜、辣椒、胡萝卜等特色作物机械化发展也很快，特别是播种与收获机械研究攻关进展迅速，逐步形成了独特的机械化体系。

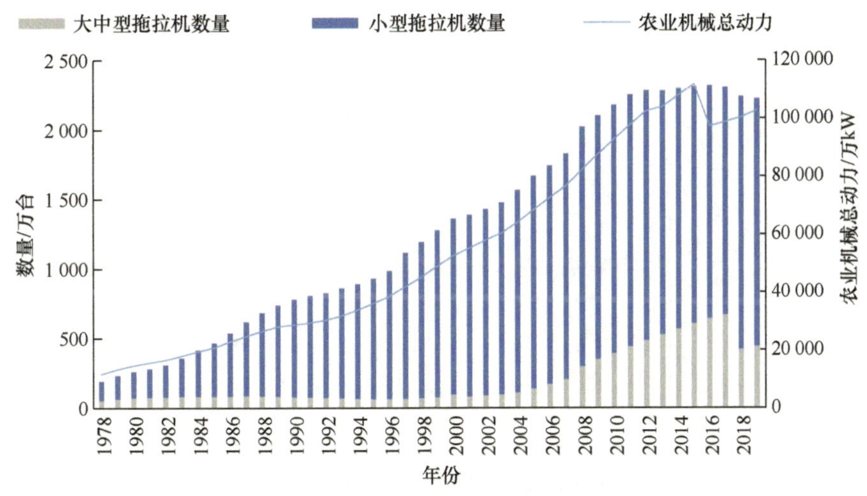

图 1-6　1978～2019 年我国农用大中型、小型拖拉机数量及农业机械总动力

数据来源：《中国统计年鉴》

（二）农田水利基础设施和设施农业发展迅速

农田水利基础设施不断夯实，农田灌溉排水条件明显改善。我国有效灌溉面积由1952年的2.99亿亩[①]增加到2018年的10.24亿亩，增长了2.42倍，其中节水灌溉面积达5.42亿亩。目前，我国采取水利、农业和科技等综合配套措施，集中对中低产田进行改造。至2018年，高标准农田累计建成6.4亿亩，约超过全国耕地面积的30%。

随着农业技术的快速发展，我国设施农业在改革开放之后蓬勃发展。设施农业技术逐渐成熟，再加上政策的扶持和技术指导，我国设施农业面积迅速扩大，对农业生产的季节性及时空分布的改变起到重要作用。2001～2018年，温室面积从60.77万hm^2增至196.37万hm^2，增长了2.23倍。

（三）农业生产经营模式随经营规模扩大不断改善

我国在坚持家庭承包经营的基础上，积极培育新型农业经营主体，提高农业生产经营的组织化程度。目前新型农业经营主体主要有五大类：一是自我经营的家庭农业；二是合作经营的农民合作社；三是雇工经营的公司农业；四是农业产业化联合体；五是新农民。自《中华人民共和国农民专业合作社法》实施以来，我国农民合作社快速发展，截至2019年6月底，全国依法登记的农民合作社达221.1万家。截至2018年底，全国纳入农业农村家庭农场名录的家庭农场近60万家；同时，农业社会化服务体系也逐步建立，农机作业服务组织达19.2万个，其中农机合作社7.3万个。

近年来，随着社会经济的不断发展和我国农村农业经营模式的变化，农村家庭承包耕地流转面积不断增加（图1-7）。截至2018年全国家庭承包耕地流转面积超过5.39亿亩，较1994年增长了近60倍。自2008年以来平均农地经营规模呈现较快的增长趋势。本研究调查表明，农业生产者（包括农户、耕地合作社和企业）的平均农地经营规模

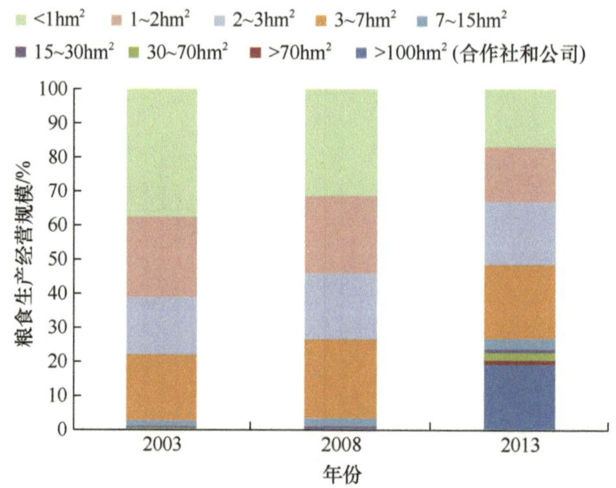

图1-7　2003～2013年我国东北与华北粮食生产经营规模

数据来源：北京大学中国农业政策研究中心（CCAP）

① 1亩≈666.7m^2

已经从2003年的13.8亩提高到2008年的15.5亩，之后快速增长到2013年的26.0亩和2016年的30.4亩，2008年以来的8年内几乎增长了一倍（96%）。农户的平均耕地经营规模从2003年的16.9亩增加到2008年的18.8亩，进而到2016年的37.2亩。

随着农户经营规模的不断扩大，农业经营模式不断演化，形成以下发展特征。

首先，经营方式由“分散经营”向多种经营方式并存演变。随着农业现代化的发展，农业经营主体也向多样化发展。大型农业企业依靠科技、资金优势，在农业生产的各个环节的布局与联系不断加强，信息、资源、资本日趋集中，农业生产经营的组织化、规模化、标准化水平不断提高。在农业经营主体多元化发展的同时，休闲农业和乡村旅游业逐渐兴起，“旅游+”“康养+”等农业发展模式不断涌现，农业产业链也得到延展，许多新产业、新业态和新模式出现，逐步发展成为推动农业经济转型升级和乡村振兴的新引擎。

其次，增长方式由劳动集约向资本和技术集约演变。在增长方式上，种植业生产方式从以劳动密集型为主开始向资本、技术密集型为主转化。在资本投入对农业发展的贡献率不断增大的同时，劳动力对农业产出的贡献率不断下降，科技进步已逐步成为农业发展的主要驱动力。2018年，农业科技贡献率为58.3%，我国农业增长方式开始由传统要素（劳动力）推动为主转为农业科技推动为主。

再次，生产目标由追求产量向追求质量、效益与环境并重演变。长期以来拼资源、拼消耗的农业经营方式对生态环境造成巨大危害，也制约着农业的持续发展与现代化转型。此外，社会公众对生态环境和农产品质量的要求进一步提高，迫切需要加快转变农业发展方式。越来越多的农户认识到要促进农民增收、提升农业产值，就必须走可持续农业发展道路，实现质量、效益和环境目标的统一。

最后，各地大力发展农业生产性服务业，积极探索推进以机械社会化服务为基础的农业规模化经营，形成了农业生产托管等直接服务农户和农业生产的有效形式。向农民提供自种、流转之外的第三种全新选择，能更好地适应小农户灵活就业和弹性作业情况，具有农业生产成本低、风险低的优势，是当前我国经营性农业社会化服务的主要表现形式。截至2018年底，全国农业生产托管服务面积为13.84亿亩次，比上年增加52.72%。从事农业生产托管的服务组织数量达37万个，比上年增加18.4%。接受农业生产托管的服务对象数为4630.17万个（户），比上年增加23.33%，其中小农户数为4194.37万户，占服务对象总数的90.59%。

（四）种养结合和循环农业等农业新型业态发展迅速

过去40年，随着环境治理力度的加强，我国逐步开始发展种养结合和循环农业的新型生产模式；并按照“减量化、再利用、资源化”的循环经济理念，推动农业生产由“资源—产品—废弃物”的线性经济向“资源—产品—再生资源—产品”的循环经济转变。特别是近年来，国家以提高资源利用效率为核心，大力推广应用节约型技术，促进农业清洁生产，为进一步推进种养结合和循环农业的发展奠定了基础，主要进行了如下3种模式探索并取得成效。

首先，通过发展循环农业提高秸秆综合利用水平。2015年全国秸秆总产量及其可收集利用量分别达10.4亿t和9亿t，秸秆综合利用率为80.1%，约7.2亿t秸秆得到有效利用。其中：通过机械粉碎还田、腐熟还田、秸秆堆沤、秸秆生物反应堆等技术，增加农田有机质，提升耕地质量，全国秸秆肥料化利用占比为43.2%；发展以龙头企业、家庭农场、农业合作组织为主的农牧综合体，推广秸秆青贮、氨化、微贮或生产颗粒饲料等技术，推进以秸秆利用为纽带的种养一体化，全国秸秆饲料化利用占比为18.8%；利用秸秆作为基料栽培食用菌，提升秸秆循环利用的高值化利用水平，全国秸秆基料化利用占比为4%。

其次，实施标准化规模养殖，推进适度规模养殖，实现养殖废弃物减量化。2007年、2008年分别启动实施生猪、奶牛标准化规模养殖场建设项目，累计支持建设生猪养殖场6万余个、奶牛养殖场5700个。2012年启动实施肉牛、肉羊标准化规模养殖场项目，累计支持建设肉牛、肉羊养殖场2400多个，2016年启动17个奶牛养殖大县种养结合整县推进试点，在提升畜产品质量安全水平的同时，提高了畜禽粪污的无害化处理水平，减少了养殖场对周边环境的影响。

最后，加强农村沼气建设，使畜禽粪便得以有效利用。按照循环经济的理念，我国长期以来把沼气建设与种植业和养殖业发展紧密结合，形成了以户用沼气为纽带的“猪沼果”“四位一体”“五配套”等畜禽粪便循环利用模式和以规模化畜禽养殖场沼气工程为纽带的循环农业模式，实现了种植业、养殖业和沼气产业的循环发展。重点在丘陵山区、老少边穷和集中供气无法覆盖的地区，因地制宜地发展户用沼气；在农户集中居住、新农村建设等地区，建设村级沼气集中供气站；在养殖场或养殖小区，发展大中型沼气工程。目前，全国沼气用户达4300万户，沼气工程为10万处；全国沼气年生产量达158亿m^3，替代2500万t标准煤，减少二氧化碳排放6000万t。

（五）农业产业间及农业和非农产业融合发展速度加快

近年来，随着信息技术的广泛应用和社会经济服务的深入推进，农村新产业、新业态、新模式快速成长，农业与信息、旅游、文化、教育、康养、餐饮等的融合越来越明显，产业功能不断延伸和拓展，生产性农业逐渐转向功能性农业。

首先，政府大力支持农业多种功能拓展。2015年农业部发布《关于积极开发农业多种功能大力促进休闲农业发展的通知》，在用地、财税、融资、公共服务等方面给予政策支持。2016年农业部会同国家发展和改革委员会（国家发展改革委）、财政部等14部门联合印发了《关于大力发展休闲农业的指导意见》，明确提出了7项主要任务和4项扶持保障政策。此外，还开展了休闲农业品牌培育、中国重要农业文化遗产发掘保护、休闲农业统计监测和宣传推介等工作。截至目前，全国已创建388个全国休闲农业和乡村旅游示范县（市），推介了710个中国美丽休闲乡村，扩大了休闲农业与乡村旅游品牌的知名度。

其次，全国休闲农业和乡村旅游蓬勃发展。2012～2018年全国休闲农业和乡村旅游营业收入与接待人次不断增加。全国休闲农业和乡村旅游营业收入从2012年的2400亿元增长至2018年的8000亿元以上，年均复合增长率达22.22%；全国休闲农业和乡村旅游接待游客量从2012年的7.2亿人增长至2018年的30亿人，年均复合增长率达26.85%，增长非常迅速。

最后，多功能农业发展内涵逐步提升，由原来单纯的休闲旅游逐步拓展到文化传承、涵养生态、农业科普等多个方面，形成了“农家乐”、民俗旅游、生态旅游、健康养生等多种特色鲜明、主题突出的业态类型；通过带动餐饮住宿、农产品加工、交通运输、建筑和文化等关联产业发展，促进特色农产品和民俗工艺品销售等，丰富了农民增收渠道。但目前在多功能农业发展过程中仍存在顶层设计缺乏、项目同质化严重、配套设施不完善、生态环境破坏严重、价值实现机制有待完善等问题。

三、农业农村经济不断转型

（一）农业农村经济转型的主要驱动力

过去 40 年，我国在农业水土资源相当短缺的情况下，实现农业快速增长和优化结构的同时兼顾了农村减贫和农村转型。依据我国 40 年农业发展改革最成功的经验，农业和农村发展背后 4 个方面的驱动力［农村制度创新、农业科技进步、农产品市场改革和农业投入（基础设施投资）增长］发挥了巨大的作用。

1）农村制度创新。家庭联产承包责任制显著提高了农业生产率，是改革开放初期（1978～1984 年）农业增长的重要驱动力。在稳定农地制度的基础上，我国推进了户籍制度改革以促进农村劳动力的非农就业和在区域间的流动，推进了乡镇综合改革与基层政府转型等制度创新以提升乡村治理能力；同时，在农民合作经济组织的制度创新和农村信贷的制度改革等方面也做了不少努力。这些制度创新与改革都在农业农村发展方面产生了或多或少的积极影响。中国的农村制度还需继续创新和改革，农村土地制度还将是未来农村改革的重点。

2）农业科技进步。过去 40 年，农业科技进步对中国农业增长起到极其重要的作用。第一，我国建立了庞大的、学科分类齐全的公共农业科研体系，为加速国家农业科技创新提供了技术保障。第二，我国建立了国家农业技术推广体系，覆盖全国所有乡镇，为加速农业技术采用提供了基层技术服务的体系保障。第三，农业科技运行机制得到了改善，特别是以工资制度和绩效评价改革为核心，提高了科研人员的收入水平和科研积极性。第四，政府投入不断增加，为农业科技进步提供了资金保障。根据相关统计数据分析，政府对农业的科技投入（S & T），从 1978 年的 7.2 亿元增加到 2000 年的 50 亿元，并迅速提高到 2015 年的 550 多亿元；其中农业的研发投入（R & D）也从 1978 年的 1.4 亿元逐渐增加到 2000 年的 24 亿元，之后快速增长到 2015 年的 260 亿元左右。同时，在过去 10 多年中，大批企业参与农业科技投资，为科技创新注入了新的生命力。

3）农产品市场改革。市场改革主要通过如下 3 个渠道影响农业发展和农民增收：首先，市场改革提高了农业资源的配置效益，促进了农业生产结构的调整和优化，提高了农产品市场竞争力；其次，市场改革降低了农民购买农业生产资料的价格，促进了农民对农业生产的投入和农民增收；最后，市场改革降低了市场的交易成本，提高了农民销售农产品的价格，提高了农民扩大生产的积极性，增加了农民收入。

4）农业投入（基础设施投资）增长。政府和农民不断增加农业生产投入也是中国农业保持较高增长的重要驱动力。在政府投入中，对农业生产起最重要作用的主要是农业基础设施建设，这些投入提高了农业综合生产力。

（二）农业农村经济转型的成效

农业产值迅速增长的背后，是农业生产力的显著提升及其代表的技术进步和资源利用效率改善发挥的重要作用。自改革开放以来，我国农业总产值年均增长率为 5.4%，其中农业投入年均增长率为 2.4%，农业全要素生产率年均增长 3%，对农业总产值贡献率达 56%（Wang et al.，2019a；Sheng et al.，2020）。总结过去 40 年的农业发展经验，农村制度创新、农业科技进步、农产品市场改革和农村基础设施投资是我国农业生产力提升的主要驱动力，也是我国农业发展与改革的四大法宝（黄季焜，2018）。例如，从 1978 年开始的以家庭联产承包责任制为核心的农村土地制度改革，启动了中国农村 40 年的改革，显著提高了农村土地和劳动生产率；20 世纪 90 年代初开始的农业科技体制改革促进了农业技术进步和推广，使得农业全要素生产力在此后的 20 年实现了持续稳步的增长；20 世纪 90 年代初开始的国内粮食流通体制和市场化改革以及 21 世纪初不断加快的农产品贸易改革和对外开放，直接提高农业资源配置效率，促进农业生产结构调整的同时也增加了农民收入；农村基础设施建设等投入的不断增长，显著改善了农业的生产条件，也为提高农业生产力奠定了基础。

农业产值和生产力的迅速提高，提升了农村劳动力的使用效率，节约了自然资源，推动了城市化和工业化的发展及经济结构转型。一方面，农业产值的提升和效率的提高推动了劳动力向工业和服务业的转移，加快了就业结构转型。自改革开放以来，农业劳动人口占社会从业人员的比例大幅下降，同时农业劳动力占社会从业人员的比例则降至 25.1%（国家统计局，2020）。另一方面，农业劳动生产力的提高降低了农产品的价格，在一定程度上为城市化和工业化的发展提供了廉价的要素投入，进而促进了非农经济的发展和经济结构由农业为主向非农方向的转型。据国家统计局最新的统计，第一产业增加值占国内生产总值的比例在我国已经从 1978 年的 27.7%下降到 2020 年的 6.7%；与此同时，乡村人口占总人口的比例也由 1978 年的 82.1%下降到 2019 年的 40.4%，促进了我国总体经济结构转型（图 1-8）。

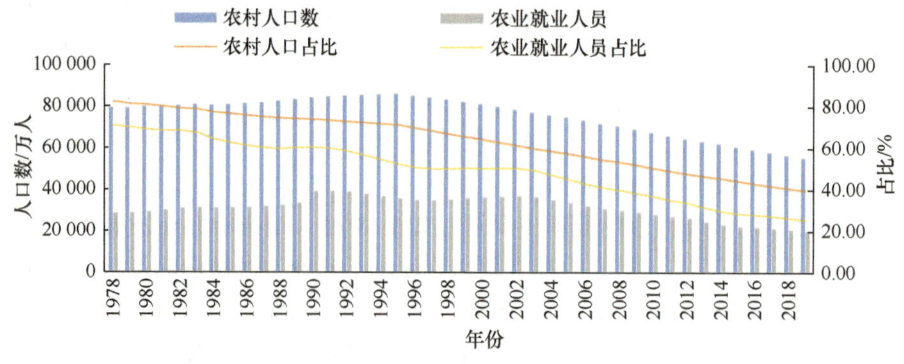

图 1-8　1978～2019 年农村人口数和农业就业人员及占比

数据来源：《中国统计年鉴》

农业产值的提升改善了农村就业，显著提高了农民收入，促进了农民增收和农村减贫，并推动了城乡差异的减少。自改革开放以来，中国农村居民人均纯收入从 1978 年的133.6元增加到2017年的13 432元，扣除价格因素，实际增长了15倍多，年均增长7.4%。农民农业收入的提高，对农村减贫起到极其重要的作用。国家统计局数据显示，中国农村贫困人口的数量从1978年的2.5亿人下降到2007年的不到1500万人，农村贫困发生率从32%下降到3%以下。按照2010年确定的贫困线标准，中国农村贫困标准为2300元，中国也实现了农村贫困人口数量从2010年的1.66亿人（17.2%）下降到2020年的0（国家统计局数据），中国已成为世界上第一个实现联合国千年发展目标的发展中国家。农业增长最快的时期是1978～1984年，同期也是农村贫困人口下降最快的时期。

第二节 关注农业的生态与文化价值

一、农业发展进入多功能农业的认识阶段

（一）农业多功能性认识的发展历程

农业的多功能性源流可以追溯到20世纪80年代末，日本提出水稻生产对于保护日本文化具有重要作用，欧洲共同体委员会在其出版物《乡村社会的未来》（*The Future of Rural Society*）中强调农业可以在地域经济发展、环境管理和乡村社会生存等方面作出多元贡献。1992年联合国环境与发展大会通过的《21世纪议程》中首次提出“农业多功能性”的概念。1996年世界粮食首脑会议通过的《世界粮食安全罗马宣言》和《世界粮食首脑会议行动计划》等国际文件对农业多功能性予以承认和利用。自20世纪90年代以来，随着国内的科学研究领域对农业多功能性的认识不断深化，农业多功能性也逐渐进入中国政策制定者的视野。2007年中央一号文件《中共中央 国务院关于积极发展现代农业 扎实推进社会主义新农村建设的若干意见》首次提出农业具有多功能性，强调“农业不仅具有食品保障功能，而且具有原料供给、就业增收、生态保护、观光休闲、文化传承等功能。建设现代农业，必须注重开发农业的多种功能，向农业的广度和深度进军，促进农业结构不断优化升级”。2008年党的十七届三中全会通过的《中共中央关于推进农村改革发展若干重大问题的决定》明确提出了一系列完善农业支持和保护制度的政策措施，其背后的理论支撑正是农业多功能性。2013年中央一号文件《中共中央 国务院关于加快发展现代农业 进一步增强农村发展活力的若干意见》提出“努力建设美丽乡村”。2017年习近平总书记在《走中国特色社会主义乡村振兴道路》的报告中指出要“传承发展提升农耕文明，走乡村文化兴盛之路”。2018年中央一号文件《中共中央 国务院关于实施乡村振兴战略的意见》要求“大力开发农业多种功能，延长产业链、提升价值链、完善利益链”；同年由中共中央、国务院印发的《乡村振兴战略规划（2018－2022年）》中强调“深入发掘农业农村的生态涵养、休闲观光、文化体验、健康养老等多种功能和多重价值”。2021年6月1日起施行的《中华人民共和国乡村振兴促进法》指出，乡村“具有自然、社会、经济特征和生产、生活、生态、文化等多重功能”。应“充分发挥乡村在保障农产品供给和粮食安全、保护生态环境、传承发展中华优秀传统文化等方面的特有功能”。这些都标志着多功能农业作为一种发展取向，日益

受到党和国家的高度重视。

（二）农业多功能性的类型

农业的发展不仅为社会提供了多样化的产品，同时其所具有的传统农耕方式在适应气候变化、提供生态系统服务、农业生物多样性和农耕文化多样性的保护与活态传承，以及农户的生计维持等方面具有独特的优势。农业，尤其是传统的生态农业系统不仅传承了高价值的传统知识和文化，维持了可恢复的生态系统，同时也保存了具有全球重要意义的农业生物多样性，具有重要的多功能性（李文华等，2010）。目前，国内外对农业多功能性存在不同的理解，综合来看，国际上普遍认同的农业多功能性定义主要包括以下 4 个代表性论述。一是经济合作与发展组织（Organization for Economic Co-operation and Development，OECD）对农业多功能性的界定，将农业多功能性定义为“除了基本的提供食物和纤维的功能外，农业活动还能改变大地风景，提供诸如土地保护、对可更新自然资源的可持续管理、保护生物多样性等环境利益，同时对于很多农村地区的社会经济生存有利”。经济合作与发展组织采用私有物品和公共物品的二分法，指出农业的多种功能实际为公共物品，需要政府的干预。二是联合国粮食及农业组织（Food and Agriculture Organization of the United Nations，FAO）提出的农业多功能性概念。FAO 对农业多功能性的界定强调了农业的食物安全、环境外部性、经济功能和社会功能 4 个方面。FAO 对农业多功能性的界定更多地关注发展中国家的农业问题。三是欧盟对农业多功能性的界定，指出“除了生产功能外，农业必须能够维护农村、保护自然，并成为农村活力的最大贡献者，在食品质量、食品安全、环境保护与动物福利等方面必须对消费者的关心与需求作出反应”，其核心概念在于各种商品与非商品的联合生产成果，特别强调农业的非商品产出能以公有产权或私有产权的形式进入公共服务与市场流通领域。四是世界银行的界定。世界银行在“以农业促发展”（Agriculture for Development）为主题的《2008 年世界发展报告》中提出：农业的特殊属性使其成为促进发展的独特工具。作为一项经济活动，农业可以是国民经济增长的源泉；作为一种谋生手段，农业提供了大量的就业机会和相当于社会福利的保障；作为环境功能提供者，农业具有正面和负面双重功能。

根据国际定义，国内一般将农业的多功能性分为 4 类（表 1-2）。第一类是产品生产功能，这是农业最基本的功能。自改革开放以来，在“家庭联产承包责任制”这一制度创新和农业科技不断取得突破的双重促进下，农业生产力迅速恢复并不断提高。2020 年全国粮食总产量为 13 390 亿斤[①]，比上年增加 113 亿斤，增长 0.9%，产量连续 6 年保持在 1.3 万亿斤以上，粮食生产实现了“十七连丰”。第二类是经济社会功能，其中的社会保障功能是中国及大多数发展中国家农业的一个特殊功能。农业耕地作为一项家庭资产对农民的就业和养老起到保障作用。依靠自家承包地，农户能获得收入以满足家庭基本消费（孙新章，2010）。第三类是生态环境功能，兼具正向和负向双重生态环境功能是农业的重要特点。1997 年美国生态经济学家科斯坦萨（Costanza）提出，全球农田生态系统每年提供的服务价值约为 1280 亿美元，占全球生态系统服务价值的 0.3%

① 1 斤=500g

（Costanza et al.，1997），而采用生态耕作模式的稻田生态系统服务价值往往比常规单作要高。例如，我国的稻鱼共生系统在固碳释氧、营养物质保持、病虫害防治、水量调节乃至旅游发展等方面都有其独特的优势，其外部经济效益提高了 2754 元/hm^2，同时稻鱼共生系统减少 CH_4 排放、控制化肥和农药使用，使其外部负效益损失降低了 4693 元/hm^2，因此，稻鱼共生系统比常规稻作系统的外部经济价值增加了 7447 元/hm^2（刘某承等，2010）。第四类是文化休闲功能，这是近年来才被人们重视的一项功能（彭建等，2014）。浙江青田稻鱼共生系统的研究表明，旅游对当地的经济发展具有明显的促进作用。例如，云南红河哈尼梯田和甘肃迭部扎尕那农林牧复合系统的研究表明，旅游接待已成为当地农民拓展生计、增加收入的重要途径（Yang et al.，2018）。

表 1-2 农业多功能性的分类

功能分类	功能描述
产品生产功能	提供粮食、蔬菜、水果、肉、蛋、奶等食物及纤维、木材等工业原材料
经济社会功能	提供经济收入、就业、社会保障等
生态环境功能	具有调节气候、保持水土、净化环境、维护生物多样性等正面环境功能；具有资源消耗、环境破坏、降低生物多样性等负面环境功能
文化休闲功能	提供休闲娱乐、传承农耕文化等功能

（三）农业的生态和文化功能拓展的典型模式与成效

1. 生态农业区的“优势产品生产型”保护实践模式

多个生态农业区以实现水稻、茶等优势产品的保护与发展为目标，进行了保护与发展的实践探索，并形成了“优势产品生产型”保护实践模式。该模式基于地方政府、农业企业和当地农户等多方参与，通过对传统品种资源进行收集、试验和推广，实现优势品种资源的保护；通过规划农业品牌战略，多渠道实施农业品牌推广，塑造形成具有一定影响力的农业品牌；通过对初级农业产品进行深加工，对相关农产品进行资源整合，实现农业产业链的延伸。在此基础上，实现优势产品的品种资源优势、市场竞争力和经济价值的提升，以优势产品的生产带动整个区域的保护与发展。例如，“山东夏津黄河故道古桑树群”是我国树龄最高、规模最大的古桑树群，当地政府和涉农企业立足古桑树的资源优势，在品种资源保护和品牌塑造的基础上，充分延伸产业链条，促进初级产品和深加工产品的多元利用，研发出以桑果为核心的 200 余种产品，在生产、加工和流动等环节带动 3.5 万农户参与就业，实现经济发展与农业文化遗产保护的“双赢”。

2. 重要农业文化遗产地的“产业融合发展型”保护实践模式

具有产业发展优势的重要农业文化遗产地，在充分考虑产业聚集效应和地域分工及深入研究农村现有且与农业相关资源的时空分布、质量等级、数量特征、类型和产业发展基础等因素的基础上，通过地方政府、企业和农户等共同参与，建立合理的组织形式和运行机制，从产品尺度到景观尺度促进农业初级产品、加工产品和农业景观与文化的结合，实现种植、养殖等第一产业，食品加工等第二产业，以及旅游、服务等第三产业的有机融合，形成“产业融合发展型”保护实践模式，推动重要农业文化遗产的有效保护。

作为全球重要农业文化遗产（Globally Important Agricultural Heritage Systems，GIAHS）和中国重要农业文化遗产（China-Nationally Important Agricultural Heritage Systems，China-NIAHS）的“浙江湖州桑基鱼塘系统”，是中国传统桑基鱼塘系统中分布最集中、面积最大、保留最完整的区域。该系统在遗产保护方面探索出“农业生产+研学教育”的产业融合模式，在“硬件”上建立了以农业文化遗产保护与发展为核心的研学教育基地；在“软件”上依托农业景观和传统知识形成了鱼桑文化节、桑基鱼塘活动月等周期性活动。通过“硬件”和“软件”的相互协作，该系统的产学研一体化发展取得巨大成效，为当地居民提供了农业生产之外的多样化就业岗位和收入来源。

二、农业生态价值得到重视

（一）农业生态功能的内涵及类型

农业生态系统的生态功能常被人所忽视，尽管农业生态系统作为人工-自然生态系统，其生态过程很大程度上主要受人为调控，但同自然生态系统一样，农业生态系统的生态过程也在产生着生态功能，如典型的气体调节功能、气候调节功能、环境净化功能、生物多样性保护功能、病虫害防治功能等。

自改革开放以来，我国高度重视生态保护和环境治理问题，农业与生态和自然高度融合，加强农业生态功能和农业生态系统保护已经成为党和国家的重要任务。生态农业示范县（2 批共 101 个）、国家现代农业示范区（3 批共 283 个）、国家农业可持续发展试验示范区（农业绿色发展先行区）（2 批共 81 个）、国家农产品质量安全县（3 批共 413 个县 27 个市）、农业面源污染综合治理示范县（118 个）、绿色种养循环农业试点等农业生态建设项目陆续实施。自 2004 年以来连续 18 个中央一号文件都在关注“三农”问题，均不同程度地强调了农业生态保护的目标和任务。2010 年中央一号文件《中共中央　国务院关于加大统筹城乡发展力度　进一步夯实农业农村发展基础的若干意见》中提出“加强农业面源污染治理，发展循环农业和生态农业”，2013 年中央一号文件《中共中央　国务院关于加快发展现代农业　进一步增强农村发展活力的若干意见》中提出“推进农村生态文明建设”，2014 年中央一号文件《中共中央　国务院关于全面深化农村改革　加快推进农业现代化的若干意见》中提出“促进生态友好型农业发展”，2015 年中央一号文件《中共中央　国务院关于加大改革创新力度　加快农业现代化建设的若干意见》中提出“加强农业生态治理”，2016 年中央一号文件《中共中央　国务院关于落实发展新理念　加快农业现代化实现全面小康目标的若干意见》中提出“加强资源保护和生态修复，推动农业绿色发展”，2017 年中央一号文件《中共中央　国务院关于深入推进农业供给侧结构性改革　加快培育农业农村发展新动能的若干意见》中提出“推行绿色生产方式，增强农业可持续发展能力”，2018 年中央一号文件《中共中央　国务院关于实施乡村振兴战略的意见》中提出“推进乡村绿色发展，打造人与自然和谐共生发展新格局”，2019 年中央一号文件《中共中央　国务院关于坚持农业农村优先发展　做好“三农”工作的若干意见》中提出“加强农村污染治理和生态环境保护”，2020 年中央一号文件《中共中央 国务院关于抓好“三农”领域重点工作 确保如期实现全面小康的意见》中提出“治理农村生态环境突出问题”，2021年中央一号文件《中共中央 国务院关于全面推进乡村振兴 加快农业农村现代化的意见》中提出“推进农业绿色发展”。

（二）农业生态保护

1. 农业生态（工程）

20世纪70年代，农业现代化技术的弊端凸显，农业生产带来的环境污染加重、水资源开采过量、水土流失及土壤沙化等成为世界共性问题，国际上可持续农业的相关理念陆续萌芽。1980年叶谦吉教授首次提出“生态农业”的概念。1981年马世骏先生为生态农业工程提出了“整体、协调、循环、再生”的建设原理，标志着中国生态农业理论发展的起步。在理论的初步指导下，部分高校和政府部门开始生态农业的初步实践探索，北京大兴县（现为大兴区）留民营村成为第一个生态农业试点村，江苏大丰县（现为大丰区）成为第一个生态农业试点县。1984年国务院在《关于环境保护工作的决定》中指出：“要认真保护农业生态环境。各级环境保护部门要会同有关部门积极推广生态农业，防止农业环境的污染和破坏”。此后，生态农业的试点规模进一步扩大，在1991年的“全国生态农业（林业）县建设经验交流会”上，5～10年内要在全国各处建立几十个县级规模的生态农业试验区的目标被提出。在1993年由农业部等七部委联合召开的“第一次全国生态农业建设工作会议”上，重点部署了51个县开展县域生态农业建设。1994年，在“八五计划”中明确提出了建立生态农业示范工程，在《21世纪议程》中对生态农业的发展进行了特别强调。2000年，国家七部委联合部署了第二批50个生态农业试点县，将生态农业的探索推向了新的高潮（李文华和闵庆文，2004）。至2014年底，在两批101个国家级生态农业示范县的带动下，还建成了500多个省级生态农业示范县，建成了生态农业示范点2000多处，连续多年实施了10个循环农业示范市建设。

在实践发展的同时，具有中国特色的生态农业理论体系不断完善，形成了大量相关研究成果，1993年《中国生态农业学报（中英文）》（创刊时名称为《生态农业研究》）正式创刊，这是我国首个专注生态农业领域的学术期刊。1987年马世骏和李松华主编的《中国的农业生态工程》由科学出版社出版，这是我国首部系统阐述生态农业的著作，对生态农业的发展起到重要的作用。书中将生态农业定义为“生态工程在农业上的应用，运用生态系统的生物共生和物质循环再生原理，结合系统工程的方法和近代科学成就，根据当地自然资源，合理组合农林牧渔加工等产业的比例，实现经济效益、生态效益和社会效益三结合的农业生产体系。”此后，学界在选择、培育优良品种，发展多种种植模式，对时间、空间及水肥能的高效利用，养地用地、长效速效相结合，病虫害生物防治等理论探讨上都开展了深入研究，林粮间作、稻田养鱼、桑基鱼塘等典型生态农业模式都得到了系统的剖析，有力地支撑了生态农业示范建设。

如今，尽管生态农业示范建设项目暂缓推行，但从生态农业项目中得到的经验在当下国家现代农业示范区、国家农业可持续发展试验示范区、国家农产品质量安全县、绿色种养循环农业试点、农业面源污染综合治理示范县等农业生态建设事业中依然发挥着重要的作用。

2. 农业环境治理

农业环境治理是农业生态保护的重要内容。农业生产本身造成的水、土、气面源污染是农业生态环境治理的主要对象，这些污染一是由于化肥、农药和地膜等物质的过量投入；二是由于秸秆、畜禽粪便和农田残膜等农业废弃物的综合利用率低。此外，粗放式经营造成的地下水超采、草地退化等农业资源过度消耗问题同样也是农业生态环境治理的对象。

在过去的 20 年间，我国陆续发布一系列针对农业环境问题治理的法规与文件。据不完全统计，仅在 2014～2018 年就有国务院发布的《畜禽规模养殖污染防治条例》（2014 年 1 月 1 日起施行），国家发展改革委等印发的《农业环境突出问题治理总体规划（2014—2018 年）》（2015 年初印发），农业部下发的《关于打好农业面源污染防治攻坚战的实施意见》（2015 年 4 月印发），农业部等印发的《全国农业可持续发展规划（2015—2030 年）》（2015 年 5 月印发），农业部办公厅印发的《重点流域农业面源污染综合治理示范工程建设规划（2016—2020 年）》（2017 年 3 月印发），国务院办公厅印发的《关于加快推进畜禽养殖废弃物资源化利用的意见》（2017 年 5 月印发），农业部印发的《种养结合循环农业示范工程建设规划（2017—2020 年）》（2017 年 8 月印发），中共中央办公厅、国务院办公厅印发的《关于创新体制机制推进农业绿色发展的意见》（2017 年 9 月印发），生态环境部等印发的《农业农村污染治理攻坚战行动计划》（2018 年 11 月印发）。

为了实现农业资源的提质增效，以农业生产与资源环境承载力相匹配为原则，我国大力推行节水农业，有效提升农用水有效利用系数，支持华北地下水漏斗区推行休耕政策；推出了草畜平衡、禁牧休牧等重大工程，重点天然草原载畜量明显降低；确定了耕地红线和永久基本农田政策，保护耕地资源的质量及数量不受城镇化和工业化进程的负面影响。

为了进行农业污染的治理，我国重点从提高农业废弃物资源化利用水平和推进化肥农药减量增效两个方面入手开展工作。在农业废弃物资源化利用方面，积极推动循环农业发展，针对农作物秸秆提出了因地制宜、农用为主、就地就近的利用原则，进行了肥料化、饲料化、燃料化、原料化、基料化利用的尝试；针对畜禽粪便按照就地就近的利用原则，开展了农村能源和农用有机肥的尝试，以及农膜机械化捡拾、专业化回收再利用的尝试。在化肥农药减量增效方面，普及推广了测土配方施肥，推进了病虫害统防统治与绿色防控，提出“两减两提”原则，即减少化肥用量、减少农药用量，提升化肥利用率、提升农药利用率，深入推进化肥农药使用量“零增长”行动。建立了 118 个农业面源污染综合治理示范县，推动农业农村面源污染有效治理。

此外，为了推进乡村治理，激发农民群众的内在自觉，2019 年 1 月，中央农村工作领导小组办公室（中央农办）、农业农村部等 18 部门印发《农村人居环境整治村庄清洁行动方案》，在全国范围内集中组织开展农村人居环境整治村庄清洁行动，带动和推进村容村貌提升。2020 年 7 月，中央农办、农业农村部印发《关于在乡村治理中推广运用积分制有关工作的通知》，建立起相应的激励制度。

3. 农业生物多样性保护

生物多样性是农业生态系统功能维持的核心。丰富的生物多样性，包括大量的野生动植物遗传资源和栽培种遗传资源，是我国农林牧渔生产发展的重要基础。

作为《生物多样性公约》的缔约方之一，我国自21世纪以来高度重视生物多样性的保护工作，成立了由国家领导人担任主任的中国生物多样性保护国家委员会，并且发布了《中国生物多样性保护战略与行动计划（2011—2030年）》，明确了中长期战略目标，划定了生物多样性优先保护区域，确定了一系列保护工作的优先领域和优先行动。

近20年来，我国先后发布了一系列关于与农业生物多样性保护相关的文件。农业部于2006年6月印发《全国畜禽遗传资源保护和利用规划》，国家环保总局于2007年10月印发《全国生物物种资源保护与利用规划纲要》，环境保护部于2010年9月印发《中国生物多样性保护战略与行动计划（2011—2030年）》，国务院办公厅于2019年12月发布《关于加强农业种质资源保护与利用的意见》等，这些文件从宏观方向到具体保护目标，使农业生物多样性全方位纳入当地经济社会发展规划中。中国现已建立了以自然保护区、保护小区、湿地公园、水产种质资源保护区、农业野生植物原生境保护点等原生境保护与种质库和种质圃等异位保存相结合的多层次农业生物多样性保护体系。

在原生境保护方面，实施重点保护野生动植物利用管理制度、基本草原保护制度、草畜平衡制度、禁牧休牧制度、渔业捕捞许可管理制度、禁渔期和禁渔区制度等资源利用管理制度。启动实施以长江为重点的水生生物保护行动，开展为期10年的长江禁渔工作。截至2018年底，我国已建成535处国家级水产种质资源保护区；建成165个国家级畜禽资源保护场和24个国家级畜禽遗传资源保护区，65个种公畜站、1209个原良种场；建成农业野生植物原生境保护点205个。

在异位保存方面，我国始终高度重视农作物种质资源的收集和异位保存工作。科技部组织“川陕黔桂作物种质资源考察”、“三峡库区作物种质资源考察”和“京九铁路沿线作物种质资源考察”等专项考察活动，收集各类作物种质资源4万余份；财政部和农业部2001年启动的“作物种质资源保护专项”和2015年启动的“第三次全国农作物种质资源普查与收集行动”等进一步加强了我国作物种质资源的收集和异位保存工作。至2019年底，我国已经完成1座长期库、1座复份库、13座中期库、48个国家种质圃的国家级异位保存体系建设，长期保存农作物种质资源达51万份，国家级家畜基因库收集保存国内外各类畜禽遗传材料90万份。2021年9月，国家农作物种质资源新库投入试运行，长期库战略保存能力达150万份，位居世界第一。

此外，我国还开展了外来入侵物种集中灭除行动，组织了全国外来入侵物种调查，中国农业科学院植物保护研究所建立了中国外来入侵物种数据库，收录了近千种外来有害物种数据信息。建立农业转基因生物安全评价制度并实现转基因技术研发与应用的全过程管理，为避免转基因品种对野生近缘种的遗传侵蚀或演变为恶性物种奠定了坚实的基础。

三、农业文化价值得到重视

（一）农业文化价值的内涵及类型

我国的农业类型多样，分布区广，农业区是农耕文化的活态传承地，是各民族和群体生活与劳动的场所，同时也是其物质生活和精神生活的依托。农业传统生产生活方式在民族及地域文化，以及相关的农耕知识、技术等的创造和传承等方面发挥了重要的作用（何露等，2010），是中国传统农耕文化活态传承、发展的重要载体。农业的文化价值是指其在长期的农业历史发展进程中所形成的文化基因和精神特质，具体表现在两个层面：第一是在休闲、审美和教育等方面的价值；第二是对于文化尤其是农业文化的创造、传承、发展与保护所起到的促进作用。具体可分解为文化传承价值、历史价值、科研价值、科普教育价值和审美休闲价值 5 个方面（王国萍等，2020）（表 1-3）。

表 1-3　农业文化价值的分类及内涵

文化价值类别	内涵解释
文化传承价值	生态农业在其发展过程中，对于促进传统农耕文化与农耕知识的创造、保护与传承方面所具有的价值
历史价值	生态农业在帮助人们解读农业历史、农业思想和农业活动，从而反映、证实和补全历史方面的价值
科研价值	生态农业作为一种科学研究的资源和信息载体所具有的价值
科普教育价值	生态农业在促进传统农耕文化的科普教育和实践教育等方面所具有的价值
审美休闲价值	生态农业带给人们精神上或情绪上的审美感染力，以及休闲娱乐、放松身心等方面所具有的价值

习近平总书记在 2013 年的中央农村工作会议上的讲话中指出，“农耕文化是我国农业的宝贵财富，是中华文化的重要组成部分，不仅不能丢，而且要不断发扬光大。”发掘优秀农耕文化的当代价值、拓展农业多种功能，不仅是促进生态文明建设的重要举措，也是推进乡村文化振兴的应有之义。随着对农业的文化功能和价值认识的不断深入，我国实施了多样的政策、措施来传承和保护传统乡村、农耕文化。较为典型的有对重要农业文化遗产、中国传统村落、非物质文化遗产的发掘与保护。

（二）农业文化遗产发掘与保护

以高化学品投入、机械化和规模化生产为特征的现代常规农业，虽然提高了粮食产量，但也产生了食物安全问题，以及生态失衡、环境污染等诸多的负面效应，这让国际社会开始重新审视保持生产功能数百年甚至上千年但目前处于濒危状态的传统农业，如桑基鱼塘、梯田种植、坎儿井、间套复种、轮作制、淤地坝、农林复合、猪-沼-果、“四位一体”等生产方式，它们在世界农业文化中占有举足轻重的地位。2002 年，联合国粮食及农业组织（FAO）等发起了“全球重要农业文化遗产”（GIAHS）保护倡议，旨在挖掘与保护全球范围内典型的传统农业系统，使得重要的农业文化遗产得到世界的认可与保护，并成为可持续管理的基础（闵庆文，2006）。

此后，在全球环境基金（Global Environment Facility，GEF）等国际组织和中国、日本等政府的大力支持下，GIAHS 的申报与管理工作日益规范化。2005 年，首批 6 个 GIAHS 保护试点获得认定，中国浙江的青田稻鱼共生系统位列其中。2012 年，农业部开展了中国重要农业文化遗产（China-NIAHS）发掘与保护工作，2013 年 7 月相继出台了《中国重要农业文化遗产申报书编写导则》和《农业文化遗产保护与发展规划编写导则》等制度规范。2015 年 8 月，农业部发布并实施了《重要农业文化遗产管理办法》，标志着世界上第一个关于农业文化遗产管理的法律文件的诞生，使得中国的 GIAHS 及

China-NIAHS 的保护实践从“探索性阶段”走向“业务化阶段”，遗产申报、遴选、认定、管理和保护逐渐走向标准化、规范化和制度化，为全球其他国家的 GIAHS 业务化发展提供借鉴（闵庆文，2020；杨伦等，2020）。与此同时，申报 GIAHS 的国家以及 GIAHS 的认定数量也在逐年增加。截至 2022 年 7 月底，全球共有 67 个传统农业系统（分布在 23 个国家和地区）被 FAO 列入 GIAHS 保护名录，其中中国有 18 个项目被列入 GIAHS 保护名录，数量位居各国之首。此外，中国、韩国、日本相继开展国家重要农业文化遗产（NIAHS）保护工作。其中，中国于 2012 年率先启动中国重要农业文化遗产（China-NIAHS）的发掘工作，截至 2022 年 7 月底，已发布 6 批 138 个 China-NIAHS 项目。

（三）乡村文化保护与振兴

1. 非物质文化遗产保护

2005 年底，为使中国的非物质文化遗产保护工作规范化，国务院发布《关于加强文化遗产保护的通知》，并制定“国家+省+市+县”共 4 级保护体系。此后，国务院先后于 2006 年、2008 年、2011 年、2014 年和 2021 年公布了五批国家级项目名录共计 1557 个国家级非物质文化遗产代表性项目，按照申报地区或单位进行逐一统计，共计 3610 个子项。此外，各省（区、市）也都建立了自己的非物质文化遗产保护名录，并逐步向市/县扩展。为了进一步加强非物质文化遗产保护、保存工作，《中华人民共和国非物质文化遗产法》于 2011 年 2 月 25 日由中华人民共和国第十一届全国人民代表大会常务委员会第十九次会议通过并公布，自 2011 年 6 月 1 日起施行，将非物质文化遗产保护写入法律。这些已被列入各级保护名录的遗产项目很多都发源并被传承于农业生产区，如在长期的农业发展历史中所形成的节庆民俗、饮食文化、服饰文化、信仰文化、民间文学、民间音乐、舞蹈等。这些丰富的文化资源为乡村的文化振兴提供了丰富的发展资源，奠定了乡村文化振兴的基础。例如，大理白族的三道茶，于 2014 年被列入《第四批国家级非物质文化遗产代表性项目名录》，具有复杂的制作工序与要求，是大理白族人重要的待客内容，目前已成为大理文化产业的一个新亮点（陈修岭，2019）。

2. 中国传统古村落保护

中国传统村落是由不同民族在不同的自然环境中创造出来的具有不同特色的聚落形态，拥有文化与自然遗产的多元价值和丰富的文化多样性，具有独特的文化价值（周建明，2014）。可以说，传统村落是中国乡村历史文化与自然遗产的“活化石”。对传统村落系统的保护有利于传承乡土文化和历史记忆，也有助于实现“望得见山、看得见水、记得住乡愁”的现实要求。

自 2012 年启动传统古村落的调查工作以来，我国住房和城乡建设部等部门相继制定了《传统村落评价认定指标体系（试行）》（2012 年 8 月）、《传统村落保护发展规划编制基本要求（试行）》（2013 年 9 月）等文件，并多次印发关于传统村落保护发展工作、保护项目实施工作的指导意见。自 2013 年起，每年中央一号文件均提出传统村落保护要求。2017 年 1 月，中共中央办公厅、国务院办公厅印发《关于实施中华优秀传统文化传承发展工程的意见》，明确指出“实施中国传统村落保护工程”。2021 年 4 月，中央宣传部印发《中华优秀传统文化传承发展工程“十四五”重点项目规划》，制定了未来 5 年优秀传统文化传承发展的路线图，进一步明确了“中国传统村落保护工程”的重要性。

截至 2020 年，先后有 5 批共 6819 个传统村落被列入中国传统村落名录，并纳入中央财政支持，从而得到了有效保护，扭转了传统村落快速消失的局面。大量濒危村落得到了抢救性保护，村落生产生活条件得到明显改善，很多传统村落成为美丽乡村的代表，农民收入明显提高，传统村落传播传统文化的作用日益凸显。中国传统村落已经成为世界上最大的农耕文明遗产保护群。

四、农业生态与文化价值实现

（一）农产品品牌打造

“三品一标”即绿色食品认证、无公害农产品认证、有机食品认证和地理标志农产品，组成了我国农产品品牌的核心，四者分别于 1990 年、2003 年、2004 年和 2008 年正式启动。地理标志农产品是具有文化内涵的土特产，地理标志农产品认证是实现农产品文化价值的重要手段，有机农产品、绿色农产品、无公害农产品则是实现农产品生态价值的重要手段。农产品品牌建设得到了党和国家的充分重视，早在 2005 年 8 月，农业部发布的《关于发展无公害农产品绿色食品和有机农产品的意见》中就指出，坚持无公害农产品、绿色食品和有机农产品“三位一体、整体推进”的发展思路对促进农民增收有重要作用；2016 年 6 月，国务院办公厅印发《关于发挥品牌引领作用推动供需结构升级的意见》；2018 年 6 月，农业农村部印发《关于加快推进品牌强农的意见》；中共中央、国务院印发的《乡村振兴战略规划（2018—2022 年）》，强调“加强农产品商标及地理标志商标的注册和保护，构建我国农产品品牌保护体系”；农业农村部于 2019 年 2 月印发《国家质量兴农战略规划（2018—2022 年）》，强调实施农产品认证登记发展计划。

在过去的 30 年里，认证制度的科学性和规范性不断提升，绿色、有机农产品认证审查、按标生产和证后监管等相关制度不断健全，2018 年构建了地理标志农产品统一认定制度和无公害农产品的产地产品认证合并制度改革与权责下放；2017 年启动国家农产品质量安全追溯平台；2019 年试行食用农产品合格证制度，推动建立合格证与市场准入的衔接机制。为了提升农产品品牌价值，农业农村部数次举办中国国际农产品交易会、中国绿色食品博览会、中国国际茶叶博览会等农业展会和产销对接活动；充分利用《农民日报》、《农产品市场周刊》、农业影视频道、中国农业农村市场信息微信公众号等媒体集中开展农业品牌宣传推介。

截至 2020 年 6 月底，我国已认证绿色食品 38 545 个、有机农产品 4548 个、地理标志农产品 3090 个和无公害农产品 71 185 个。认证绿色、有机和地理标志农产品企业总数达 2.1 万家，产品总数达 4.6 万个。创建国家农业标准化示范区（县、场）1818 个、“三园两场”近 1.8 万个，创建国家农业标准化示范区 4616 个。

（二）农业生态文化旅游

自改革开放以来，随着人们物质和文化需求的日益增长，农村优美的农业景观、高质量的生态环境、丰厚的农耕文化底蕴使得共享农业、体验农业、创意农业等农业新业态大量涌现，文化、教育、旅游、康养、生态等产业与农业跨界融合。我国形成了以全国休闲农业和乡村旅游示范县与示范点、中国和全球重要农业文化遗产、农民丰收节和田园综合体等为核心的“农生文旅产业融合”品牌体系。

2010年7月，农业部和国家旅游局联合印发了《关于开展全国休闲农业与乡村旅游示范县和全国休闲农业示范点创建活动的意见》；2016年7月，农业部联合国家发展改革委等14部门，联合印发《关于大力发展休闲农业的指导意见》，强调对农村绿水青山、田园风光、乡土文化等资源的综合利用；2018年9月，中共中央、国务院印发《乡村振兴战略规划（2018—2022年）》，提出要建设休闲农业和乡村旅游精品工程。至2021年5月，我国已创建388个全国休闲农业和乡村旅游示范县（市），认定了1216个“一村一景”的美丽休闲乡村，并运用新媒体推介了970个中国美丽休闲乡村和1000条精品旅游线路，显著提升了休闲农业和乡村旅游的社会认知度与品牌影响力。2021年农业农村部以休闲农业创业福地、产业高地、生态绿地、休闲旅游打卡地为目标定位，启动了全国休闲农业重点县的建设工作。

2017年中央一号文件《中共中央　国务院关于深入推进农业供给侧结构性改革　加快培育农业农村发展新动能的若干意见》中提出，“建设以农民合作社为主要载体、让农民充分参与和受益，集循环农业、创意农业、农事体验于一体的田园综合体”。2017年5月，财政部印发《关于开展田园综合体建设试点工作的通知》，2021年5月印发《关于进一步做好国家级田园综合体建设试点工作的通知》。

自2018年起，国家将每年秋分日设立为“中国农民丰收节”，以充分发挥优秀传统民俗文化资源优势，促进丰收节与传统庆丰收活动融合发展；要求在注重保护提升特色民间民俗传统的同时，打造一批民俗文化、乡村旅游、农业嘉年华等的知名品牌，短短几年内已取得了不俗的社会反响。

（三）农业经济补贴补偿

在耕地补贴方面，2016年5月，国务院办公厅颁布实施《关于健全生态保护补偿机制的意见》，提出要完善耕地保护补偿制度，尽快建立以绿色生态为导向的农业生态治理补贴制度。同年，实施耕地轮作休耕补助政策，在中央财政支持下探索实行耕地轮作休耕制度试点。“两减免、三补贴”政策改革施行，全面推开种粮直补、农作物良种补贴、农资综合补贴“三补合一”的政策，为农业提供支持和保护性补贴。2019年，国家发展改革委等9部门联合印发《建立市场化、多元化生态保护补偿机制行动计划》，提出要建立以绿色生态为导向、促进农业资源合理利用与生态环境保护的农业补贴政策体系和激励约束机制。

在林业补贴方面，1999年我国在四川、陕西和甘肃率先进行了退耕还林（草）试点，之后于2002年正式在全国推行退耕还林（草）工程，2018年6月，财政部、国家林业和草原局出台《林业生态保护恢复资金管理办法》，加强和规范天然林保护工程，完善退耕还林政策、新一轮退耕还林还草等方向的资金使用管理，提高了补偿标准和退耕的积极性。

在草原畜牧业补贴方面，主要有2003年全面启动的“退牧还草”工程；2011年建立的草原生态保护补助奖励政策，包含禁牧补助、草畜平衡奖励，2016年开始实施新一轮草原生态保护补助奖励政策，适当提高了禁牧和草畜平衡补助标准。在渔业补贴方面，农业农村部等于2019年1月印发实施了《长江流域重点水域禁捕和建立补偿制度实施方案》，对禁渔期生计受到冲击的渔民进行经济补偿。

此外，在农业文化价值补贴方面，2019年6月，财政部印发了《关于开展中央财政对地方优势特色农产品保险奖补试点的通知》，并于2020年扩大了试点的范围和规模。以奖代补，对具有高文化价值的地方优势特色农产品经营实施农业保险保障措施。

第三节　建立了农业服务保障体系

党中央国务院高度重视“三农”问题，习近平总书记强调“没有农业农村现代化，就没有整个国家现代化。在现代化进程中，如何处理好工农关系、城乡关系，在一定程度上决定着现代化的成败”。自21世纪以来，国家连续18年发布以“三农”为主题的中央一号文件，强调了“三农”工作是全面建设社会主义现代化国家的“重中之重”。特别是党的十八大以来，在以习近平同志为核心的党中央坚强领导下，我们坚持把解决好“三农”问题作为全党工作重中之重，持续加大强农惠农富农政策力度，扎实推进农业现代化和新农村建设，全面深化农村改革，农业农村发展取得了历史性成就，为党和国家事业全面开创新局面提供了重要支撑。经过几十年的发展，我国逐步建立和完善了农业服务保障体系。

一、农村基本经营制度不断巩固和完善

习近平总书记指出，农村基本经营制度是党的农村政策的基石。农村改革30年的一条重要历史经验，就是由亿万农民创造并形成的适应社会主义市场经济体制、符合农业生产特点的农村基本经营制度，即以家庭承包经营为基础、统分结合的双层经营制度。农村基本经营制度必须毫不动摇地坚持。

1982年，中共中央批转《全国农村工作会议纪要》（即第一个一号文件），文件指出“包产到户”“包干到户”同其他形式的各种农业生产责任制一样，“都是社会主义集体经济的责任制”，“它不同于合作化以前的小私有的个体经济”。1983年初发出的关于农村问题的第二个一号文件——《当前农村经济政策的若干问题》指出，人民公社的体制，要从两方面进行改革：实行生产责任制，特别是联产承包制；实行政社分设。1984年中央一号文件明确提出了延长土地承包期的政策，规定“土地承包期一般应在15年以上”。政策颁布后，当年，全国99.1%的农村基本核算单位普遍实行了包干到户。1993年，八届全国人大一次会议通过的《中华人民共和国宪法修正案》载明：“农村中的家庭联产承包为主的责任制……是社会主义劳动群众集体所有制经济。”第一次从根本上确立了

家庭联产承包责任制的法律地位。同年，中共中央、国务院发出 11 号文件，决定在原定的耕地承包期 15 年到期之后，承包期再延长 30 年不变。十三届八中全会通过的《关于进一步加强农业和农村工作的决定》要求，把以家庭联产承包为主的责任制、统分结合的双层经营体制，作为我国乡村集体经济组织的一项基本制度长期稳定下来，并不断充实完善。我国于 1993 年修改《中华人民共和国宪法》时，将第八条第一款相关内容修改为“农村中的家庭联产承包为主的责任制和生产、供销、信用、消费等各种形式的合作经济，是社会主义劳动群众集体所有制经济”。十五届三中全会通过的《中共中央关于农业和农村工作若干重大问题的决定》指出，以公有制为主体、多种所有制经济共同发展的基本经济制度，以家庭承包经营为基础、统分结合的经营制度，以劳动所得为主和按生产要素分配相结合的分配制度，必须长期坚持。我国于 1999 年修改《中华人民共和国宪法》时，将第八条第一款相关内容进一步修改为“农村集体经济组织实行家庭承包经营为基础、统分结合的双层经营体制。农村中的生产、供销、信用、消费等各种形式的合作经济，是社会主义劳动群众集体所有制经济。”此后，“以家庭承包经营为基础，统分结合的双层经营体制”成为我国农业经营体制的标准概括。

党的十八大以来，以习近平同志为核心的党中央对稳定和完善农村基本经营制度、深化农村土地制度改革提出一系列方针政策，包括：在坚持农村土地集体所有的前提下，促使承包权和经营权分离，形成所有权、承包权、经营权“三权”分置，经营权流转的格局；维护进城务工落户农民土地承包经营权、宅基地使用权、集体收益分配权，依法规范权益转让；允许承包方以承包土地的经营权入股和发展农业产业化经营，探索承包土地的经营权融资担保；健全工商资本租赁农地的监管和风险防范制度，加强用途管制，严守耕地红线；建立完善土地承包经营权确权登记制度；保障农村妇女的土地承包权益；在农村集体产权制度改革中确认农村集体经济组织成员身份等。党的十九大报告进一步明确提出，“巩固和完善农村基本经营制度，深化农村土地制度改革，完善承包地‘三权’分置制度。保持土地承包关系稳定并长久不变，第二轮土地承包到期后再延长三十年”。

二、农业支持保护政策体系逐步形成

从 2004 年开始，我国重新聚焦“三农”问题，一系列重大惠农惠民政策出台。在保障粮食安全和农民增收方面，最主要的政策包括如下 4 个方面：①2004 年在全国范围内取消了农业税；②2004 年启动了农业直接补贴，之后补贴逐年增加；③从 2004 年开始启动大宗农产品的托市政策，包括 2004 年启动的水稻和小麦的最低收购价政策，2008 年启动的玉米、大豆和油菜籽的临时收储政策，2011 年和 2012 年分别启动的棉花和食糖临时收储政策；④21 世纪初以来政府加大了对农业农村的财政投入，特别是对农业基础设施建设和农业的科技投入。

自 2004 年以来，中国逐渐构建了以最低收购价格和临时收储政策为主的价格支持政策，以生产资料综合补贴、良种补贴、农机补贴等为主的直接补贴政策等为导向的农业支持政策体系，促进了农业发展和农户收入的持续增长。农业支持政策可以分为市场价格支持和政府补贴两大类，根据农业发展的需求，设立专项支持计划，如基本农田建设、农村信息化、奶业振兴行动，如图 1-9 所示，以农业综合服务为主。现阶段，我国需要继续推进以保护价收购、目标价格补贴和脱钩补贴为核心的农业支持政策改革（柯炳生，2018），更好地发挥价格支持和补贴政策的导向作用，这是当前和今后一个时期农业支持保护制度建设的重点（张天佐等，2018）。我国农业支持保护政策的主要目标之一是保障粮食安全，这关乎国家战略安全，政府政策和现代技术促进我国粮食单产大幅提高（Jiao et al.，2018），粮食产量经历了“十二连增”后，近年稳定在 6.6 亿 t 上下；另一个重要目标是农民收入，根据财政部公布的全国一般公共预算支出决算数据，2016 年稳定农民收入补贴支出 170.05 亿元，是 2015 年的 2.46 倍，2017 年达到了 274.02 亿元，收入问题已经成为我国农民面临的主要挑战之一（Huang et al.，2017）。另外，我国作为世界贸易组织（World Trade Organization，WTO）成员，相关政策还需尽可能符合其规则，且符合国家战略整体需要。农业支持制度的设计不仅需要考虑农业发展、农民收入以及相关规则约束，还需要更多地考虑可持续性，包括自然环境稳定以及人的发展（刘锐金，2020）。

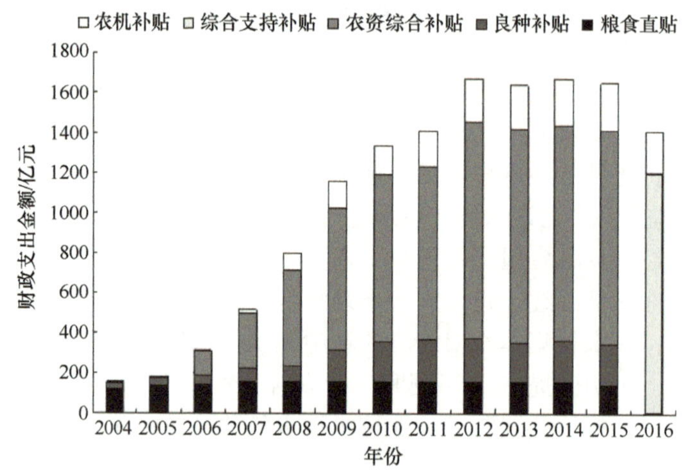

图 1-9　2004～2016 年农业补贴政策财政支出

数据来源：财政部历年来发布的各项农业额补贴文件

农业支持政策对农业增长和农民增收起到了积极的作用。首先，我国粮食产量实现了破纪录的“十二连增”，粮食产量年均增长率从 2000～2005 年的 1%提高到 2005～2016 年的 2%以上。其次，农林牧渔业产值在扣除物价增长因素后，2005 年以来年均实际增长保持在 4.5%左右。最后，城乡居民人均纯收入比在 2009 年达到顶峰“3.3∶1”后，从 2010 年开始出现了下降趋势，到 2017 年城乡居民人均可支配收入比为“2.7∶1”（国家统计局，2018）。

近年来农业开始了新一轮改革，已初见成效。在农业补贴方面，从 2015 年开始调减四项补贴，把部分补贴支出转向对农业生产方式转变和提高生产力方面的投入，2016 年把除农机补贴以外的其他三项补贴合并为综合支持补贴（图 1-10）。2019 年中央一号文件提出要“加快构建新型农业补贴政策体系。按照适应世贸组织规则、保护农民利益、支持农业发展的原则，抓紧研究制定完善农业支持保护政策的意见”。

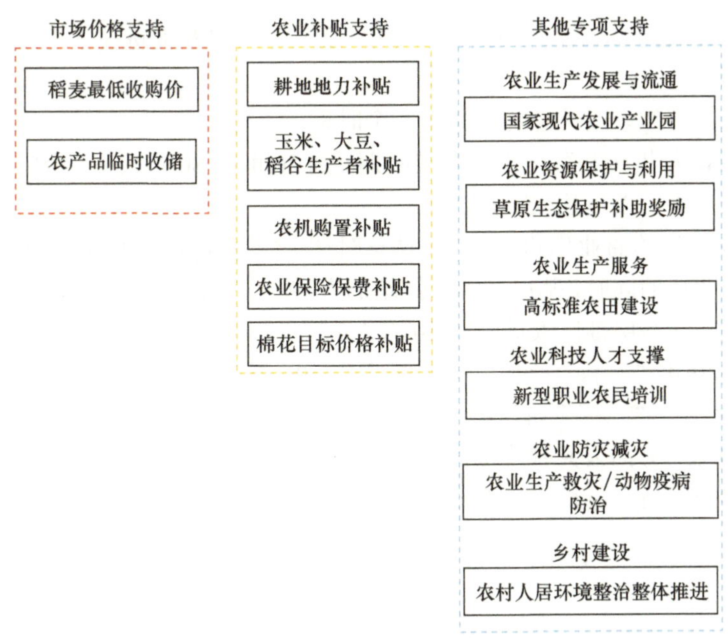

图 1-10 我国农业支持制度的框架

三、农业科技服务体系建设取得明显成效

（一）我国农业科技服务体系发展历程

过去 40 年，我国农业科技研发和技术推广体系不断完善与发展，取得了一系列成就，对农业生产力的提高发挥着极其重要的作用。下面分别简要介绍和评价农业科研与技术推广体制改革及其成效。

农业科研经历了如下 4 个发展与改革阶段。

1978～1985 年的迅速恢复与发展时期。在这个时期，全国农业科研机构由 1979 年的 597 家发展到 1985 年的 1428 家，农业科研人员由 1979 年的 2.2 万人发展到 1985 年的 10.2 万人。

1986～1998 年的商业化和拨款方式改革时期。在这个时期，科研部门开始从事经营创收活动，同时政府也对科研项目拨款方式从原来的计划分配制改为竞争制。在竞争的压力下，科研人员由 1985 年的 10.2 万人减少到 1996 年的 6.5 万人。

1999～2006 年的科研单位转制和企业投资萌芽时期。农业科研单位被要求分别转制为社会公益类、科技服务类和技术开发类 3 种类型，通过改革试图形成一支精干、高效与灵活的科研队伍，并建立以企业为主体的科技创新体系，但改革受到很大阻力，最终没有被完全推进。

2007 年以来的农业创新体系建设时期。在这个时期，农业部、财政部联合构建了水稻、油菜、生猪、大宗淡水鱼等 50 个主要农产品的现代农业产业技术体系，吸纳 800 多家农业科研教学企业单位参加，稳定支持 2700 余名农业专家围绕农业产业开展技术攻关、示范培训、政策咨询和应急服务，并显著加大了农业科研投入。目前我国农业科研机构拥有研究人员 6.8 万人，在推动现代农业转型升级和促进技术进步方面发挥了独特作用。

农业技术推广体系改革经历了如下 5 个时期。

1978～1988 年机构和队伍迅速发展时期。到 20 世纪 80 年代末，全国各乡镇都建立了农技站，农技推广人员达 45 万人。

1989～1993 年的商业化和“三权”调整时期。受财政负担的影响，该时期在推进农业技术推广商业化的同时，基层乡镇农技站的人、财、物管理权（“三权”）在 1989～1992 年由县下放到乡（基层推广人员降到 30 万人）。

1994～2000 年“三权”上收（人员扩大到 106 万人）。

2001～2003 年“三权”再次下放（人员减少到 84.9 万人）。

2004 年以来，分离公共推广部门的商业活动和“三权”上收及各地多种改革模式不断推进，在编的农技人员稳定在 70 多万人。

（二）我国农业科技服务体系取得成效

1. 坚持以产业需求为导向，聚焦农产品、聚合产业链、聚集科技资源，打造农业科技创新力量

一是按照生产全过程建立体系架构。建立水稻、蔬菜、生猪、柑橘、淡水鱼等 50 个主要农产品的产业技术体系，每个体系设置 1 名首席科学家；设置遗传育种、栽培养殖、病害防控、产后加工、机械设备、产业经济 6 个领域的科学家岗位，共聘用 1424 名岗位科学家；在主产区设置试验站，每个试验站对接 5 个示范县，共聘用 1250 名试验站站长。二是围绕产业链关键环节推动跨学科交叉融合。遵循农业产业链产前、产中、产后各环节密切关联、不能分割的规律，产业技术体系在确定 6 个领域主攻方向目标时，充分体现各领域之间目标的一致性、专家的互动性、成果的关联性，实现了体系内各环节衔接互动、多学科交叉融合。三是聚焦产业综合性重大问题开展联合攻关。体系变单项研究为系统研究、变单点突破为多点集成、变单项成果为一体化解决方案，在一段时期每个体系确定 1 或 2 个综合性重大任务，组织全体系专家分工协作、联合攻关，有效解决了单项成果很多、企业用户却“用不上、用不了”的难题。

2. 加速农业科技创新和成果转移转化

通过不断创新管理体制机制，打造全国农业科技资源整合的大平台，促进围绕产业重大关键共性问题攻关的大协作，贯通科技创新、推广服务、农民技能培训，在建设运行过程中体现了产业性、一致性、稳定性、贯通性，符合我国农业实际和农业科技发展规律。一是汇聚全国科研力量，实现科技资源有效整合。“不所有、但求所用”。坚持开放，打破行政隶属界限，在全国涉农科教单位和企业聘用优秀产业科技团队，农业农村部所属科研单位占 14.7%，教育部和中国科学院系统占 12.9%，地方农业科研单位和涉农高校占 64.3%，企业占 8.1%。二是发挥各类主体作用，推动科研生产紧密衔接。每个体系密切联系产业主管部门、推广机构、企业、种养大户，充分发挥各主体在凝练目标、加快集成、推进应用中的重要依托和主渠道作用；在关键领域开展技术攻关，在全产业链开展技术集成，在农业主产区开展转化应用，促进成果加速转化落地。三是链接技术

体系与产业体系，增强产业发展内生动力。通过培育新品种、研发新技术、创制新装备、集成新模式，推动农业发展方式转变和生产效率大幅提升，增强农业综合生产能力和抗风险能力，把产业技术体系建设发展成为现代农业产业体系的核心动力和重要支撑。

3. 建设为支撑引领现代产业发展的最直接依靠力量

近年来，我国逐步打造了一支全领域覆盖、全天候支撑、全身心投入的产业科技队伍，推动了一系列关键技术突破，取得了一批重大标志性成果，推动产业发生了重大变化，得到各级政府、农业部门和农民的一致认可。一是引领产业技术转型升级。通过突破共性技术、集成关键技术、熟化配套技术，共研发了932个新品种、4046项新技术、633项新工艺、110项新产品新装备，奠定了产业变革的科技基础。引领产业优质化，大力培育名特优新品种，系统集成水肥调控等生产技术，水稻优质化率超过37%，小麦优质专用化率达33%。引领产业轻简化，以品种培育为前提、以关键机械突破为基础、与栽培技术相配套，水稻机械直播、玉米籽粒机收、油菜全程机械化取得重大进展，实现了大面积示范水稻每亩节本100元、玉米每亩节本120元、油菜每亩节本240元。引领产业绿色化，针对苹果、蔬菜、茶叶等经济作物体系，以品种更新、水肥一体、农药减量等为突破口，促进了品质改善，减轻了环境压力，支撑化肥、农药使用量实现负增长。二是推动产业面貌变革。引导科技成果向主产区集成，推动品种结构、品质结构优化调整，促进生产方式重大转变。针对柑橘体系以往品种单一、集中上市、效益低迷等发展瓶颈，按照柑橘周年供应的目标，优化了优势种植区域布局，实现了早、中、晚熟品种配套，突破了苗木繁育、果实留树保鲜等关键技术，确保了9个月的鲜果供应，带动了主产区果农增收致富，彻底改变了柑橘产业落后面貌。针对花生体系，在河南正阳县围绕全产业链系统开展品种更新、轻简栽培、机械收获、精深加工等新技术集成推广，延长和提升正阳县花生全产业链，推动一二三产业深度融合。目前，花生种植面积达170万亩，总产量为150万t，年综合收入达148亿元，使花生成为正阳县的第一大支柱产业，使正阳县成为中国花生和花生生产加工机械的交易中心。针对谷子、高粱、燕麦、荞麦等体系，将高产优质品种、机械化生产技术、精深加工技术进行集成，破解种植规模小、人工投入大、产业效益低的难题，催生了一批千亩、万亩规模化生产的新型经营主体，催生了一批营养食品企业，催生了一批小而美、能致富的地方特色支柱产业。三是提高产业竞争力。以培育自主品种、保障种业安全为出发点，加快核心种质遗传改良进程，提高优良品种国产化率，降低品种对外依存度。针对蛋鸡和肉鸡体系生产用种80%依赖国外进口的现状，加强育种、繁殖和高效生产技术攻关，培育出‘京红’‘京粉’系列自主蛋鸡品种和京海黄鸡等自主肉鸡品种，市场占有率均由20%提高到50%以上。针对肉牛体系，加强云岭牛、秦川牛等地方品种改良，培育出高品质杂交组合，集成了阶段差异化饲喂、粗饲料营养调控等技术，使企业生产出品质与日本和牛相当的雪花牛肉。针对水禽体系，加强联合攻关，培育出北京鸭配套体系，仅1家龙头企业就实现2018年出栏量超过8亿只，节约引种费1.5亿元。四是支撑决策咨询和应急服务。向政府部门和有关企业提供产业发展政策建议、调研咨询报告等4500余份，其中获省部级以上领导批示近400份，被地方政府和企业采纳 3400 份。体系专家第一时间参与非洲猪瘟防控、草地贪夜蛾防控、“利奇马”超强台风防御等指导服务逾 2 万人次，提出应急预案和技术解决方案近 1000 个，支撑保障了农业稳产增产。

四、农业社会化服务体系愈加壮大

早在 1991 年，国务院发布的《国务院关于加强农业社会化服务体系建设的通知》中指出，加强农业社会化服务体系建设，是深化农村改革、推动农村有计划商品经济发展的一项伟大事业，对于稳定和完善以家庭联产承包为主的责任制，健全双层经营体制，壮大集体经济，实现小康目标，促进农业现代化，具有极其重要而深远的意义。党的十八大明确提出要“坚持和完善农村基本经营制度”“构建集约化、专业化、组织化、社会化相结合的新型农业经营体系”。这不仅需要培育新型的农业经营主体以拓展经营形式，更需要建立一套新型的农业社会化服务体系作为支撑。因此，加快建立新型的农业社会化服务体系不仅是构建新型农业经营体系的重要内容，也是完善农村基本经营制度的应有之义。

经过几十年的发展，我国农业社会化服务体系已经初具规模，并具有一定的基础，服务的范围和内容不断扩展，服务的水平也在日益提高。然而，目前我国现行的农业社会化服务体系发展还不健全，在管理、功能定位、关系协调等方面存在着诸多不足，尚不能快速适应新时期“三农”领域的发展变化，在满足农民需求和推动农业现代化方面的功能还没有得到充分发挥。因此，为适应社会环境的发展变化，必须适时地对现行的农业社会化服务体系作出战略性调整，这对于解决“三农”问题具有重大的理论意义和实践意义。

“大国小农”是我国的基本国情农情。“人均一亩三分地，户均不过十亩田”，是许多地方农业的真实写照。习近平总书记指出，“我们不可能各地都像欧美那样搞大规模农业、大机械作业，多数地区要通过健全农业社会化服务体系，实现小规模农户和现代农业发展的有机衔接”“加快构建以农户家庭经营为基础、合作和联合为纽带、社会化服务为支撑的立体式复合型现代农业经营体系”。大力发展农业社会化服务有利于促进农业节本增效，提高农民种粮积极性，保障国家粮食安全和重要农产品有效供给；有利于稳定土地承包关系，巩固完善农村基本经营制度；有利于推进多种形式的适度规模经营，对带领小农户发展现代农业具有深远意义。中央高度重视发展农业社会化服务，2019 年，中共中央办公厅、国务院办公厅印发了《关于促进小农户与现代农业发展有机衔接的意见》，明确提出要健全面向小农户的社会化服务体系，发展农业生产性服务业，加快推进农业生产托管服务，实施小农户生产托管服务促进工程。“十三五”以来，农业社会化服务政策支持力度不断加大，服务主体加快培育，多元化、多层次服务体系逐步建立，农业生产性服务业蓬勃发展，对现代农业建设的支撑能力不断增强。

（一）服务组织蓬勃发展

按照主体多元、形式多样、服务专业、竞争充分的原则，农业服务专业户、农民专业合作社、农村集体经济组织和服务型企业等各类社会化服务组织呈现蓬勃发展势头。截至2019年底，全国各类服务组织总量达89.3万个，其中农业生产托管组织超过44万个，服务小农户超过6000万户。各类服务组织各有所长，优势互补。农业服务专业户数量最多，占全国服务主体总量的1/2，虽然单体服务规模不大，但最贴近农民，主要为周边小农户服务；农民专业合作社服务规模最大，带动小农户数量最多，达5034.1万户；农村集体经济组织以开展“居间”服务为主，组织小农户接受服务，发挥桥梁和纽带作用；服务型企业数量少，但服务带动能力最强，单个企业平均服务对象达530个（户），且服务的专业化、集约化和标准化程度较高，呈现强劲的发展势头（图1-11）。

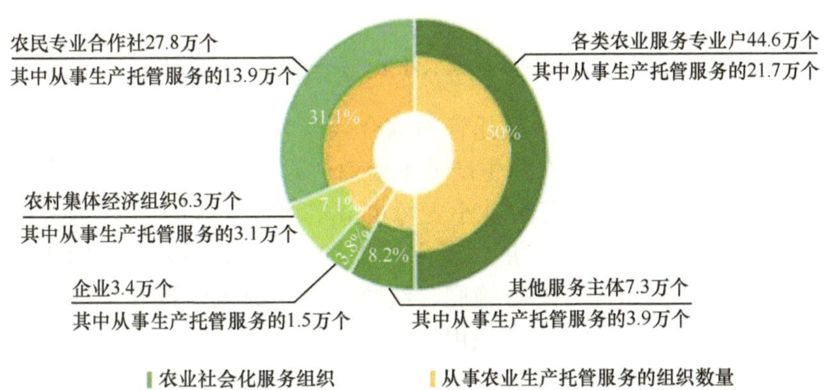

图1-11　全国农业社会化服务组织情况

因修约，图中百分比例的加和不为100%。余同

（二）农业生产托管加快发展

农业生产托管是农户等经营主体在不流转土地经营权的条件下，将农业生产中的耕、种、防、收等部分或全部作业环节委托给社会化服务组织完成的农业经营方式，是推进农业生产性服务业发展、带动小农户发展适度规模经营的主推服务方式和重要抓手。2017年，农业部、国家发展改革委、财政部联合印发《关于加快发展农业生产性服务业的指导意见》，就推进农业生产性服务业发展进行了全面部署，要求着眼于满足小农户和新型经营主体的实际需求，围绕产前、产中、产后全过程，加快发展多元化、多层次、多类型农业生产性服务，大力推广农业生产托管。为加强面向小农户的社会化服务，2017年，中央在农业生产发展资金这个大专项中设立农业生产社会化服务项目，重点支持生产托管。为加强项目管理，2019年，农业农村部、财政部两部门联合印发《关于进一步做好农业生产社会化服务工作的通知》，进一步明确项目实施重点，完善管理制度，规范项目实施。2017～2020年，中央财政累计投入155亿元支持以农业生产托管为主的社会化服务。2020年，中央财政扶持资金增加到45亿元，实施托管项目的省份达29个，示范带动全国农业生产托管面积超过15亿亩次，其中，河北、山西、安徽、山东、河南的生产托管面积分别超1亿亩次，内蒙古、吉林、湖北、湖南等地生产托管面积分别达5000万亩次以上（图1-12）。

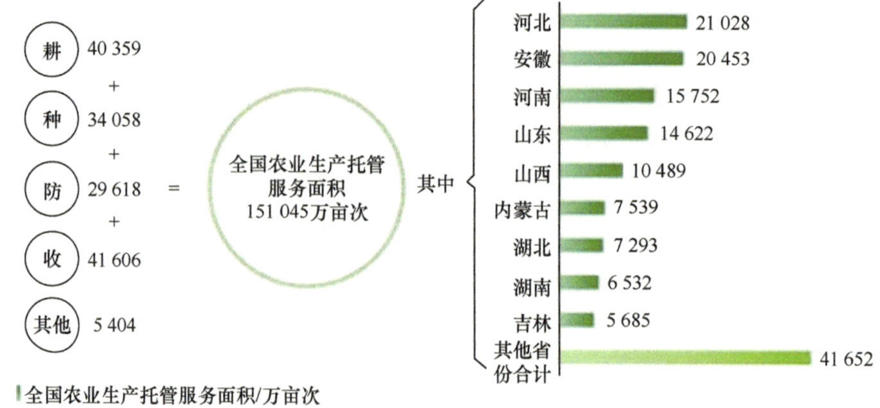

图 1-12 2019 年全国农业生产托管服务面积情况

通过项目示范引领，农业生产托管的综合效益突出，受到基层农民群众和地方政府的普遍欢迎。一是促进了农业生产节本增效。对 19 个省份共 875 个托管案例的定量分析显示，农户采取全程托管，小麦每亩节本增效 356.05 元，玉米每亩节本增效 388.84 元。二是推进了绿色发展。辽宁、江苏、浙江、山东四省抽样调查显示，通过农业生产托管，采用测土配方施肥、统防统治、绿色防控等先进生产技术，化肥施用量可以降低 40%左右，农药施用量可以降低 50%以上。三是助推农民增收。通过土地入股、产业带动、集体参与等多种形式，带动农民增收。例如，陕西白水县开展果园托管，每亩可节约生产资料投入 600 元，增产约 400kg，仅在果园种植上，每个农户每亩增收 800～1200 元。

（三）服务方式不断创新

组织开展政府向经营性服务组织购买农业公益性服务机制创新试点，按照县域试点、省级统筹、行业指导、稳步推进的思路，选择粮食、棉花、畜牧、水产养殖主产区以及改革基础条件较好的省份开展，主要支持统防统治、农机作业、集中育秧、粮食烘干、农业废弃物回收和处置、土壤重金属污染治理试验等环节，重点探索政府购买社会化服务的范围、流程、评价体系和经营性服务组织的承担资质。根据不同地区、不同产业的生产需求和农户意愿，鼓励各地积极探索和创新多元化服务方式，各种新机制、新业态、新模式加速涌现，单环节托管、多环节托管、关键环节综合托管和全程托管等多种托管模式快速发展，探索出“服务组织+村集体经济组织+小农户”“公司+合作社+村级组织+小农户”“生产托管+金融保险+粮食银行”以及供销社“为农服务中心”等有效模式。2019 年，农业农村部总结推介了首批 20 个全国农业社会化服务典型案例，这些案例围绕服务小农户，针对生猪、粮、茶、果等大宗农产品的服务作业生产，涉及企业经营、合作经营、集体经营、家庭经营 4 类服务型规模主体，贯穿产前、产中、产后各领域和供、耕、种、管、保、收、储、运、销各环节，在补齐农业发展短板、创新农业经营方式、构建利益联结机制等方面总结形成了一批好经验、好做法，对于各地发展服务规模经营、转变农业经营方式、增强农业综合竞争力具有典型示范作用。

（四）规范管理全面启动

紧紧围绕服务规范化管理这个核心，启动社会化服务标准与行业管理制度的分类研究和制定，加强服务价格指导，坚持市场定价原则，防止价格欺诈和垄断。强化服务合同监管，2020 年，农业农村部办公厅印发《农业生产托管服务合同示范文本》《农业生产托管服务指引》，指导各地推广应用示范合同文本，推动规范服务行为，确保服务质量，保障农户权益。推动地方建立社会化服务组织名录库，加强服务组织动态监测。各地结合实际出台地方服务标准和规范，因地制宜地开展示范单位和示范县创建，推进服务规范化建设。针对农业社会化服务供需对接不畅、服务资源缺乏有效整合、信息化程度不高等问题，2019 年组织开发了中国农业社会化服务平台，2020 年在山西、安徽、山东开展整省试运行，其他省份选择项目县开展整县试运行。截至目前，中国农业社会化服务平台的公共服务对接、项目管理、名录库建设、作业管理等功能运行良好，有效发挥了促进服务信息对接、推动服务资源合理流动、提高服务效率、降低项目监管成本的作用。

五、农业基础设施不断改善，科技水平显著提升

（一）农田水利条件明显改善，高标准农田建设稳步推进

农田水利及高标准农田建设是关系农业综合生产能力、国家粮食安全和现代农业发展的大事，自 2011 年以来的中央一号文件均明确要求大力发展农田灌溉节水工程，在国家“藏粮于地、藏粮于技”的战略推动下，农田水利基础设施建设得以持续加强，重大水利工程建设不断深化，小型农田水利设施不断完善，喷微灌、改进地面灌溉等新型节水灌溉应用面积不断扩大，截至 2019 年，我国耕地有效灌溉面积达 6865 万 hm^2，比 1952 年增长 2.4 倍，年均增长 1.8%（图 1-13）。深入开展“沃土工程”建设，大力改造中低产田，旱涝保收、稳产高产的高标准农田建设稳步推进，土壤的大幅改良提升促进

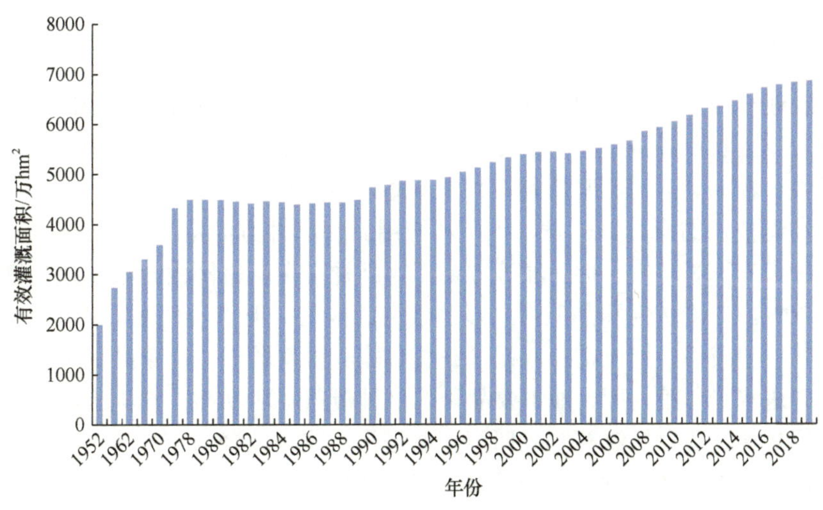

图 1-13　全国有效灌溉面积变化

每亩耕地产量增加 100kg 以上，增收 150 元以上，农业综合生产能力大幅提升，截至 2018 年底，全国累计建成高标准农田 6.4 亿亩，完成 9.7 亿亩粮食生产功能区和重要农产品生产保护区划定任务，确保粮食综合生产能力稳步提升，高标准农田的比例不断提高，为粮食等主要农作物增产提供了有力保障。

（二）农业机械拥有量快速增长，机械化水平大幅提升

1952 年我国农业机械总动力仅为 18.4 万 kW，拖拉机不到 2000 台，联合收获机仅 284 台。随着农业现代化的推进，农业机械总动力和拥有量快速增加并得以广泛应用，农业生产也逐渐向机械化转变，运用动力农业机械代替人力、畜力生产工具，将农民从“面朝黄土背朝天”的高强度农业生产方式中解放出来，将落后低效的传统生产方式转变为先进高效的大规模生产方式，大幅提高了劳动生产率和农业生产力水平。2018 年全国农业机械总动力达 10.0 亿 kW，拖拉机为 2240 万台，联合收获机为 206 万台。2019 年中国综合机械化率为 69%，机耕率、机播率、机收率分别为 84%、56%和 61%，其中小麦、玉米、水稻三大粮食作物机械化率分别为 95%、88%、81%（图 1-14）。

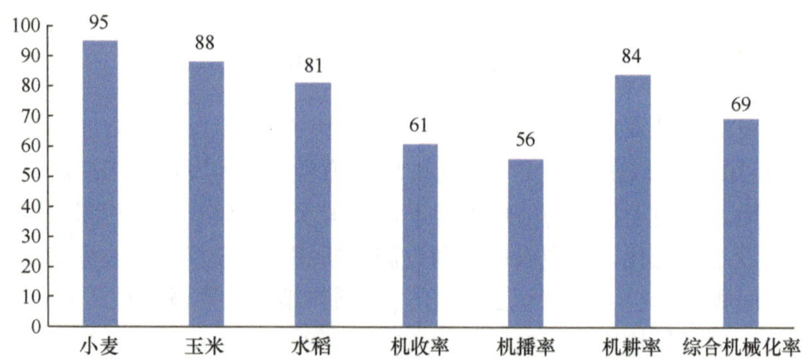

图 1-14　2019 年我国农业机械化发展水平（%）

（三）农业科技不断取得新的突破

我国农业科技创新水平已进入世界前列，2019 年农业科技进步贡献率已达 59.2%，科技已成为我国农业经济最重要的驱动力，有效保障了国家粮食安全和产品供给，促进了农民增收（表 1-4）。国家坚持科教兴农战略，不断加强生物技术、信息技术和农业工程技术等高新技术的研究、开发、推广和应用。在品种方面持续推进“种子工程”“畜禽水产良种工程”等，粮、棉、油等主要作物品种在全国范围内持续换代，每次更新增产 10%～20%，作物抗性和品质得到显著改进，推动实现了矮秆化、杂交化、优质化 3 次跨越，其中超级稻、抗虫棉、双低（芥酸和硫苷含量较低）油菜品种选育与应用已经处于世界先进水平，粮、棉、油主要品种的良种覆盖率达 96%。在灾害防控方面，重大病虫害流行规律、传播机制等基础研究全面进步，监测预警防控技术不断完善，高度重视动物疫病对人类健康、食品安全及公共卫生的影响，控制和消灭了牛瘟、牛肺疫，控制了禽流感、猪蓝耳病等重要疫病的流行与发生。此外，测土配方施肥技术推广面积持

续深化，良种良法配套和高产、优质、高效的栽培技术体系得到普遍应用，设施大棚、育苗工厂等农业工程化加快推进，农科教结合、产学研协作逐步推进，农业科技下乡、专家大院、农技110等推广方式不断丰富，农业科技人才队伍不断壮大，第三次全国农业普查结果显示，受过农业专业技术培训的农业生产经营人员有3467万人。

表1-4　1995～2019年我国农业科技进步贡献率

项目	1995年	2000年	2005年	2010年	2012年	2013年	2014年	2015年	2016年	2017年	2018年	2019年
贡献率/%	34	45	48	52	54.5	55.2	55.6	56	56.65	57.5	58.3	59.2

数据来源：相应年份的中国农业农村科技发展报告

第二章　新时代新需求新挑战

第一节　食物消费升级

一、未来农产品需求变化的趋势

从我国农产品需求的演变可以看出，农产品消费取决于人口数量和结构、收入水平以及消费习惯等多方面的因素。根据相关文献和目前所掌握的中国未来宏观经济增长、人口数量和结构变化、城市化和工业化发展水平等方面的数据，可以大致推断出未来我国农产品需求变化趋势。

第一，受到人口数量结构变化的影响，未来我国农产品消费总量需求先增后减，对农产品质量需求有所提高。一方面，未来我国人口总规模增长惯性减弱，预计我国总人口数将在 2030 年前后达到峰值，此后将呈现减弱趋势，未来我国粮食刚性需求也将随着人口规模的变化先增后减。根据联合国的预测和《国家人口发展规划（2016—2030年）》所提供的人口基期数据和增长率，预计到 2030 年人口达 14.5 亿人；2031～2035年，人口总量略微下降，维持在 14 亿～14.5 亿人的水平；至 2050 年，人口总量预计在 13.5 亿～14 亿人（图 2-1）。另一方面，受到人口结构的影响，未来我国老龄化程度加深。虽然步入老龄化社会对食物需求总量不存在明显影响，但对于食物供给质量（尤其是在绿色有机食物方面）的要求将会更高。

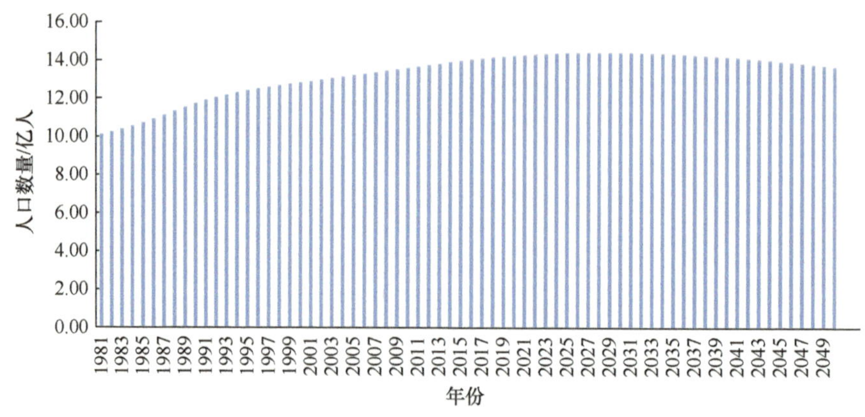

图 2-1　1981～2050 年我国人口变动与趋势预测

数据来源：联合国经济和社会事务部

第二，随着收入增长和消费结构升级，我国居民食物需求结构将朝向高质高值、绿色有机农产品转变。宏观经济发展状况和全球粮食价格是决定我国中长期农产品供给和需求的决定因素。依据国家发展改革委、中国社会科学院和中国农业科学院近期公布的相关数据，预计未来我国宏观经济增长仍将随改革的深入持续提高，但是增长率将会随经济发展逐步放缓。

一方面，城乡居民的膳食结构将继续改善，对高质高值农产品的需求会进一步增长。从产品结构上看，随着人均收入的增长，城乡居民对动物产品需求日益增加，未来以养殖业为主的高蛋白产品消费（肉蛋奶类产品）会进一步增长，并且在蔬菜、水果方面的需求会更加多样化，膳食结构改善成为社会文化改变的宏观背景下的一大趋势。与此同时，在同类产品中，消费者会更倾向于质量更优的品种，消费者已经逐渐从追求数量向追求质量的方向演变。此外，由于城市新中产的兴起，可以预测居民外食次数会增多，将推动我国食物需求数量和质量的进一步增长。

另一方面，消费升级将带动绿色生态有机农产品需求明显增加，食品安全成为消费者关注的重要问题。我国是一个农业大国，农产品作为食品的主要组成部分，农产品的质量安全问题对人民生活以及社会发展具有极大影响。在改革开放初期，消费者主要关注食品数量和种类，而对于农产品质量和安全的关注度不够。随着经济不断发展，人们收入水平提高，在选择食品时更多地追求营养与健康，开始关注农药残留等食品安全问题，对绿色食品和有机食品的选择逐渐增加。近年来，绿色食品和有机食品的零售额增长迅速（图 2-2），近十年的年均增长率分别为 3.9%和 26.8%。随着未来居民收入水平的进一步提高，可以预测绿色食品和有机食品的市场份额会继续增加。

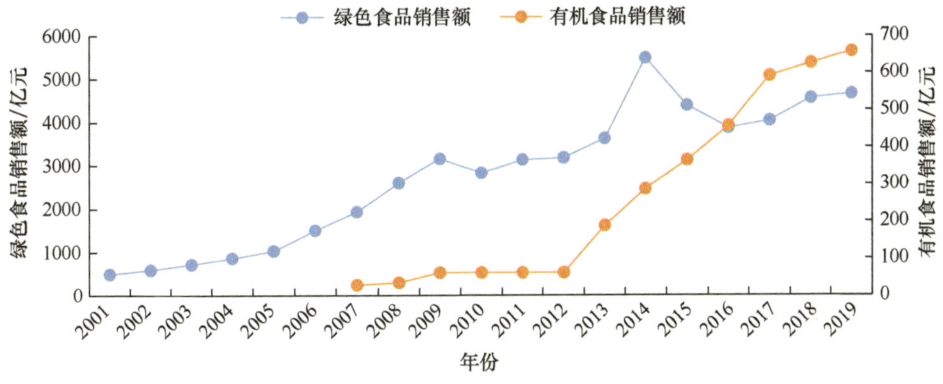

图 2-2　2001～2019 年我国绿色食品和有机食品零售额

数据来源：中国绿色食品发展中心和瑞士有机农业研究所（FiBL）

第三，受到收入差异变动的影响，未来我国城乡食物消费结构差异将不断减小，但地区间（尤其是南北方）食物需求差异可能增大，并且影响食物需求结构。一方面，随着结构转型，城镇化发展水平不断提高（图 2-3），城镇化速度加快已经成为影响我国农产品消费的一个主要因素。最近的变化趋势表明，农村居民收入增长快于城市居民，未来农村和城镇居民之间的收入差距也将会逐渐减小，农村居民人均食品消费量与城镇居民人均食品消费量的差异在迅速缩小。尽管目前的数据表明，城乡收入差异还在一定程度上影响着居民食物消费结构，但随着未来宏观结构转型以及城乡收入差异减少，我国居民食物消费结构将逐渐表现出趋同化。另一方面，第七次人口普查数据显示，目前南北收入差异增大，由于南北方食物消费结构存在差异，未来南北方食物需求差异可能增加，并且影响我国食物需求结构。

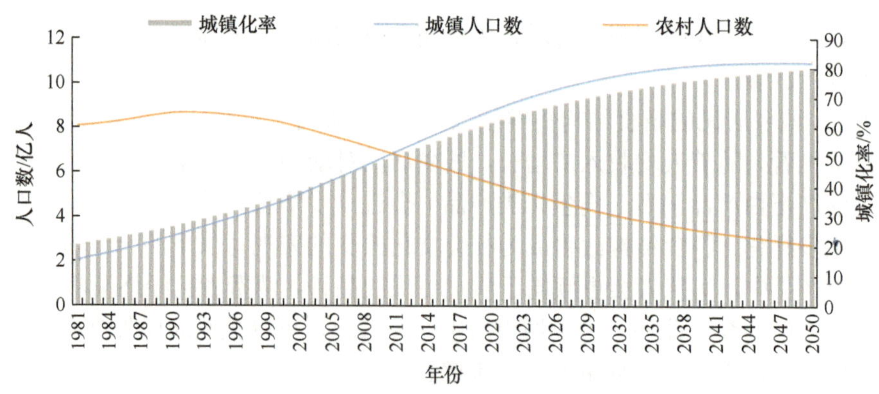

图 2-3　1981～2050 年中国城镇/农村人口数以及城镇化率

数据来源：联合国经济和社会事务部

第四，国际农产品贸易已经成为平衡国内日益增长的农产品需求和受到有限水土资源约束的农业生产之间差距的重要手段，全球食物系统和国际食物价格将对满足我国食物需求产生重要影响。尽管中国农产品贸易从 1984 年到 2002 年一直保持着顺差的地位，但是自 2003 年以来，中国农产品贸易由长期顺差转变为持续性逆差，且逆差金额逐年扩大。截至 2018 年，中国农产品贸易逆差总额已达 573.8 亿美元，是 2003 年农产品贸易逆差额（14.7 亿美元）的 39 倍。近年全球食物价格不断上涨，突发性粮食不安全状况增加，食物系统韧性亟待提高。联合国粮食及农业组织食物价格指数显示，食物价格指数在 2021 年 2 月达 116.0，同比上升 16.7%，环比上升 2.4%，连续第九个月上扬，并创下自 2014 年 7 月以来的最高水平。糖和植物油指数增长强劲，谷物、乳制品和肉类的指数也有所上升，但幅度较小。在冲突、极端天气以及新冠疫情等因素的影响下，国际农产品供应链显示出较强的脆弱性，能否发展稳定、多元的农产品贸易伙伴关系将对满足我国食物需求造成影响。

二、未来农产品需求展望

根据对中国未来宏观经济、人口数量、城市化发展水平等方面的假设和判断，研究采用北京大学中国农业政策研究中心的“中国农业政策分析和预测模型”（CAPSiM）对我国主要农产品未来供需变化趋势进行分析。

（一）基本假设

人口总量：2021～2025 年，年均人口增长率为 0.21%；2026～2030 年，年均人口增长率为 0.10%，到 2030 年人口达 14.5 亿人；2031～2035 年，人口总量略微下降，维持在 14 亿～14.5 亿人的水平；到 2050 年，人口总量预计在 13.5 亿～14 亿人。

GDP 增长率：在 2016～2020 年，年均 GDP 增长 6%～7%；在 2021～2025 年，年均 GDP 增长 5%～6%；在 2026～2030 年，年均 GDP 增长 4%～5%；在 2031～2035 年，年均 GDP 增长保持在 4%以上；在 2036～2050 年，年均 GDP 增长保持在 3%～4%。

城镇化水平：2021～2025 年城镇化率年均提高 1.5%，到 2025 年城镇化率达 64%；

2025～2030 年城镇化率年均提高 1.6%，到 2030 年城镇化率达 70%；2031～2035 年城镇化率年均提高 1.7%，到 2035 年城镇化率达 75%左右；到 2050 年，城镇化率达 80%。

城乡收入：2016～2025 年，农村居民人均可支配收入年均实际增长 6.2%，2026～2035 年，年均实际增长 5.3%；2016～2025 年，城镇居民人均可支配收入年均实际增长 5.6%，2026～2035 年，年均实际增长 4.8%，低于农村居民人均实际可支配收入增长率；到 2050 年，城乡居民可支配收入比值每十年下降 0.3%～0.5%。

全球粮食价格：国际农产品价格在 2016～2025 年主要参考美国农业部（United States Department of Agriculture，USDA）和 OECD-FAO 农业展望的预测结果，在 2026～2050 年国际农产品价格平稳。

（二）2035 年、2050 年我国农产品需求

首先，在种植业产品需求方面，口粮消费量明显减少，居民消费逐渐转向高值农产品。如表 2-1 所示，由于居民主粮消费下降，未来大米和小麦的总需求有所减少，至 2035 年和 2050 年大米总需求分别下降到约 1.28 亿 t 和 1.11 亿 t 的水平，小麦总需求分别下降到约 1.12 亿 t 和 1 亿 t 的水平。但是，玉米和大豆作为主要饲料粮，养殖业的发展将推动未来对玉米和大豆的需求进一步增长，玉米总需求在 2035 年和 2050 年将分别约为 3.05 亿 t、3.4 亿 t，其中饲料粮需求在 2035 年和 2050 年将分别增加到约 1.8 亿 t 和 2.07 亿 t；大豆总需求（包括直接食用的大豆和加工的豆油与豆制品以及饲用豆粕）在 2035 年预计约为 1.17 亿 t，之后总需求趋于稳定。在经济作物方面，棉花消费稳中有降，预计到 2035 年棉花总需求下降至 700 万 t 以内；但随着经济持续增长，食糖总需求到 2025 年将增长至 2208 万 t、到 2035 年将增长至 2346 万 t、到 2050 年将增长至 2580 万 t。由于我国城乡居民越来越重视健康饮食和膳食结构，蔬菜和水果的消费量将明显提高，同时种类会更加多样化，预测居民蔬菜总需求到 2025 年将增长至约 3.88 亿 t、到 2035 年增长至约 4.02 亿 t、到 2050 年将超过 4 亿 t，水果总需求预计到 2025 年将增长至约 2.4 亿 t、到 2035 年将增长至约 2.8 亿 t、到 2050 年将增长至约 3.2 亿 t。

其次，在养殖业产品和水产品方面，随着人均收入快速增长和城市化程度的提高，未来我国居民对高蛋白产品的需求会持续增长，消费总量和人均消费量会进一步增加。在 2025～2035 年，猪肉、禽肉、牛肉、羊肉、禽蛋、牛奶和水产品的消费量将分别增长 11%、9%、24%、17%、0.2%、17%和 13%，并将持续增长至 2050 年。具体而言，猪肉需求量将进一步增长，至 2035 年和 2050 年猪肉总需求分别增加到 6531 万 t 和 7087 万 t，人均消费分别达 44kg 和 50kg。禽肉需求增长较为平稳，至 2035 年和 2050 年禽肉总需求分别增加到 2189 万 t 和 2297 万 t，人均消费达 15kg 左右，禽蛋需求量至 2035 年和 2050 年都保持在不到 2400 万 t 的水平。到 2050 年，牛羊肉消费继续保持较快增长，比其他畜牧产品增幅更为显著，牛肉总需求将由 2025 年的 734 万 t 增加到 2035 年的 907 万 t 和 2050 年的 1199 万 t，人均消费将由 2025 年的 5kg 增加到 2035 年的 6kg 和 2050 年的 8kg；羊肉总需求 2025 年、2035 年和 2050 年分别增加到 498 万 t、581 万 t 和 703 万 t，

表 2-1　2025～2050 年主要农产品需求预测　　（单位：万 t）

分析项目	主要种植业产品								
	大米	小麦	玉米	大豆	棉花	食用油	食糖	蔬菜	水果
2025 年									
总需求*	13 797	11 861	25 655	10 923	702	1 033	2 208	38 770	24 228
居民消费	10 052	8 253	641	10 684	0	967	1 333	28 456	13 169
人均消费	70kg	58kg	4kg	75kg	0	7kg	9kg	199kg	92kg
饲料粮需求	799	1 162	15 281	66	0	0	0	0	0
种子需求	214	554	182	48	0	14	0	0	0
工业需求	1 510	1 355	8 481	96	696	29	775	1 767	6 696
产后损失	1 222	535	1 070	29	6	24	100	8 547	4 363
2035 年									
总需求*	12 808	11 225	30 447	11 672	698	1 018	2 346	40 156	27 611
居民消费	9 103	7 507	455	11 414	0	948	1 364	29 657	14 679
人均消费	63kg	52kg	3kg	79kg	0	7kg	9kg	204kg	101kg
饲料粮需求	581	1 093	17 938	65	0	0	0	0	0
种子需求	209	543	181	47	0	14	0	0	0
工业需求	1 752	1 573	10 855	117	693	33	882	1 952	8 782
产后损失	1 162	509	1 018	28	6	22	100	8 547	4 150
2050 年									
总需求*	11 100	9 991	34 048	11 683	698	918	2 580	40 747	31 738
居民消费	7 288	6 085	239	11 393	0	843	1 410	29 934	16 911
人均消费	52kg	43kg	2kg	81kg	0	6kg	10kg	214kg	121kg
饲料粮需求	340	940	20 695	60	0	0	0	0	0
种子需求	203	527	178	46	0	13	0	0	0
工业需求	2 191	1 966	11 992	157	693	41	1 071	2 267	10 978
产后损失	1 078	472	944	27	6	21	100	8 547	3 849

分析项目	主要养殖业产品和水产品						
	猪肉	牛肉	羊肉	禽肉	禽蛋	牛奶	水产品
2025 年							
总需求	5 895	734	498	2 005	2 379	7 092	3 601
居民需求	5 799	717	424	1 995	2 268	6 994	3 601
人均消费	41kg	5kg	3kg	14kg	16kg	49kg	25kg
2035 年							
总需求	6 531	907	581	2 189	2 383	8 325	4 097
居民需求	6 435	891	507	2 180	2 272	8 228	4 097
人均消费	44kg	6kg	3kg	15kg	16kg	57kg	28kg
2050 年							
总需求	7 087	1 199	703	2 297	2 240	9 938	4 580
居民需求	6 991	1 182	629	2 287	2 129	9 841	4 580
人均消费	50kg	8kg	4kg	16kg	15kg	70kg	33kg

注：*代表基于北京大学中国农业政策研究中心一般均衡模型的预测

数据来源：CAPSiM 模拟结果

人均消费 2050 年达 4kg。奶制品需求迅速增加，2025 年、2035 年和 2050 年牛奶总需求分别达 7092 万 t、8325 万 t 和 9938 万 t，人均消费从 2025 年的 49kg 增加到 2035 年的 57kg 和 2050 年的 70kg。我国水产品需求增长极为显著，人均水产品消费量（仅包含鱼、虾、蟹和贝壳类水产品）到2025年提高到25kg、到2035年提高到28kg、到2050年提高到33kg（表2-1）。

最后，除数量变化之外，我国城乡居民对绿色农业和多功能农业的需求也将不断增加，农业生产的多功能性和生态农业将成为农业发展的新增长点。随着经济发展水平的不断提高，社会文化需求日益增长，我国居民对食品安全更加重视，对绿色食品和有机食品的需求会进一步增加。此外，在农业资源、农耕文化及自然景观的基础上，农业生产需要与旅游、教育、文化、康养、生态等产业深度融合，有效拓展农业功能，推动休闲农业、康养农业的发展。农业生产过程中的自主体验性，如蔬果采摘、动物投喂以及农产品粗加工过程展示等，也将成为未来我国居民对农业的新需求。

三、食物需求带来的主要挑战

（一）人均收入的增长对未来食物需求在总量、结构和质量等方面提出更高的要求，使得粮食总体供需难以平衡

近年来，食物需求的继续增长已使中国食物安全保障面临挑战，食物供需总量和结构难以平衡的局面也开始呈现。我国食物总自给率从2008年前的100%下降到2018年的95%，未来十年还将继续下降。在食物中，粮食已于2008年突破了95%自给率的目标，2012年之后则低于88%。

未来的粮食问题实际上是养殖业发展和饲料供应问题。因为大米和小麦的消费将出现稳定和下降的趋势，国内生产基本能够满足国内需求，但如果要保持畜产品供需的基本平衡，随着畜产品需求的增长，饲料粮（玉米和大豆）进口量将持续增长，我国的牧草进口也将显著增长，我国将成为世界最大的牧草进口国（黄季焜，2013）。

（二）虽然人口增长显著下降，但收入增长和老龄化将对农产品消费和农业生产产生重要影响

首先，我国未来人口的总数在2035年以前还会继续增加，在资源总量有限的情况下，这将降低人均资源占有率。同时，巨大的人口总数对农产品的需求量增多，人们生活水平提高带来的消费结构升级也对农产品供给提出了新的要求。

其次，随着工业化、城镇化的推进，农村人口持续向外转移。由于农村与城市粮食消费习惯和农产品消费结构的差异，不断加速的工业化和城镇化水平对农产品质量和食品安全的要求不断提高。

最后，人口老龄化也将对我国食物消费和农业生产提出新的挑战。人口老龄化对食物需求和结构产生影响进而对农业生产产生重要的影响。一方面，人口老龄化减缓了人口下降速度，提高了全国食物需求总量；另一方面，人口老龄化改变了全国人口年龄结构，对全国食物总量和结构也将产生显著影响。老龄化对食物需求总量和需求结构的影响必然也将对农业生产及其结构产生重要影响。

（三）食物浪费及其对未来农业发展的挑战

如同世界其他国家一样，目前我国也存在严重的食物浪费现象，这在很大程度上降

低了农产品利用效率，对农业发展形成挑战。根据中国农业科学院 2017 年的估算，我国目前每年食物浪费总量折合粮食约为 500 亿 kg，相当于全国粮食总产量的 1/10（张丹等，2015）。

我国食物浪费的渠道，主要集中在 3 个方面。一是农业生产过程，特别是因粮食收获和贮存方式所引起的浪费数量巨大。其中，农户家庭储粮损失浪费约 400 亿斤，仓储、运输企业损失浪费 150 多亿斤。二是食物加工和流通环节，这主要包括食物生产、储存、流通和粮食转化等环节中存在的“隐形浪费”。根据国家粮食和物资储备局的统计，我国粮食流通环节每年损失浪费达 700 多亿斤，其中，加工企业损失浪费 150 多亿斤。三是因“宁剩勿缺”的文化传统导致的餐桌浪费。中国农业大学专家课题组对大、中、小 3 类城市，共 2700 桌不同规模的餐桌剩饭进行统计，我国 2007～2008 年仅餐饮浪费的食物蛋白就达 800 万 t，相当于 2.6 亿人一年所需；浪费脂肪 300 万 t，相当于 1.3 亿人一年所需。

（四）全球贸易保护主义抬头和近期发生的一系列“黑天鹅”事件重塑国际关系，也将通过农产品贸易对中国农业产生一定程度的冲击

自 2003 年加入世贸组织以来，随着人口增长、经济发展以及国内消费需求与产业结构的改变，中国农产品进口数量不断提高（图 2-4）。但近年来，单边主义和贸易保护主义蔓延，直接或间接导致逆全球化趋势的出现。发达国家（如 OECD 国家）同中国在农业生产者支持度和农产品价格保护率方面的变化趋势表明：未来中国将成为许多农产品出口大国的攻击对象，实际上贸易争端现在已经开始。例如，2016 年 9 月 13 日美国就中国小麦、大米、玉米 3 种农产品的最低收购价、临时收储等补贴政策，已向世贸组织提起争端解决诉讼，称我国在 2012～2015 年对上述 3 种农产品提供的年度补贴超过了我国加入世贸组织的承诺水平，违反了《农业协定》和中国加入世贸组织的承诺。这是美国在世贸组织框架下首次起诉我国农业补贴和市场干预政策，对我国农业生产和贸易等将产生重大影响。一系列“黑天鹅”事件的出现在很大程度上加大了全球经济与政治局势的不确定性，也标志着各国之间逐步开始由协作互补的共赢状态转向相互制衡的竞争状态。在此背景下，我国与世界主要农产品出口国的贸易将可能受到不利影响，进而给未来农业发展带来不确定因素。

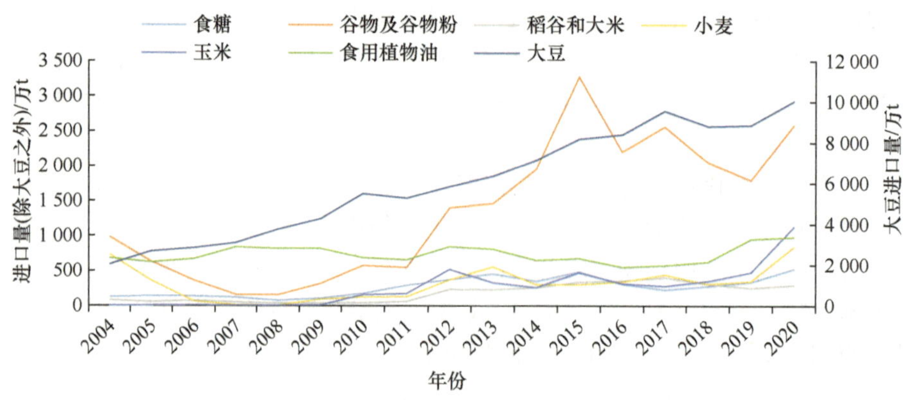

图 2-4　2003 年以来主要作物产品进口量

数据来源：国家统计局

第二节　产业结构变革

一、未来农业产业结构变化的趋势

基于国际农业发展的长期趋势和我国过去40年发展的经验，未来30年我国农业产值和农业就业在三大产业中的占比将进一步下降，并朝趋同方向发展。

首先，随着我国经济进一步增长和农业生产效率的不断提高，我国宏观经济朝非农方向的结构转型速度将不断加快，具体表现为农业部门经济增长的同时伴随着农业部门的份额持续下降。自改革开放以来，中国的农业产值年均增长率为4%～5%，但工业和服务业部门以及整个经济的增速保持在10%左右。事实上，自1985年以来，工业和服务业的增长速度就是农业增长速度的2～3倍。以农业部门和服务部门发展的相对速度为例，农业部门占国内生产总值的比例从1970年的40%下降到2019年的7%，而服务部门占国内生产总值的比例却从1970年的13%增长到2019年的54%。上述统计指标也凸显了我国与发达国家农业发展趋势特征的一致性：农业发挥的变革作用越大，其发展速度越快，但同时农业在经济中的份额也呈现逐步下降的趋势（表2-2）。

表2-2　1970～2019年、2035～2050年（基准方案）中国经济结构　　（%）

分析项目	1970年	1980年	1990年	2000年	2010年	2019年	2035年	2050年
占GDP比例%								
农业	40	30	27	15	10	7	4	2
工业	46	49	41	46	47	39	35	28
服务业	13	21	32	39	43	54	61	70
占就业比例%								
农业	81	69	60	50	37	25	15（–6）	10（–5）
工业	10	18	21	22	29	28	27	20
服务业	9	13	19	28	34	47	58	70

数据来源：历史数据来自《中国统计年鉴》，未来数据来自北京大学中国农业政策研究中心估计。括号内数字代表课题组判断与公开资料预测的差别

其次，从国际农业发展的长期趋势和主要发达国家在实现农业和农村经济结构转型过程中的经验表明，农业产值和农业就业比例将随经济结构转型和农业效率的提升持续下降，这也预示了未来我国农业发展的方向。以美国、德国、法国、意大利和日本等主要发达国家为例，目前这些国家农村发展和经济结构转型的经验表明农业GDP占经济总值的比例基本在2%～3%的水平，与农业劳动所占比例基本持平，实现了农业劳动生产率赶超或等价于经济总体农业生产率。与之相比，我国目前的农业劳动力占总劳动力的比例还远远高于农业GDP在经济总体中的占比，意味着随着农业生产效率的进一步提升，我国农业GDP和农业劳动力所占比例随经济结构转型持续下降，并逐步朝趋同方向发展（图2-5）。

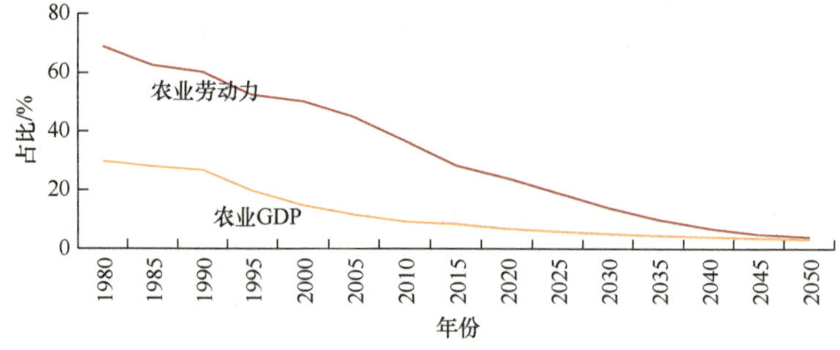

图 2-5　我国 1980～2050 年农业劳动力和农业 GDP 占比变化趋势

数据来源：历史数据来自《中国统计年鉴》，未来数据来自北京大学中国农业政策研究中心估计

二、未来农业生产数量和结构变化

基于国际农业发展的长期趋势和我国过去 40 年发展的经验，以及对我国未来宏观经济、三产从业人口数量、城市化发展水平等方面的假设和判断，在我国农业生产率能够维持现有增长速度的假设下，未来 30 年农产品生产在保障粮食安全的基础上，将逐渐向高质高值、绿色、可持续发展的方向转变。

首先，随着人口和经济增长的趋势变化，未来我国粮食总需求将呈现先增后减的趋势；虽然食物自给率在未来 15 年会逐步下降 5%左右，但总体粮食安全基本可以实现自主可控。2035 年前后，食物消费总量将达到高峰，食物需求结构向多样化与高值化转变，安全、健康、营养食物占主导地位。预计到 2035 年，我国主粮产量将稳定在 6.5 亿 t（其中稻谷和小麦产量分别为 2.03 亿 t 和 1.28 亿 t）；虽然粮食自给率将由 95%以上逐步下降到 90%左右（图 2-6），但可确保“口粮绝对安全，谷物基本自给”的底线。在放开玉米配额限制情况下，除了牛羊肉和奶制品以外，其他畜产品供需基本保持平衡。在粮食消费结构变化中，口粮需求将持续下降，部分弥补存在的结构性短缺。虽然随食物生产综合能力上升，水果、油料、糖类、畜产品和水产品等食物需求持续增长，但增速由快变慢。

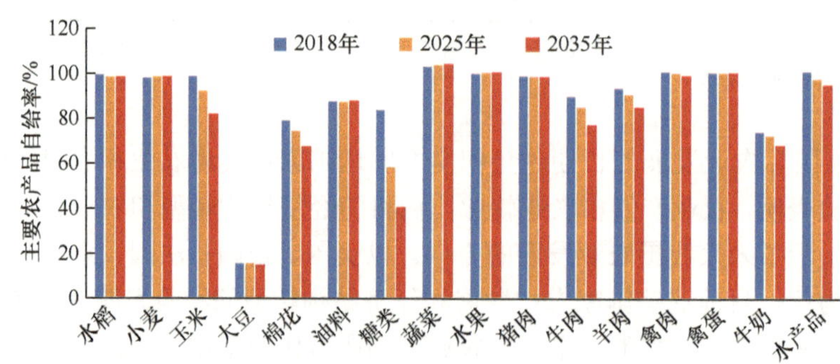

图 2-6　我国 2018 年、2025 年和 2035 年主要农产品自给率

数据来源：历史数据来自《中国统计年鉴》，未来数据来自北京大学中国农业政策研究中心估计

其次，在种植业方面，农业生产将在保障粮食安全的基本前提条件下，逐渐转向绿色高效高值农业方向发展。

一是水稻和小麦的单产将持续提高，但是随着国民食物消费中粮食需求下降，口粮的播种面积和产量均呈现降低的趋势，基本实现自给自足。到 2035 年，水稻和小麦的产量将分别下降至 1.80 亿 t、1.10 亿 t；到 2050 年，水稻和小麦的产量将分别下降至 1.56 亿 t、1 亿 t 以下。受到需求下降的影响，两种口粮的自给率到 2035 年和 2050 年也能保持在 98%以上，基本实现自给自足。

二是玉米和大豆作为饲料粮，受需求快速增长的影响，供需缺口压力加大。如果不采用玉米关税配额制管理，玉米产量在 2035 年和 2050 年将分别达 2.48 亿 t 和 2.74 亿 t，虽然产量增长显著，但需求的增长导致玉米供需缺口在 2025 年、2035 年、2050 年将分别达 2043 万 t、5609 万 t、6624 万 t；自给率将下降到 2025 年的 92%，进一步降低至 2035 年的 82%左右并将延续到 2050 年。

三是棉油糖等经济作物的供需缺口逐渐加大。受生产成本上升和比较优势下降等影响，即使在确保新疆棉花生产的情况下，棉花播种面积和产量也都将呈现下降趋势。棉花产量预计到 2035 年和 2050 年分别下降至 469 万 t 和 387 万 t，除大豆以外油料作物的产量到 2035 年和 2050 年预计保持在 3300 万～3600 万 t 的水平，供需缺口持续呈现，进口量在 400 万 t 左右。食糖产量持续降低，到 2025 年下降至 1286 万 t（按照 12%转换率转化为糖料作物产量为 11 220 万 t，下同），到 2035 年下降至 945 万 t，到 2050 年下降至 559 万 t。

四是蔬菜、水果等高值作物的产量将稳定增长，而且将依然保持较明显的出口比较优势。蔬菜产量预计提高到 2025 年的近 4 亿 t、2035 年的 4.2 亿 t 和 2050 年的 4.3 亿 t。我国是世界上主要蔬菜出口国之一，蔬菜出口在未来将继续保持较明显的比较优势，预计到 2050 年蔬菜自给率能保持在 105%左右。水果产量将增长到 2025 年的 2.4 亿 t、2035 年的 2.8 亿 t 和 2050 年的 3.2 亿 t。我国水果进口和出口都将保持一定规模，水果进口以热带水果为主，进出口数额相差不大，水果自给率基本保持在 100%左右。

最后，养殖业的发展水平将继续超过种植业，推动农业结构持续向高值方向转变。

一是畜产品的生产和供需缺口将很大程度上取决于饲料粮贸易政策和草牧业发展。在限制玉米进口和不重视草牧业发展的情况下，猪肉、禽肉、牛羊肉和奶制品进口将显著增长，并高度依赖于不可靠的国际市场供给。如果放开饲料粮市场，通过进口饲料发展国内畜牧业，猪、禽产品供需能基本保持平衡，而牛羊肉和奶制品进口则将增加。

二是牛肉和奶制品产量增长比例高于猪肉、禽肉、羊肉和禽蛋，但牛肉、羊肉和奶制品消费量增长比例更快，致使牛羊肉、奶制品难以自给自足。在 2025～2035 年，猪肉、禽肉、牛肉、羊肉、禽蛋和牛奶产量预计分别增长 10%、8%、12%、9%、0.1%和 10%；到 2050 年增长速度有所放缓。同时，随着人均收入快速增长和城市化程度的提高，畜产品消费量将进一步增长，并将持续增长至 2050 年。

三是由于畜产品供需都保持较快幅度增长，多数畜产品供需基本保持平衡。其中，猪肉、禽蛋和禽肉自给率未来保持在 100%左右；但是，牛肉和羊肉的自给率将不断下降，自给率分别降低到 2025 年的 85%和 91%，并进一步在 2035 年分别下降至 77%和 85%，到 2050 年分别下降至 65%和 75%（图 2-7）。奶制品供需缺口明显加大，进口显著增长。奶制品进口自给率将下降至 2025 年的 72%、2035 年的 68%和 2050 年的 60%。

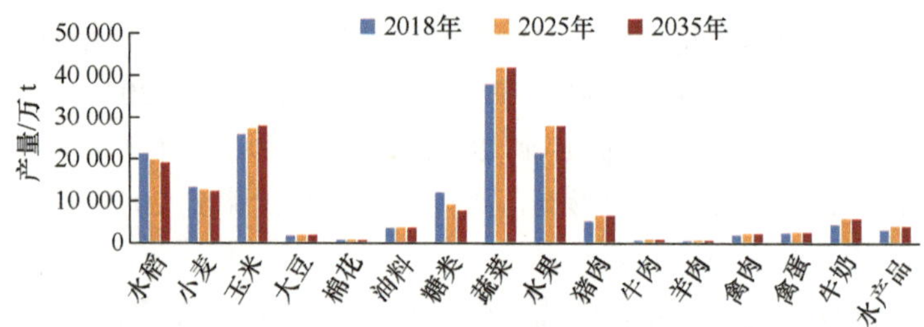

图 2-7　我国 2018 年、2025 年和 2035 年种植业和畜产品产量变化

数据来源：历史数据来自《中国统计年鉴》，未来数据来自北京大学中国农业政策研究中心估计

三、农业产业结构变革面临的主要挑战

提高长期农业全要素生产率始终是解决未来有限资源供给和日益增长的食物需求矛盾的重要途径，也是实现“藏粮于地、藏粮于技”的重要手段。但农业全要素生产率的增长速度逐步放缓，导致主要农产品国际竞争优势不断下降，引发了政府关注，使得提升农业生产力已经成为推进农业发展和农村转型的紧迫任务。

（一）近年来农业全要素生产率增速放缓，亟待进一步提升

农业全要素生产力的提高是保障粮食安全、提升农民收入和推动农业永续发展的重要保障。1978～2016 年，我国农业全要素生产率年均增长率保持在 2%的水平（图 2-8），约为同期世界平均水平的两倍，接近发达国家的长期增长水平，为保障农业生产效率提高和农产品竞争力的改善作出巨大贡献。虽然近年来我国农业公共科技投入支出不断增长，但农业全要素生产力的增长速度逐步放缓，与全球主要发达国家农业全要素生产率在近年来均出现增长放缓的趋势趋同。受其影响，主要农产品生产效率和国际竞争力持续下降，引发了政策关注。

图 2-8　1978～2016 年我国农业全要素生产率长期变动趋势

数据来源：Sheng et al.，2020

除农业全要素生产力增速放缓以外，农业全要素生产力增长水平还存在显著的跨地区差异。尽管估计的中国平均全要素生产率较高，但各省之间差异很大，在 1985～2013 年，每年的平均比例为 1.92%～3.91%，这种差异持续存在的原因被认为来自农业研究

资源和人力资本分配不均（Sun et al.，2019）。科技进步既是过去也是未来影响农业生产力布局变动的重要促进因素。过去适合不同区域的农作物品种、机械和设施农业等领域的科技进步对我国农业生产力布局产生重要影响；未来现代生物、智能和新材料等技术的突破有望在抗旱抗逆品种选育、资源配置及食物供应链等领域产生显著影响，从而影响农业生产力的布局。

相关研究表明，造成农业劳动生产力和全要素生产力增速放缓的因素包括以下几个方面：一是受到“产量为纲”思想的影响，农业生产主要以“投入增长”推动“产出增长”，这种外延式的增长模式限制了“科技创新”所带来的农业全要素生产率的提高。二是虽然各地农技部门加强了对农民的农业技术推广服务工作，但农业技术推广体系一直存在的主要问题还是没有得到根本解决。三是近年来采用的部分补贴性政策和贸易保护性措施扭曲了市场的价格机制，导致农业生产结构转型速度放缓。

农业生产力增长放缓和区域差异的增加也导致农产品的竞争力下降。根据《中国农村统计年鉴》的数据，2018 年中国人均农业劳动力产值为 3818 美元（2010 年不变价美元），仅相当于日本的 15.9%、欧盟国家的 8.9%、美国的 4.8%、以色列的 4.4%、新西兰的 3.9%。以比较效益相对较高的工厂化农业为例，我国设施蔬菜平均单产只有荷兰的 1/3，人均管理温室的面积只有日本的 1/5、西欧的 1/8；连栋温室单位产量能耗是国外的 3～5 倍；奶牛单产较美国低 50%；工厂化循环水养殖单产较北欧低 30%～50%。随着城镇化快速发展，农业比较效益较低等原因将会造成农业人口不断减少，农业劳动力面临结构性转变。

此外，全要素生产率增长放缓和跨地区的差异抑制了农业劳动生产的增长，对进一步促进农民增收和结构转型形成挑战。目前，我国种植业产品生产仍然以使用劳动密集型技术为主的小农户为主体，由于生产规模小，机械化替代劳动力的能力有限。中国农业要实现现代化、农业要成为有活力的产业、农民要过上体面的生活，必须大幅度减少农业劳动力，从而显著提升农业劳动生产率。为了进一步缩小城乡差距、工农差别，使农业劳动收入等于工业劳动收入，必须在保障粮食安全的基础上，加快高效高质多功能的高值农业发展速度，提升农业劳动生产率。与此同时，让更多的农村劳动力从农业向非农部门转移，促进结构转型。

（二）农业生产方式制约农业全要素生产率增长

除技术、制度和政策方面的因素以外，农业全要素生产率增速放缓还受到现有农业生产方式、经营模式和要素市场扭曲的制约。

1. 现有生产方式限制农业生产规模的经济发展和机械化

以“小农户”为主导的农业生产经营方式不利于劳动生产率的提高和农业现代化。长期以来，分散化、细碎化的小规模经营带来的规模不经济一直是我国农业经营格局面临的核心问题。2016 年第三次农业普查数据显示，全国农业经营户为 20 743 万户，其中规模农业经营户 398 万户，占比仅为 1.9%。户均耕地虽然在 2003 年的《中华人民共和国农村土地承包法》实施以后有所上升，但到 2016 全国平均户均耕地仍只有 $0.73hm^2$。依靠如此小的土地经营规模来提高农民的生产积极性、实现农民增收难度极大，结果必然是农业兼业化、副业化和老年化的趋势日益突出。

小规模生产同技术推广、机械化、信息化和食品安全的矛盾也日益突出，制约着农业现代化的进程。特别是小田块与大机械、分散经营导致规模不经济，部分地区机耕道难以满足大中型机械通行的要求。农机存放、粮食烘干、机具维修保养等设施建设发展的制约因素仍然较多。

2. 农业产业链延伸程度不足和农产品增值跨环节分配不合理

农业生产的发展需要农业内部以及农业与上下游产业之间高度融合。一直以来，我国注重农业生产，忽视农产品销售，导致生产与消费脱节，“粮头”与“食尾”发展不平衡。特别是农业内部子产业之间和各产业间的融合需要建立合理的价值分配和有效的循环系统，提高农业资源利用效率，同时实现生产过程的清洁化，进而促进农业提质增效和可持续发展。但是由于主体认知情况、技术装备水平、市场扭曲等多方面的因素，目前我国农业生产中农牧分离、种养分离现象仍很普遍，农业内部子产业之间的融合程度较低，农产品增值跨环节分配不合理。在融合发展实践中科技含量低、深度不够、融合方式单一、融合效果存在不确定性等问题较为突出，制约了农业内部子产业之间的融合发展。

3. 要素市场扭曲导致土地和劳动资源不匹配

未来我国农业发展需要依赖良好的市场机制，以保证充分有效的要素流动，但农村要素市场存在严重扭曲。由于土地和劳动市场扭曲，我国农业经营方式转型长期受制于土地流转与劳动力流动的双重约束，导致农业生产中人、地两类要素的流动并不匹配。2015 年课题组对全国九省的农户调研的数据表明：农村非农就业转移人数占农村劳动力的 60%，但农地流转率不足 25%。这表明，在农村劳动力非农化流动的同时，并未产生有效的人口迁徙与农户土地承包经营权退出。

未来我国农业发展不仅要面对“种怎样的田”的现实问题，还要破解“谁来种田”和“怎样种田”的深层难题。如果农业劳动力素质、农户生产能力以及农业经营规模都远在现代生产力水平所要求的底线之下，以其为基础的科技应用、产品质量、市场准入、从农热情等都将日益变得难以为继，现代农业也就因此而成为一个可求不可得的奢望。

第三节 劳动力转型

一、新时代农业对劳动力的新需求

（一）进一步提升农业劳动生产率、减少对农业劳动力的需求是新时期农业发展的必然选择

从世界经济发展规律来看，随着经济的增长，一国农业劳动力总量及其在社会就业中的占比都将不断下降。由于不同产业间的收入存在差异，农业在国民经济总量中所占的比例会随着经济发展而逐渐缩小，农业部门从业人员也将逐渐向工业和服务业转移。如图 2-9 所示，8 个发达国家的农业产值占 GDP 的比例在 1997 年已经全部降到 5%以下，

到 2018 年继续降低到 2%以下。与此同时，农业就业人口占比也呈现同比下降的趋势。2018 年，8 个发达国家中，韩国农业就业人口占比最高，但也只有 5%。

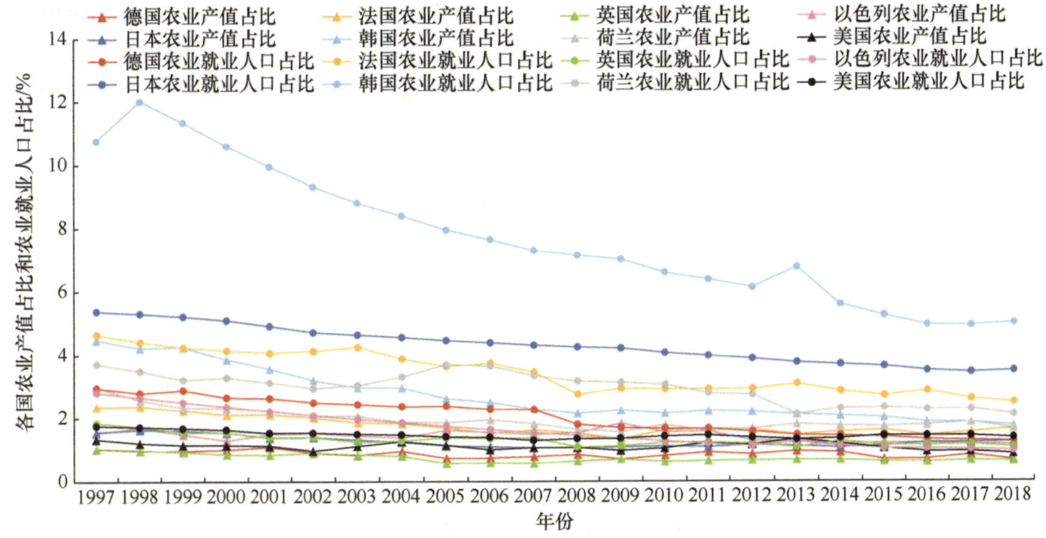

图 2-9　1997～2018 年各国农业产值占 GDP 的比例及农业就业人口占比

数据来源：世界银行数据库

世界银行数据和历年《中国统计年鉴》数据相比略有差异，但考虑到国家比较需保持数据统计口径的一致性，本文采用世界银行数据

改革开放以来，我国农业劳动力总量及其占比也呈现下降趋势，但与发达国家不同，其下降幅度远慢于农业在经济中的占比下降幅度。1978～2019 年，我国农业部门就业人员占社会就业人员的比例从 70.5%下降到了 24.7%①。而据国家统计局最新的统计，农业增加值占国内生产总值的比例在我国已经从 1978 年的 27.7%下降到 2020 年的 6.7%，即我国目前的农业从业人员占总从业人员的比例远远高于农业 GDP 在经济总体中的占比。

新时期，进一步提高农业劳动生产率、减少农业部门就业人口是我国成功实现农业农村转型和现代化发展的必然选择。根据国际经验，农业 GDP 和劳动就业人口占比都将随经济结构转型继续下降，并逐步朝趋同方向发展；否则，一国经济结构转型必将面临巨大挑战。据预测（图 2-10），到 2035 年，我国农业 GDP 占比为 4.5%，此时，农业就业人口占比约为 10%；到 2050 年，农业劳动力总量将从现在的 2 亿左右下降到 3000 万左右，农业就业人口占总就业人口的比例将在 4%左右，与农业 GDP 占比（3%）相当。

（二）新时代农业发展对农业劳动力素质提出了更高的要求

农业劳动力是农业生产中最活跃的要素，农业劳动力的素质决定了农业的生产力和竞争力。但是，我国农业部门就业人员受教育水平一直提升缓慢。到 2020 年，我国已经基本普及了高中阶段教育。但是农村地区人力资本外流导致我国农业部门就业人员受教育水平一直处于较低状态。《中国劳动统计年鉴》的数据显示（图 2-11），未上过学、小学以及初中教育水平的劳动力依旧是我国农业从业人员的主力。2019 年这 3 类教育水

①数据来源：国家统计局. http://www.stats.gov.cn/sj/ndsj/[2022-8-6]

平占比分别为 7%、39%和 46%，与 2002 年相比，未上过学和小学教育水平占比分别下降了 5 个百分点和 2 个百分点，而初中教育水平占比提高了 4 个百分点。行业对比还发现（图 2-12），2019 年，大专及以上教育程度的农业从业人员占比仅为 1.0%，是住宿和餐饮行业从业人员（10.1%）的十分之一、教育行业从业人员（74.5%）的近百分之一。高中或中职教育程度占比为 6.8%，远低于行业总体水平（18.7%），但初中及以下教育程度占比达 92.1%，超过行业总体水平近 34 个百分点。

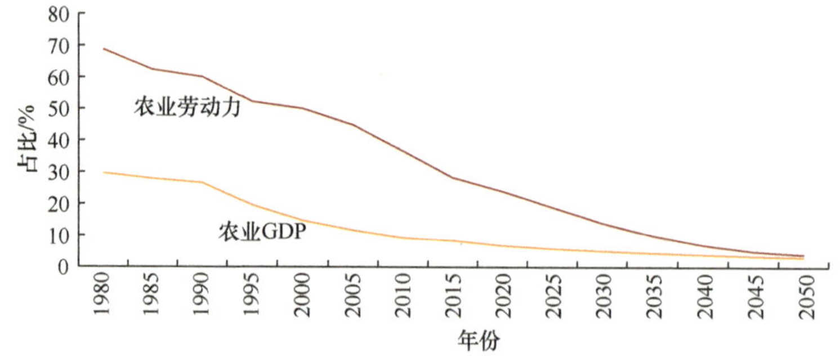

图 2-10　1980～2050 年我国农业劳动力和农业 GDP 占比变化趋势

数据来源：历史数据来自《中国统计年鉴》，未来数据来自北京大学中国农业政策研究中心估计

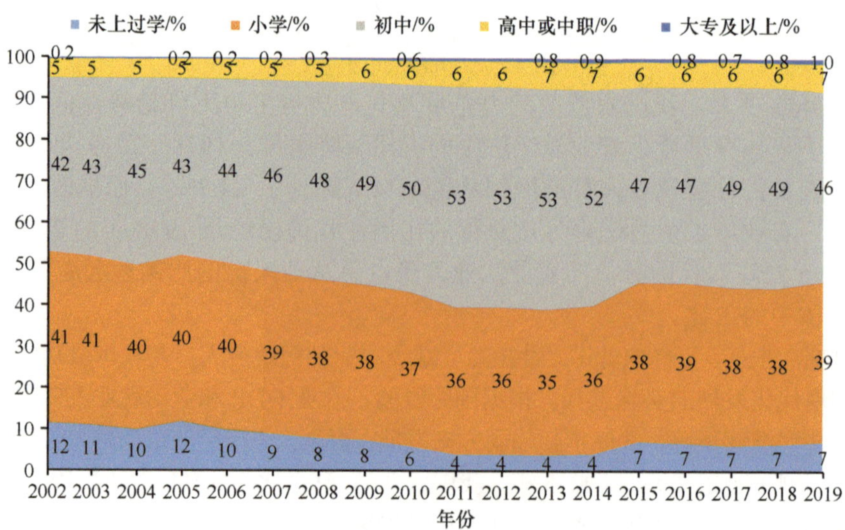

图 2-11　2002～2019 年我国农民受教育程度分组情况

数据来源：《中国劳动统计年鉴》。由于对小数进行四舍五入，同一年度不同教育水平加和数据与 100%略有出入

与发达国家相比，我国农业劳动力的教育水平与之差距巨大。从图 2-13 可知，发达国家农业劳动力以高中及以上学历为主。2016 年，美国农民中高中学历占 53.1%，日本为 74.8%，德国为 63.5%，英国虽然较低，但也超过 40%。而我国农民受过高中教育的劳动力仅占 7.1%，超过 9 成的农民都是初中及以下教育程度。我国农民大专及以上教育程度的劳动力占比更低，仅相当于美国的 3.5%、英国的 4.7%、德国的 5.1%、法国的 7.0%。由此可见，我国农民的整体教育程度远远落后于美国等发达国家。

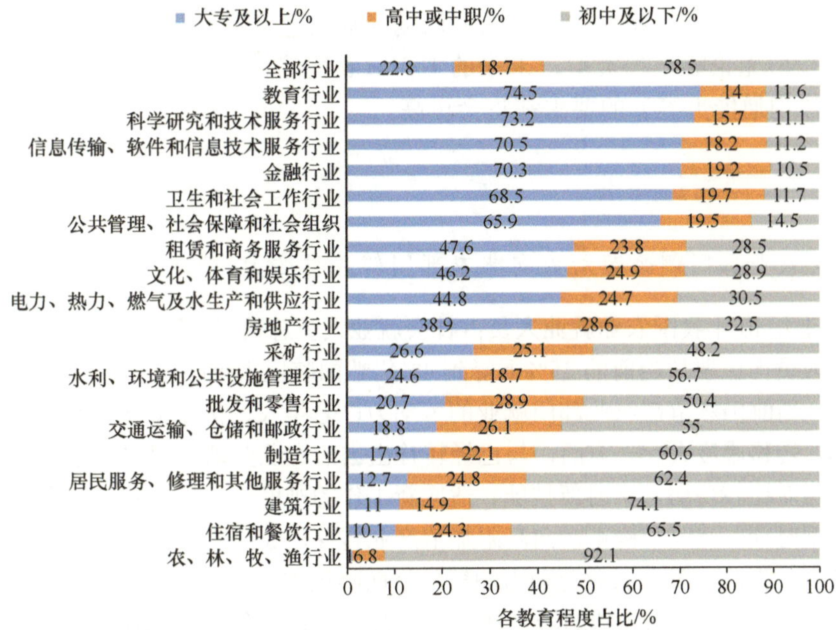

图 2-12　2019 年按行业分组我国就业人员中各教育程度占比

数据来源：《中国劳动统计年鉴》。由于对小数进行四舍五入，同一年度不同教育水平加和数据与 100%略有出入

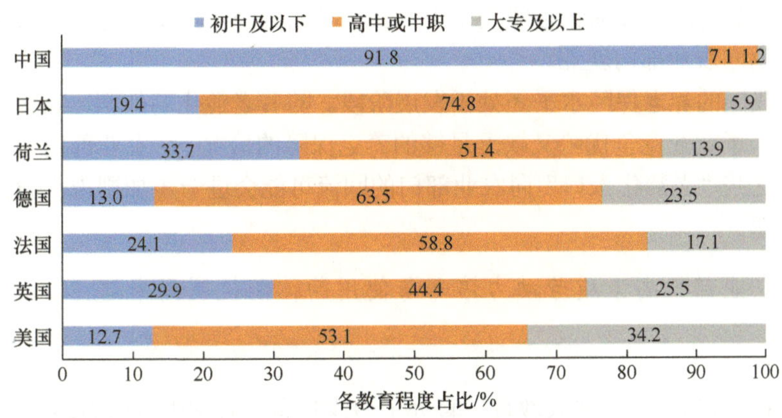

图 2-12　2016 年各国农民教育程度划分

数据来源：美国数据来自美国劳工部；英国、法国、德国和荷兰数据来自欧盟统计局；中国数据来自国家统计局第三次农业普查公报；日本、韩国和以色列缺乏官方数据，日本农民教育程度数据来自樊英和李明贤（2013）的研究，但未说明数据具体年份。由于对小数进行四舍五入，同一年度不同教育水平加和数据与 100%略有出入

生物技术、信息技术、工程技术、人工智能等现代技术的发展对新时期的农业劳动力素质提出了更高的要求。这些技术正在从根本上改变我们整个食物供应链。以提升生产率为导向的农业投资正在减少对农业劳动力的使用，传统农业中一些重复的常规的劳动和工作，尤其是大宗农作物生产中的大量劳动，在未来都将被机器取代。除了转向非农就业外，我国农业就业人口将遵循“二八定律”——20%的农民生产 80%的农产品。因此，未来农业部门就业人口按照其经营规模可以分成两类：从事大规模经营的大农户以及以特色经营为主的小农户。大农户通过规模化生产和机械化、自动化等现代技术的使用提升劳动生产率，获得稳定的收入；而小农户只

能依靠从事特色的劳动相对密集的农业活动（如特色农产品生产、农业生态旅游）维持生存。但无论哪一种类型，未来的工作对农民综合技能（如读写算能力、规划能力、交流沟通能力等）的要求都将会更高。

二、满足新时代农业劳动力需求面临的挑战

（一）农业部门剩余劳动力向非农部门转移难度大

虽然过去40年我国农业就业人员占社会就业人员总数显著下降，但在未来30年，农业从业人员占比要从当前的25%下降到4%仍然面临巨大挑战。

首先，当前仍然留在农业部门就业的劳动力以老年人、女性和教育水平相对较低的人为主体，转移难度大。一方面，与已经转移出去的农业劳动力相比，这部分劳动力的人力资本相对比较薄弱，学习新技能、适应新工作的难度大；另一方面，我国社会经济正处于转型时期，产业结构正在向高附加值产业转移，低技能的劳动密集型的岗位供给会逐步减少。因此，剩余农业劳动力的转移将面临供需双重压力。

其次，与户籍制度相伴随的城乡居民在公共服务和社会福利保障方面的差异为农村人口稳定脱离农业部门带来了不确定性。2019年，我国农民工总数为2.9亿人，这部分农民工虽然不再从事农业，但是由于与户籍密切挂钩的就业机会和社会福利保障的差异，导致这部分劳动者在城镇很难安定下来。一旦遇到经济风险，这部分农民工仍有很大可能继续返回农业部门就业。

最后，我国的养老保障水平还处于发展阶段。随着老龄化的加剧，农村的老年人在非农部门丧失了就业竞争优势又缺乏足够的养老保障的情况下，农业部门将会成为其最后的选择。这些“老龄化人口”向农业部门的回流可能会进一步加剧未来我国农业劳动力老龄化问题。

（二）农业部门高素质劳动力培养与使用的体制机制尚未建立

1. 我国农业高素质劳动力培养的体制机制尚未建立

1）正规教育体系中，涉农教育一直处于边缘状态，对学生吸引力弱

我国的农业教育体系主要由普通高等本科院校、高等职业学校和中等职业学校组成。2018年，我国一共有1245所普通本专科学校，其中，涉农高校只有51所。2004～2018年，涉农高校招生规模虽然增长了48个百分点，但是不到同期其他高校增长幅度的一半。2020年，我国一共有高等职业院校1468所，其中，涉农高等职业院校351所[①]。2020年，全国共计有中等职业学校9865所。根据各地招生计划估计，开设涉农专业的中职学校占22%。近年，我国政府部门虽然启动了“一村一个大学生”等农业劳动力学历提升计划，但是这与乡村振兴发展对农业劳动力需求的规模仍然存在一定的差距。

2）传统的农业学科交叉融合不够，培养的人才知识结构单一，不能适应农业农村现代化发展的需求

传统的以农业生产分工来设置专业的农业学科结构相对单一，学科交叉融合不够，

① 数据来源：教育部《高等职业教育专业设置备案结果》. https://zyyxzy.moe.edu.cn/home/major-register[2022-8-6]

培养的人才知识结构“专”而不“广”，已经严重不能适应农业农村现代化发展的需求。由于缺乏高等院校专业信息，我们仅从普通中专和职业高中开设的专业和专业规模来看涉农专业开设情况（表 2-3）。不完全统计数据显示，涉农专业集中在现代农艺技术、畜牧兽医、农业机械使用与维护、农村经济综合管理、园林技术；开设农村环境监测、循

表 2-3 2017～2020 年部分省份中专学校和职业高中农、林、牧、渔类专业开设数量

农、林、牧、渔类专业名称	开设专业数量/个
现代农艺技术	374
畜牧兽医	268
农业机械使用与维护	266
农村经济综合管理	232
园林技术	221
畜禽生产与疾病防治	122
果蔬花卉生产技术	116
农村电气技术	100
设施农业生产技术	46
园林绿化	71
农产品保鲜与加工	67
茶叶生产与加工	65
观光农业经营	48
宠物养护与经营	45
淡水养殖	24
农产品营销与储运	26
中草药种植	27
植物保护	26
现代林业技术	19
木材加工	18
农资连锁经营与管理	15
海水生态养殖	8
种子生产与经营	8
烟草生产与加工	8
农业与农村用水	7
森林资源保护与管理	7
航海捕捞	6
特种动物养殖	5
蚕桑生产与经营	5
棉花加工与检验	4
循环农业生产与管理	2
森林消防	1
农村环境监测	1
总计	2258

数据来源：统计数据中只包含普通中专和职业高中，不包含技工学校。根据各省份教育统计年鉴信息，以及各省份公布的招生计划信息整理；表中的数据是各省份网络 2017～2020 年最近可得数据。缺上海市、浙江省、河北省、甘肃省数据

环农业生产与管理等专业的学校寥寥无几；没有学校开设家庭农场生产经营、农产品质量检测与管理等综合性专业。显然，当前的专业设置与现代智慧生态农业发展的需求还有一定的距离。2018 年，中共中央办公厅、国务院办公厅联合发布文件提出了发展“新农科”；2019 年，全国涉农高校共同发布了《安吉共识——中国新农科建设宣言》，为未来农业学科人才培养体制机制建立打开了局面。但是，职业院校的涉农专业改革还有待启动。

3）农业劳动力的培训缺乏整体规划，资源浪费严重，监督评价体系亟待建立

我国初步形成了以各类公益性涉农培训机构为主体、多种资源和市场主体共同参与的“一主多元”新型职业农民教育培训体系。农业培训的主管部门涉及农业、教育、科技、人社等多条线。农业培训以政府买单为主。2018 年，中央财政投入 20 亿元用于支持各地开展农民教育培训专项工程，带动省级财政投入资金 6.25 亿元①。

我国也已经形成了包括政府行政管理体系和教育组织体系两方面的农民培训组织体系。政府行政管理体系从中央到地方实施对农民教育的组织管理，以农业部为主统筹管理和协调全国农民教育培训工作，各省、市以农业部门为主统筹协调本地区的农民教育。教育组织体系是以农业部农民科学教育培训中心为龙头，以各级农业科技教育培训中心为骨干，以高等和中等农业院校、科研院所和农业技术推广机构为依托，以企业与民间科技服务组织为补充，以县、乡、村农业技术推广服务体系和各类培训中心为基础，从中央到省、地、乡相互衔接，上下贯通的农民教育培训组织体系。

市场经济体制改革的不断深入和农业现代化进程的加快，对我国农民职业教育和培训提出了更高的要求，原有的农民职业教育和培训体制的弊端逐渐显现（盛阳荣，2009）。突出的问题包括以下方面。第一，培养目标不明确，内容设置与社会经济发展相脱节的情况比较严重。第二，农民培训资源分散，缺乏整体规划，使得教育培训工作的选项、资金、师资、教材、场地、证书等要素无法统筹安排和共享利用，很多教学计划被不同部门重复提出，浪费了大量人力、物力和财力（祝士苓，2008）。第三，区域发展不平衡。中西部地区经济发展落后，教育经费投入不足，难以推进高质量的农民职业培训。第四，农民职业培训机构的教师队伍建设落后，培训者的知识更新本身就是难题。第五，农民培训政策落实不到位。刘剑虹等（2015）基于全国 100 多个乡村约一万名农民的抽样调查发现，有些地区的基层并未将农民教育培训工作落到实处，高达 89.3%的农民没有参加过教育培训；大多数农民不了解也不知道如何参加教育培训。第六，农民培训缺乏有效的评价机制。在各级政府的主导下，农民培训大多强调在一定时间内完成多少人数，由于缺少科学合理的评价措施，往往只注重数字的统计而忽略了实际效果。当前农民培训投入政策大多是以补给供给方为主，且评估只考核培训课时和参训人次等，不考核培训对农民的成效，导致培训质量良莠不齐。

2. 即便是接受了涉农教育，绝大部分学生毕业后都不到农业部门就业

根据《2020 年中国大学生就业报告》，2019 年，到农、林、牧、渔业部门就业的本科生只占毕业生的 0.6%，并且从有数据可查的 2015 年开始一直呈下降趋势②。而根据

① 数据来源：《2019 年全国高素质农民发展报告》
② 本科毕业生就业结构分析（2019），皮书数据库（https://pishu.com.cn）

《2020 年中国高职生就业报告》，2019 届高职毕业生毕业半年后的就业率为 91.9%，其中在农、林、牧、渔业的就业占比也只有 1.9%①。即便是中职毕业生，2016 年的公开数据显示，从事第一产业的也仅占直接就业人数的 8.55%②。

导致农业部门就业缺乏吸引力的原因主要有 3 个，叙述如下。

第一，农业部门从业者收入水平低。相对于其他行业而言，农业部门的劳动生产率较低，农业部门就业的工资水平要比其他行业低，难以吸引优秀人才。《全国新型职业农民发展报告》显示，2017 年我国新型职业农民的人均农业经营纯收入为 2.78 万元，但仅有 27.7%的新型职业农民人均农业经营纯收入能达到或者超过城镇居民人均可支配收入水平③。

第二，在我国绝大部分地方，城乡基础设施和公共服务还存在较大的差距。尤其是农村地区的教育资源和医疗资源无论在数量和质量上都与城市有较大差距，即便收入相当，高素质的劳动者仍然不会选择到农村就业。

第三，我们也要认识到，农业对高素质劳动者缺乏吸引力不是中国特有的现象。城市化水平提升以及农业从业人员老龄化使得越来越少的年轻人能够有机会接触到农业生产活动，对农业生产认识不足、重视不够。即便在美国、日本等发达国家，他们也不得不采取额外的扶持政策吸引年轻人到农业部门就业。例如，在通识教育阶段引入农业职业教育类通识课程，通过实践引导年轻学生认识、了解并体验农业生产及其重要性。

第四节　低碳与绿色发展

虽然我国农业发展在过去 40 年取得举世瞩目的成就，但是在新时代依然面临诸多资源环境问题与挑战，如水土资源利用效率偏低、生态环境压力依然很大等。随着国际农业发展迈入新阶段，我国农业应从以牺牲资源环境为代价过渡到注重坚持绿色发展、生态优先的发展方式上来，通过建立资源高效和循环利用体系，实现农业生态功能持续提升和可持续发展。

一、资源环境问题依然严峻

（一）水土资源约束趋紧，资源利用效率不高

1. 水资源配置失衡，节约化水平不高

我国水资源总量丰富，但人均水资源占有量严重不足。过去 40 年，我国农业用水量随着非农用水的增长在波动中呈现总体下降的趋势（图 2-14）。1978 年我国农业用水量为 4195 亿 m^3，2018 年农业用水量降为 3693 亿 m^3，降低了 12%。不仅绝对量在下降，由于非农用水的竞争加剧，农业用水量所占比例也从 1978 年的 88%降低

① 数据来源：《2020 年中国高职生就业报告》. https://www.pishu.com.cn/skwx_ps/bookdetail?SiteID=14&ID=11632445

② 数据来源：2016 年中职毕业生就业率达 96.72%. http://www.moe.gov.cn/jyb_xwfb/gzdt_gzdt/s5987/201704/t20170421_303035.html

③ http://www.rmzxb.com.cn/c/2018-11-07/2211131.shtml

到 2018 年的 61%。在农业用水量下降的情况下，地下水在农业用水中所占的比例不断提高。在北方地区，地下水灌溉面积的比例从 20 世纪 70 年代的 30%增长到目前的将近 70%（Wang et al.，2019a）。在缺水严重的河北省，地下水灌溉面积的比例在 2018 年高达 95%。

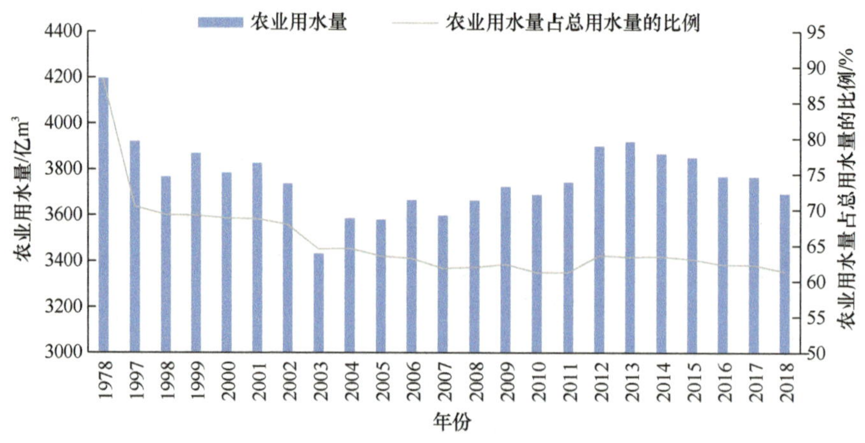

图 2-14　农业用水量变化趋势

数据来源：《中国国土资源年鉴》、《中国国土资源公报》和《中国统计年鉴》

我国水资源受降水的影响，在时空分布上极为不均衡。在时间上，全国大部分地区 6～9 月的降水量超过全年总量的 60%。过于集中的降水不能被作物充分吸收利用，使得大量水资源得不到有效利用。在空间上，淮河流域及其以北地区的土地面积占全国的 63.5%，但水资源仅占全国总量的 19%，长江流域及其以南地区集中了全国水资源量的 81%，而该区耕地面积仅占全国的 36.5%。区域间水土资源不均衡以及区域水资源的相对短缺已经成为影响农业生产和威胁国家粮食安全的瓶颈性因素。

在农业用水总量下降的情况下，我国农业灌溉面积从 1978 年的 4.5 亿 hm^2 增长到 2018 年的 6.8 亿 hm^2（Wang et al.，2019a），这表明农业用水的利用效率在不断提高。我国亩均灌溉用水量从 1997 年的 $492m^3$ 降低到 2018 年的 $365m^3$，节水灌溉占有效灌溉面积的比例也从 1998 年的 29%增加到 2017 年的 51%。尽管如此，全国农田灌溉水有效利用系数整体水平仍然较低，2018 年仅为 0.55，与发达国家 0.7～0.8 相比，仍有较大差距。此外，我国灌溉水单方产出量也与发达国家存在很大差距。目前我国灌溉水单方产出粮食不到 2kg，而发达国家达 2.5～3kg。

2. 耕地资源被占用，后备资源相对不足

我国国土辽阔，土地资源总量丰富，但难以开发利用和质量不高的土地占较大比例，耕地所占比例仅为 10%左右。过去 40 年，我国耕地总量基本维持稳定，但其间呈现较长时间的下降趋势。由于人口的增长和耕地总量有限，人均耕地面积基本上处于下降趋势。截至 2008 年底全国耕地面积为 18.24 亿亩，人均耕地面积仅为 1.37 亩，不足世界平均水平的 40%。从区域来看，我国耕地面积呈现东减西增、南减北增的特点，耕地重心逐渐由东南向西北区域转移。“二调”前后，我国增加的耕地面积主要分布在“三北”地区（表 2-4）。

表 2-4　“二调”前后全国六大区域耕地面积的变化　（单位：10^4hm^2）

耕地	华北	东北	华东	华南	西南	西北
水田	–10.78	132.22	33.89	64.38	–38.58	9.87
水浇地	159.88	–7.55	32.36	165.62	3.59	149.17
旱地	82.74	526.31	–17.38	–101.34	167.45	34.76
合计	231.84	650.98	48.87	128.66	132.46	193.80

研究表明，我国耕地面积下降主要与城镇化、工业化、生态退耕、农业政策等因素有关（Liu and Li，2017）。近年来，随着经济的快速发展，耕地资源被占用现象愈发严重，如房地产建设圈占大量耕地、城市扩张占用大片耕地、工矿企业破坏土地等，这使得耕地保护的压力更加严峻。耕地资源被占用加剧了我国的人地矛盾，宜耕土地的减少成为我国粮食增产的一大隐患，直接影响农民的农业生产和农业经济增长。

此外，由于我国长期以来鼓励开垦荒地，现全国宜耕土地后备资源接近枯竭。目前，全国可开发利用的耕地后备资源仅为 3307.18 万亩，其余 4721.97 万亩耕地后备资源受水资源利用限制，短期内不适宜开发利用。我国耕地后备资源以荒草地为主，占后备资源总面积的 64.3%，其次为盐碱地、内陆滩涂与裸地，比例分别为 12.2%、8.7%和 8.0%，多分布在我国中西部干旱半干旱区与西南山区，利用难度大、成本高。

（二）耕地质量下降，环境污染严重

1. 农田土壤污染严重，耕地质量下降

我国农田土壤污染形势严峻。根据 2014 年《全国土壤污染状况调查公报》，全国土壤总超标率为 16.1%，其中轻微、轻度、中度和重度污染点位比例分别为 11.2%、2.3%、1.5%和 1.1%。污染类型以无机型为主，有机型次之，复合型污染比例较小，无机污染物超标点位数占全部超标点位数的 82.8%。从污染分布情况来看，南方土壤污染重于北方；长江三角洲、珠江三角洲、东北老工业基地等部分区域土壤污染问题较为突出，西南、中南地区土壤重金属超标范围较大；镉、汞、砷、铅 4 种无机污染物含量分布呈现从西北到东南、从东北到西南方向逐渐升高的态势。

土壤污染会导致耕地土质退化、土壤板结等问题。2015 年土地变更调查结果显示，全国耕地质量平均等别为 9.96 等，中等地和低等地面积占耕地总面积的 70.5%，而优等地和高等地仅占耕地总面积的 29.5%。2016 年《全国耕地质量监测报告》显示，全国有 65.5%的监测点耕层厚度较浅，有 25.9%的监测点土壤容重大于适宜作物生长的标准，板结现象较为严重。根据国家耕地土壤长期定位监测，2004～2013 年全国土壤有机质含量有上升趋势，但土壤 pH 持续下降，土壤酸化已成为引发耕地质量退化的重要因素之一。

2. 投入品使用过量，面源污染严重

我国化肥、农药等投入品使用过量，总量利用效率不高。从图 2-15 中可以看出，我国的化肥使用量从 1990 年的 2590 万 t 升至 2015 年的 6022.6 万 t，农药使用量从 1990 年的 73.3 万 t 升至 2015 年的 170 万 t（图 2-15）。过去 30 年，化肥和农药使用量的年均增长速度约为 3%，高于同时期粮食产量的增长速度 1.5%。利用率不足是导致化肥、农

药投入居高不下的一个重要原因。例如，2017 年我国化肥利用率不到 40%，而美国粮食作物氮肥利用率大体在 50%，欧洲主要国家粮食作物氮肥利用率大体在 65%。

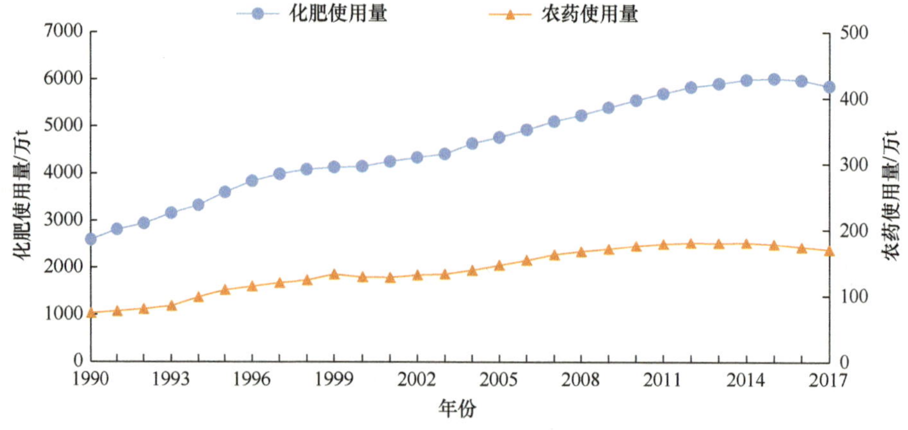

图 2-15　1990～2017 年中国化肥、农药使用量

数据来源：《中国农村统计年鉴》

我国畜禽粪污量大，有效处理率不足。据测算，2015 年全口径统计测算全国生猪、奶牛、肉牛、家禽和羊的粪污产生量为 5.687×10^9t（武淑霞等，2018），但畜禽粪污有效处理率不到一半（《全国农业可持续发展规划（2015—2030 年）》）。吉林、山东、湖北、四川、广东五省调研数据表明，约有 45%的猪粪污用作肥料，约 23%用于生产沼气，分别不到 10%和 5%用于饲料和销售，而 15%直接排放到沟渠池塘或河流湖泊中。过量的化肥、农药以及未有效处理的畜禽粪污通过地表径流、土壤侵蚀、农田排水等方式进入水体，引发了严重的面源污染问题，导致水环境质量日益下降。

此外，我国秸秆产量大，焚烧现象严重，也加剧了农田环境污染。2012 年，中国秸秆总产量为 9.4 亿 t，为世界第一秸秆产量大国，占全球秸秆总产量的 18.5%（He et al.，2020）。由于缺少有效利用途径，农民主要通过烧柴或露天焚烧作为消化手段。以东北地区为例，2013 年约 60%玉米秸秆在家烧柴，用于做饭和取暖，约 30%的玉米秸秆露天燃烧（Hou et al.，2019）。尽管国家出台禁止秸秆燃烧的相关政策，但由于缺乏有效利用方式，秸秆燃烧的现状难以改善。

二、生态功能退化风险仍在

（一）气候变化导致极端气候灾害频发

1. 气候变化导致农业生境萎缩

全球气候变化使光照、热量和水分的时空格局愈加复杂，给粮食安全和农业的可持续生产带来挑战。气候的持续暖化及降雨量的时空剧变可以直接改变农业生物生存发育及地理分布区间，加剧沿海土壤盐渍化、沼泽化进程，导致农业生境萎缩。在气候变化的背景下，我国种植带和复种制度边界正向北移动。到 2050 年，中国东部地区以秦岭-淮河作为中国水稻和小麦的地理分界线，可能会向北推到黄河一线，长江中下游地区和

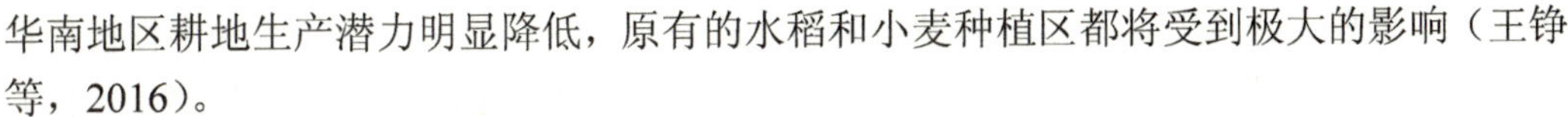

华南地区耕地生产潜力明显降低，原有的水稻和小麦种植区都将受到极大的影响（王铮等，2016）。

2. 极端气候引发严重自然灾害

中国地域辽阔，气候资源具有复杂的时空特征，是世界上最容易发生灾害的国家之一。据估计，仅农业气象灾害就影响了我国 5000 万 hm^2 的土地和 4 亿人口，造成了 2 万亿人民币（约占 3%的 GDP）的年损失（第二次气候变化国家评估报告编写委员会，2011）。

极端气候事件频发是诱发农业气象灾害的主要原因。天气是影响农作物产量品质的重要因素，农业气象灾害会大面积影响农作物的产量，给农民带来巨大的经济损失。常见的极端气候类型主要有旱灾、洪涝灾害和低温灾害。

当前，全球气候变化愈演愈烈，以干旱、洪涝为主导的异常天气与自然灾害频发，使原有农业生态系统和农业生物多样性遭受破坏，加剧农业生态环境危机。许多研究预测，随着全球气候变化持续加剧，与气候变化相关的极端天气事件和自然灾害事件将持续增加，对我国未来农业生产的冲击将不断加剧（Cruz et al.，2007；Schmidhuber and Tubiello，2007；Wang et al.，2010）。

（二）农业结构单一化，品种多样性锐减

1. 农业生态功能退化，向结构单一化演进

农业生态系统是人们运用生态学原理和系统工程方法，利用农业生物与环境之间，以及生物种群之间相互作用建立起来的，并按照社会需求进行物质生产的有机整体，是一种被人类改造、较大程度上受人为控制的自然生态系统。农业生态系统不仅有粮食生产功能，还具有水文循环、气体调节、小气候改善等生态功能。

农业生态系统的生态功能是指土地与土地上生物构成的生态系统所具有的调节气候、保护和改善环境、维持生态平衡和生物多样性等方面的功能，主要表现在农业对生态环境的支撑和改善作用上。农业生态系统的生态功能对农业经济的持续发展、人类生存环境的改善、保持生物多样性、防治自然灾害、二三产业的正常运行和污染物的分解消化等均具有积极的、重大的正效用。

农业多功能之间是相互依赖、相互促进和相互制约的，然而，由于人类不合理的生产劳动，农业生态系统可能会产生栖息地丧失、养分流失、水源污染、土壤污染、物种丧失等问题，限制了农业生态系统多功能的发挥，农业的生态功能逐步退化。

2. 生物多样性加速丧失，品种多样性锐减

生物多样性是人类社会赖以生存和发展的基础。伴随着工业化、城镇化的快速推进，我国农业生物多样性受到前所未有的重创，农业生态系统萎缩、结构失衡或愈加简单化、脆弱化，农业及相关生物遗传多样性、基因多样性、物种多样性和生态多样性危机日趋严峻。

近半个世纪以来，我国农作物栽培品种正以每年 15%的速度递减，相当数量的农作物种质资源只能存活于实验室或种子库，很多种类尤其是野生种、半野生种、地方种或传统农家品种等早已在野外难觅踪迹或永远消失，作物种质多样性、遗传多样性和基因

多样性正面临前所未有的挑战、威胁或危机。除了主要农作物及其栽培品种多样性的加速丧失，以农田或土壤环境为核心，与农业密切相关的动植物、微生物等生物多样性同样遭受损害，许多有益动物，沼生、湿生或水生植物，昆虫，害虫天敌，真菌，细菌等种类或种群结构发生显著变化，数量明显减少或永远消失，一些有害生物种类及种群数量则骤增，农田生物多样性丰度显著下降。

3. 外来生物入侵

外来生物入侵是指生物物种由原产地通过自然或人为的途径迁移到新的生态环境的过程。外来物种入侵已经威胁全球多个国家和地区，严重影响农、林、牧、渔业生产，威胁生态系统稳定，是当前全球生物多样性丧失的主要原因之一。

伴随全球经济一体化的不断深入以及气候变化加剧，近年来，世界范围内的外来生物入侵危害日趋加重，国际公认的最具威胁性外来入侵生物达 100 种以上。我国是遭受生物入侵威胁和损失非常严重的国家之一（万方浩等，2002），近年来，网购热、宠物热、不规范放生活动等新情况的出现，使得外来物种入侵途径更加多样化、复杂化，监管和防控工作难度进一步加大，防控形势更加严峻（付伟等，2017）。

三、发展趋势与需求分析

国际农业经历了机械化、化学化、信息化的串联式发展过程，现在已进入了智慧型、可持续发展的农业新阶段，从注重扩大资源要素为主逐渐过渡到注重科技创新、注重生态功能。联合国粮食及农业组织正大力推进生态农业、气候智慧型农业等发展计划，以改善农业生态环境，提升农业适应气候变化能力，实现农业可持续发展。未来 30 年是我国农业发展和转型的关键时期，我国农业必须从以牺牲资源环境为代价过渡到注重坚持绿色发展、生态优先的农业发展方式上来。

（一）废弃物资源化利用

在可持续发展背景下，未来农业的发展必须走循环农业的路子，按照“减量化、再利用、资源化”的循环经济理念，推动农业生产由“资源—产品—废弃物”的线性经济向“资源—产品—再生资源—产品”的循环经济转变。通过农业生态系统的设计和管理，实现物质、能量和资源的多层次、多级化的循环利用，不断实现废弃物资源的高效循环利用，使整个农业生产步入可持续发展的良性循环轨道。

近年来国家以提高资源利用效率为核心，大力推广应用节约型技术，促进农业清洁生产，为进一步推进循环农业发展奠定了基础。以下 3 种模式在过去均得到有益探索并取得显著成效，未来也应进一步推广应用。一是通过发展循环农业提高秸秆综合利用水平；二是实施标准化规模养殖，推进适度规模养殖，实现养殖废弃物减量化；三是加强农村沼气建设，使畜禽粪便得以有效利用。

（二）强化污染防控技术

农业面源污染已成为我国地表水体污染的重要来源之一，严重影响我国水生生态环境安全，威胁着我国的饮用水安全，最终威胁我国农业的可持续发展和粮食安全，给我国社会、经济发展带来诸多不利影响。因此，在现有防控策略的基础上，应进一步深化基础研究，探索新的防控方向，进一步强化污染防控的技术集成与区域联控，提升生态服务功能，进一步加强技术的设备化和装备化，打好面源污染治理的攻坚战，为我国农业的可持续发展和生态环境的改善提供技术支持。

土壤污染治理对我国农业的绿色与可持续发展至关重要。首先，随着现代工科行业的发展，污染物的种类和数量不再是单一情况，复合污染是当前土壤污染的常见形式。因此，土壤污染防治必须是各交叉学科融合，以共同促进土壤质量改善为方向。其次，土壤的污染源常常是非点源的存在形式，而且具有潜在性、复杂性和隐蔽性的特点。因此，在防治过程中必须综合考虑各个方面，以免对最终的防治结果造成影响。最后，随着近年来的迅速发展，生物技术在土壤污染防治领域内的应用十分广泛。但是，在实际防治过程中，需要特别注意生物多样性的保护问题，确保生物安全得到重视。

（三）发展新型业态

种养结合是种植业为养殖业提供饲料，并消纳养殖业废弃物，使物质和能量在动植物之间进行转换的循环式农业。未来我国应继续大力发展种养结合和循环农业，以资源环境承载力为基准，进一步优化种植业、养殖业结构，开展规模化种养加一体化建设，逐步搭建农业内部循环链条，促进农业资源环境的合理开发与有效保护，不断提高土地产出率、资源利用率和劳动生产率，是既保粮食满仓又保绿水青山、促进农业绿色发展的有效途径。

与西方生态农业排斥农业机械、化肥、农药等现代化先进技术的做法不同，我国生态农业追求生态与经济效益的统一，把提高农业生产效益和增加农民收入放在重要位置。未来现代农业生态系统应被赋予生产农产品、获取经济收益、提供就业和维持生态环境等多种功能，通过输入良种、技术、装备和现代管理，成为向社会提供优质安全的食物、为工业提供原料、为居民提供优美生活环境、为生产提供水土资源支撑的复合系统。在这一过程中，我国农业生态系统中的经济再生产过程由此逐渐被强化，农业为社会提供服务的功能也逐渐多样化。

第三章　国内外现代智慧生态农业的探索

第一节　国内现代智慧生态农业的探索

一、现代化技术

（一）农业生产与新技术采用

农业科技不仅是过去、现在，也将是未来农业生产发展与产量增长的第一推动力。推广新技术、以现代技术改造传统农业，是新中国成立以来，尤其是改革开放以来我国农业科技政策的最重要内容之一。自20世纪50年代的群众性优良农家品种评选和总结与推广优良农业生产经验，到60年代的高产矮秆抗倒新品种的选育推广，再到从70年代开始持续到90年代初的杂交种选育与推广和农业机械化运动，以及90年代初开始的以现代高新技术改造传统农业，均体现了现代农业技术对中国农业生产的贡献。

回顾中国农业发展的历史，农业生产要素的变化推动着农业技术的更新换代（黄季焜和胡瑞法，1998）。新中国成立之初，生产以粗放经营为主，所采用的技术从广种薄收到开荒扩种，农作物品种均为传统的地方品种，并且由农户的自选自留种子逐渐过渡到群众性优良农家品种评选所选出的优良农家品种，田间管理技术为总结农民经验后推出的优良生产技术（赵洪璋，1979），其技术特征为土地使用型和资金节约型（黄季焜和胡瑞法，1998）。20世纪50年代末到60年代初，随着人口的增长和经济的发展，土地的开垦潜力已受到限制，凭借广种薄收所获得的粮食产量增长已不可能满足人口增长和社会对农产品的需求，为此，各地在寻求提高土地单位面积产量上下功夫。然而，原有的农家品种由于不抗倒伏而限制了产量的提高，为此，高产抗倒伏品种便成为农民粮食生产的主要需求，国际上最早的绿色革命品种——矮秆品种便在中国产生，并迅速成为中国农业生产上的主导品种（林世成和闵绍楷，1992）。这一时期以土地节约型技术为主要特征，资金替代土地为主（黄季焜和胡瑞法，1998）。

尽管矮秆抗倒品种的推广解决了农业生产的抗倒伏问题，使农民在增加肥料投入的条件下可进一步提高作物的产量，然而，这仍无法解决人口快速增加和边际土地下降所带来的全社会对农产品的需求缺口。为此，国家一方面在耕作制度创新上做文章，选育并在生产上采用一些早熟品种，通过采用早熟品种来缩短作物的生长期，使以前的一熟与两熟耕作制改为两熟或三熟耕作制（黄季焜和胡瑞法，1998）；另一方面，开始建设并在全国范围内推广施用化肥技术，有效提高作物产量；与此同时，开始引入并研发杂交品种，通过增加单产和总产来满足国内对粮食和其他农产品的需求。进入20世纪70年代，在广泛采用矮秆抗倒伏品种的同时，杂交品种技术开始推广。伴随而来的是适应这些品种的机械、化肥、农药及灌溉技术的推广及其对原有传统种植业技术的替代，这一时期以土地集约型技术为主要特征，以资金替代土地为主，以资金替代劳动为辅。

改革开放后，随着农民联产承包责任制的推行，农业生产新技术得到普及。除了生产上的高产抗倒伏优良新品种，尤其是杂交品种外，化肥、农药、机械、灌溉及农用薄膜等提高单产、提高农业劳动生产率的技术均被农民采用。在生产上，为了提高劳动生产率，农民会选择适合自己生产的小型农业机械技术；为了提高产量，农民选择了化肥、农药、灌溉和农膜等技术，并且通过化肥、农膜的使用来提高作物产量，通过农药、灌溉技术的使用保障产量的稳定性。这一时期仍以土地集约型技术为主要特征，以资金替代土地为主，以资金替代劳动为辅。

进入20世纪90年代中后期，随着农药、化肥的集约施用，矮秆品种与杂交品种广泛种植所带来的病虫害高发成为限制农作物产量进一步提高的主要问题。同时，随着劳动力价格的快速提高，减少田间管理的投入和以机械替代人工成为农民农业生产的迫切要求。在这种背景下，以抗病虫害和抗除草剂为主要内容的转基因作物迅速被农民采用，从而替代了传统的靠人工进行病虫害防治的技术。这些生物技术很快替代传统的人工防治技术从而成为农业生产的主导技术。研究证明，以转基因生物技术为主要代表的现代生物技术显著减少了农民的农药和劳动投入，显著提高了农民的农产品产量，显著改善了农业生产环境，减少了农药残留，为消费者生产出了健康的产品。

与此同时，特别是进入21世纪以来，随着农村劳动力机会成本的提高，具有较高收益的设施农业、规模化养殖业及水产养殖业开始普及，并逐渐成为农村的主导产业。其中劳动密集型的设施农业在为城市居民提供反季节的新鲜蔬菜供应的同时，使从事这些产业的农民也获得了较高的收入；而在小农户退出畜牧养殖业的同时，资金密集型的规模化养殖快速发展，在实现工厂化生产的同时，确保了新鲜农产品的长年不间断供应。这一时期的技术以高值农业和资金密集型农业为基本特征。

值得关注的是，随着信息技术的发展与普及，尤其是智能手机的普及，利用互联网获取信息与技术已成为农民日常生活的一部分。通过互联网，农民获取生产上所需要的技术与产品信息，在采用新技术与新产品生产的同时，降低了生产的不确定性；同时，部分农民开始通过互联网购买生产资料和销售农产品，增加了收入。信息技术已成为目前农民生产与生活的重要内容之一。

（二）农业科技革命与智慧农业

新技术的发明将推动科技进步。然而，新技术的发明对科技进步的贡献呈现不同的形式。常见的技术发明有两种情况：一是通过解决生产上的关键问题而带来的类似的系列技术发明，这类技术发明所带来的技术进步主要限于该类技术内部；二是全新技术的发明及应用，带动生产上相配套的技术也相应发生与以往相比较为显著的变化，这类技术发明属于科技革命范畴。

农业生产上的种植业新技术包括优良新品种、施肥、病虫害防治、农业机械、灌溉、农膜、其他田间管理等技术。通常情况下，农作物优良新品种的变化会使施肥、灌溉、农膜等技术随之发生变化，如果新品种的特征与原品种相比没有突出的改变，仅是某些性状的改良，则上述化肥、农膜、灌溉、机械等投入仅是量的变化，是新品种技术带动的产量增长所引起的科技进步。目前生产上所采用的品种多数属于这种情形。值得一提的是，目前机械技术、施用技术、农膜技术、灌溉技术、病虫害防治技术等的发明与产业化应用并未引起整个农业生产体系的变化，属于单项技术进步。

与通常所看到的新品种不同，如果所选育的作物新品种具有某种全新的性状，且携带这些性状的新品种的种植会使原有的主要生产方式发生变化，则这些新品种技术的发明与产业化则会带来科技革命。例如，以矮秆抗倒品种为主要内容的绿色革命技术，由于作物品种的抗倒伏性，使得大型收割机械替代人工收获成为可能，由此带来了集收获、脱粒、耕地及施肥为一体的替代人工收获的联合收割机的技术革命；与此同时，新品种矮秆抗倒伏且具有较高的增产潜力，使农民在生产上增加化肥的投入成为可能，而化肥投入的增加由于植株冠层密度的增加而加重了病虫对作物的危害，从而进一步推动农药投入的增加，结果导致整个技术体系的变化。

与绿色革命技术不同，抗虫转基因生物技术的产业化种植显著降低了农民的农药施用量，减少了施用农药的劳动投入；而抗除草剂转基因新品种的采用则是以化学农药替代人工除草技术。两者均是替代劳动力的新技术。然而，由于这些技术仅是对个别投入要素的改变，对整个技术体系的影响并不大，也未能引起生产方式的变化，从而显示出其与绿色革命技术的差异。

值得关注的是，目前已基本实现规模化生产的畜禽养殖业，由于其生产过程基于现代化设施条件下的标准化生产，完全改变了原有的农户散养生产方式，在增加养殖规模和人力投入的条件下，基本实现了可控的生产。鉴于此，畜禽养殖业的规模化生产也属于科技革命的范畴。

传感器技术、遥感技术、信息技术、物联网技术等的发展及其在农业上的应用，将与绿色革命技术一样，推动新一轮的科技革命。这些技术通过移动平台或者计算机平台，运用传感器和遥感等技术，实现对农业生产的精准感知；通过信息技术和互联网技术，实现对生产过程的精准控制；通过对生产及市场信息的搜集，实现对生产的精准决策等，使农业生产智慧化。

智慧农业技术将从根本上改变农业的生产与经营方式，实现机器对人的替代。一是对生产过程的感知，实现机器对人的替代，避免了由教育水平和生产经验的差异而导致的感知差异。二是对生产的控制，通过对土壤水分、养分的感知，自动决定其采取的施肥与灌溉措施及施用量，实现生产过程的自动控制，从而避免了传统农业依据人的经验决定是否投入及投入量不完全科学的问题。三是解放了多数劳动力，减少了劳动力去田间观察生产情况的时间，从而增加了单个农户的生产规模。四是使农业生产工厂化，在标准化生产条件下，使整个生产过程可控，实现对农业生产周围环境的尽可能适应。

（三）农业现代化技术

在目前的条件下，智慧农业的实现不会一蹴而就，需要一个过程。该过程的发展将决定劳动力就业状况及价格、农产品的价格及传统技术的生产成本、智慧技术的成熟度及其成本等。但需要说明的是，智慧农业的全面实现需要在单项技术均具备农户采用条件的情况下才有可能；而不同农产品生产多数已具备采用智慧农业单项技术的条件。这些技术主要如下。

1. 智能传感器技术

智能传感器技术主要用于对温度、湿度、水分、光照、养分等生产环境的感知。其中用于种植业生产的智能传感器，主要在对环境感知的基础上，通过智能平台控制通风、灌水、调节光照（或者整枝打杈）、施肥等活动，使作物的生长处在理想健康的环境条件下，提高作物的产量；畜牧养殖业传感器则通过对养殖室内环境的感知，调节室内饲养环境，并控制投食及清理粪便，使养殖的动物健康生长。

智能传感器技术门槛条件不高，目前多数的种植业和养殖业生产可以实现。例如，种植业的大田和设施生产，通过简单的技术改造便可实现对灌溉、施肥、光照等活动的控制。尤其是设施蔬菜生产，通过智能传感器的安装，将非常容易实现设施生产的智能化。又如，规模化畜牧养殖场改造，通过智能传感器的安装，可以实现对养殖场室内的完全感知与控制，从而实现畜牧养殖业的智能化生产。

目前的智能传感器技术已经非常成熟，智能元器件也非常便宜。目前缺乏的是专用传感器的研发及相关农业生产参数的确定，这些技术需要政府部门和企业进行研发投资并经田间生产试验验证。在技术成熟的条件下，该项技术将对农业生产的智慧化改造起到良好的示范作用。

2. 农业机械智慧化改造

农业机械智慧化改造的最终目标是实现自动无人驾驶。目前已有相应的技术。然而，在实现农业机械无人自动驾驶之前需要首先将目前正在从事农业生产的农业机械进行部分智能化改造，使其在有人驾驶的条件下实现智能化的耕作、施肥与收获，使现代化的农业机械实现部分智能化。这些技术改造主要包括：针对籽粒部分的分层收获，以及对已收获的果实部分，强化其收获分级及收净，并对籽粒进行自动净化处理。播种机械增加土壤养分感知模块，利用卫星遥感技术或者红外感知技术，依据对土壤养分与水分的感知结果从而实现对肥料的实地实时精量施用及种子的精量播种。

目前卫星遥感技术已经成熟，但需要将不同背景的土壤养分含量作为基础参数来标定卫星遥感的定量参数。研究者可以依据我国对各个地区的测土配方土壤检测结果进行校正标定，然后研发农业机械智慧化改造的土壤养分感知模块，并将其分别安装在不同类型机械上，尤其是符合中国特色的适合不同类型农户的农业机械上。

3. 智慧遥感技术

智慧遥感技术涉及卫星遥感（高光谱遥感）和远红外遥感、近红外遥感等技术。这些技术可被用于对农业资源环境的分析，包括耕地地形地貌、养分与水分、作物的长势及营养状况、产量预测、病虫害发生情况及其分布等。

目前虽然这些技术已经成熟，但仍缺乏农业应用的基础数据，尤其是标定数据。例如，不同质地土壤养分含量的光谱转化，不同种类昆虫远红外、近红外参数等，获取这些参数需要巨额的研究投资，根据职能分别由政府和企业承担。

4. 病虫害预测预报技术

智能化的病虫监测技术已经成熟，包括主要害虫迁飞的雷达技术、田间昆虫实时监测识别的智能技术等。昆虫雷达监测技术已经基本成熟，包括专用雷达和气象雷达。目前的问题是尚未实现全国性布点，未来完成布点的昆虫监测雷达将可部分代替已存在多年的病虫害预测预报体系，实现主要害虫的实时精准监测。

田间昆虫实时监测技术也已成熟，可以实现对田间不同类型昆虫的实时监测，目前的问题是尚缺乏这些智能监测系统的布点，以及对这些数据统一管理及应用的农业技术参数，也缺乏该监测体系实时监测数据信息的相关政府管理体系及相关操作系统。

5. 智慧无人机技术

中国是目前最大规模利用无人机进行农业生产的国家，主要应用于农作物和果树病虫害防治、棉花落叶剂喷洒、施肥等领域。除了传统的病虫害防治外，一些公司还实现了依据对病虫害发生的区域分布识别结果，智能化喷施农药的技术。无人机的应用显著减少了劳动力投入，然而，最近的调查表明，针对一些作物采用无人机防治病虫害的平均农药用量显著高于人工防治。

6. 智能元器件技术

智能元器件技术涉及智慧农业技术的方方面面，智能传感器、智慧农业机械、病虫害智能化预测预报、智慧无人机、智慧遥感技术等设备的关键部件均为智能元器件。该元器件是联系感知器件（传感器、遥感识别器件、红外识别器件）与智能操作器件的关键，是实现智能化与智慧化生产的操作平台的核心技术。

智能元器件技术成熟的关键是电子及信息技术，目前门槛较低，相关技术也较为成熟。在感知与智能操作相关农业生产参数确定的条件下，智能元器件技术发展成熟及应用将比较容易实现。

二、智慧化探索

（一）国内智慧农业发展历程

我国农业领域引进信息技术主要起源于20世纪80年代初，首个计算机应用研究机构，即中国农业科学院计算中心于1981年建立，同时引进FELIX-C-512系统。农业部首次将农业计算机应用研究列入“七五”攻关内容。1986年创刊并公开发行的《计算机农业应用》是第一本农业信息技术专业刊物。1987年农业部设立了信息中心，主要推动信息技术在农业生产管理中的应用，各类专用程序软件被大量开发并应用于农业生产和管理。1992年，全国性专业学术团体——中国农学会计算机农业应用分会成立。1994年，农业部提出了“金农工程”，这一工程的提出极大地推进了我国农业信息化的发展，建立了农业综合管理和服务信息系统。1996~2002年，“863”计划持续在全国开展以农业专家系统为核心的智能化农业信息技术应用示范工程建设，这段时间农业专家系统技术取得了两项重大突破：一是出现了我国自行开发的农业专家系统的平台工具，如生物育种和施肥专家咨询系统、栽培管理专家系统、病虫害预测系统、区域农业规划等一系列农业专家系统得到推广应用，使农业技术人员不需要掌握软件开发知识就可以开发农业专家系统，加速了农业专家系统在不同地区、不同农业动植物种类中的开发应用；二是农业专家系统的运行环境实现了由单机版向网络版、移动终端版等多种环境的转变，加大了农业专家系统的推广应用规模。在此基础上，农业专家系统技术先后在全国 23 个省级示范区大面积推广应用，取得了重大的社会和经济效益，形成了中国特有的“电脑农业”，并于 2003 年 12 月获得世界信息首脑峰会大奖。“电脑农业”在我国粮食主产区和经济发达地区的实施，促进了这些地区农业的优质高产，提高了市场化水平，推动了农村现代化发展进程。

为顺应农业发展潮流，我国将精准农业作为中国数字地球发展战略的切入点之一，进行了一系列的实践探索，1998 年，中国农业大学成立精细农业研究中心；1999 年，国家计委正式批准北京市建设国家精准农业研究示范基地，示范面积 2500 亩；同年，北京市率先成立农业信息技术专业研发机构——北京农业信息技术研究中心，开始从美国全面引进精准农业的设备、技术和软件，重点开展遥感技术在监测作物长势、水分、营养诊断、病虫草害发生等方面的应用，地理信息系统在农田资源管理、指导科学施肥、灌溉、病虫草害防治、环境监测等方面的应用等研究。中国科学院于 2000 年把精准农业列入知识创新工程计划，并启动了知识创新工程的重要方向“项目精准种植研究”，设立新疆、河北和上海 3 个试验基地，以精准农业基础理论研究为主，北方以精准灌溉为研究重点、南方以面源污染治理为研究重点，开发研究拥有我国自主知识产权的精准农业关键技术与设备。到 2003 年，国内农业专家学者结合 3S 技术，开展了精准农业发展体系的研究，初步形成了以变量施肥技术、精准灌溉技术、信息获取技术、信息处理与决策系统等为主的中国精准农业技术体系。“十一五”期间（2006～2010 年），科技部先后在“863”计划现代农业技术领域中设立了“数字农业技术专题”和“精准农业技术与装备”重大项目，在国家科技支撑计划中先后启动了“现代农村信息化关键技术研究与示范”重大项目和“西部民族地区电子农务平台关键技术研究及应用”、“村镇数字化管理关键技术研究与应用”等一批重点项目，国内相关单位重点围绕农业生物-环境信息获取与解析技术、农业过程数字模型与系统仿真技术、虚拟农业与数字化设计技术、农业数字化管理和控制、精准农业共性关键技术及产品开发、精准农业集成平台与示范、农业生产过程信息化、农产品流通信息化、农村综合信息服务体系、省域和镇域农村信息服务系统开发与技术集成示范等开展了相关研究工作。至 2010 年，国内数字农业关键技术研究取得重大突破，构建和完善了小麦、水稻、玉米以及主要温室作物生长模拟模型和生产管理决策系统，构建了奶牛、生猪、水产等动物精准养殖技术体系，开发了粮油、畜禽、水产、果蔬等主要农产品质量跟踪与溯源系统。精准农业技术和装备研究取得重大技术创新，突破了车载土壤水分与压实复合传感器、光纤式农田土壤有机质含量检测等一批重大关键技术，研制了嵌入式农机机载控制终端、辅助作业导航指示器等配套产品，解决了国内目前小型联合收割机实现自动化测产的技术难题；研制的智能化“温室娃娃”，实现了复杂条件下温室环境的智能化管理。农村信息化关键技术研究与示范取得重要进展，开发了专业化、个性化的智能农业搜索引擎，研制了面向种植和养殖生产全程、农产品流通、县域农业资源管理与决策、农村社区政务管理和农民培训等领域的农村软硬件技术产品，在北京、上海、浙江、山东、宁夏等地区开展了农村信息化技术的典型应用示范并取得良好效果。

精准农业重点在于“精准”，集中体现在大田农业中。精准农业是基于 3S 技术、传感器技术、物联网等现代化技术手段，实现对耕种过程进行精准控制，对作物长势、受灾等各方面的情况进行精准监测，根据监测情况，精准调节耕作投入，实现精准耕作、精准灌溉、精准施肥施药、精准播种、精准收获，以最少的投入实现同等收入或更高收入。实施精准农业的好处诸多：一是可以使作业效率显著提高，解决传统农业晚间无法作业的问题，提高农机作业效率近一倍，可节约机械投入成本；二是可以使作业质量显著提高，作业质量直接影响着农作物产量与品质，通过农机作业的精准控制，提高农作物单产；三是使土地利用率显著提高，通过精准作业，确保单位面积的产出率及利用率。智慧农业重点在于“智慧”，体现在农业全产业链条建设中，而不仅仅在生产环节。农业领域大量引入卫星导航技术用于农机自动作业，使得精准农业呈现欣欣向荣的局面。然而，与智慧农业相比较，无论是范围还是内涵，两者都存在着本质上的区别。由精准农业向智慧农业的转变是我国农业未来发展的必由之路。

小汤山国家精准农业研究示范基地

小汤山国家精准农业研究示范基地是 1999 年在国家发展改革委、北京市发展改革委、北京市科委、北京市农委、北京市财政局支持下，由北京市农林科学院信息技术研究中心承担建设的我国第一个精准农业技术研究试验示范基地，2002 年 10 月竣工完成，占地 2500 亩，总投资 5209 万元。该基地建立了以 3S 技术为核心和以智能化农业机械为支撑的节水、节肥、节药、节能的资源节约型精准农业技术体系。基地分成四大试验区。

大田精准生产试验示范区集成现代信息技术和智能装备技术，在定量决策的基础上，生成施肥、灌溉和喷药处方图后，由机械进行精准施肥、灌溉和喷药作业，实现了作物管理定量决策、定位投入和变量实施的精准作业管理。

设施精准生产试验示范区集成传感技术、电子技术、通信技术、计算机技术、网络技术、智能技术，根据作物生长发育规律对温室环境进行智能调控，进行了“温室娃娃”、温室环境智能监控与管理系统、移动式温室精准施肥系统、移动式温室精准施药系统、静电精准施药系统等应用示范。

果园精准生产试验示范区重点示范果园精准生产管理技术，包括智能语言驱鸟器、精准自动化灌溉系统、果园对靶精准施药技术等。

精准灌溉试验区将农艺节水和工程节水有效链接，通过远程监控节水技术、精确灌溉技术、节水专家系统和墒情监测技术实现“工程节水”与“管理节水”的对接，进行了绿水系列节水灌溉信息采集与控制系统、墒情监测系统、地下滴灌系统和负水头灌溉系统等应用示范。

基地实现了肥水药等生产要素按需精准定位投入，提高了资源利用率，减少了施用化肥、农药造成的环境污染，成为全国现代高技术农业的示范窗口。依托基地研发的技术产品 50 多个，已经在全国 14 个省（市）得到不同程度的示范应用。基地每年接待国内外专家和参观访问人员 1000 人，已经成为我国现代高技术农业的重要交流平台，同时还是北京市和全国青少年科普教育基地。

随着农业精准化水平的逐渐提高，以及我国迈入了以互联网为中心的信息技术时代，农业信息化也进入新阶段，特别是在2009年感知中国目标提出后，中国农业信息技术正式向智能化、智慧化高端方向发展。政策层面，农业信息化是我国农业“十三五”期间重点发展建设方向，在“十三五”规划纲要中提出要加强农业与信息技术融合，发展智慧农业，推进农业现代化发展被摆在重要位置，其中，农村电商企业、现代农业、农业信息化建设也被广泛提及，政策正着力推动“互联网+农业”的发展。2016年8月，《“十三五”国家科技创新规划》提出了发展智慧农业的明确任务；2017年，中央一号文件《中共中央　国务院关于深入推进农业供给侧结构性改革　加快培育农业农村发展新动能的若干意见》提出实施智慧农业工程，推进农业物联网和农业装备智能化；2018年，中央一号文件《中共中央　国务院关于实施乡村振兴战略的意见》提出“大力发展数字农业，实施智慧农业林业水利工程，推进物联网试验示范和遥感技术应用”。同年政府工作报告中提出“推进农业供给侧结构性改革”“提高农业科技水平，推进农业机械化全程全面发展”“深入推进‘互联网+农业’，多渠道增加农民收入，促进农村一二三产业融合发展”。

在此背景下，我国将物联网技术、云计算技术、大数据技术应用于传统农业生产中，运用传感器和软件，通过移动平台或计算机控制农业生产，使更具“智慧”的智慧农业迎来发展新风口。智慧农业与电脑农业、精准农业等农业信息化发展模式既相关又有所不同，电脑农业、精准农业是将关键信息技术应用到农业生产过程中，实现提高农业生产效率和效益的目标。智慧农业不仅依托3S技术等现代化的技术手段，更是与云计算、物联网、移动互联等新技术深度融合，是在农业产前、产中、产后全方位地引入智慧化的思想和技术应用，实现耕种作业精准化、基础设施智能化和产业发展现代化。与精准农业相比，智慧农业涵盖范围更广，狭义上包括通常所理解的大田农业、设施农业、安全追溯、农业电子商务等涉农领域；广义上则是采用以互联网为代表的信息手段对农业实现全程信息服务与指导，采用创新商业运营模式，外延扩展到农业经济范畴，由基础设施智能化到产业发展现代化的发展过程。通过先进的手段实现生产全过程的智能化监管之后，带动涉农全产业链条的健康发展，如涉农信息服务产业、农产品安全溯源、涉农电子政务、涉农电子商务、都市涉农观光等涉农活动。全方位实现农业六化，包括农业资源利用环保化、生产技术科学化、生产过程标准化、农业监管便捷化、农副产品安全化和经营循环市场化。通过以上几个步骤，打通信息孤岛，实现农业信息的互联互通，实现农业资源的有效整合，逐渐形成全产业链条智能化的闭环，最终形成可持续发展的农业经济。智慧农业通过生产领域的智能化、经营领域的差异性以及服务领域的全方位信息服务，推动农业产业链改造升级，实现农业精细化、高效化与绿色化，保障农产品安全、农业竞争力提升和农业可持续发展。

全国农业科教云平台

1. 基本情况

全国农业科教云平台是2017年由农业部科技教育司会同中央农业广播电视学校、国家农业信息化工程技术研究中心共同开发，基于大数据、云计算和移动互联等技术，搭建了专家与农技人员、农技人员与农民、农民与产业间高效便捷的信息化桥梁，提升农业科技供给效率与质量，解决了主体协同不够、服务供需不匹配、知识孤岛等问题。平台采用“π”型结构框架，包括国家基础平台（网页版，农业科教管理用户）、中国农技推广手机软件（专家、农技人员用户）和云上智农手机软件（农民用户）。截至 2020 年 7 月，中国农技推广信息平台共拥有用户近 550 万人，平台累计总请求量 8.27 亿次，日均访问量 84.5 万次，累计上线农技人员 42 万人，累计上报服务日志约 1300 万次、累计上报农情 338 万次，平台现有 6000 名农业相关领域专家、教授，能够在线上提供实时的技术答疑和技术指导。

2. 主要做法与成效

建立多样化农技推广渠道，有效对接农技专家和用户。中国农技推广信息服务平台形成了网页端、手机软件、微信公众号“三位一体”的技术推广渠道，汇聚农技管理部门、农业专家、农技推广人员和农民等多方主体，包括 400 万职业农民用户、8 万农技推广机构、50 万农技推广人员、2 万农业专家、100 家农业科研单位和涉农院校资源，构建了业务协同、资源共享的全国农技大数据服务中心，形成了线上和线下相结合的即时沟通网络体系。国家现代农业产业技术体系岗位专家、农技人员和农民皆可注册使用该平台，实现 24h 全天候、无障碍沟通互动。满足了农技推广管理人员、农技人员、农业生产经营主体和社会化服务人员等多种类型主体的农技推广服务需求，为用户提供便捷、多样化、跨时空的精准高效服务，让农民足不出户就能解决农技难题，打通了农技服务“最后一公里”的难题。仅 2020 年 1 月，平台上农业专家发表的春耕技术主题的相关文章就达 3.69 万篇，发布服务日志达 160 多万条，线上解答农业问题共计 580 余万个，组织农户在线学习 1500 万次，实现了农技指导 24h 高效服务，中国农技推广提出问题总数为 840 万条，已解决 775 万条，问题回答率超过 92.2%。

自 2011 年起，科技部设立了“农村与农业信息化科技发展”重点专项，部署了农业物联网技术、数字农业技术、农业精准作业技术、精准农业基础研究、现代农业信息化关键技术集成与示范、农村信息化共性关键技术集成与应用、国家农村信息化示范省建设等 7 项重点任务，并在“863”计划和国家科技支撑计划中支持了 9 个项目。专项实施以来，突破了农业生产环境感知、农产品加工流通过程质量安全信息感知、食品安全云架构平台等关键技术产品，构建了面向生产、流通全程的食品质量安全农业物联网架构体系，研究了大田作物精准监测、轻简农田作业机械自动导航、规模化旱/水田环境精准栽植、肥药精准施用等农业精准作业关键技术和装备，研制了植物养分、叶面积冠层信息传感、动物群体发热疫情监测、农产品产地包装防伪、全自动果蔬育苗与嫁接等一批新产品，研发了基于光学检测机理的水体浊度传感器、智能氨氮复合传感器、水产养殖水体电导率传感器、基于双探测器的水体叶绿素浓度在线检测装置，开发完善了农村农业信息资源整合与共享服务工具、基于情境感知与个性化智能推送技术的农业信息资源多网发布系统、农业资源整合业务流引擎，研发了农林植物及设施环境三维建模软件等系列产品，建立了北京、山东、湖南、广东、重庆、浙江、安徽等 13 个国家农村信息化示范省（市），促进了国内农业信息技术领域的大面积应用推广。

根据近十年来现代智慧农业领域 SCI 论文的发文量来考量国际现代智慧农业技术研究的发展势头，从图 3-1 可以看出，2011～2020 年论文数量稳步提升，从 2011 年的 3157 篇到 2020 年的 9787 篇，年均增长率为 13.4%，尤其是从 2018 年开始，连续 3 年的年增长率达 20%左右，远超均值。2020 年的论文产出量较十年前增长了 2.1 倍，现代智慧农业技术正处于其研究的爆发期。我国东部地区智慧农业研究热度高，尤其是江浙、京津、东三省等区域，而西部地区的研究热度总体要低一些，华中地区的湖北等省对智慧农业研究的关注度较高。

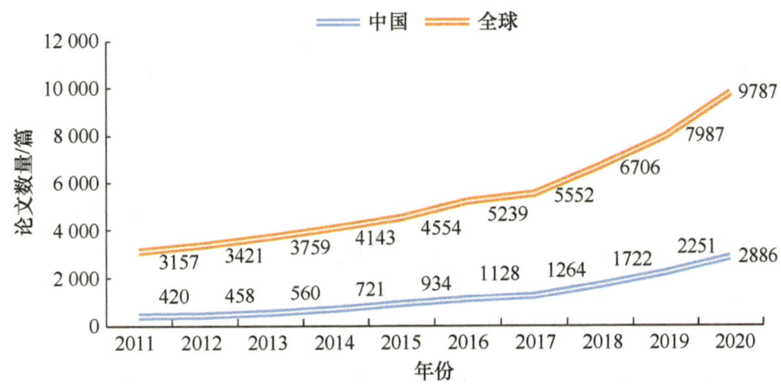

图 3-1 智慧农业研究发表论文数量

（二）国内智慧农业发展趋势

智慧农业对现代农业的发展具有非常重要的作用。智慧农业能够显著提高农业生产经营效率。通过传感器对农业环境的精准、实时、长期监测，利用云计算、数据挖掘等技术进行多层次深入分析，并将分析指令与各控制设备进行连接从而完成农业生产、管理和决策。这种智能机械代替人的农业劳作，不仅解决了农业劳动力日益紧缺的问题，而且实现了农业生产高度规模化、集约化、工厂化，提高了农业生产对自然环境风险的应对能力，使弱势的传统农业成为具有高效率的现代产业。发展智慧农业能够有效地改善农业生态环境。将农田、畜牧养殖场、水产养殖场等生产单位和周边的生态环境视为整体，并通过物质循环和能量流动关系进行系统、精准运算，保证农业生产的生态环境在其自身可调节范围内，如定量施肥不会造成土壤板结，也不会使营养流失从而导致富营养化；经处理后的畜禽粪便不会造成水和大气污染，反而有利于改善土壤结构和提高土壤肥力。“智慧农业”能够彻底转变农业生产者、消费者观念和组织体系结构。完善的农业科技和电子商务网络服务体系，使农业相关人员足不出户就能够远程学习农业知识，获取各种科技和农产品供求信息；专家系统和信息化终端成为农业生产者的大脑，指导农业生产经营，改变了单纯依靠经验进行农业生产经营的模式，彻底转变了农业生产者和消费者的传统农业落后、科技含量低的观念。

智慧农业在我国的发展已经初见成效，但还存在许多问题，如涉及的应用面较广，今后的重点发展领域、不同发展阶段的具体应用方式以及推进规模、政府定位、相关企业的协同发展方式等尚缺乏系统规划；在农业信息采集、远程监控、数据处理等方面，用于农业生产监测的传感设备种类不全、功能不完善，精确度和灵敏度也不高；在农业自动化控制方面，存在环境因素远程调控自动化程度还不高的情况；在农业智能化决策支持方面，有关农作物生长的数字化模型仍未建立完成，而且由于缺乏统一的标准，智能分析结果存在偏差；农民的农业信息化意识非常薄弱，再加上农业信息化宣传力度不到位，因此智慧农业发展滞后，还有待进一步提升。

三、生态化发展

中国自古就有保护自然的优良传统，在“天人合一”“阴阳五行”“相生相克”等朴素的生态学思想的指导下，发展了一系列宝贵的生态农业模式与技术，如以稻鱼共生、桑基鱼塘为代表的农业综合模式，以都江堰、坎儿井为典型的传统农业工程等。另外，在长期的农业实践中积累了朴素而丰富的经验，丰富了人与自然共荣共存的生态哲学理念，并蕴含着值得借鉴的生态保护和可持续发展意识。

20 世纪 80 年代初，针对一些农业现代化的弊端，学术界在深入、广泛的实际调查中，对国内农业发展道路进行了广泛讨论，明确提出了生态农业的概念，初步阐述了生态农业的基本原理，在一些地方进行了生态农业试点。

20 世纪 90 年代以来，中国学者从物质与能量、结构与功能、系统设计与效益评价等角度对典型生态农业模式进行了理论研究，初步形成了具有中国特色的生态农业理论体系，生态农业理论与方法研究不断深化，并受到世界范围内的广泛关注。在此期间，国内的生态农业进入了蓬勃发展阶段。1993 年由农业部等七部门组成了“全国生态农业县建设领导小组”，启动了第一批 51 个生态农业县的建设工作。2000 年，国家启动了第二批 50 个全国生态农业县建设工作，同时提出在全国大力推广和发展生态农业的任务。2002 年，农业部向全国征集到了 370 种生态农业模式或技术体系，并遴选出具有代表性的 10 个生态模式类型（李文华，2003），包括北方“四位一体”模式、南方“猪-沼-果（稻、菜、鱼）”模式、平原农林牧复合模式、草地生态恢复与持续利用模式、生态种植模式、生态畜牧业生产模式、生态渔业模式、丘陵山区小流域综合治理利用型模式、设施生态农业模式和观光生态农业模式。

中国生态农业的研究和发展离不开政府的大力支持。2003～2021 年中国连续多年发布以“三农”为主题的中央一号文件，明确提出要鼓励发展生态农业，提高农业可持续发展能力。2002 年，联合国粮食及农业组织（FAO）发起了全球重要农业文化遗产（Globally Important Agricultural Heritage Systems，GIAHS）的保护工作。中国学者积极参与，从生态、文化、农史、农业、法律等多学科的角度开展了深入研究，推动了该项工作的顺利进行。

可以说，中国生态农业经过 30 多年的实践和发展，积累了丰富的经验和教训，进一步与农村发展、农民致富和环境保护、资源高效利用融为一体，形成了新型综合农业体系，进入了与区域经济、产业化和农村生态环境建设紧密结合的新阶段。

（一）从以追求单一产出功能转向多功能农业

中国的生态农业注重采取不同农业生产工艺流程间的横向耦合，达到提高产品产量的目标。例如，通过物种多样性来减轻农作物病虫害的危害，提高作物产量。但在自然植被面积一再缩减和环境问题日益严峻的今天，农田生态系统除具有食物生产和原材料提供的功能外，还具有许多其他的服务功能，如调节大气化学成分、调蓄洪水、净化环境等（李文华，2008）。对于这些目前尚无法在市场中得到体现的外部效益，需要建立生态系统服务购买或生态补偿机制，从而达到农户和政府的双赢以及生态和经济效益的双赢。

中国农业具有较强的自然和社会经济地域性特征，从南到北形成了丰富多样、形形色色的农业区域，既表现了自然界的多样性，同时又为文化的多样性奠定了自然基础，使当前生态农业从以生产功能为主向生产、生态和文化等复合功能的转变成为可能。目前，国内外对农业多功能性存在不同的理解，经济合作与发展组织（OECD）、联合国粮食及农业组织、世界银行等组织以及国内一些学者都提出了各自的分类体系。但其内涵都说明现代生态农业的发展应强调经济、生态与社会效益的全面提高，突破单一狭隘的产业限制，通过多种物质产品的提供来满足消费者的需求；通过系统中有机物质的循环，产生较高的经济效益和环境效益；同时还应将提高农村人口收入和农村劳动力的就业安排摆在重要位置。

（二）传统农业精华与现代生态技术的融合

中国的生态农业重视对传统知识的传承，不仅要求继续发扬传统农业技术的精华，注意吸收现代科学技术，而且要求对整个农业技术体系进行生态优化，并通过一系列典型生态工程模式将技术集成，发挥技术综合优势，从而为我国传统农业向现代化农业的健康过渡提供基本的生态框架和技术雏形（李文华等，2010）。

当前生态农业的发展需要转向探索协调经济与生态环境保护的切入点，开发生态资源适宜且有市场比较优势的主导产业，实现健康安全农产品生产的阶段。生态农业需要高新技术的龙头带动，也需要典型性强、效益好、易推广的专项生态农业技术的普及与传统技术的挖掘和提高。应重视技术引进和应用，特别要注意无公害技术的引进和推广；重视高新技术在生态农业发展中的应用，如利用地理信息系统等现代技术，逐步实现生态农业的合理布局；重视总结和推广业已取得成效的多种多样的生态农业技术，如沼气和废弃物资源综合利用技术、病虫害生物防治技术、立体种养技术等；重视其他农业发展模式技术的应用，如与精准农业技术的结合等。

生态农业技术开发的重点是加大高科技含量。为完善与健全“植物生产、动物转化与微生物还原”的良性循环的农业生态系统，开发、研究以微生物技术为主要内容的接口技术；运用系统工程方法科学合理地优化组装各种现代生产技术；通过规范农业生产行为，保证农业生产过程中不破坏农业生态环境，不断改善农产品质量，实现不同区域农业可持续发展目标。其中，在寻求生态经济协调发展且有市场竞争力主导产业的同时，建立新型生产及生态保育技术体系和技术规范、环境与产品质量控制监测体系，建立与完善区域及宏观调控管理体系，形成农业可持续发展的网络型生态农业产业。另外，现代生态农业是将信息技术作为支持，根据空间变异定位、定时、定量地实施一整套现代化农事操作技术与管理的系统，包括全球定位系统、农田信息采集系统、农田遥感监测系统、农田地理信息系统、农业专家系统、智能化农机具系统、环境监测系统、系统集成、网络化管理系统和培训系统等。可以说，现代生态农业是高新技术与农业生产全面结合的一种新型农业（杨瑞珍和陈印军，2017）。

（三）注重生态农业全产业链发展

随着市场经济的发展，由于生产规模小、分散化程度高、生产方式和技术不能适应市场多样化的要求等，小农经济与大市场之间的矛盾越来越突出，产业化成为生态农业发展的重要内容和发展趋势。生态农业产业化应以人与自然和谐发展为目标，以市场需求为导向，依托本地生态资源，实行区域化布局、专业化生产、规模化建设、系列化加工、一体化经营、社会化服务、企业化管理，寻求农业生产、经济发展与环境保护相协调的道路。总体来看，中国生态农业产业化有所发展，但仍处于一个低水平和初级阶段。农业产业的发展环境相当薄弱，农业企业、农村经济、农民素质、基础设施以及产业意识还有待提高和完善。对中国生态农业发展中正反两方面的经验进行总结分析，寻求发展与突破的基本思路是放眼国际市场、明晰产品标准、立足区域特色、发挥品牌效应、规范基地生产、拓展增值加工、提升竞争能力。

产业链是产业化要实现的目标。产业链循环化是中国生态农业产业化发展的重要特色，主要通过产业合理链接达到物质循环和能量逐级利用的目的，使整体生态农业体系废弃物最小化，使农业资源利用达到最大化，产生资源高效、环境友好和经济效益良好的“共赢”效果。产业链延伸化主要包括信息共享、技术服务、工艺设计、营销体系、物流网络、观光服务等，针对不同的消费群体制定相应的产品、生产与市场销售计划，形成大众产品、生态产品、绿色产品、有机产品、区域产品、特色产品等多级产品体系。

基地规模化生产是生态农业产业化体系的重要内容。中国生态农业产业化应遵循“统一规划、合理布局、相对集中、连片开发”的原则，根据不同自然条件和社会发展基础，围绕农业产业化总体规划，组建一批富有特色的农产品无公害生产基地建设工程，严格控制产地环境质量，基地生产实施绿色标签制度，发挥品牌效应，拓展增值加工并提升竞争能力。随着规模化生产形式越来越普遍，规模农业的生态化建设成为生态农业建设的重要方面。

标准化是实现产业化发展的关键问题之一，主要体现在农业产地环境标准、农业生产资料标准、农业生产技术标准和农业产品质量标准 4 个方面。农业产地环境质量是决定产品质量等级的重要前提和基础保证；农业生产资料标准主要针对化肥、农药等投入物料的产品特性和施用效果等，注意从源头输入上为生态农业产业化体系提供保障；农业生产技术标准主要是生产过程的技术标准，包括使用方法、加工工艺、保存规范等，主要通过一系列产品生产规程来体现；农业产品质量标准包括产品外观标准、品质标准、营养标准、安全标准、卫生标准等方面。

（四）从简单的农业生产转向文化传承与农村可持续发展

中国的农业文明在近万年的历史发展过程中得到了延续。当前任何区域的农产品都有一定的文化、历史、地理和人文背景与内涵，它们均富有区域特色和民族文化，合理利用这些资源能有效地发展地方经济，继承与传播文化遗产，对弘扬历史、增强民族自信心等具有非常重要的作用（李文华等，2012）。但由于现代文明的全面渗透，千百年形成的传统知识正在迅速消失，而中国的生态农业建立在对传统农业精华的传承和提高的基础之上。推广生态农业，有利于引导民族地区地方政府和社区重视与弘扬民族文化，减缓传统知识的丧失速度，在传承文化的同时也为未来的经济开发保留知识和资源储备。2002 年联合国粮食及农业组织启动了“全球重要农业文化遗产”（GIAHS）项目，中国的稻鱼共生系统成为全球首批 5 个保护试点之一，为当地农业经济发展提供了新的增长点。

文化传承的重点在于发掘并保护农业文化遗产。首先，应在全国范围内开展农业文化遗产和非物质文化遗产的抢救性发掘工作，以村落作为农业文化遗产的主体，全面展示传统工艺、传统技术、传统生活；其次，强化保护，积极利用。保护需要一个动力机制，这个动力机制的根本是一个新型的利益机制，将农民的积极性调动起来，保护才能落实到底。文化遗产的保护和利用必然是紧密相关的，保护要和市场的发展结合在一起，适度集中，进行体系分工，挖掘扩大市场，生成可获得经济效益的价值，从而又促进遗产的保护，形成良性循环。总之，传承传统文化是为了创造新的农业文明，重点是通过市场需求，通过差异性的规划、创造性的策划，将文化农业作为持续性、永续性的事业发展起来。

中国的生态农业植根于中国的传统文化和长期的实践经验，结合了中国的自然-社会-经济条件，符合生态学和生态经济学的基本理论，为解决中国农业发展面临的问题提供了一条符合可持续发展的道路。中国的生态农业，从无到有，起步于农户，试点示范于村、乡、镇、县，重点发展县域生态农业建设，走出了一条快速、健康发展的道路。这是广大科技工作者、基层干部和农民在改革开放过程中大胆探索、努力创新的伟大成果。面对 21 世纪，只要坚持以科学发展观为指导，融合传统精髓与新技术，不断创造和提高，中国的生态农业就能探索出一条具有中国特色的可持续发展的道路。

（五）政策上由农业补贴向农业生态补偿转变

国外农业补贴是由价格补贴、直接补贴再到农业生态补偿，目前中国农业补贴政策从 2015 年开始转变，如实施草原奖补政策、耕地质量保护与提升补助、畜禽粪污资源化利用补助等，同时农业补贴逼近“黄箱政策”的“天花板”，急需用生态补偿替代现行的农业补贴政策（高尚宾等，2019）。在此方面政府近年来也较为重视，区域生态补偿、林业和草地生态补偿政策的实施也积累了一些成功经验，但有关生态循环农业规范生产、生态补偿等方面的政策法规不多，针对种植业、养殖业以及生态循环农业，以提高农业资源利用效率、促进农业绿色发展、保障农业产能为目的的农业生态补偿政策很少。因此，出台一批支持生态农业发展的相关政策、建立生态补偿机制、完善和落实国家相关政策将成为今后农业生态补偿政策的重点工作。

随着生态农业实践的不断深入和政策支持体系的完善，对生态农业的确认和生态农产品的认定与区分的重要性逐渐突显。如何让生态农业获得政策法规支持，如何让生态产品在市场上获得差别性标识以促进生态产品走向市场，已成为目前生态农业发展的主要瓶颈。我国有机食品和绿色食品的认证工作早已建立了自己的体系，然而生态农业还没有具体的认证或者确认体系，生态农业的确认和评估是生态农业得以广泛推广的关键一步。因此，构建操作性强的生态农业确认与评估体系是推动生态农业被广泛认可和广泛推广的重要一步，是政府制定支撑政策和建立生态农产品市场的重要前提。为此，需要在遵循资源匹配、生态保育、环境友好、食品安全底线的原则基础上，制定生态农业可操作性的评估指标体系。在具体指标确定上要考虑到不同区域环境下生态农业的经营规模、经营主体、采用方法、产生效益、社会改革等方面的差异，酌情制定。在生态农业的确认手续上，要充分利用诚信体系和信息技术，发挥第三方认证和参与式保障体系的作用，以加快生态农产品市场的发展与政府支撑政策的完善（骆世明，2020）。另外，鉴于全球气候变化影响的广泛和深入，考察我国和各地区的生态农业需要具有全球视野，应将农业碳汇/碳源的测度和评估纳入生态农业综合评估体系中（薛领等，2016）。

第二节　国外现代智慧生态农业的探索

一、现代化技术

（一）农业现代化与西方国家的农业技术

发达国家的农业是现代化的农业，这似乎是国际上约定成俗的观点。一些发展中国家将美国等西方发达国家的农业发展作为参考标准进行农业现代化建设。其参考的理由是这些国家拥有最先进的农业技术，农业劳动力与非农劳动力实现了市场整合。

西方国家确实拥有并采取了最先进的农业技术从事农业生产。由于实行标准化和规范化的生产方式，农业生产也具有相对稳定的产量与投入，从而保障了农民的边际收入水平不低于非农产业，具有明确的预见性。相对而言，发展中国家的农民，由于许多情况下的生产活动缺乏标准化的农业机械而无法实现标准化生产，依靠人力和经验的生产最终会导致同样投入水平下产量的不确定性。

然而，研究表明东西方发达国家的现代化道路并不相同（Hayami and Ruttan，1985；Binswanger and Ruttan，1978）。以美国和日本为例，美国的土地资源比较丰富，农业现代化过程以机械对劳动力的替代为主，生产上采用了大型农业机械以增加每个劳动力的生产规模及总产量。日本的土地资源稀缺，农业现代化过程则更多地以种植优良品种和增加化肥、农药等投入来增加单位面积产量，生产上采用小型化的适应较小规模操作的小型农业机械。美国和日本实现农业现代化道路的差异主要是由土地要素的禀赋程度所决定的。

据我们对美国农业的多次考察，美国农民在农业生产上采用的技术均有明确的规范与标准，采用的机械与工具均是现代化的，农民也是采用这些机械并依据其相关技术规范与标准而进行标准化生产。其中大型联合收割机均装有 GPS 定位系统，耕地、播种与施肥均根据卫星遥感采取了精准农业生产。灌溉系统为自动行驶的喷灌系统，病虫害防治也采用了类似的系统。其现代化的特征除了具备现代化的机械外，还具有标准化的生产方式。

日本的农业生产与美国不同，其所采用的机械基本上是小型化的，虽然也采用标准化的生产方式，但由于缺乏与卫星遥感链接的仪器，其农业机械的现代化程度要弱于美国。

中国的小农户生产条件与日本类似，但生产的规范化、标准化程度非常低，对生产投入产出的不确定性远大于西方发达国家。一是小型机械缺乏现代化的遥感系统，无法实现精准农业生产；二是生产过程的管理主要依靠人工，凭经验而非标准化规范进行生产；三是病虫害的管理主要依靠人工，缺乏现代化的信息提供体系，即使采用无人机防治，也主要是作为病虫害防治机械而非现代化智能化的机械；四是与西方比较，中国农业生产的现代化主要缺少类似于西方国家的标准化生产方式，虽然农民都具有自己的按季节生产经验，但这些经验在不同农户间差异较大，缺少较为统一的农事操作规范。

需要说明的是畜牧规模化养殖技术，无论是美国、日本等西方发达国家还是中国，均已实现了现代化的工厂化操作，在技术上或者设备上并无显著的差异。

（二）现代农业技术的国际化应用

以美国为首的西方发达国家的农业现代化技术是成体系的技术，其生产上所种植的优良品种，是跨国公司选育的适合机械化作业与规范化生产技术的品种，其施肥、灌溉、病虫害防治及收获等农事劳动，则依据品种特性采用现代化的技术进行操作。

1）现代优良品种技术。西方国家目前在农业生产上所种植的农作物新品种绝大多数为跨国公司育成的，除了具有较高的产量及优秀品质特征外，还具有良好的适合现代机械化栽培的特征，主要表现在以下几方面。一是具备优良品种的种子，适应机械化播种并具有较高发芽率，能够确保出苗后具有好的长势；二是具有明确的是否防治某种病虫害的特点或防治的解决方案，这些解决方案包括使用水肥一体化系统或者其他系统进行病虫害防治的明确建议；三是拥有中期田间免管理特征，如棉花、番茄等作物品种，其主干的生长将极大地抑制分枝的生长或者使分枝生长缓慢等；四是适合机械化收获，拥有一致的成熟特性。例如，对于禾本科作物，拥有整齐一致的穗层结构和较快的籽粒脱水特征及抗倒伏等特性；对于棉花等作物，拥有一致的成熟期、落叶及时等特征；对于各种水果，成熟期对振动反应敏感等。

值得关注的是产业化种植的转基因等生物工程品种。这些品种主要针对生产上难以解决的病虫害及农事操作问题。例如，目前已经产业化种植的BT类抗虫转基因品种，可以抗生产上难以控制的鳞翅目害虫及其他地下害虫等；转*EPSPS*基因及*GAT*基因类的耐除草剂品种，将解决各种除草剂伤害作物且人工成本较高等问题。并且，这些品种在引入外源基因外，还保持了易机械化操作等其他特征。

2）施肥技术。与中国科研人员的新品种选育不同，跨国公司的商业化育种是以更多的农民购买其种子并种植为主要目标，其对产量性状的选择多以对肥料反应敏感为基本特征。为此，可以根据品种的叶片颜色确定长势及是否需要养分。通过卫星遥感等信息，农民依据其叶片的颜色确定是否施肥及施用量。另外，美国等发达国家的农业生产除了基肥根据遥感系统施肥外，追肥多数采用机械化作业，少数采用水肥一体化灌溉系统随水施肥。

需要说明的是，西方国家的农业生产施肥技术具有标准规范，与中国的大水大肥不同，大规模生产条件下农户的施肥量多处于科学范围。

3）病虫害防治技术。西方国家建立了较为完备的病虫害监测网络及预测预报体系，并且根据对各种病虫害的实时监测向农民提供病虫害的实时预报。该体系主要由卫星遥感辅助地面站系统组成，通过该体系获得主要农作物病虫害的迁飞及发生信息，并通过地面系统进行实时验证。这一体系由跨国公司及政府共建，跨国公司向农民提供实时的信息服务。

农民根据政府或者跨国公司提供的病虫害发生信息进行及时的病虫害防治农事操作。目前为止，病虫害防治采用专业的病虫害防治机械，这些大型机械可以达到控制病虫害的效果。

4）灌溉技术。除了实行雨养农业外，采用灌溉农业的农户均建立了较为完备的灌溉体系。这些体系能够确保农作物的实时灌溉。灌溉时间及用水量等则主要是农户根据种植的作物、耕地的土质、当地的降雨量及土壤墒情等自行决定。

灌溉技术包括移动喷灌、滴灌及少数的渠道灌溉。其中喷灌机械为大型的自走式机械，该机械也被用于水肥一体化作业。

5）耕地、播种与联合收割机技术。耕地、播种与联合收割机是西方国家实施精准农业的基本机械之一。其中机耕机播技术已实现了 GPS 定位（地形地貌）及遥感信息（水分及养分）的感知与自动控制功能，即耕地机械可以根据 GPS 定位按照地形地貌操作，播种机械依据地形地貌实现种子精准播种，根据土壤养分的实时实地遥感数据实现不同地段不同种类化肥的施用量。联合收割机则实现了收获、脱粒、秸秆粉碎及耕地等的一体化作业，一些联合收割机在脱粒的同时还实现了对收获物的分拣作业。

除此之外，农户在种植季节之前便通过期货市场对其生产的产品完成了销售。这一现代化的经营方式也保障了农民收入的稳定性。

（三）跨国公司的农业技术服务

在全面现代化的条件下，美国的农业生产正越来越密切地与跨国公司联系。跨国公司在为农户提供种子的同时，通过为农民提供生产全过程的解决方案而受到农民的欢迎。基于种子、农药、化肥等研发技术优势，依据品种特征、气候等相关科学数据，为农民提供解决杂草、虫害、病害以及由气候变化导致的环境改变等问题的生产全过程技术服务。

为了做好技术服务并占领市场，跨国公司研发了现代农业技术服务平台（Modern Agriculture Platform，MAP）项目，通过该平台，采用创新和数字化手段为农户提供关键环节的技术解决方案。例如，孟山都公司在被拜耳收购前便开发了为农户提供全过程技术解决方案的五大平台：数据科学、育种、生物技术、作物保护和生物制剂。科迪华、先正达等公司也都建立了相应的机构，为农民提供全过程技术服务。

除此之外，更重要的是，国际跨国公司试图通过上述平台建设来促进其研发出更具市场价值的解决农民生产问题的技术。通过平台建设，研究发现农民生产各个环节所需要的技术及限制农民产量和收益提高的影响因素，从而开展有针对性的研发，同时也为跨国公司创造了盈利的机会。

（四）西方国家现代智慧农业技术的智慧化探索

需要说明的是，西方国家的农业现代化与智慧化是两个概念。为了在未来市场占有一席之地，主要发达国家和地区的政府及组织相继推出了智慧农业发展计划（赵春江等，2018），分别从政策、研发的技术及创新政策等方面制定出了相应的计划。

主要发达国家制定了相关法律或者计划来发展智慧农业（赵春江等，2018）。率先实现“精准农业”的美国，先后出台了6项与农业信息化相关的法律法规和发展计划，在信息、科研、教育、基础设施、投资等方面都以法律法规形式明确推进农业发展，为“智慧农业”及其产业链条的发展提供了良好的政策环境和财政支持。在日本，2014年启动实施了“战略性创新/创造计划（Cross-Ministerial Strategic Innovation Promotion Program，SIP）”，并于2015年启动了基于“智能机械+现代信息”技术的“下一代农林水产业创造技术”。欧洲农机协会（European Agriculture Machinery Association，CEMA）于2017年10月召开的峰会上，提出在信息化背景下，农业数字技术革命正在到来，未来欧洲农业的发展方向是以现代信息技术与先进农机装备应用为特征的农业4.0（Farming 4.0）——智慧农业。

除此之外，一些国家启动实施一些智慧农业项目（赵春江等，2018）。例如，在欧盟第七框架计划（7th Framework Programme，FP7）的支持下，英国国家精准农业研究中心（The National Centre for Precision Farming，NCPF）启动实施了智慧农业项目，研发除草机器人以替代使用化学农药，目前已经在100亩的田块上实现了从播种到收获全过程的机器人化农业。加拿大联邦政府预测与策划组织（Policy Horizons Canada）在其发布的《元扫描3：新兴技术与相关信息图》（*MetaScan 3：Emerging Technologies*）报告中指出，土壤与作物传感器、家畜生物识别技术、变速收割控制、农业机器人、机械化农场网络、封闭式生态系统、垂直（工厂化）农业等技术将在未来5～10年进入生产应用，改变传统农业。美国在经历了机械化、杂交种化、化学化、生物技术化后，正走向智慧农业（Smart Agriculture），到2020年，美国平均每个农场将拥有50台连接物联网的设备。

根据国际咨询机构研究与市场（Research and Market）的预测，到2025年，全球智慧农业市值将达300.1亿美元，发展最快的是亚太地区（中国和印度），2017～2025年的年度复合增长率（compound annual growth rate，CAGR）达11.5%，主要内容包括大田精准农业、智慧畜牧业、智慧渔业、智能温室，主要技术包括遥感与传感器技术、农业大数据与云计算服务技术、智能化农业装备（如无人机、机器人）等。

二、智慧化探索

（一）国际智慧农业发展

世界主要发达国家都将推进现代信息技术与农业的深度融合作为实现创新发展的重要动能，在前沿技术研发、数据开放共享、人才培养等方面进行了前瞻性部署。美国、欧洲和日本等国家和地区抓住数字革命的机遇，纷纷出台了“大数据研究和发展计划”、“农业技术战略”和“农业发展4.0框架”，将现代信息技术广泛应用于整个农业生产活动和经济环境，加快推进智慧农业发展，激活农业数字经济。

1. 美国

美国人少地多，劳动力成本高，选择了以机械化为主的现代化道路，20 世纪 40 年代就基本完成了全面机械化，伴随着化肥和农药的大量投入，长期高投入积累的结果必然是环境的负面影响加大以及农产品成本的提高。美国农业学家从 20 世纪 70 年代开始注意土壤和农作物条件的变化与农业管理的关系，一些农业科研部门、大学及农业装备企业纷纷组织起来积极寻求一种可行的经营管理模式，利用这种模式能依据当地当时的具体情况制定农业作业措施，并在高度发达的农业机械化和信息化技术指导下进行控制作业，提出了精准农业的概念和设想。80 年代后期和 90 年代以来，随着全球定位系统、地理信息系统、遥感技术、数据采集传感器、变率处理技术、智能化农业装备及决策支持系统技术的发展，精准农业技术在实践中蓬勃兴起。1993～1994 年明尼苏达的两个农场率先进行了精准农业试验，采用 GPS 指导施肥收获的产量比传统施肥提高 30%，而且减少了化肥使用总量，经济效益大大提高。到 1995 年，美国约 5%的作物面积不同程度地应用了精准农业技术。根据美国精准农业服务商和种子公司的统计，在他们的用户中，土壤采样使用 GPS 的比例为 82%，使用 GIS 制图的比例为 74%，其收割机带测产器的比例为 38%，采用产量分析的比例为 61%，采用精准技术的比例为 77%。到 2001 年已有 25 000 台联合收割机安装智能测产系统，5%～30%的大豆和玉米采用精准方法进行种植，得益于精准农业等技术的推广应用，美国玉米产量在 1995～2010 年增加了 44.86%，而 15 年间肥料用量只增加了 13.97%，肥料平均施用强度只有约 115kg/hm^2。精准农业的成功为智慧农业奠定了良好的发展基础。当前，美国利用物联网等技术开展智慧农业生产的水平已经处于世界领先地位，美国平均每个农场估测拥有 50 台连接物联网的设备，利用大数据分析，实现农产品全生命周期和全生产流程的数据共享及智能决策。此外，美国有 100 多个信息收集处，每天汇总分析并发布全美各类农业信息，大量农业基础数据是公开的资源，行业壁垒低，为智慧农业的发展提供了数据基础。

2. 德国

德国工业发达，是农业机械生产制造大国，除了农业机械先进，德国注重模型模拟技术、计算机决策系统技术、精准农业技术等关键技术的研发和集成。在高度机械化和信息化中探索出数字农业的发展方式，其基本理念和德国的“工业 4.0”很相似，通过物联网与云计算相结合，经过后台系统对原始土壤温湿度、空气质量等信息的处理与判断作出决策并指导农业机械化的运作。拥有百年历史的德国农业机械制造商科乐收集团（CLAAS）与德国电信开展合作，借助“工业 4.0”技术实现收割过程的全面自动化。他们利用传感器技术加强机器的技术交流，使用第四代移动通信技术作为交流通道，使用云技术保障数据安全，并通过大数据技术进行数据分析。信息通信技术的发展也让农民的工作更加高效便捷。柏林的一家名为“365FarmNet”的初创企业为小型农场主提供了一套包括种植、饲养和经营在内的全程服务软件。该软件可以提供详细的土地信息、种植和饲养规划、实时监控以及经营咨询等服务，而且通过该软件可以方便地与企业的合作伙伴取得联系，以便及时获取相应的服务帮助。德国大型农业机械都是由 GPS 导航系统控制的。农民只需要切换到 GPS 导航模式，卫星数据便能让农业机械精确作业，误差可以控制在几厘米之内。为了进一步提高农业生产力，德国政府通过 iGreen 计划，结合企业、政府、学术界的力量，融入分享经济的概念，共同开发及推广农业的辅助决策工具，并通过资讯整合及资讯主体的确立，提高农民接受度，加速智慧农业发展。德国电信也提出 Farming 4.0，准备在智慧农业领域投入资源，未来德国智慧农业的应用还会逐步向其他领域扩展。在数字农业助力下，德国农业劳动生产率很高，从事农业生产的人员约为总劳动人口的 2%。农户总量不超过 69 万户，平均每个农业劳动力能够养活 100 多人，超过 80%的农产品能够做到自我供给。

3. 法国

法国与美国、德国不同，人均耕地面积为 0.28hm^2，农业生产单元以中小农场为主，既存在农村劳动力相对缺乏的情况，也有人均耕地相对短缺的阻碍。法国在进行农业规模经营以及生产机械化的同时，积极主动地采用“以工哺农”方式，引导农业朝着自动化进程迈进，达成资本要素和人才要素的协同效应，并且做到了大力提高土地生产效率的同时也能积极提升农户劳动生产的整体效率。经过多年的发展，目前法国农业信息数据库已十分完备，其国内的农业信息主要由各级农业部门负责收集、汇总与公布。从类别来看，数据库涵盖了各个农业领域，包括种植、渔业、畜牧、农产品加工等。从近年来的发展趋势看，法国正着力打造一个“大农业”数据体系，包括高新技术研发、商业市场咨询、法律政策保障以及互联网应用等。在法国政府的力推之下，法国农民足不出户便能在网上了解基本农业信息。目前法国各农业部门均具备相关的智慧型农业数据库，并且一般条件下，省级单位皆配备服务器等相关涉农终端硬件。同时，法国政府会积极主动地将所有的科技研发成果进行推广和应用。例如，2010 年，法国农业科学研究院与涉农行业企业共同开发 150 项专利，其下属机构部门已将 500 项涉农创新成果进行市场推广。而农业相关科技的大范围应用也推动了法国智慧农业的整体发展，在农业产业链中从生产经营管理到物联流通的每一个环节全部采用先进的信息技术，能够对数据进行判断、跟踪并分析效果。

4. 日本

日本人均耕地面积稀少，土地分散，而且由于人口老龄化，农业劳动力不足，弃耕面积不断增多。由于这种不断萎缩的趋势，政府对农业的投入不断增大，政策上也给予大力支持。日本希望通过数字科技来扭转危机，使农业转型为智慧农业。日本先后提出了“战略性创新/创造计划”（2014 年），“基于智能机械+现代信息”技术的“下一代农林水产业创造技术”（2015 年），“基于 ICT/IoT 技术的智慧农业”（2017 年），发展出小规模精细化农业和高度发达的物联网农业。日本农业机械小型、轻便、容易操作、舒适性好、自动化程度高，精准度能够控制在 2～3cm，在水稻生产上，已实现了整地、育秧、插秧、田间管理、收获以及烘干各个环节的全程机械化，居世界领先水平。日本的智慧农业是高度发展物联网的典范，在 2014 年已有超过一半的日本农民选择使用农业物联网技术。这不仅大大提高了农业生产和分配的效率，而且帮助解决了农业劳动力老龄化和劳动力短缺的问题，据测算，智慧农业技术可使单位面积产值增加 79%，而投入劳动力可减少20%，精准投放也可减少30%的肥料投入。基于物联网技术，日本更是建造了世界上先进的植物工厂（Plant Factory）。植物工厂一词是日本首先提出的。根据日本植物工厂的现状，植物工厂是完全控制型和太阳光利用型营养液栽培系统的总称。它是利用环境自动控制、电子技术、生物技术、机器人和新材料等进行植物周年连续生产的系统，也就是利用计算机对植物生育的温度、湿度、光照、二氧化碳浓度、营养液等环境条件进行自动控制，使设施内的植物生育不受自然气候制约的省力型生产。

5. 荷兰

荷兰农业的科技水平在世界领先，其不仅有发达的设施农业、精细农业，还有高附加值的温室作物和园艺作物，拥有完整的创意农业生产体系。荷兰农业以家庭私有农场为主，尤其是温室产业独具特色。世界级的大型公司如化工业的壳牌、食品工业的联合利华、电子工业的飞利浦在国际工业舞台上扮演着重要的角色。在高度发达的工业化影响下，荷兰温室农业也具有高度工业化的特征。温室设施本身就是工业化集成技术的产物，由于摆脱了自然气候的影响，温室园艺产品完全可以实现按照工业生产方式进行生产和管理，而且不仅体现在种植过程中有其特定的生产节拍、生产周期，还体现在产品生产之后的包装、销售方面。与工业生产如出一辙，因此被称为工厂化农业。事实上荷兰的农业特别是温室农业被当成工业进行建设。温室产业中广泛采用现代工业技术，包括机械技术、工程技术、电子技术、计算机管理技术、现代信息技术、生物技术等。荷兰从20世纪80年代开始开发温室计算机自动控制系统，并且不断开发模拟控制软件。到20世纪80年代中期，荷兰近85%的温室种植者使用环境控制计算机对温室进行管理，按照不同作物的特点及需求进行自动控制，从而满足作物生长发育的最适要求。温室内的生产环节如搅拌基质、施肥、灌溉等均实现自动化管理，温室内环境条件如温度、湿度、光照等全部由计算机监控，并且进行智能化调控。

6. 以色列

以色列气候干旱，耕地面积稀少，淡水资源缺乏，人均年占有水量只有世界人均的1/33，但农业年产值达90亿美元。科学技术的发展使以色列农业劳动力比例从1965年的60%～70%快速减少到目前仅占全国劳动力的2.05%。农业高科技研发与普及应用促进了以色列蔬菜产业标准化、自动化、机械化、信息化，并且形成了高效的农业科技产业体系。依靠科技、农业技术、设备、种子等科技项目的系统集成装备，蔬菜增产95%。精细化生产作业是以色列智慧农业的重要组成部分，涵盖了精准种植粮食作物、精准控制农田灌溉和精准采集农业信息等。以色列将灌溉技术发挥到极致，利用传感器采集土壤中的数据并回传到数据中心，通过自动监测对比控制系统自动决定何时浇水以及水量。人均水资源只有400m^3的以色列利用精准的灌溉系统可以使水资源的利用率达90%以上。目前以色列正致力于将大数据技术运用到农业生产中，利用大数据的指导让农业生产标准化，同时也可以进行农作物品种优化、培育精英种子等。在智慧农业的发展过程中以色列农业物联网技术的运用十分普遍，此外，最新的灌溉及育种技术也被大量推广使用，智慧农业发展取得了巨大的成就。以色列利用低压滴灌系统使全国75%的水实现循环利用，是世界上水利用率最高的国家。以色列还利用先进技术成功阻止了土地沙漠化。近年来，以色列将先进的电子田间探测技术、计算机技术、GPS 技术、卫星遥感技术等系统组装配套，应用到大田、大棚蔬菜管理中。以色列大数据公司 Prospera 使用人工智能算法和传感器为农业发展过程开发监控和优化解决方案。传感器连续自动地从现场收集数据，包括图像、土壤和天气数据以及该领域的卫星图像。将此信息与机器学习算法结合在一起，可以及早发现和预测疾病、病虫害、营养和灌溉不足等问题。

7. 英国

英国农业生产结构以畜牧业为主，英国较高的工业水平使其农业发展早早进入机械化和自动化生产阶段。以机器人、自动控制技术、专家系统为代表的信息化技术，使英国农业进入信息化时代，提高了农产品的产量和品质。目前英国自动挤奶设备的普及率达 90%以上，一些更为先进的挤奶机器人在一些农场得到使用。机器人的作用不仅仅是挤奶，还要在挤奶过程中对奶质进行检测，检测内容包括蛋白质、脂肪、含糖量、温度、颜色、电解质等，对不符合质量要求的牛奶，自动传输到废奶存储器；对合格的牛奶，机器人也要把每次最初挤出的一小部分奶弃掉，以确保品质和卫生。挤奶机器人还有一个作用，即自动收集、记录、处理奶牛体质状况、泌乳数量、每天挤奶频率等，并将其传输到计算机网络中。一旦出现异常，会自动报警，大大提高了劳动生产率和牛奶品质，有效降低了奶牛发病概率，节约了管理成本，提高了经济效益。在英国，信息化技术加载到机械已成为可能。一些养殖场利用电子智能机械手和自动配料机、送料机等进行自动化饲料配制、运输和分发。例如，一些农场使用的智能饲喂机器，可自动采集来到机器前的牛、猪等个体信息，并根据每头牲畜的具体情况给出不同的饲料组合和饲喂量，保证同一群体中的每个个体都能获得最合理的营养，提高牲畜生长速度和质量。目前，英国大多数养牛和养猪、养鱼场都实现了从饲料配制、分发、饲喂到粪便清理等不同程度的智能化、自动化管理。

（二）国际智慧农业发展趋势

1. 人工智能技术的深度融合

在人工智能技术浪潮下，发达国家高度重视人工智能技术与农业领域的融合。美国的《人工智能战略研究计划》将农业作为 15 个人工智能应用领域之一。《欧盟人工智能白皮书》和《人工智能协调计划》提出，人工智能技术是实现绿色协议目标、应对气候变化和环境退化的关键因素；日本正致力于利用人工智能技术开展农业传感装置和系统的研发实证，构建智能食物供应链系统，推动日本农副产品出口。利用下一代人工智能技术改变传统农业，已成为当今世界现代农业科技发展的大趋势。

2. 生态化发展

近年来，美国更加注重智慧农业技术在应对气候变化、土壤流失和生物多样性降低等方面的应用，根据美国的一项研究，由于气候变化，美国玉米和大豆产量的下降预计在 2020～2049 年将达 18%～23%，在气候变化更快的情况下，有可能将下降 22%或高达 30%。为了提高农业系统的效率、可持续性和对气候变化的适应能力，2018 年美国科学院发布《2030 年前美国食品农业领域科技突破》，提出利用传感器、人工智能等技术的突破与融合来应对挑战。欧盟近年来也面临着人口增长、气候变化、环境污染和耕地资源不足等压力。2015 年，欧盟开展 ANTARES 项目，通过智能传感器和大数据技术以可持续方式生产更多的粮食，同时减少农场的环境足迹；2018 年，欧盟通过智慧农场 NUTRI2CYCLE 项目，旨在通过制定将畜牧业与农作物生产更好地联系起来的方案来提高养分效率并减少温室气体排放，此举可增加土壤固碳量并减少温室气体排放。欧盟“地平线 2020”创新计划旨在通过农业数字革命工作来维持精准农业与可持续农业发展之间的平衡。日本近年来也十分注重信息技术与环境保全型农业的结合，倡导利用高新技术实现专业化、集约化、智能化的经营，提高科学技术对农业生产的支撑度，减轻对土壤、气候等自然条件的依赖，运用先进农业生产技术打造现代农业生态模式。

（三）国际智慧农业发展借鉴

在国外，发展智慧农业已成为一种共识，每个国家的基本国情存在差异，发展智慧农业的道路也有所不同，但发达国家在发展智慧农业上起步比我国要早很多，在发展智慧农业的道路上也积累了很多的经验，值得我们借鉴学习。

1. 重视农业的可持续性发展，因地制宜转变农业发展模式

虽然美国、欧洲、日本和以色列的智慧农业在生产模式上各有不同的特点，但它们的共同点都是通过尽量减少化肥、农药和其他添加物的投入，并进一步通过法律来规范农业生产废弃物的排放、回收及再利用来实现农业的可持续性和对生态环境的保护。我国应该借鉴国外的先进理念和做法，结合自身情况，走出一条适合我国的具有特色的智慧农业发展之路。国际上，人少地多的发达国家实行规模化、粗放式的农业，如美国、德国等；人多地少的国家则主要依靠先进的农业生产技术来提高生产率，如以色列、日本等。我国虽然土地辽阔，但人均耕地不是很多。所以我们引进国外先进农业技术，结合自身特点，走技术密集、劳动密集的集约式道路。

2. 强化政府部门对智慧农业的引导推动

政府应当加快农业生产的技术创新步伐，充分发挥各级政府在智慧农业建设进程中的引导与推动功能。政府应当尽快制定研究计划，着力研发数字化农业发展所需的核心技术，重点协调大型计算机的运作及其信息的共享，加快解决配套设备供应等重大问题，加大对技术创新农业企业的财政补贴，以及建立数字农业产品免税目录。政府应当将数字化农业作为一项公共服务职能，相关机构对数字化农业的具体建设给予更多的支持。

3. 加大政府财政支持，创新多元化投资机制

农业农村信息化建设是一项重大的社会化工程，需要依靠政府的力量来投资开发，而国家财政投入不可能无限增加，所以必须在政府高度重视、大力支持的基础上，动员和组织各种社会力量参与建设。许多国家的实践经验证明，只有以政府资金投入为主导，通过多种渠道和方式解决资金投入问题，才能更好地保证农业农村信息化建设的可持续性。

第一，各级政府应当把农业农村信息化所需的启动性资金列入财政预算，建立农业

农村信息化专项基金，优化财政支农结构，加大农业农村信息化投入比例，确保农业农村信息技术优先发展，使农业信息的采集、加工、传递、反馈、服务形成一体化的知识密集型产业，加速传统农业向现代农业转变的进程。

第二，在网络基础设施建设、软件设计开发、引进人才、人员培训、网络运行、信息资源开发利用、信息发布和公益性投入方面，政府必须给予基础投入和扶持，促进农业信息以安全、完备、交互式、用户驱动的方式运行，保证信息和网络的可靠性。

第三，创新多元化的资金投入机制，制定相关政策、法规和管理办法，鼓励、支持和吸引社会力量参与农业农村信息化建设，充分调动他们的积极性，逐渐带动民间投资，引导社会力量向信息农业倾斜，逐步探索和实现共建、共享、多赢的局面，推动农业农村信息化建设持续发展。

第四，积极探讨公用的、公益的和有偿的信息服务职能和信息服务形式，支持公益的农业信息数据库建设和信息传播工作，尽快把农民吸引到信息网络中，保证他们能以负担得起的价格方便有效地使用信息资源，推动农业农村信息化建设的进程。

4. 重视农业农村信息技术人才培养，优化推广机制

第一，加快农业农村信息技术人才的培养，从区域农业状况、教育基础和办学条件等实际情况出发，制定农业信息化教育发展规划，创新办学体制。除了在高校应开设相应的专业培养农业农村信息化人才以外，应积极开展适合区域农业经济增长特点的特色信息技术培育，打破信息技术教育由教育部门独家垄断的局面，吸引联合办学和社会办学，使信息技术教育的专业设置、基地建设与当地农业信息资源开发结合起来，还可以短期培训班等形式对农业科技人员和文化程度较高的农民进行培训，培养更多具有乡土气息的农业农村信息技术人才。

第二，针对我国农业生产技术水平和农民素质相对较低的情况，政府应把农业农村信息技术应用推广列为重大农业科技推广项目，成立农业专家系统推广领导小组，聘请农业专家、计算机专家担任顾问，培训乡镇、村的信息员，每个乡镇应配备专职信息员，每个村应根据需要配备专职或兼职信息员，以培育新型农民为主要目的，推动农业农村信息技术推广工作和农村教育、科普工作相结合，软件开发应用与科技信息普及相结合，面向农民、面向数字智能网络、面向知识更新，推动实现“高技术平民化”，逐步打通农业农村信息技术应用推广上的“最后一公里”。

5. 以信息化示范建设为切入点，发挥示范和辐射作用

长期以来，信息闭塞是制约我国农业发展的瓶颈，农民难以及时了解农产品市场供需情况，无法生产适销对路的农产品，有了产品找不到买家，这些问题一直困扰着农民，而农业农村信息化成功与否很重要的一环就是信息能否进村入户。但是我国幅员辽阔，地区差异显著，经济发展不平衡，种植模式单一和贸然推进都不利于农业农村信息化的健康发展，选择有条件的重点乡村进行信息化示范建设是一条很好的途径。可以率先建成一批信息化示范镇和信息化示范村，以此为试点，以点带面，逐渐辐射和推广，推进整个农业农村信息化建设进程，将党和国家的方针政策、农技信息、市场行情、法律法规等信息以最快捷的速度传送到千家万户，从根本上解决信息与农户的零距离问题。借

助网络运营商提供的网络基础设施，建设和完善各地农、林、牧、水利等终端网络，解决农村网络信息服务“最后一公里”问题。推进电话、电视、互联网“村村通”工程，加强“三电合一”工程建设。立足实际，因地制宜，采取互联网与广播、电视、电话、农村信息员相结合等多种形式，使信息服务站点延伸到基层农村，将信息服务和信息技术送到基层农民手中。农村信息示范镇、村可以采取政府牵头、网络公司负责建设的方式，在不断总结经验的基础上全面推广，避免一哄而上，不切实际。

三、生态化发展

国际上对生态农业的探索可追溯到工业化初期，而有意识和系统性地开展生态农业研究与实践活动则是在 20 世纪中叶之后。在初始探寻替代农业的过程中，民间组织和一些关键性人物发挥了重要的作用，正是他们自下而上的不懈探索所形成的星星之火，成就了今天生态农业发展的燎原之势。例如，日本冈田茂吉（Mokichi Okada）的“自然农业”、美国罗代尔父子（J. I. Rodale and R. R. Rodale）的“有机农作”、奥地利的“生物动力学农业”和欧洲的“生态农业”等实践活动，在生态农业发展过程中都产生了极大的影响。

1987 年，联合国环境与发展委员会发表了《我们共同的未来》，联合国粮食及农业组织于 1989 年 11 月组织召开了特别会议，决定“深化在环境与发展领域的工作”，随后于 1991 年在荷兰（登博斯）召开了国际农业与环境会议，这次会议特别关注发展中国家农业和农村发展问题，开创性地提出必须把可持续发展农业和农村发展作为同等重要的内容。在会后发表的“登博斯宣言”（Den Bosch Declaration）及行动纲要中，联合国粮食及农业组织定义了“可持续农业”的内涵。“可持续农业”的概念为绝大多数农业工作者所接受，团结、统一了形形色色的新型替代农业思想。这次会议成为世界各国农业有系统地转向可持续发展的契机和转折点（骆世明，2017）。1992 年欧盟开始实施“多功能农业”，为此修订了欧盟的“共同农业政策”。1992 年日本开始推行“环境保全型农业”并且颁布了相应的《食物、农业、农村基本法》以及相应的农业法规和经济激励措施。1998 年韩国开始实施农业转型，实施“环境友好型农业”，也制定了《关于促进环境友好型农业和渔业，并管理和扶持有机食品法案》及相应的农业法规。美国从 1999 年开始推行基于资源与环境的“农业最佳管理措施”，各州颁布农业最佳实践指导。在国际农业可持续发展的推动下，拉丁美洲自下而上的生态农业运动发端于 20 世纪 90 年代，并且直接影响到有关国家的农业发展决策。例如，在生态农业运动的推动下，2003 年巴西国会通过法律支持生态农业发展。国际有机农业运动和有机食品认证也在此期间得到迅速发展。

进入 21 世纪，生态农业思想、理念与实践已经在世界范围内达成高度共识，人们在理论与实践层面开展了日益深入的探索。2004 年美国学者 Sara Scherr 牵头成立了国际“生态农业伙伴”（Ecoagriculture Partner），其口号是“为了人民、食物和自然的景观”，强调通过景观层面的布局，协调生态、生产与生活关系。联合国粮食及农业组织也越来越重视生态农业，2014 年召开了生态农业的国际研讨会，2015 年召开了拉丁美洲、亚太和非洲的生态农业研讨会，2016 年则在中国云南召开了国际生态农业研讨会。农业的生态转型与发展已经成为新的世界潮流，并表现出新的发展趋势。

（一）现代生态农业愈加重视生态整体性、景观重要性、生物多样性和文化价值

进入 21 世纪，生态农业的发展超越了农田或农场的具体空间界限，扩展到多维的食物系统，强调应用多学科综合的系统分析方法，开展了包括食物生产、加工、市场、经济和政策决策以及消费者生活习惯等方面的综合研究，其对农业生态系统的整体性、农业景观、生物多样性和文化价值的重视程度大大提高。在生态整体性方面，重视和加强农业生态系统的科学管理，把农业生态系统作为整体，彻底转变资源利用方式，加强系统要素的科学管理，促进从单一资源管理的传统方式向多元资源管理的现代经营方式转变，保证体现生态系统的整体性功能（Bohlen et al.，2009），重点关注人与自然的协调性、生物与非生物因素的统一共存性、系统发展的阶段性、三大效益（经济、社会和生态效益）的统一性和系统内各管理主体的高度协作性。在农业景观层面，开始充分认识到大尺度农田景观结构及其生境类型对于害虫生态防治的重要性，从区域农业景观系统的角度出发，运用景观生态学的理论和方法来研究作物、害虫、天敌等组分在不同斑块之间的转移过程和变化规律，揭示害虫在较大尺度和具有异质性空间范围内的灾变机理，为利用农业景观多样性来保护农田自然天敌、实施害虫的区域性生态控制提供新的研究思路和手段。在农业生态系统中，生物多样性的意义远远超越了食物生产本身，特别是在农业生态系统的生态服务功能，如营养循环、微气候调节和局部水文过程、抑制不良微生物和消减有毒物质的影响等方面需要通过系统内生物多样性的维持来实现。通过正确处理生物多样性与农业产业化的关系，实现农作物、农业有益生物种群、物种群三者间的生态平衡，从而达到农业的可持续发展（林文雄等，2012）。长期以来，为了适应农业生产和社会经济发展的需要，人们创造了多样性的农业生产方式和相应的丰富多彩的农业文化。这些农耕文化浸透着历代先贤的血汗，凝聚着人类的智慧，生动展现了人类的实践经验和教训，反映了人类对其与自然之间的关系、规律的认识与把握。如今，这些重要的农业文化遗产在人类的生活和农业生产中仍具有现实意义，有必要深入挖掘并充分利用。

（二）生态农业研究在宏观和微观层面上不断扩展

进入 21 世纪，生态农业的研究视野从宏观向微观同时发展，宏观层次上，现代农业生态学正从以往的宏观农业生物学层面逐步深入“三农”的社会学层面，研究水平从以往关注农业生态系统结构与功能的关系逐步发展到人们普遍关心作为全球食物生产、分布和消费网络的食物系统（food system）。即从生态经济学角度研究农业生态系统能物流形成与运转对经济社会发展的影响以及社会政策法规对食物系统的调控作用。也就是说，现代农业生态学越来越重视人类社会生态觉醒对保护农业生态系统环境、促进无污染生产及市场营销的重要作用。因此，在当代西方国家，许多生态农业研究者十分重视通过各种社区运动或行动来促进政府、生产部门、销售部门以及相关管理部门接受生态农业思想，自觉按照生态规律办事，保证食物生产系统的健康高效运行，涉及从科学理论研究、实验示范推广、各种联盟运动的推进到社会公众自觉参与等全过程，这已成

为现代生态农业教学科研和生产实践的重要内容。微观层次上，现代农业生态学正进入分子农业生态学时代，它借助现代生物学的发展成就，运用系统生物学的理论与技术，深入研究农业生态系统结构与功能的关系及其分子生态学机制，主要从分子水平上深入研究系统演化的过程与机制，促进从定性半定量描述向定量和机理性研究推进，体现了现代农业生态学的时代特征和发展新思维（林文雄等，2012）。

（三）重视农业科技与相关人才的培养

无论是美国大机械精准农业、日本小规模农户经营、德国循环农业还是以色列水肥一体化农业以及精耕细作的传统农业发展模式都离不开科学技术和人才的培养。日本政府对农业的投资表现为农业技术普及教育，大力开办农事学校、农事试验场所，为农业现代化打造坚实的人才基础。随着科技水平的提高，人们利用全球定位系统监测每块地的土壤状况，根据实际情况精准施肥、浇水，大大提高了耕作效率和作物产量；发展循环农业应该加强废弃物资源化利用、农村新能源与再生能源开发、农村水资源的节约保护利用、农村生活污水与畜禽场粪便污水净化处理、农地改造与农村土壤污染修复等实用技术的推广与应用；在水资源缺乏的地区，应该有针对性地发展节水技术、污水处理和节水灌溉技术，以保障水资源的有效利用；对传统精耕细作中总结的育种、灌溉、施肥、套种等有效经验需进一步流传推广，对拥有这部分技术的人才应该大力培养，从而开发利用新的耕作技术。此外，由于生态农业采用智力密集型生产方式，而不是投入集约型生产方式（骆世明，2010），除了重视新技术和新模式以外，国际上普遍重视来自广大农民的实践经验和经历长期实践证实行之有效的传统农业遗产（骆世明，2017），也开始关注气候智慧型农业，提出在全球变化加剧的条件下，农业既要被动适应气候的变化，也要主动减少对气候的不利影响。气候智慧型农业也针对工业化农业的标准化生产格局，试图通过能源结构变化、投入品组成调整、生物多样性利用等方法建立起一个更具弹性的农业生产体系。尽管气候智慧型农业在目标上更加突出了气候变化的适应性，但是其使用的具体手段并没有脱离生态农业范畴。

（四）生态农业建设逐渐形成一种社会运动

生态农业建设已逐步成为一项社会运动，其目的在于发掘农民智慧、改善食品供应体系、提高农村生活质量、增加农民经济收益、保护珍贵农业遗产、实现可持续发展。拉丁美洲的“农民对农民运动”（Farmer to Farmer Movement，MCAC）是在发展中国家里相当突出的一个例子，目前该组织正试图凝聚力量，在交流生态农业技术的同时改变不合理的国际管理体系和国家政策（Holt-Giménez，2006）。而在美国等发达国家中，生态农业也已经作为一种社会运动而存在。美国加利福尼亚州成立了各种形式的与农业生态有关的民间组织，如“社区农业生态网络”（Community Agroecology Network，CAN）、“农业和基于土地的培训联盟”（Agriculture and Land Based Training Association，ALBA）、“社区支撑农业”（Community Supported Agriculture）等，这些非政府组织从不同的侧面推动生态农业的发展。美国有机农业运动也是从民间开始的，在 20 世纪六七十年代相继成立了“加州有机认证农民”（California Certified Organic Farmers，CCOF）、“有机农民和园艺者联盟”（Maine Organic Farmers and Gardeners Association）等，民间的大量工作促使美国农业部在 2000 年制定了国家有机食品标准，并在农业部设立国家有机农业项目（骆世明，2013）。同时，越来越多的产业集团主动参与其中，如跨国化工集团纷纷转向开发能减少物质投入（如化学农药）的农业生物技术，农业生产资料（农机、化肥等）集团竞相研究开发高科技的“精准农业”（Precision Agriculture），使增加生产、降低成本、提高效率、减少残留和保护环境等多个目标同时实现，适应了可持续发展的社会舆论和环境。

（五）充分认识到政策和法律对生态农业发展的重要性

现在国际可持续农业界充分认识到，如果没有在观念、机制、体制、政策上创新，农业可持续发展只能是一种“美好的诗意”。欧盟修订的“共同农业政策”规定了农民和农业企业必须达到基本的“交叉承诺”（cross compliance）的标准，不损害环境，不出现食品安全问题，不虐待动物，不破坏传统文化，才能够获得欧盟的基本农业补贴。韩国和日本也颁布了相关的全国法律制度，只有达到相关指标才可以获得相关农业补贴、税收减免和优惠贷款。规模比较大的国家采用了由地方推荐适应不同区域的生态友好措施，并采用与地方经济相适应的激励办法。例如，美国在实行基于资源与环境的最佳管理措施（best management practice）时，由各州发布具体措施和具体奖励补贴办法。在政府决策和执行能力较弱的区域，农业的生态转型走了一条由民间组织动员、自下而上推动发展的道路。在中南美洲的生态农业运动就是典型。在政府决策和执行能力比较强的国家，实行政府立项推进的方式。我国政府推动实施了“退耕还林”“草畜平衡”“测土配方施肥”“节水农业”等项目就是成功的例证（骆世明，2017）。

严格的法律制度对生态农业发展至关重要，是人类文明进步的良好体现。美国、日本、德国、以色列等国家在鼓励和支持本国农业发展的过程中制定了完善的法律制度并得到良好的推行和实施。从立法到执法，美国农业都拥有完备的法律体系，并且具体的法律条文一直不断地得到完善。1973 年，美国政府颁发的《农业法》规定农民从事农业生产劳动可以获得一定的补贴，通过这种形式来增加农民收入，提高农产品的国际竞争力；1985 年，里根政府对农业补贴在方式和额度上进行了一些调整，并且对土地实行强制休耕政策，以保护土地肥力；2002 年，美国政府又出台了《农业安全与农村投资法》，将政府补贴在原有基础上提高了 67%，每年的补贴总额高达 1900 亿美元；小规模的农户经营也需要法律支撑，从 2011 年起，日本正式实施由农林水产省组织制定的《六次产业化法》，并大力推行。日本政府通过法律认定的方式确保扶持对象的精准性，以应对农业人口流失的现状，鼓励农业发展；在耕地资源保护方面，可借鉴德国强有力的法律条款。70 年代早期，德国政府启动了一系列环境政策法案，并成立了联邦环境委员会等公共机构，以赋予政府在环境领域更多的权力。90 年代中期至今，德国政府出台了更多的能源与法规政策，先后于 1998 年颁布了《联邦水土保持法》和 1999 年颁布了《联邦水土保持与污染治理条例》，以立法的形式保护土壤资源。针对水资源紧缺的情况，以色列将水资源保护开发利用上升到国家战略与安全层面，纳入基本国策。1959 年先后制定实施了《水法》《水井控制法》《河溪法》《水计量法》等一系列法律法规，从立法角度确保水资源的保护措施能够得到严格执行。

第四章　现代智慧生态农业的内涵与框架

第一节　现代智慧生态农业的内涵与特征

一、概念

在国际上，生态农业（ecological agriculture）曾经被定义为小型的、不使用农药和化肥的、充分利用农场本身自然资源的一种农业（Kiley-Worthington，1981）。后来国际上也有把生态农业看作一个景观功能分区管理的农业管理方式，与我国生态农业中的景观模式类似（Scherr and McNeely，2008）。自 2014 年以来，生态农业在国际上发展迅速，且为联合国粮食及农业组织所推崇。生态农业在国际社会使用中包括三重含义，分别是作为一个学科分支、一种农业实践和一类社会变革。当生态农业作为学科分支时，实际上就是指“农业生态学”。当生态农业作为一种农业实践时，就相当于我国的“生态农业”。当生态农业指社会变革时，就是指生态农业运动，以及相应的社会管理与市场模式变革（骆世明，2017）。

在我国，中国农业经济学会于 1980 年在银川召开了农业生态经济问题学术讨论会，西南农业大学（现为西南大学）叶谦吉教授首次提出“生态农业”的概念。随着研究和实践的深入，我国学者对生态农业的定义阐述逐渐丰富，尽管文字表述差异很大，但是内涵实质上大同小异，代表性的定义如表 4-1 所示。

表 4-1　我国部分学者对生态农业的定义

生态农业的定义	来源
生态农业是生态工程在农业上的应用，它运用生态系统的生物共生和物质循环再生原理，结合系统工程的方法和近代科学成就，根据当地自然资源，合理组合农、林、牧、渔、加工等的比例，实现经济效益、生态效益和社会效益三结合的农业生产体系	马世骏和李松华，1987
生态农业是因地制宜，应用生物共生和物质再循环原理及现代科学技术，结合系统工程方法而设计的综合农业生产体系。它的基本内涵可以更详细地描述为：把现代科学技术与传统农业相结合，充分发挥自然资源优势，按照“整体、协调、循环、再生”的要求，全面组织农业生产，实现能量的多级利用和物质的循环再生，达到生态和经济两个良性循环及经济、生态、社会三大效益的统一	马世骏和边疆，1991①
生态农业是一种积极采用生态友好方法，全面发挥农业生态系统服务功能，促进农业可持续发展的农业方式。其中，生态系统服务功能是指生态系统能够为人类利益提供各种产品与服务的功能，这些产品与服务包括提供物质产品、调节生态环境、铸造精神文化等。农业生态系统也能够提供这些生态系统服务功能，也就是通常说的农业能够产生社会效益、经济效益和生态环境效益，或者说农业有生产、生活和生态功能。生态友好方法是指尊重自然、顺应自然、保护自然、效法自然的农业模式与技术体系的行为方式，而不是无视自然、对抗自然、破坏自然的行为方式	骆世明，2017

① 这是 1991 年一次会议上马世骏和边疆提出的定义，后来在正式出版物中也有论及，相关文献如下：李文华. 2003. 生态农业：中国可持续农业的理论与实践. 北京：化学工业出版社

2007年3月，时任浙江省委书记的习近平总书记在《人民日报》发表的《走高效生态的新型农业现代化道路》一文中指出："发展现代农业，是推进社会主义新农村建设的首要任务。我国的国情，决定了我国发展现代农业必须走具有中国特色的农业现代化道路。根据现代农业的一般特性，结合自身经济社会发展的实际，浙江省把发展高效生态农业作为发展现代农业的具体实践形式，并在建设高效生态农业的产业体系和建立以工促农、以城带乡的现代农业发展机制方面进行了积极探索。发展现代农业，走具有中国特色的农业现代化道路，是党中央作出的重大战略决策，是推进社会主义新农村建设的首要任务。浙江省应从农业发展进入新阶段的实际和农业自身的特点出发，坚持以科学发展观统领农业发展，以新型工业化理念引领农业、以新型工业化成果反哺农业、以新型城镇化带动农民转移，加快把传统农业改造成为有市场竞争力、能带动农民致富、可持续发展的高效生态农业，走新型农业现代化道路"。"我国农业人口多、耕地资源少、水资源紧缺、工业化城镇化水平不高的国情，决定了发展现代农业既不能照搬美国、加拿大等大规模经营、大机械作业的模式，也不能采取日本、韩国等依靠高补贴来维持小规模农户高收入和农产品高价格的做法，而必须探索一条具有中国特色的现代农业发展之路。在全面分析浙江资源禀赋、经济社会发展水平和农业发展新形势的基础上，我们作出了大力发展高效生态农业的战略决策，把高效生态农业作为浙江现代农业的目标模式，把发展高效生态农业作为浙江发展现代农业的具体实践形式。高效生态农业是以绿色消费需求为导向，以提高市场竞争力和可持续发展能力为核心，具有高投入、高产出、高效益与可持续发展的特性，集约化经营与生态化生产有机耦合的现代农业。高效生态农业既具有现代农业的一般特性，又反映了人多地少的经济较发达地区农业发展的特殊性。发展高效生态农业，既符合中央的要求，又紧密结合浙江的实际。概括起来，就是坚持以科学发展观为统领，走经济高效、产品安全、资源节约、环境友好、技术密集、凸显人力资源优势的新型农业现代化道路"。实践证明，现代智慧生态农业所蕴含的理论和科技内涵，不仅对当前农业和农村工作有指导意义，而且对解决农业深层次发展问题也具有长远的战略意义。

在此背景下，结合当前的实际需求我们提出"现代智慧生态农业"的概念，即在农业生态系统的经营过程中，以生态文明理念为指导，根据生态学、生态经济学和生态工程学的理论基础，因地制宜地利用传统和现代的技术形成经济发达、资源节约、环境友好的可持续的复合农业生态系统。

二、内涵

现代智慧生态农业的内涵可以从科学理论、发展目标、技术特点、生产结构、生产管理和发展前景6个方面进行阐释。

（一）科学理论

从科学理论和方法来看，现代智慧生态农业要求运用生态系统理论、生态经济规律和系统科学方法，遵循"整体、协调、循环、再生"的基本原理，要求跨学科、多专业的综合研究与合作。

现代智慧生态农业是按照生态学原理、生态经济学规律和系统科学方法建立起来的结构合理、功能持续、经济可行的社会、经济、生态3种效益统一的农业生产体系；同时，它作为一种人工生态系统，具有生态系统的结构与功能特征，其自身的发展遵守生态学、经济学和生态系统的基本规律。因此在现代智慧生态农业的实践中要积极和科学地运用这些规律来对该人工生态系统进行调控。

在生态学方面，现代智慧生态农业应当遵循生态系统原理、能量流动原理、物质循环原理、物质相互作用的基本规律、生态位理论、限制因子理论和生物多样性原理等。

在经济学方面，从宏观经济学的视角来看，进入现代智慧生态农业发展阶段后，原先按平均生产率由高到低顺序进入的边际土地，开始由低到高反序退出，它的具体表现形式是退耕还林还草等。耕地的平均质量变得越来越好，土地休耕现象再次出现，但此时的休耕不再是为了解决地力恢复问题，而是为了限制农产品产量、保存资源生产潜力和保护农业生态环境。从微观经济学的视角来看，现代智慧生态农业是市场经济的产物，它以社会分工为基础，根据社会需求进行资源配置，其目标是追求利润最大化，主要依靠契约关系和法律等正式制度安排来保障经营目标的实现；现代智慧生态农业旨在满足社会的农产品需求，其任务是根据当地的资源比较优势，包括绝对比较优势和相对比较优势，生产最具有市场竞争力的农产品，从农户内部的微观资源配置来看，现代智慧生态农业的生产具有专业化的特征；而从大尺度来看，农户之间的微观资源配置又具有非常显著的差异性。

（二）发展目标

从发展目标来看，现代智慧生态农业以协调人与自然的关系为基础，以促进农业和农村经济、社会可持续发展为主攻目标，要求多目标综合决策，从而实现生态、经济、社会效益的统一（李文华，2018）。即现代智慧生态农业强调系统组分之间的相互作用，并将它们以一种较为和谐的方式联系起来，也可以说它是以生物组分为核心的生物-社会-经济复合系统。现代智慧生态农业的根本目的是提高整个系统的综合效益，而并不是某一单一组分的效益。

近年来，国际社会特别关注农业的社会效益，认为从农场到餐桌这条食品供应链上，逐步扩大和加深的垄断经营已经造成了对农民和消费者的经济剥夺。实施现代智慧生态农业能够解决公司垄断经营问题，同时也为解决妇女、老人和儿童的营养健康问题和社会地位问题提供了机会。此外，现代智慧生态农业也有利于增加社会就业。联合国粮食及农业组织（FAO）列举了生态农业能够为实现联合国提出的17项可持续发展目标中的大多数提供帮助，这些目标包括：无贫困、零饥饿、良好健康与福祉、性别平等、清洁饮水与卫生设施、经济适用的清洁能源、体面工作与经济增长、减少不平等、负责任消费与生产、气候行动、水下生物、陆地生物、和平正义与强大机制、促进目标实现的伙伴关系等。在我国，食物供应链的垄断还没有形成，人们更多关心的是农业如何解决生产端的问题（骆世明，2013）。因此，在农业生产过程中实现社会效益、经济效益与生态环境效益是未来农业发展的基本要求，也是现代智慧生态农业的发展目标。

（三）技术特点

从技术特点来看，现代智慧生态农业不仅要求继承和发扬传统农业技术的精华，注意吸收现代科学技术，而且要求对整个农业技术体系进行生态优化和技术集成，并注重现有技术的推广。

我国传统农业知识十分丰富。例如，“阴阳五行说”和“三才论”传统自然观以及生物资源保护、水土资源保护、物质循环利用、生物间相生相克关系等均蕴含着丰富的“生态学”智慧，并彰显着“可持续发展”的观点，重视、总结、提炼和推广这些传统知识具有十分重要的现实意义。又如，珠江三角洲的桑基鱼塘，通过不同鱼种搭配，体现着生物的生态位差异利用；蚕沙投放鱼塘与塘泥还塘技术实际上构建了物质循环体系等。随着社会经济的快速发展，农业科技进步突出，用现代工业提供的物质技术装备农业，用现代生物科学技术改造农业，用现代市场经济观念和组织方式来管理农业等，以便能创造较高的综合生产率。现代智慧生态农业的技术体系要结合传统技术和现代技术，是能够支持现代智慧生态农业模式顺利运作并达到预期目标的多个单项技术的组合（骆世明，2010）。因此，在现代智慧生态农业发展中，需要通过对传统农业技术、现代农业技术、高新农业技术中的单项技术与模式的匹配、单项技术之间的匹配、单项技术的适应性整合，以构建符合区域发展实际的现代智慧农业技术体系，并在管理政策、法律规范、基础设施、教育推广等方面予以支持。

（四）生产结构

从生产结构体系来看，现代智慧生态农业是一种以生物组分为核心的生物-社会-经济复合系统，具有多种生产功能。它强调农、林、牧、副、渔大系统的结构优化和“接口”强化，形成生态经济优化的具有相互促进作用的综合农业系统。

现代智慧生态农业是在整体观和系统的支持下发展起来的，因此，系统观、整体观是现代智慧生态农业的最大特点，也就是不强调某一项农艺措施，重视农业系统的结构调整；不强调单一技术，重视技术的综合集成。过去强调农业内部各系统之间联成一个整体，也就是所谓的大农业，但是现在研究人员越来越认识到这个大系统不仅仅是农业本身，而应该是它和整个周围自然系统、社会经济系统的联系，甚至于是工业、城市和农村之间都应该成为相互联系的整体（图 4-1）。在这个大系统中，农业作为主体，与其他系统发生联系，使整个大系统能够发挥更大的作用。现代智慧生态农业体现以系统观点构建和优化农业结构，达到充分而合理利用自然资源，维护生态平衡，实现各业互相依赖、互相促进、良性循环、整体优化的目的。因此，农业系统中各要素、各子系统的组合关系及相互作用机制是现代智慧生态农业研究与实践的核心。

（五）生产管理

从生产管理特点来看，现代智慧生态农业要求把农业可持续发展的目标和农民生计提升结合起来，既注重各专业和行业部门专项职能的充分发挥，又强调不同层次、不同专业和不同产业部门之间的全面协作，从而建立一个协调的综合管理体系。

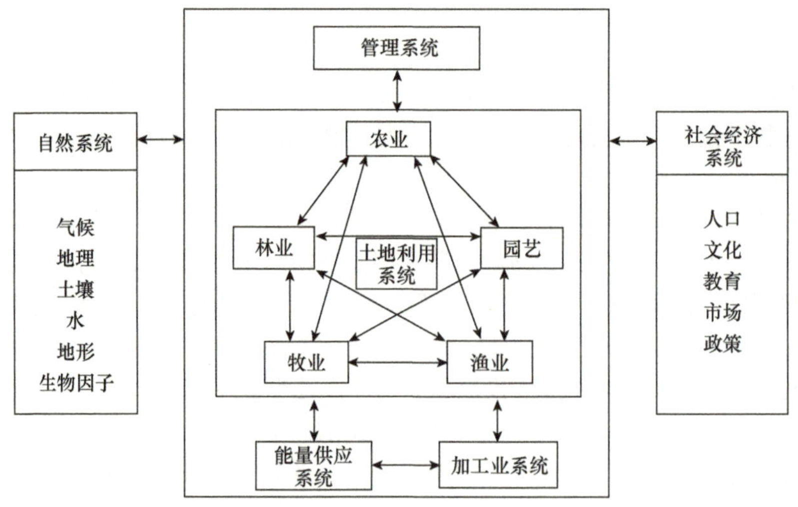

图 4-1　现代智慧生态农业的系统观

首先，在农业、农村、农民的“三农”发展中，应当充分考虑现代智慧生态农业发展的要求，建立一些由科研单位和发展组织参与的专门性企业，促进现代智慧生态农业的发展，创造性地发展“公司+农户”“工厂+农户”“管理部门+技术服务部门+农户+营销部门”等多种模式。

其次，从政策上帮扶、资金上支持、技术上指导、价格上倾斜，以提高农民发展生态农业的积极性。建立现代智慧生态农业发展的监督机制，真正实现现代智慧生态农业产品的无害化。应当积极倡导“自助餐式”的现代智慧生态农业发展模式，使农民能够根据自己的能力和需要，确定现代智慧生态农业发展的方向和经营策略。另外，必要的监督也是十分重要的，这是因为在一些地方，并没有真正提供“绿色产品”，在一些现代智慧生态农业模式中，还存在着不同形式的污染，距离现代智慧生态农业内涵的实现还有不小的差距。

最后，强化发展现代智慧生态农业的能力建设：其一是决策层的能力建设，需要提高现代智慧生态农业对促进区域可持续发展重要性的认识，以制定促进生态农业发展的适宜政策；其二是业务人员的能力建设，使得现代智慧生态农业的管理人员逐步成为掌握生态农业基本理论、方法，并具有管理技能和所涉及各门学科背景的通才；其三是技术人员的能力建设，通过脱产与不脱产培训，使广大技术人员迅速获得现代智慧生态农业发展中的最新技术和知识；其四是农民的能力建设，要始终牢记农民是现代智慧生态农业建设的主体，应当对农民、牧民、渔民、樵夫、果民和其他土地与水体的使用者给予适当的支持。通过示范、培训和经验交流，促进现代智慧生态农业知识和技术的传播。在可能的情况下，充分发挥公共媒体的作用，如网络、电视、报纸甚至电台等，都将对农民的能力建设起到积极的作用。此外，要积极推进国际合作，从信息与人员交流到合作培训与研讨、合作研究与开发，都应当进一步得到发展。许多国家政府和国际组织（如联合国粮食及农业组织、联合国开发计划署、联合国环境规划署、联合国教科文组织、联合国大学、国际林业研究组织联盟等）都已经并将会继续在这方面起到积极的作用（李文华，2003）。

（六）发展前景

从发展前景来看，现代智慧生态农业紧紧结合可持续发展战略，关注文化、环境、经济、社会等农村可持续发展的各方面，可以在现有农户、农田水平，或流域、区域水平上实现，是具有中国特色、适应中国国情的农业可持续发展道路。

从 2004 年中央一号文件回归农业至今，有多份一号文件和其他重要文件都明确提到“要鼓励发展循环农业、生态农业”。例如，2015 年中共中央、国务院提出的《中共中央　国务院关于加快推进生态文明建设的意见》中提出，坚持把绿色发展、循环发展、低碳发展作为基本途径。经济社会发展必须建立在资源得到高效循环利用、生态环境受到严格保护的基础上，与生态文明建设相协调，形成节约资源和保护环境的空间格局、产业结构、生产方式。2015 年，农业部、国家发展改革委、科技部、财政部、国土资源部、环境保护部、水利部、国家林业局提出的《全国农业可持续发展规划（2015—2030 年）》中指出，农业发展的指导思想为牢固树立生态文明理念，坚持产能为本、保育优先、创新驱动、依法治理、惠及民生、保障安全的指导方针，加快发展资源节约型、环境友好型和生态保育型农业，切实转变农业发展方式，从依靠拼资源消耗、拼农资投入、拼生态环境的粗放经营，尽快转到注重提高质量和效益的集约经营上来，确保国家粮食安全、农产品质量安全、生态安全和农民持续增收，努力走出一条中国特色农业可持续发展道路，为“四化同步”发展和全面建成小康社会提供坚实保障。2016 年的中央一号文件在农业方面强调了创新、协调、绿色、开放、共享的发展理念，提出了“藏粮于地、藏粮于技”战略，提出“加强资源保护和生态修复，推动农业绿色发展”。2021 年的中央一号文件提出要“推进农业绿色发展。实施国家黑土地保护工程，推广保护性耕作模式。健全耕地休耕轮作制度。持续推进化肥农药减量增效，推广农作物病虫害绿色防控产品和技术。加强畜禽粪污资源化利用。全面实施秸秆综合利用和农膜、农药包装物回收行动，加强可降解农膜研发推广。在长江经济带、黄河流域建设一批农业面源污染综合治理示范县。支持国家农业绿色发展先行区建设。加强农产品质量和食品安全监管，发展绿色农产品、有机农产品和地理标志农产品，试行食用农产品达标合格证制度，推进国家农产品质量安全县创建。加强水生生物资源养护，推进以长江为重点的渔政执法能力建设，确保十年禁渔令有效落实，做好退捕渔民安置保障工作。发展节水农业和旱作农业。推进荒漠化、石漠化、坡耕地水土流失综合治理和土壤污染防治、重点区域地下水保护与超采治理。实施水系连通及农村水系综合整治，强化河湖长制。巩固退耕还林还草成果，完善政策、有序推进。实行林长制。科学开展大规模国土绿化行动。完善草原生态保护补助奖励政策，全面推进草原禁牧轮牧休牧，加强草原鼠害防治，稳步恢复草原生态环境”。由此可见，现代智慧生态农业的理念已经日益为广大群众和各级领导所接受，现代智慧生态农业已经从理论发展到实践，并将成为未来农业发展的基本方略。

三、基本特征

现代智慧生态农业是一个可持续的复合农业生态系统，管理的最终目标是获得整个系统的综合效益提升。其基本特征涵盖了可持续发展所倡导的循环、绿色、低碳、高效等几个方面。

（一）循环

现代智慧生态农业是将生态系统与生态经济学理论运用于农业实践的具体表现形式，实现生态经济的良性循环应当是现代智慧生态农业的本质特征。它应当遵循“整体、协调、循环、再生”的基本原理，从生态经济系统结构合理化入手，建立生态优化的农业体系。它特别强调农、林、牧、副、渔大系统的结构优化和系统内各生产环节之间的“接口”强化，通过产业链接，既可充分发挥各个专业和行业部门的专项职能，也强调不同层次、不同专业和不同产业部门之间的全面协作，形成生态经济系统良性循环的产业结构和综合管理的经济体系。

中国传统生态农业中的桑基鱼塘、稻田养鱼、稻鱼鸭复合系统，以及在此基础上形成的南方“猪-沼-果”、北方“四位一体”等现代生态农业模式，均从理论与实践两个侧面证明生态农业通过不同生产过程之间的横向耦合及资源共享，具有变污染负效益为资源正效益的作用。

（二）绿色

现代智慧生态农业应当是绿色的农业，它的一个重要目标是解决农业生产中的环境污染和产品质量问题。在我国的传统农业中，常常通过生态关系调整、系统结构功能整合等方面的微妙设计，利用各个组分的互利共生关系从而提高资源的利用效率以及农作物的抗性和品质，控制农业有害生物，尽量减少农产品生产过程中化肥、农药的使用。当今，现代智慧生态农业的绿色性更是体现在以维护和建设产地优良的生态环境为基础，以产出优质安全的农产品和保障人体健康为核心，以倡导农产品标准化为手段，达到稳产、高产、高效的农业生产模式之中，它强调系统地解决我国的农业问题，将农产品安全、生态安全、资源安全和农业综合效益视为一个不可分割的整体。

（三）低碳

现代智慧生态农业应当能够通过生产工艺流程间的横向耦合，促进资源的共享，提高能源、资源的利用效率，从而减少农业生产活动中能源、资源的投入以及环境污染物的排放，体现出“低能耗、低污染、低排放”的特征。农业生产是全球温室气体排放的第二大重要来源，而水稻是农业生产中重要的温室气体来源。在我国生态农业的稻鱼共生系统中，鱼类的活动搅动了土壤，同时杂草和浮游生物的呼吸作用减弱，单位面积甲烷排放量平均可减少 31.42%。此外，生态农业中农村沼气工程的实施，可以减少农村生产、生活过程中对薪柴及化石燃料和电能的消耗，也可以减少温室气体的排放。

（四）高效

“高效”始终是现代智慧生态农业的出发点和落脚点，它包括高的效益和效率两个方面。现代智慧生态农业所追求的高效率包括高的投入产出率、高的能源资源利用率及高的土地产出率等方面。现代智慧生态农业的核心是从单纯追求经济效益的最大化，转变为追求经济效益、社会效益和生态效益的全面提高。一方面，它突破单一狭隘的产业限制，通过多种物质产品的提供来满足管理者的经济需求；另一方面，它将努力克服或转移单一种植可能面临的风险，特别是降水异常、市场波动、病虫害、杂草以及肥料成本过高等所带来的经营风险，因而比一般的农业生产类型具有更高的稳定性，能带来更多的经济效益（张予等，2015）。

第二节　现代智慧生态农业的基本目标

发展现代智慧生态农业，核心是要实现农业发展的两个基本目标，即确保国家食物安全目标和实现农业生态安全目标。

一、食物安全

确保国家食物安全，既要筑牢“谷物基本自给、口粮绝对安全”底线，实现粮食安全自主可控，也要保障其他食品种类丰富、安全和营养健康。

食物是关系国计民生和国家经济安全的重要战略物资，包含人民群众最基本的生活资料，也包含人口健康发展的丰富品类。食物安全必须在供给数量和质量两个维度得以保障，而食物安全的根本或根基是农业安全。发展现代智慧生态农业，确保国家食物安全，要不断匹配我国人口和经济增长的趋势变化，把握粮食总体需求发展趋势，适时适度调整农业生产方式和经营模式来满足不断变化的食物供给种类、数量和质量需求。基于我国人口和经济增长趋势变化，未来我国粮食总体需求将呈现先增后减的趋势，食物自给率预计将由 2020 年的 95%以上逐步下降到 90%，2035 年前后食物消费总量将达到高峰，食物需求结构向多样化与高值化转变，安全健康的营养食物占主导地位。为此，现代智慧生态农业的发展应从四方面确保食物安全。

第一，现代智慧生态农业要继续稳固农业综合生产能力，确保“谷物基本自给、口粮绝对安全”，始终确保粮食生产总量满足全国消费需求。通过建设高标准农田、开展耕地保护、维护粮食生产基地来稳定粮食总产量，减少粮食供给风险，在流通体系的支持下，能够确保人们在任何时候都能买得到和买得起粮食。

第二，确保畜产品的生产总量，稳定畜产品产量增长，匹配国内日益增长的消费需求、食品消费结构变化和日益加强的选择性消费偏好，能够确保人们在任何时候都能买得到和买得起一定种类的畜产品。

第三，继续完善农业生产结构，优化粮食和主要食物生产结构，不断推进传统作物生产向多样化和商品化高值农业转化，全面保障水果、蔬菜、肉禽蛋鱼等产品的丰富度和多样化，针对满足国内对膳食结构和营养需求的重视及选择，能够确保人们在任何时候都能买得到和买得起类型丰富的产品。

第四，提升农产品质量安全水平，以生产标准化、产品品牌化促进产品质量提升，从农业投入、加工、流通的各个环节加强质量安全监管，确保农产品质量安全可追溯，能够确保人们在任何时候都能得到产品安全相关信息和开展社会监管。

总体而言，以农业安全为基础的食物安全，必须依赖现代智慧生态农业，以农业技术提升带动农业的机械化、信息化、规模化、标准化和智能化，以农业生产效率、效能、效益提升保障食物数量和质量，以社会服务体系的提升和完善保障食物生产和流动的效率。

二、生态安全

确保国家的农业生态安全，即在发展高效、绿色、高值农业的同时，实现农业产业系统配置优化、资源循环高效利用、生态功能不断提升的永续发展。

生态安全是农业可持续发展的根本，农业既是对自然资源和环境依赖最大的经济部门，也是对其影响深远的系统。稳定、均衡、充裕的自然资源是农业发展的基础，无污染、未破坏且不受威胁的生态环境是农业实现生产、经济乃至社会可持续性的前提。发展现代智慧生态农业，确保农业生态安全，是国家生态安全保障的战略需求，也是区域均衡发展的必然导向。农业生态安全目标的实现，既需要考虑农业生态系统本身的整体性和农业生态问题的普遍性，也需要考虑农业的区域性和差异性，还需要考虑农业生态系统的空间尺度差异。以现代智慧生态农业实现农业生态安全，需要立足当前资源环境变化影响的挑战，以动态性、阶段性思维积极应对和解决农业生态退化、环境危机和资源耗竭问题。为此，现代智慧生态农业应从以下 3 个方面确保生态安全。

第一，依托新一代信息技术对农业资源要素，包括土地、水、劳动力、资金、信息等在农业产业内、关联产业间进行重新配置和深度融合。针对不同区域农业生态系统面临的要素短板带来的生态风险与生态脆弱性，对具体农业生态系统进行技术推动工程措施和生态措施组合与配置，提升资源利用效率、劳动生产率，降低农业生产带来的生态风险；推进金融服务，提高资本要素比例，充分应用市场要素提升产品供需效率，增加农业信息要素，降低农业生产、经营、管理和服务中的风险，全面提高生态产品价值转化率。

第二，结合传统与现代知识及技术进一步推动农业生态系统内部、产业链条上的资源循环高效利用。充分利用生态经济学原理和先进技术，依托区域自然条件，继续推广立体种植、立体养殖或立体种养的农业经营模式，实现农业生态系统内部和农业关联产业间的物质循环利用，提升废弃物资源化率。进一步以技术带动农业分工，在农业产业链上形成上下游关联、产品互补、资源共享、功能完善的价值链，提升农业产业链各个节点经营组织的生产效率。

第三，回归农业自然属性，提升农业生态系统的生物多样性保护、气候调节、水土保持、养分调节、自然灾害防治等生态功能。要结合传统知识和现代技术，依托资源要素优化配置和资源循环利用体系的构建来保护作物种质多样性、遗传多样性和基因多样性，维持农田生物多样性，提升农业生态系统抵御外来物种入侵的能力；开展土壤修复、面源污染防治，遏制沙化、荒漠化等土地退化趋势，全面恢复土壤系统健康。

总体而言，实现农业生态安全，必须分区域、分阶段，以资源环境承载力为依据，优化布局农业生产力，强化农业环境问题治理，促进资源永续利用，实现农业多功能性。

第三节　现代智慧生态农业的推进战略

一、效能提升战略

（一）进一步夯实“藏粮于地”，不断提升“藏粮于技”，切实创新“藏粮于策”

粮食主产区是落实“藏粮于地”、“藏粮于技”和“藏粮于策”战略的重点区域，这三大战略的落实是提高农业生产率、保障现代智慧生态农业效能提升的基础。

进一步夯实“藏粮于地”战略，守住 18 亿亩的耕地红线，采取综合措施稳定产粮大县的耕地面积；不断提高耕地质量，因地制宜地建设旱涝保收高标准农田，尽可能加快高标准基本农田建设速度，强化高标准农田后续管护工作，杜绝水土污染，围绕高标准农田划定限制开放带。

要坚决贯彻习近平总书记“坚持以水定城、以水定地、以水定人、以水定产，把水资源作为最大的刚性约束”指示，通过推广节水技术、制度与政策及调整产业结构，切实解决水土资源错配问题；在坚守“确保谷物基本自给、口粮绝对安全”的战略底线基础上充分利用两种资源、两个市场，解决水土约束、资源环境压力，满足国内市场需求。我国强筋小麦、弱筋小麦、啤酒大麦等专用品种仍供不应求，需要通过适量进口来弥补国内不足；同时还要进口一些国外特色调剂品种，以满足多样化的消费需求。

不断提升“藏粮于技”战略，大幅提升农业全要素生产率。“藏粮于技”战略的重点是基于现代生物技术培育高产、优质、抗逆和适应性广的新品种，尤其需要在高产的基础上培育专用型、节水型、资源高效型、适宜智能化和机械化耕作的粮食新品种。发展农业资源利用、生态修复与环境保护新技术和新模式，切实提高农业生产效能和农产品国际竞争力。突破现代智慧生态农业关键技术，整合智慧生态农业资源，打造绿色农产品供应链。攻坚突破发展智慧农业依托的关键技术（如智能传感、作物生长模型、溯源标准体、云计算等）。用区块链、大数据平台、人工智能等新技术打造绿色农产品供应链，建立农产品质量监控体系。

切实创新“藏粮于策”战略，创新市场和非市场的管理模式、制度安排和政策激励等措施，在保障粮食安全的基础上引导和激励农业全产业链各个环节的利益相关者提高生产效能，减少外部性，降低社会成本，而且有利于农民收入提高和社会福利的最大化。

（二）加强生物种业、生物制品和生物处废创新与应用，建立现代智慧生态农业的科技创新体系和产业融合新业态

在加大公共科技投入的前提下改革农业科技创新和推广体系，建立以企业为主体的科技创新体系，提升农业科技创新能力，加强生物种业、生物制品和生物处废（处理废弃物）创新与应用；加大知识产权保护力度，确保研发者的利益，创建农业技术转让市场，促进产学研的深度融合，通过市场力量改善对农业技术的采纳状况；深化农业技术

推广体系的改革，全方位提高农业全要素生产力。加快筛选应用一批适宜地方特点、高产、优质、抗逆性强的新品种，研发一批满足智慧农业发展要求的高效、无污染、低成本的植保技术。以国家投入为主，健全公益性农业科技推广体系，支持和引导全国科研院所和经营性组织开展农技推广服务。

统筹推动初加工、精深加工、综合利用加工协调发展，增强农产品加工业引领带动能力，推进市场流通体系与储运加工布局有机衔接。加强统筹规划，推进农业与旅游、教育、文化、健康养老等产业深度融合。通过延伸农业产业链并发展农产品品牌，拓展农业多种功能，实现农业产业内部和一二三产业融合发展。

（三）大力推进农业生产全程机械化、装备智能化、服务社会化、管理智慧化，实现农产品生产和加工的现代化

构建各个主要农产品的全程机械化，提高各个农产品生产薄弱环节的农机化水平；提高农业生产和农产品加工过程的检测、控制及信息采集数据处理水平；建立专业化的农业分工模式，实现农业生产方式的突破。利用全面感知、可靠传输、先进处理和智能控制等物联网技术来提升现代农业生产设施装备的数字化和智能化水平，提高农业装备自身与作业智能化，开发自动导航农业机械，自走式农田土壤、病虫草害和作物苗情定位信息采集机械装备，开发具有定位和控制功能的施肥、施药、浇水、播种和栽植的移动式作业机械，提高农机装备的信息感知、智能决策和精准作业能力，更好地提升农业各项资源的利用效率，提高劳动效率和土地产出水平。

利用电子商务提高农业经营的网络化水平，实现农产品流通扁平化、交易公平化、信息透明化，为农产品生产经营主体提供销售、购买和电子支付等服务。利用云计算和大数据等现代信息技术，推动农业资源管理，丰富农业信息资源，建立质量安全信用体系，加强农业应急指挥，从而解决农业管理高效和透明的问题。大力建设集智能管理、精准控制、全面分析于一体的智慧农业管理与服务系统，切实满足农业生态监管、智能生产、应急指挥等需求，努力实现科学生产、降本增效。在此基础上，加快构建覆盖农业资源、乡村产业、生产管理、产品质量、农机装备、乡村治理等领域的数据库。要进一步加大移动互联网、云计算和大数据等一些前沿技术在农业信息服务领域的应用，推动大数据、人工智能、物联网等现代信息技术与农业产业深度融合，面向政府监管部门、生产经营主体，开发与应用科学业务协同与数据分享模型，发挥云数据、空间地理数据价值，积极推进无人机植保、农机自动驾驶、数据平台服务在种养殖业中的应用，降低农业生产和管理的成本，提高农业生产效率。

二、系统优化战略

利用多组学综合技术解析生物物质形成机制来精准调控动植物生产发育及其代谢途径，建立现代智慧生态农业生产体系，实现精准种植和养殖，提高农业资源利用效率和农业生产效率，逐步推进智慧农业技术在农业生产全过程的应用；建设智慧农产品供应链，提高农产品流通效率，满足城乡居民个性化与多元化消费需求；构建智慧化的农业农村综合信息服务网络，促进科技、人才、土地、资金等要素的科学化配置。

（一）推动现代信息技术与育种深度融合，打“种业翻身仗”

把抢占农业智能设计育种技术及其产业发展制高点作为我国增强现代农业国际竞争力的重大内容，引领种业进入智慧种业时代。推动人工智能、大数据、智能装备等信息技术与分子设计育种、基因编辑、合成生物学深度融合，破解作物表型高通量检测技术、多重组学大数据整合分析模型算法等瓶颈问题，强化种质资源深度挖掘，加速智能设计育种创新体系的构建。设立智慧育种研发专项，推动基因编辑、合成生物学、人工智能等技术融合发展，紧密组织信息科学、生命科学、农学等多学科交叉合作，开展协同创新研究，系统获取表型组、基因组与环境大数据，从组学水平系统挖掘表型-基因型-环境型的内在关联，全面解析重要性状的形成机制，创制智能组合优良等位基因育种设计方案，实现作物新品种的智能、高效和定向培育。加速作物表型组学技术体系构建、加快育种大数据建设、加强生物技术和信息技术的深度融合、务实推进种业智能装备自主研发和开展智能设计育种大联合、大协作。

（二）构建智慧生态农业生产技术与应用体系

支持和鼓励科技研发人员加大智慧生态农业生产技术体系的研发力度，突破智慧生态农业的核心技术、“卡脖子”技术与短板技术。推动物联网、互联网、云计算、大数据等现代信息技术与农业深度融合，完善农业信息感知、定量决策、智能控制、精准投入、个性化服务的全新的农业生产技术应用体系，促进生产要素精准配置，实现农业“机器替代人力”“电脑替代人脑”“自主技术替代进口”。加快信息化服务普及，降低应用成本，为农民提供用得上、用得起、用得好的个性化精准信息服务，大幅度提高农业生产效率、效能、效益，引领现代农业绿色发展。从系统认知角度，因地制宜地建立农业绿色精准管控模式，探索多维度、多层次、综合性的农业精准种养复合模式，构建针对我国不同农区适度规模的可持续性智慧生态农业生产体系，实现农业科学化、精细化与绿色化，保障农产品安全、提升农业竞争力，推动农业“基于系统认知的绿色精准管控”“种养生产系统和物质系统闭环循环”，实现农业可持续发展。

（三）全面构建农产品智慧供应链体系

加大大数据分析、人工智能、物联网、区块链、机器人等现代信息技术和智能装备的研发投入，统筹推进农产品供应链标准化、信息化、智能化、平台化建设，全面构建“全链条、网络化、严标准、可追溯、新模式、高效率”的信息高度对称的现代化智慧农产品供应链体系，促进农产品生产到流通全程可追溯，实现农产品供需完美对接，实现低碳绿色快捷物流，提高农产品流通效率，满足城乡居民个性化与多元化消费需求。

（四）完善智慧化农业农村综合信息服务网络

全面推进农业物联网、农业电子商务、农业农村大数据、信息进村入户和智慧化农业农村综合信息服务网络的综合应用与集成示范，促进科技、人才、土地、资金等要素的科学化配置和互连互通。建立网络化、专业化、社会化的大数据服务云平台，提供远程教育、远程医疗、文化娱乐、科学普及、市场信息等服务，实现城乡基本公共服务均等化。完善互联网基础设施，搭建信息服务平台，强化互联网运营和支撑体系，着力实施产业提升工程，努力探索信息经济示范区建设的制度、机制和模式。推进互联网特色村镇建设，构建区域综合信息服务体系对接农业生产、经营、管理、服务、创业，推动农林牧渔结合、种养加一体、一二三产业融合发展，推进线下农业的互联网改造。

三、资源高效循环战略

系统解决我国农业发展面临的环境污染、生态退化和资源耗竭问题，发展产出高效、产品安全、资源节约、环境友好的农业，实现食物安全与生态安全双重保障，需要在现代智慧生态农业道路上实施资源高效循环利用战略。

农业资源的高效利用是要确保在同等条件下投入更少的资源而获得同样的产出，或投入同样的资源获得更高的产出。农业资源高效利用包括资源效益、经济效益和生态效益多重标准。资源高效益要求节约利用资源，资源利用效率高；有效利用资源，资源产出率高。经济高效益要求投入少产出多，经济效益高，生态高效益要求不造成资源退化、枯竭，可持续利用资源并保持高质量的农业生态环境。农业资源的循环利用是实现农业资源高效利用的重要途径，其核心是资源利用中对废弃物的资源化，促使农业资源往复多层流动与高效流动，综合提升资源效益、经济效益和生态效益，全面实现农业发展方式由资源耗竭到资源节约、经济高效、环境友好的转变。

实施农业资源高效循环利用战略是发展现代智慧生态农业的必由之路，农业系统内部资源配置与调节的得当与否，直接决定了农业系统整体效益的潜力。推进资源高效循环利用战略，需要从宏观和微观两个层面开展。在宏观层面，根据农业资源的区域分布差异，立足不同农业生态区的农业资源数量与质量，参考国家和区域人口社会经济发展趋势，进行农业资源优化配置与合理布局，从区域间产业协同互补角度推动农业生产的区域化、专门化和产业化，在国家层面上实现资源高效利用；在微观层面，在区域农业资源优化配置与合理布局的基础上，在不同农业类型区辨识资源特征，衡量资源潜力，优化资源配置，探索农业资源高效循环利用模式和工程实施的技术方案，对技术前景和相关政策进行评估及推广。

在战略推进中，现代智慧生态农业寻求农业资源高效利用的优化模式，以提高资源综合利用效率为目标，以农业区域为基础进行模式筛选。在宏观层级上，进行结构性农业资源优化配置；在中观层级上，分析生产系统中各组分的有机结合和互惠互利，选择包括循环利用在内的复合生态模式或单一产业模式。在微观层级上，确定生产模式，从生产方法和种养殖技术方面确定具体的种养殖方式。最终从 3 个层级确定适合特定区域的农业资源高效循环利用优化模式。

现代智慧生态农业也寻求农业资源高效利用技术体系的集成，对生产性资源，包括水、肥、土、种、光、热等进行利用管理的单项技术进行优化组合，使之在系统工程方法下配套形成系列化、工程化的可行方案，其目的是既确保单项资源利用率和产出率较高，又利于资源综合利用效率的提升，同时也满足生态效益和社会效益的需求。

具体而言，推进农业资源高效循环利用战略可以从以下 3 个方面开展。

在宏观层面，通过区域资源、生态与产业布局优化配置和农业功能拓展，提高农业生态系统功能与农业生产的生态化水平。在全国尺度上优化种植结构，形成生产生态协调的区域结构，发展粮食生产功能区，建设农业生产功能区，建立农业系统保护区，在区域上形成农业多功能的相互依赖和相互补充。一方面在“整体、协调、循环、再生”的基本原则指导下通过资源利用与保护并举、结合传统知识与现代科技达到区域内农业系统的生态可持续性；另一方面发掘农业多功能性，促进农业文化遗产的发掘与保护，推动以农业系统为本底的具有自然文化教育功能的休闲农业、乡村旅游发展。

在中观层面，发掘多样种植、种养结合、农林复合、景观优化等农业生态系统，实现农业生产系统物质的有效循环。根据不同地区的资源条件因地制宜地开展生态农业经营，按照生态学和生态经济学规律，运用系统工程方法和现代科学技术，发展集约化经营农业。这些农业生态系统吸收传统农业的有效经验，结合现代科技和管理手段，能够充分利用垂直和水平空间以及不同时间的资源，形成各种类型的多功能、多层次和多效益的农业生产系统。生态农业下的农业生产系统具有综合效益，有利于形成循环农业，充分发挥农业的多功能性。

在微观层面，推进生物处废、水肥精准控制等技术应用，实现农业生产全过程废物处理，减少农业生产的环境影响。资源高效利用和快速循环是提升农业整体效率的重要手段，通过对单一资源利用的技术集成形成全面的废弃物资源化，能够改良土壤结构、降低土壤污染风险、提升能源利用效率；在技术应用中促进农业与工业的结合发展，通过产业融合和产业链延伸提升农业竞争力。

第四节　现代智慧生态农业的体系构建

一、创新型农业科技体系

农业科技创新体系是一个复杂的系统工程，将农业科技创造、生产、转化和应用纳入统一的系统网络，是国家创新体系的重要部分。传统农业科技体制难以满足发展现代农业的需求，与农业快速发展相适应，农业科技创新体系亟待变革。现代农业科技创新体系的重点是关注市场化的农业科技投入、重大农业科技项目联合攻关，产学研合作以及农业科技创新激励安排，并加强农业科技成果的推广和转化，从而为中国农业现代化战略提供技术支撑。

构建适应现代智慧生态农业发展的科技创新体制，建立跨学科、跨领域的技术创新机制；加大对现代智慧生态农业发展核心技术及关键瓶颈技术的研发投资；大幅提升生物育种与关键基因发掘、智能农机装备、绿色投入品创制、食品营养健康改善、智慧农产品供应链、农业生态功能提升与农业环境保护等领域的研发与创新能力，把握国际竞争主动权，实现现代农业技术的全面自主创新。农业科技已成为现代农业可持续发展及竞争力提升的支撑力量，成为传统农业向现代农业转型的关键，在满足人们对安全和营养食物需求等方面发挥引领作用。农业科技创新成为新一轮世界知识与科技创新的重点，如何更好地推进农业科技创新、占领农业科技制高点、提高农业科技进步贡献率及农业生产力，并为持续增加农民收入提供动力，成为世界各国农业发展战略的重要组成部分。

面向现代智慧生态农业发展需求，以解决科学问题和现实问题为导向，以持续提升农业科技创新能力和“劳动生产率、资源利用率、土地产出率”为核心，从全国农业科技创新布局、创新主体培育、创新团队建设、创新平台体系建立、科研创新方向和任务形成机制、激励相容财政支持体系、绩效分类评价体系和协同创新组织模式等重点环节发力，统筹配置“人、财、物、事、体制、机制”，着力破解体制机制障碍，构建支撑现代智慧生态农业创新发展的科技体系，实现知识创新、技术创新、成果创新和产品创新，为乡村振兴和创新驱动发展提供有力支撑。

我国创新型农业科技体系重构路径如下。

（一）做好学科发展方向部署

面向农业学科的“应用”属性，建议在科研院所的学科体系设置上，加强对系统生物学、智慧农业等前沿、新兴、交叉、空白学科与循环农业、农业废弃物处理等乡村振兴科技支撑相关学科的谋划，系统研判，超前部署，做好整体研究力量布局的优化调整，同时，强化研究所内部的落实与引导，推进在相关方向建设科研团队。同时，长短兼顾，综合考虑机会成本，对新建的或者部分转换研究方向的研究所、工作团队，在研究底蕴积累与工作要点判断方面，强化信息支持，在研究工作启动与技术体系建立方面，强化开放平台的支撑。统筹考虑边际成本与比较效益，在传统且符合发展趋势的方向上，通过创新工程、基本科研业务费等自主资金进行支持，利用各类科技创新基地做好支撑，鼓励院所和创新团队开展持续性工作，锲而不舍，深入探索，抢占前沿，扩大领域优势。

（二）建立农业产学研创新联盟

战略联盟是当今组织战略发展的重要形式，能有效实现资源共享，拓展和延伸产业价值链，产生“1+1>2”的协同效应。产学研联盟是知识经济背景下农业生产方式的重要组织形式，能有效实现联盟内不同创新主体的优势互补，资源整合，拉长创新价值链，进而提高农业核心竞争力和创新能力。现代农业科技创新体系实际上是以农业企业为主体，科研院所、高校、政府机构协同参与的产学研联盟组织。不同创新组织通过创新价值链形成稳定的协同合作关系。为了保证联盟的持续发展，政府需要在金融、财税等方面给予良好的政策支持，协调联盟内不同创新主体的利益分配机制，加快农业产业结构的转型升级，激发农业科技创新体系动力。另外，农业科技创新体系重构需要人力资本支持，需要进一步实施科技兴农战略，加大农业科研人才培养，提高人力资本储备，培育新型农民。

（三）积极推进现代农业科技示范区建设

现代农业开发需要合适的平台和载体，现代农业科技示范区是科技与生产、市场的有机体，是现代农业开发建设的重要窗口，加快了农业科技成果转化、推广和应用。今后要进一步加快推进农业科技示范区建设，将现代农业示范区打造成集科技、生产、信息、物流、金融服务于一体的综合体。构建不同利益主体（农户、科研机构、农业企业、金融、中介服务）合作交流机制，创新农业组织形式，拓展农业产业链条。另外，积极建设国家现代农业产业技术体系，将农业产业技术体系与农业科技示范区有机融合，有效整合园区科技资源，优势互补，发挥龙头示范作用，实现农业科技向农业产业的有机转化，为农业科技创新体系的重构提供技术支持。

（四）完善农业科技创新激励政策

我国农业科技创新不足的主要原因是农业科技创新动力缺失。农业科技创新具有诸多不确定性和风险，可能面临农产品供需失衡、价格下降、投资无法收回等问题。为此，需要进一步完善农业科技创新激励政策体系，激活农业科技创新动力，提高农业科技创新能力，实现农业经济的持续增长。加大政府采购支持力度，尤其是对重大农业科技创新成果要给予重点扶持。鼓励多元化投入主体参与农业科技创新活动，鼓励和支持农民运用现代农业科技创新成果，完善农业知识产权保护，激发农业科技投入的积极性；引导民间资本进入并参与农业企业创新活动，提高农业企业创新的抗风险能力。搭建农业科技成果转化平台载体，加强信息交流，降低双方信息不对称性，助推农业科技成果转化和商业化。建立科学的农业科技成果考核评价体系，激发科研人员的创新积极性，让科技人员参与共享科技成果。

（五）强化农业科技推广服务

现代农业科技创新体系建设离不开农业科技推广服务，科技推广是农业科技成果向生产力转化的催化剂。当前我国农业科技推广服务工作滞后，无法满足现代农业发展需要。为了克服我国农业科技服务长期缺位的弊端，需要构建三维农业科技推广服务体系，即公益性农技推广组织、多元化农技推广组织和社会化农技推广组织。进一步加大科技特派员进驻农村工作，实现科技推广与农业创业的良性互动，以科技促创新，以创新激发科技。相关资料显示，2014 年，我国 90%以上的县实施了科技特派员制度，科技特派员超过 70 万人，极大地帮助了当地农民增收创业。加强农业科技示范户推广工程建设，探索新型农业科技推广方式和经验。

（六）加大农业科技创新投入

长期以来，我国农业科技投入强度偏低，投入结构不合理。因此，需要进一步加大农业科技投入规模，优化科技投入结构以此打破传统农业均衡。农业科技创新具有公益性和排他性，其创新的社会收益大于私人收益，为了解决搭便车问题，需要在新的市场条件下，发挥政府的引导功能，加大政府在农业科技创新、转化、推广中的财政支持。成立政府农业科技创新重大专项基金，重点扶持农业生产前沿技术的科技攻关，发挥农业重大科研成果的技术引领和示范作用。另外，国际经验显示，私人研发投资和公共研发投资具有互补性，应加快出台各项激励措施，鼓励民间社会组织、农业企业涉足农业科技领域，构建多元化的农业科技投入机制和投资格局。改进农业科技评价体系，不仅评价农业科研成果的学术性，还要评价其可行性、适用性和应用价值，实现农业科技链和农业产业链的有机结合。

（七）加强农业科技创新人才队伍建设

现代农业科技创新的关键在于科技创新人才，培养、选拔农业科技创新人才，完善农业科技创新人才培养和激励制度，构建农业科技创新人才体系，是现代农业科技创新系统建设的重要保证。首先，要培养多元化的人才队伍，包括农业基础研究人才、农业生产人才、农业创业人才、农业中介服务人才，同时加强不同人才之间的合作协同，共同加快农业科技生产、开发和应用，提高农业科技创新效率。其次，加大农业科技人才的联合培养，以农业科技项目为平台，联合高校、科研院所、农业企业重点联合培养高素质、领军式农业科技人才，并且优化农业科技人才的资源配置，建立畅通的人才流通渠道。另外，要建立多层次的人才培养开发体系，培养满足不同工作岗位、不同领域的农业科技人才。最后，完善农业科技人才评价体系，农业科技人才评价应更加注重创新能力、创新素质等指标，同时构建多样化的人才激励机制，综合运用物质奖励、精神鼓励、股权激励、知识产权保护等多种激励方式。

二、现代化农业经营体系

坚持和完善农村基本经营制度，引导土地经营权规范有序流转，通过现代信息技术与管理技术降低农地流转交易成本；支持种养大户、家庭农场、农民合作社、涉农企业等新型经营主体发展，推进多种形式适度规模经营和专业化生产；发展三产贯通、城乡融合的农业农村数字经济的“新业态”。

（一）坚持和完善农村基本经营制度，引导土地经营权规范有序流转，通过现代信息技术与管理技术降低农地流转交易成本

资源环境要素约束趋紧与分散粗放式经营并存，迫切需要转变农业生产方式和经营模式，提高资源利用效率。农产品加工业的快速发展与优质农产品需求得不到满足两种状况并存，亟待提高农产品供给质量。深化农业产业结构调整，急需完善现代农业产业体系、经营体系、生产体系。提升农业综合竞争力和粮食安全保障水平，加强现代农业科技创新应用。

为实现上述目标，需要完善土地流转市场和社会化服务体系，稳妥地推进新型农业经营主体的发展。让市场成为资源配置的主要决定因素，通过制度创新降低农地流转的市场交易成本和风险，通过政策扶持（如财政、信贷、技术和市场等服务）促进适度经营规模生产主体的发展，提高其在农业生产中的比例。

要同城镇化的实际进程同步发展，稳妥地推进规模化经营。如果全国农地平均经营规模达 100 亩，则全国只需要 1800 万个家庭农场；如果平均规模达 250 亩，则只需 720 万个农场。数以亿计的农民如何就业是一个值得考虑的社会问题，推进新型农业经营主体和规模经营是一个长期的发展过程。

（二）支持种养大户、家庭农场、农民合作社、涉农企业等新型经营主体发展，推进多种形式适度规模经营和专业化生产

按照《国务院关于加快推进农业机械化和农机装备产业转型升级的指导意见》的指导思想，未来农业机械化发展将朝农机装备品类基本齐全，重点农机产品和关键零部件实现协同发展，产品质量可靠性达到国际先进水平，产品和技术供给基本满足需要，农

机装备产业迈入高质量发展阶段方向发展。

至 2025 年机械化发展：要求全国农作物耕种收综合机械化率达 75%，设施农业、畜牧养殖、水产养殖和农产品初加工业的机械化率达 50%左右；显著改善农机作业条件，建立覆盖农业产前、产中、产后的农机社会化服务体系；重点农机产品和关键零部件实现协同发展，产品质量可靠性达到国际先进水平。粮棉油糖主产县（市、区）基本实现农业机械化，丘陵山区的综合机械化率达 55%，区域发展不平衡现象减少；突破马铃薯、棉花、花生、油菜、甘蔗等农作物综合机械化率低的问题。

至 2035 年机械化发展：基本实现农牧业生产机械化全面发展和农业农村基本现代化。具体包括：基本实现农经饲农产品生产全程全面机械化，全程全面机械化率达 75%的水平；建立完善的农机作业、维修、销售等社会化服务体系；显著提升农机装备产品的智能化水平，国产高端农机产品满足率达 85%以上，关键零部件自给率达 90%以上；建立具有国际影响力和较强国际竞争力的农机行业领军企业 20 家以上。

至 2050 年机械化发展：实现农业“机器替代人力”“电脑替代人脑”“自主技术替代进口”的三大转变；实现具有自动控制功能的拖拉机和农机具的自动精准作业、田间实时决策系统控制下的农业生产方式，以及农业产业体系的大数据决策方式；实现以产业结构调整与区域布局优化为主的横向融合、以产业链条延伸与功能拓展为主的纵向融合以及以产业集群为主的创新融合格局；实现农业的生产、生活、休闲、旅游等多种功能。

（三）发展三产贯通、城乡融合的农业农村数字经济的“新业态”

未来我国农业融合创新发展的总体目标是在保证资源、环境及社会经济发展可持续的前提下，基于信息技术、生物技术、制造技术、新材料技术、新能源技术、农业环境保护等技术创新，通过完善产业链间紧密型的利益联结机制，构建高附加值、工艺创新、良性循环的产业技术生态环境；培育一批具有新功能、新价值的产业形态，打造一批产加销服一体、农工贸旅衔接、产城融合的新载体与新模式；推动中国农业产业建成以产业群为中心、以高新技术为支撑、以利益主体共享为目标的现代产业经营体系；实现农业产业产前、产中、产后在组织、共享、参与等方面的多环节融合，组织链、物流链、信息链多链条协同管理，以及横向、纵向、空间多层级精准治理。

至 2025 年产业融合发展：到 2025 年，农业融合创新取得重要进展，产业链条完整、功能多样、业态丰富、利益联结紧密的农业融合创新格局初步形成。培育一批以新型农业经营主体、返乡农民工、退伍军人（退役士兵）、大学生等为代表的农业融合创新主体作为主导力量，建成 300 个以上农村一二三产业融合发展示范园和 300 个先进科技支撑型、产业园区整合型、休闲农业带动型、食品加工业引领型等农村一二三产业融合发展先导区。农业融合创新发展水平不断提升。

至 2035 年产业融合发展：到 2035 年，农业融合创新取得决定性进展，“产业价值链高、产业利益链牢、产业融合创新能力跃升、融合主体充满活力”的农业融合创新体系建立完善。职业农民、新型农业经营主体等成为产业融合的主导力量，农业产加销、农工贸、农文旅、产城区（园区）等融合机制进一步完善，城乡融合、产城一体、产业融合发展体制机制更加完善，中国农业融合创新发展实现由“追赶者”到“赶超者”的地位转变，农业产业价值链逐渐向国际中高端跃升，农业农村现代化基本实现。

至2050年产业融合发展：到2050年，全面实现以产业结构调整与区域布局优化为主的横向融合、以产业链条延伸与功能拓展为主的纵向融合以及以产业集群、田园综合体、特色小镇、“三园”等空间融合的创新融合格局，融合创新覆盖全产业链，融合技术贡献更加突出，融合创新主体不断壮大，融合创新机制更加完善，融合创新能力跻身世界前列，在发展中国家，中国率先进入生态高值可持续发展的生态农业时代，成为国际农业创新发展的领跑者，农业产业价值链在全球价值链中的位置大大提升，中国农业创新发展地位实现由“赶超者”向“领先者”的角色转变。

三、社会化农业服务体系

发展以农机智能装备服务、农业精准生产技术服务、农业产销体系金融服务等为代表的全程覆盖、区域集成、配套完备的新型专业化、社会化服务体系；建立健全现代农业生产与跨界技术创新推广服务的融合机制，协同推进“小农”和“大农”同时实现现代化；通过农产品供应链创新，推进农业产业链服务和农业生产协同发展，为现代高值农业创造良好发展环境。

（一）培育农业社会化服务主体

按照主体多元、功能互补、竞争充分、融合发展的原则，加快培育农业服务专业户、农民专业合作社、农村集体经济组织和服务型企业等多元社会化服务组织。截至2020年底，全国农业社会化服务组织总量超过90万个，服务小农户7000万户。从实践来看，各类社会化服务主体各有所长，优势互补。农业服务专业户占全国服务主体总量的近一半，主要为周边小农户服务，最贴近农民；服务型农民合作社带动小农户数量最多，占服务小农户数量的七成；农村集体经济组织主要是组织小农户接受服务，提供“居间”服务，发挥桥梁和纽带作用；服务型企业服务带动能力最强，单个企业平均服务对象达530个（户），且服务的专业化、集约化和标准化程度较高。鼓励各类农业经营主体加强联合与合作，以资金、技术、服务为纽带组建服务联合体、服务联盟，促进功能互补、利益分享、融合发展。

（二）创新农业社会化服务模式

我国幅员辽阔，各地的自然地理条件不同、农作物种植结构和制度不同、社会经济发展水平不同，农民对社会化服务的认知程度也不同，发展哪种社会化服务模式要因地制宜，总体上要以农民的需求为导向。以农业生产托管为例，在农户经营意愿较强的地区，从单环节、多环节托管入手；在农业劳动力转移程度较高的地区，重点推广关键环节综合托管、全程托管等模式。近年来，各地根据资源禀赋和发展条件，探索出一批成功的模式。河北推广多环节托管、全产业链托管、土地股份合作分红模式和供销社“为农服务中心”等模式。山西翼城创新“政府、企业、保险、农担、期货、银行”六位一体的全周期式生产托管。黑龙江在全省推广“生产托管+金融保险+粮食银行”的“兰西模式”。山东济宁重点发展“服务主体+农户”或“服务主体+村集体经济组织+农户”模式、“农业订单+服务主体+生产托管”模式和“土地股份合作社+服务主体+全程托管”等模式。2019 年和 2020 年，农业农村部推出两批共 44 个全国农业社会化服务典型案例，对推动全国面上的生产托管工作起到了很好的示范带动作用。坚持需求导向，加强引导，培育市场，推动农业社会化服务从产中作业环节向产前、产后等环节及金融保险等配套服务延伸，逐步提高农业社会化服务在农业全产业链及农林牧渔各产业中的覆盖面。

（三）推动线上线下融合发展

建立农业社会化综合服务中心，引导各类服务组织之间，服务组织和具备条件的事业单位、科研院所、大专院校及行业协会、学会等加强合作，发展服务联合体、服务联盟等，推动服务链条横向拓展、纵向延伸，打造覆盖全产业链的服务组织体系，建立更加紧密的利益联结和分享机制。大力推广运用数字化、智能化技术，提升农业社会化服务效能。推动线上线下融合发展，搭建农业社会化综合服务平台，促进服务资源整合，优化资源配置，提高服务效率，形成一批具有示范引领作用、可复制可推广的线上服务新模式。推进“互联网+”农业社会化服务，实施“互联网+”农产品出村进城工程，建立健全适应农产品网络营销的供应链体系，促进农产品产销顺畅衔接。全面推进信息进村入户工程，完善“政府+运营商+服务商”三位一体的推进机制，优化农业科技信息服务，大力发展专家在线服务、云上服务。促进互联网、物联网与农业再生产过程有机结合，通过人工智能、大数据赋能服务主体，推动农业社会化服务向数字化、智能化方向迈进。

（四）推进科技和社会化服务深度融合

发挥各类农业社会化服务主体推进科技成果转化与应用的生力军作用，提升服务的科技含量，促进服务质量提升、档次升级。支持各类农业社会化服务主体参与农业科技创新链条，牵头科技创新项目，组建科技创新联盟、产业创新中心、成果转化平台，承担新品种新技术示范应用和推广任务。引导高等学校、科研院所和农业社会化服务主体加强合作，紧扣农业科技创新方向和重点，聚焦优良品种、设施装备、先进技术的研发和推广。推进产学教研服深度融合，健全农业科研成果产权制度、成果转化收益分配机制，激发农业社会化服务主体科技创新积极性。把农业社会化服务主体人才列入农业农村人才支持和培训计划，支持普通高校和涉农院校培养农业社会化服务专业人才。鼓励各地把农业社会化服务主体所需人才纳入地方政府的人才引进范围。

强化公益性服务基础性地位，依法加强农业技术推广工作力量，强化财政保障，提高农业社会化公益性服务能力和水平。进一步健全农作物和畜禽良种繁育体系、动植物疫病防控体系和质量安全监管体系。加快建立以执业兽医、乡村兽医为主体，其他兽医从业人员和社会力量为补充的兽医社会化服务队伍。培育种业育繁推一体化服务企业。促进公益性农技推广机构与经营性社会化服务主体融合发展，鼓励通过派驻人员、挂职帮扶、共建载体、联合办公等方式，为新型经营主体和社会化服务主体提供全程化、精准化和个性化的服务。进一步推行政府购买服务，通过订购、定向委托、奖励补助、招投标等方式，鼓励和支持有资质的经营性社会化服务主体从事可量化、易监管的公益性农技推广服务。研究制定政府购买农业公益性服务的指导性目录，明确服务种类、性质和内容，建立健全购买服务的标准合同、规范程序和监督机制。创新人才保障机制，鼓励科研人员到农民合作社、农业企业任职兼职，完善知识产权入股、参与分红等激励机制。

（五）强化社会化服务引领推动小农户和现代农业有机衔接

目前，我国有承包耕地农户 2.07 亿户，通过土地流转经营 30 亩以上的农户仅占全国农户总数的 5%。经营自家承包耕地的小农户占大多数的现状在相当长时期内难以根本改变。这就需要发展农业社会化服务，通过服务组织提供专业化、规模化服务，形成既不流转土地经营权，又能发展规模经营，让小农户成为适度规模经营的积极参与者和真正受益者。通过社会化服务，可以将先进适用的品种、技术、装备等要素导入农业生产，切实解决小农经济经营方式粗放、生产效率低下等问题，有利于改善农业资源要素投入结构和质量，推进农业标准化生产、集约化经营，促进农业高质量发展。同时，通过拓展服务领域，从耕、种、管、收环节向烘、储、加、销、贷等方面延伸，向农业全过程全链条覆盖，有效增强了小农户融入现代农业产业链和价值链的能力。

（六）加强社会化服务政策支持

加大支持力度。推动出台新阶段加快推进农业生产托管的指导意见，适时推动制定“农业社会化服务促进法”。随着农民群众对生产托管的认识不断加深，项目覆盖面在拓展，各地积极性在提高，项目实施范围逐步扩大，各地对项目资金需求持续增加。要加强财政资金统筹，加大对生产托管项目资金支持力度，将生产托管项目调整为约束性项目，在项目资金中安排一定比例的工作经费。进一步加强行业管理，推动服务标准制定，推广使用示范合同文本，加快建立县级社会化服务组织名录库。加强生产托管项目管理，开展绩效评价和监测评估，确保规范实施。

强化政策引导。充分发挥市场在资源配置中的决定性作用，引导资本、技术、人才等生产要素向农业社会化服务领域集聚。加快培育各类农业社会化服务主体，培育一批具有一定影响力并在市场上发挥重要作用的农业社会化服务骨干企业，树立行业标杆和服务典型，发挥示范效应。引导农业社会化服务企业加强联合和合作，发展服务联合体、服务联盟等，推动服务链条延伸，打造覆盖全产业链的服务组织体系，建立更加紧密的利益联结和分享机制。引导成立行业组织，发挥联系政府、服务会员等作用，发挥行业自律作用。在财政、税收、用地等方面，探索支持农业社会化服务的优惠政策。

强化金融服务。通过集中连片开展托管服务，可以达到规模经营、节约成本的效果。但在调研中不少服务主体也反映，实施服务规模经营后，风险也相应集中，特别是开展全程托管，赚得起亏不起，一旦出现较大的灾害减产，给农户的承诺将难以兑现，容易引发社会矛盾。此外，农业生产托管多采取事后付费的方式，在极端天气或者市场价格大幅下降时，由于缺乏对小农户强有力的约束，很有可能面临收不回服务费的问题。此外，服务组织自有资本较少、融资能力弱，贷款难的现象普遍，拓展服务力不从心。要强化政银保担（政府、银行、保险和担保机构）合作，鼓励推出以支持农业生产托管服务为导向的金融保险产品，探索政府部门与银行、保险等机构共同推进托管服务的有效方法。

（七）强化社会化服务的行业管理

健全监管体制。围绕服务质量、服务价格、服务合同，全面提高农业社会化服务行业监督管理水平，加强规范引导，促进优势互补、良性竞争。加强服务质量监管，健全监管职能，实行公平、统一、透明的监管制度，发展第三方评价鉴定组织，建立质量纠纷协同处置机制，鼓励社会化服务主体探索先进的质量管理模式和方法。加强服务价格指导，坚持市场定价原则，引导充分竞争，有效防控价格垄断，防止价格欺诈，切实保障农户利益。加强服务合同规范，根据行业特点、品种特色、地区差异推广农业社会化服务合同示范文本。健全合同签订的规范程序和监督机制，增强契约意识，严格履约监督，健全纠纷调解仲裁，依法打击欺诈违法行为，维护双方权益。加强行政管理服务，优化营商环境，开展社会化服务主体登记注册服务，搭建跨部门的社会化服务主体信息数据共享和服务平台。

建立标准体系。加快推进农业社会化服务标准体系建设。以县级为基础，由县级主管部门会同有关部门、服务组织、行业协会等研究制定符合当地实际、行业特点、品种特色的服务标准和规范。对农业产业链管理、绿色生产技术、品牌运营、知识产权保护、信息咨询、检测认证等新兴服务领域，鼓励社会化服务主体、行业协会先行制定试验标准。做好产业链层面不同环节、不同类型服务标准的衔接。开展农业社会化服务标准化试点及示范主体、示范基地、示范产业、示范县创建。

完善信用体系。搭建农业社会化服务主体信用服务平台，加强服务主体信用管理，建立服务主体档案和信用台账，并将其纳入农业社会化服务主体名录和数据库建设。将农业社会化服务主体信用记录纳入全国信用信息共享平台，与银行、担保、保险等金融机构共享信用信息。探索建立农业社会化服务主体信用评级机制，与优惠政策、项目扶持、信贷支持、政府采购、示范评选挂钩，形成守信受益、失信惩戒的信用约束机制。引导建立健全农业社会化服务主体内部信用管理制度。

加强行业自律。支持成立全国性或区域性的农业社会化服务行业协会、联盟，发挥协会和联盟联系政府、服务会员、促进行业自律的功能，加强和改善行业管理。推动将部分行业管理和服务职能移交给协会或联盟，建立健全面向协会或联盟购买服务的制度。鼓励行业协会、联盟参与制定相关国家标准、行业规划和政策法规，制定发布行业产品和服务标准。加强不同层次、不同领域的协会或联盟间的联合合作。

四、新时代农业人才体系

（一）新时代农业科研人才与技术推广人才体系

1. 推动交叉学科研究，实施农业科技创新人才战略

进一步推进农业高等教育改革，努力打破学科间的藩篱，倡导“将论文写到大地上”的理念，培育一批跨学科、复合型的农业科技人才。建议中央和地方同时建立农业科技创新人才基金，提高农业科技的创新能力。在总结中国科学院的“百人计划”、国家自然科学基金委的“优秀创新群体”和中国科学院的“创新团队计划”等经验的基础上，

建立专门的农业科技创新人才基金和计划。鉴于农业科技部门在同等条件下要比其他科技部门更难吸引高层次的科技人才，农业科技创新人才计划的人均投入水平要适当高于其他领域。

2. 创新人才引进机制，培养农业农村高科技领军人才

国家重大人才工程、人才专项优先支持农业农村领域，推进农业农村科研杰出人才培养，鼓励各地实施农业农村领域“引才计划”，加快培育一批高科技领军人才和团队。加强优秀青年后备人才培养，突出服务基层导向。支持高科技领军人才按照有关政策在国家农业高新技术产业示范区、农业科技园区等落户。依托现代农业产业技术体系、农业科技创新联盟、现代农业产业科技创新中心等平台，发现人才、培育人才、凝聚人才。加强农业企业科技人才培养。健全农业农村科研立项、成果评价、成果转化机制，完善科技人员兼职兼薪、分享股权期权、领办创办企业、成果权益分配等激励办法。

3. 探讨建立全新的农业科研投入机制，使其更好地适应国家和农民对农业技术的需求

在目前的农业科研立项和投入机制情况下，要使国家和农民对农业科技的需求不受主管单位部门利益和科学家偏好的影响几乎不大可能，但要打破这种格局也是一项艰巨的任务。在现阶段，建议首先开展探讨研究工作，分析建立农业科研投入新机制的可能性，研究如何在新的投入体制下引入农民技术需求的反馈机制，在此基础上提出更好地适应国家和农民对农业技术需求的农业科研投入新机制。

4. 培养农业农村科技推广人才，发展壮大科技特派员队伍

推进农技推广体系改革创新，完善公益性和经营性农技推广融合发展机制，允许提供增值服务合理取酬。全面实施农技推广服务特聘计划。深化农技人员职称制度改革，突出业绩水平和实际贡献，向服务基层一线人才倾斜，实行农业农村科技推广人才差异化分类考核。实施基层农技人员素质提升工程，重点培训年轻骨干农技人员。建立健全农产品质量安全协管员、信息员队伍。鼓励地方对“土专家”“田秀才”“乡创客”发放补贴。开展“寻找最美农技员”活动。引导科研院所、高等学校开展专家服务基层活动，推广“科技小院”等培养模式，派驻研究生深入农村开展实用技术研究和推广服务工作。坚持政府选派、市场选择、志愿参加的原则，完善科技特派员工作机制，拓宽科技特派员来源渠道，逐步实现各级科技特派员科技服务和创业带动全覆盖。完善优化科技特派员扶持激励政策，持续加大对科技特派员工作的支持力度，推广利益共同体模式，支持科技特派员领办创办协办农民合作社、专业技术协会和农业企业。

（二）建立新时代农业人才培养体系

1. 建立新时代农业人才培养领导体系

我国要加强农业人才培养的顶层设计，根据现代智慧生态农业的发展需求，对新时代农业人才需求展开深入研究和分析，明确农业人才培养的目标，制定农业人才培养的中长期战略规划，建立高质量农业人才培养的体制机制和保障制度。

2. 完善新时代农业人才培养组织体系

明确农业教育体系三级教育的人才培养定位。高等学校要通过“新农科”建设，以现代智慧生态农业发展的人才需求为导向，优化调整涉农高校的专业布局，建立适合现代智慧生态农业发展的人才评价体系，夯实现代智慧生态农业的高层次人才基础。在中高等农业职业教育中，引入现代学徒制，加强农业职业学校和农业产业的联系，理论和实训相结合，培养出有先进经营管理理念和掌握先进方法的高素质农民与青年农民。另外，可参考澳大利亚的模式促进农民教育培训与学历教育的衔接，面向高素质农民开展学历教育，允许学生采用半农半读、农与学交替等形式分阶段完成学业，培养具有农科中高等职业教育水平的高素质农民。

成立独立的农业培训咨询委员会，为农业培训政策的制定提供决策支撑。农业培训咨询委员会的成员由来自政府部门、培训机构、大专院校的人员以及农民代表组成。该委员会以辖区内现代智慧生态农业的现代化发展为目标，根据区域实际情况负责确定区域培训的重点，为政府部门制定年度培训目标和规划提供建议。此外，委员会还要承担设置各类培训课程的标准、培训质量考核与农民职业资格认证等职责，对农业培训过程质量和结果质量进行监管。

除了中高等农业院校、科研院所和农业技术推广机构等传统培训机构外，积极鼓励有资质有能力的企业、社会团体以及农业经营管理带头人等参与提供农民培训。

3. 建立新时代农业人才管理体系

农业人才的培养是新时代农业人才体系建设的第一步。但如何让培养的农业人才“留得住，干得好”将依赖于农业人才的管理。农业人才的管理是通过充分、科学、合理地发挥和运用农业人才资源为现代智慧生态农业发展服务，从而实现我国农业农村和整个社会经济发展的目标。

农业人才管理体系建设要从3个方面着手：首先要完善农业人才管理部门的职责，树立为农业人才发展服务的意识。管理部门对经过认定进入农业人才系统的高素质农民、农业生产经营带头人等农业人才要进行跟踪管理，为农业人才的发展和成长提供长期指导及服务。其次要建立农业人才的考核制度和激励机制，实行动态管理。农业人才的资格要与财政支持、税收优惠、土地承租有限等一系列惠农政策挂钩，但是在享受这些扶持政策的同时，农业人才管理部门也要对农业人才进行考核，对于虽然获得了资格但是未能按照职业从业要求（如破坏生态环境）履行相关义务的农业人才要建立惩罚和退出机制，提升农业人才资质的“含金量”。最后要提升农业人才的社会地位。长期以来，我国农民的社会地位相对比较低，这也是越来越多的年轻人不愿意从事农业的主要原因之一。农业人才管理部门要采取具体措施提升农民的社会地位，如设立丰收节农民勋章、组织农民勋章获得者开展宣讲活动、通过学历计划提升农业人才的学历等。

第五章　生物技术改造农业

现代生物技术是21世纪世界经济发展的新引擎，是提升国家竞争力的战略高地（王宏广，2004）。现代生物技术通过基因精准操作、定向改造目标性状，可突破常规技术瓶颈，培育突破性农作物新品种，保障国家的食物安全、生态安全，提高国民的营养和健康水平。现代生物技术标志性成果——转基因技术已成为促进世界农业科技进步的最重要驱动力（钟晶石，2011）。该技术不仅增加了农民收入、改善了农民健康、减少了环境污染，同时也改变了全球玉米、大豆、棉花与油菜籽等主要农产品的生产方式，推动了一些国家经济及贸易格局的变化，更重要的是促进了生物技术及信息技术产业等一些新兴产业的发展。未来农业生物技术的发展不仅将推动传统农业产业技术的革命进步，同时将带动生物制造和生物废物处理等技术的发展，并由此推动环境的改善与绿色发展。

第一节　农业生物技术与现代智慧生态农业

一、转基因农作物的商业化为农业生产的发展与科技进步提供了典范

作为最成功且唯一大面积商业化生产的生物技术，转基因农作物自1996年批准商业生产以来种植面积快速增长（图5-1）。根据国际农业生物技术应用服务组织（ISAAA）的统计，2019年29个国家种植了约1.91亿hm^2的转基因作物（表5-1），1996～2019年累计约达27.4亿hm^2。其中发达国家约14.5亿hm^2，发展中国家约12.9亿hm^2。从2011年开始，发展中国家的种植面积已超过发达国家（James，2014）。2011年发展中国家转基因作物的种植面积占全球转基因作物面积的比例达50.1%，2019年达55.7%。

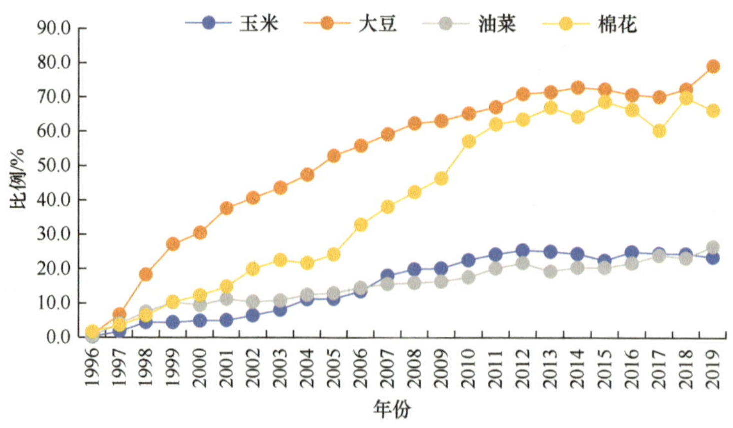

图5-1　全球主要作物转基因品种面积占作物总播种面积的比例

表 5-1 全球转基因作物种植面积变化

年份	种植面积/百万 hm²			种植面积年增长率/%			种植面积占比/%	
	合计	发展中国家	发达国家	合计	发展中国家	发达国家	发展中国家	发达国家
1996	2.9	1.2	1.6	—	—	—	43.1	56.9
1997	12.7	3.2	9.5	342.2	161.2	479.1	25.4	74.6
1998	28.2	4.6	23.6	121.3	42.0	148.4	16.3	83.7
1999	40.5	7.4	33.1	43.6	60.9	40.3	18.3	81.7
2000	44.9	11.1	33.8	10.9	50.0	2.1	24.7	75.3
2001	53.3	14.0	39.3	18.7	26.1	16.3	26.3	73.7
2002	59.4	16.6	42.8	11.4	18.6	8.9	27.9	72.1
2003	68.5	21.0	47.5	15.3	26.5	11.0	30.7	69.3
2004	81.3	27.9	53.4	18.7	32.9	12.4	34.3	65.7
2005	90.7	34.4	56.3	11.6	23.3	5.4	37.9	62.1
2006	102.8	41.5	61.3	13.3	20.6	8.9	40.4	59.6
2007	115.3	50.1	65.2	12.2	20.7	6.4	43.5	56.5
2008	126.0	55.4	70.6	9.3	10.6	8.3	44.0	56.0
2009	134.9	62.3	72.6	7.1	12.5	2.8	46.2	53.8
2010	149.2	72.5	76.7	10.6	16.4	5.6	48.6	51.4
2011	161.2	80.7	80.5	8.0	11.3	5.0	50.1	49.9
2012	171.4	89.4	82.0	6.3	10.8	1.9	52.2	47.8
2013	176.0	94.3	81.7	2.7	5.5	−0.4	53.6	46.4
2014	182.3	96.9	85.4	3.6	2.8	4.5	53.2	46.8
2015	180.6	97.8	82.8	−0.9	0.9	−3.0	54.2	45.8
2016	185.4	100.3	85.1	2.7	2.6	2.8	54.1	45.9
2017	190.1	100.9	89.2	2.5	0.6	4.8	53.1	46.9
2018	192.4	103.7	88.7	1.2	2.8	−0.6	53.9	46.1
2019	191.3	106.5	84.8	−0.6	2.7	−4.4	55.7	44.3

数据来源：ISAAA 报告

注：数据经过四舍五入，加和不一致

转基因作物种植面积年增长率从 2011 年开始已下降到个位数，一些已批准产业化种植的国家转基因作物种植比例已接近饱和。转基因作物种植面积增长速度个别年份已出现负增长（表 5-1），其原因与这些国家的转基因作物种植面积已接近或达到饱和有关（图 5-1）。2019 年全球转基因大豆和棉花种植面积分别占其作物播种总面积的 79.2%和 66.3%。其中美国的转基因玉米、大豆、棉花和油菜四大作物分别在 2009 年、2005 年、2002 年和 2008 年超过 90%，巴西的大豆、玉米和棉花分别在 2011 年、2016 年和 2017 年超过 90%，阿根廷的大豆、玉米和棉花则早在 2000 年、2004 年和 2005 年分别接近或者达到 100%（国际农业生物技术应用服务组织，2021）。

转基因作物的成功商业化种植为农业生产的发展提供了典范。1996～2019 年，美国、巴西和阿根廷等国家采用基因工程技术后，玉米单产分别提高了 32.0%、133.2%和 94.6%，大豆单产分别提高了 26.2%、41.6%和 58.4%（表 5-2）。同期我国主要依靠常规育种技术，玉米和大豆单产仅分别提高了 21.4%和 5.5%。基因工程技术实现了常规育种难以达到的质和量的提升，已成为新时代保障农产品有效供给的重大需求。

表 5-2　美国、巴西、阿根廷与中国玉米和大豆单产的变化　（单位：kg/hm^2）

年份	玉米				大豆			
	中国	美国	巴西	阿根廷	中国	美国	巴西	阿根廷
1996	5 203.3	7 977.3	2 476.1	4 039.7	1 770.2	2 526.9	2 249.3	2 105.1
1997	4 387.4	7 952.1	2 622.8	4 555.7	1 765.1	2 616.4	2 297.7	1 721.2
1998	5 267.8	8 438.2	2 796.4	6 078.0	1 782.5	2 616.9	2 353.3	2 693.7
1999	4 944.7	8 397.7	2 776.5	5 370.2	1 789.2	2 463.4	2 372.4	2 445.0
2000	4 597.5	8 591.1	2 718.2	5 432.9	1 655.7	2 561.4	2 403.3	2 331.2
2001	4 698.5	8 673.3	3 401.9	5 455.3	1 624.8	2 663.9	2 710.5	2 584.6
2002	4 871.4	8 118.0	3 055.9	6 079.1	1 892.9	2 556.7	2 573.9	2 630.4
2003	4 812.6	8 924.6	3 727.3	6 476.7	1 652.9	2 276.9	2 802.7	2 803.4
2004	5 120.3	10 063.7	3 367.1	6 393.1	1 814.8	2 840.5	2 300.5	2 207.5
2005	5 287.3	9 285.2	3 040.3	7 358.7	1 704.5	2 896.1	2 230.3	2 728.7
2006	5 326.3	9 357.7	3 382.3	5 903.0	1 620.9	2 881.7	2 379.6	2 679.3
2007	5 166.7	9 458.5	3 785.2	7 665.5	1 453.6	2 806.7	2 813.3	2 971.2
2008	5 555.7	9 620.9	4 080.0	6 452.5	1 702.8	2 671.8	2 816.2	2 821.6
2009	5 258.5	10 318.1	3 714.5	5 576.0	1 630.2	2 959.5	2 636.5	1 848.0
2010	5 459.2	9 575.7	4 366.7	7 804.0	1 771.2	2 924.3	2 947.5	2 905.3
2011	5 747.5	9 214.6	4 210.7	6 350.3	1 836.2	2 823.2	3 121.4	2 605.3
2012	5 869.7	7 727.0	5 005.7	5 734.6	1 814.4	2 686.7	2 636.6	2 281.4
2013	6 015.9	9 925.6	5 253.6	6 603.7	1 760.0	2 961.5	2 928.5	2 539.1
2014	5 808.9	10 732.6	5 176.1	6 840.9	1 787.4	3 197.7	2 865.9	2 773.5
2015	5 892.9	10 572.3	5 535.3	7 309.0	1 811.4	3 228.9	3 028.6	3 175.2
2016	5 967.1	11 743.3	4 287.7	7 442.7	1 803.1	3 493.6	2 904.9	3 014.6
2017	6 110.3	11 083.7	5 618.3	7 575.9	1 853.6	3 313.3	3 378.5	3 171.1
2018	6 104.3	11 074.6	5 107.6	6 088.3	1 898.0	3 399.7	3 390.4	2 315.7
2019	6 317.3	10 532.3	5 773.4	7 861.5	1 866.8	3 189.0	3 184.6	3 334.0

数据来源：FAOSTAT

随着转基因作物的商业化种植已进入常规化管理阶段。国际上最早批准商业化种植转基因作物的美国，已将转基因农作物视为常规农作物进行管理。2020 年 5 月美国农业部和环境保护署分别发文宣布将对部分新的生物技术作物（如基因编辑植物）实行豁免，这一政策不仅将对美国等种植转基因作物的主要国家产生重要影响，同时将对已商业化种植转基因作物的国家产生示范效应，转基因作物种植将逐渐进入常规化管理阶段。

值得一提的是，国际上批准商业化种植的转基因作物将由间接食用逐渐转向直接食用。转基因番木瓜、甘蔗、甜菜、紫花苜蓿、南瓜、茄子、马铃薯和苹果先后在多个国家进入商业化生产。2019 年抗虫甘蔗在巴西种植了 1.8 万 hm^2，具有抗撞伤、防褐变、低丙烯酰胺含量、抗晚疫病等性状的马铃薯在美国已种植 $2000hm^2$ 以上，低木质素苜蓿在美国和加拿大种植了 16.2 万 hm^2，高油酸红花籽在澳大利亚种植了 $3500hm^2$（国际农业生物技术应用服务组织，2021）。尽管这些已批准商业化种植的作物已经大面积种植或者即将大面积种植，但与人们日常生活密切相关的水稻、小麦等主要粮食作物的商业化则步履艰难。值得关注的是，经过近 20 年的试验，菲律宾政府批准了转基因黄金大米的商业化种植。

除此之外，转基因技术研发的性状和产品不断创新。跨国公司对转基因技术产品的研发投资持续增加，每年批准转基因农作物商业化生产的产品和品种性状不断增加。一批新的具有多种性状组合的转基因作物的产业化获得批准，包括高油酸油菜、耐异噁唑草酮除草剂棉花、复合耐除草剂高油酸大豆、耐除草剂耐盐大豆、抗虫甘蔗、抗虫/耐除草剂复合性状的转基因玉米，2019 年美国批准了 ω-3 油菜的商业化种植。而具有各种重要经济和营养价值性状的水稻、香蕉、马铃薯、小麦、鹰嘴豆、木豆和芥菜等正在进行商业化前的试验，抗逆、营养改良、健康保健及医药生产等转基因农作物等也已进入田间的环境释放或者生产试验阶段，并将在不久的将来批准商业化生产而造福广大消费者。

需要说明的是，由于所用种质资源的遗传基础狭窄、育种手段的技术限制，传统育种的瓶颈效应愈来愈明显。一是常规育种对性状的改良依赖于自然中已经存在的遗传变异，这使得对性状的改良具有很大的局限性；二是由于种间生殖隔离的限制，不太容易利用近缘或远缘种的基因资源对特定的农业生物进行遗传改良；三是受不良基因连锁的影响，常规杂交选育实现某一育种目标的同时，选育出具有较高增产潜力新品种的效率较低，并且难以实现众多优良基因的叠加。而现代生物技术将可以较高效率地解决上述常规生物育种所面临的技术难题。

二、生物技术是农业现代化的重要推动力与基本保障

农作物新品种是农业生产产量增长贡献最大的因素（信乃诠，2002），也是农业生产科技进步的重要推动力与基础。而新品种作为现代生物技术的重要载体，其技术突破与现代机械技术装备的发展存在着密切的互为内生的关系。

中国农业发展的历史表明，农业生产要素和市场需求变化推动着新品种技术的更新换代（黄季焜和胡瑞法，1998）。新中国成立之初，广种薄收的粗放经营是当时的农业生产特征，农民生产上所采用的农作物品种绝大多数为传统的农家品种（赵洪璋等，1981）。随着人口的增长，土地的开垦潜力已受到限制，为了提高农作物（尤其是粮食作物）单产，增施肥料、培肥地力成为各地农民的普遍生产措施。但是，土地肥力的提高使原有的农家品种因为不抗倒伏而限制了产量潜力的发挥，从而推动了矮秆抗倒品种的产生。农民育种家洪群英、洪春利育成的矮秆抗倒水稻品种矮脚南特是国际上最早的绿色革命品种（熊振民等，1986）。直到 20 世纪 80 年代，矮秆抗倒仍是中国科研人员的主要育种目标之一（胡瑞法，1998）。此后，随着新选育的农作物品种抗倒伏性的解决，在抗倒伏性不降低的条件下作物植株株高的提高有利于新育成品种产量潜力的提高，从而使得 90 年代以后水稻、玉米品种株高呈现略有增加的趋势（图 5-2）。然而，上述矮秆品种并未解决人口快速增长对粮食需求增加的问题。为此，从 70 年代开始，适应多熟制的短生育期育种成为新的育种目标（胡瑞法，1998）。科研人员育成的品种

具有早熟特征。直到 90 年代末，随着新育成品种产量潜力的持续提高（图 5-3），许多以前三熟制地区改为两熟制，增加生育期反而有利于提高作物的产量潜力，在这种情况下，科研人员选育的新品种的生育期开始缓慢增长（图 5-4）。

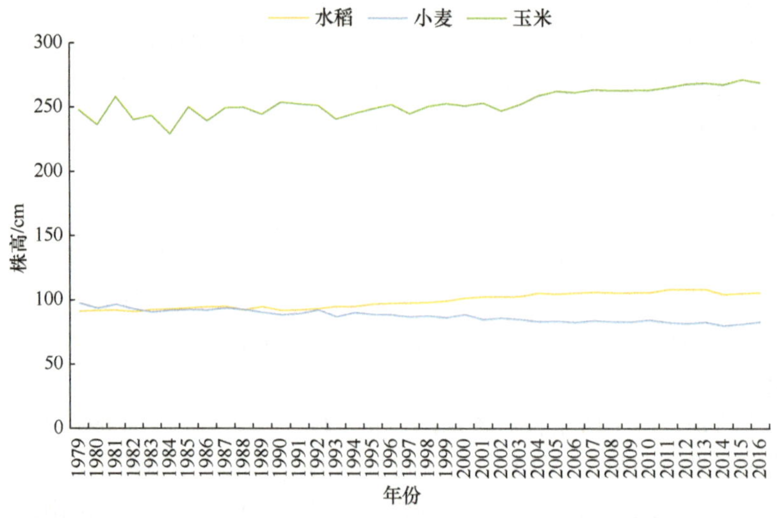

图 5-2　1979～2016 年中国政府审定的水稻、小麦新育种品种的株高

数据来源：作者收集并统计所得

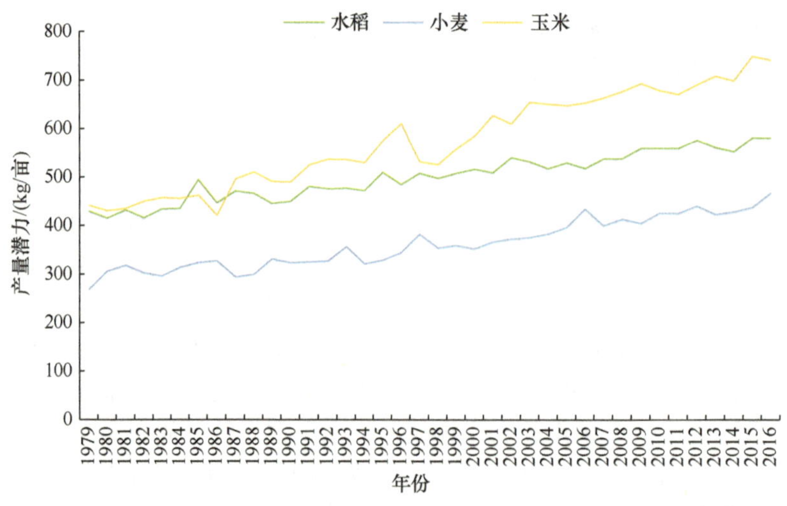

图 5-3　1979～2016 年中国政府审定的水稻、小麦、玉米新育种品种的产量潜力变化

数据来源：作者收集并统计所得

进入 20 世纪 90 年代中后期，适应集约种植的高产农作物品种的育成与推广，为高密植条件下作物病虫害的发生创造了条件，农作物病虫害防治成为农业生产的一项重要措施（Huang et al.，2003）。在这种背景下，以抗病虫害为主要内容的转基因作物新品种技术迅速被农民采用，替代了传统的靠人工进行病虫害防治的技术。研究表明，转基因作物品种显著减少了农民的农药和劳动投入、显著提高了农产品产量并弱化了农民因为施用农药对健康所造成的损害（Huang et al.，2005）。

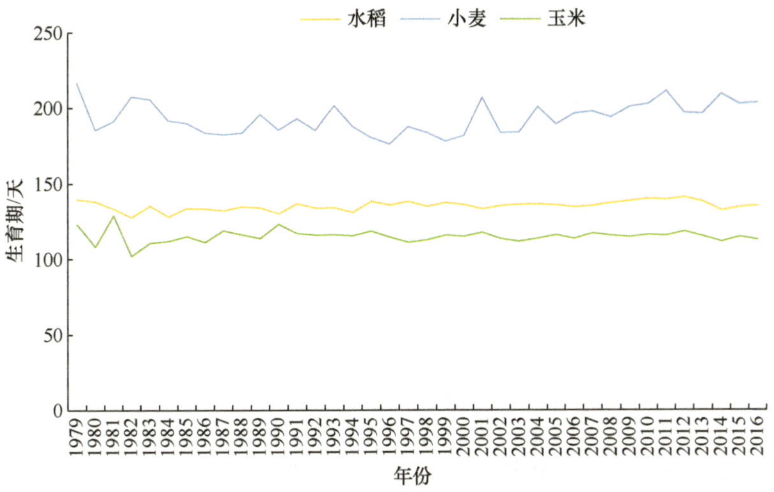

图 5-4　1979～2016 年中国政府审定的水稻、小麦新育种品种的生育期

数据来源：作者收集并统计所得

另外，随着农村劳动力价格的提高，替代劳动力的机械投入快速增加（图 5-5）。而为适应替代劳动力的新品种技术则是机械投入增加的基本保障。例如，矮秆抗倒农作物新品种的育成，为机械技术的大规模应用创造了条件，从而提高了农业生产机械化的速度；抗除草剂转基因品种的商业化推动了机械除草技术及农业生产整体机械化程度的提高；杂交品种的采用推动了机械播种技术的采用等。

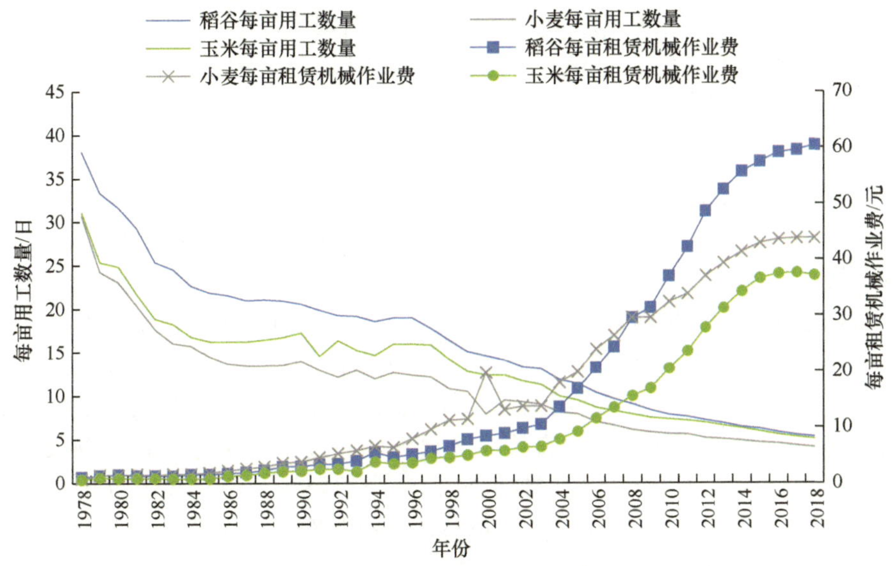

图 5-5　1978～2018 年中国水稻、小麦、玉米三大作物的劳动力与机械投入（2018 年不变价）

数据来源：作者收集并统计所得

机械技术的进步也诱导新的适应机械装备技术品种的选育。例如，我国玉米在成熟期籽粒脱水慢，限制了机械化收获技术的采用，为此，随着成熟期籽粒快速脱水品种的育成，我国机械化收获技术的采用率快速提高，显示了机械技术进步对新品种技术发展

的诱导作用。

需要说明的是，现代生物技术将推动上述新品种技术的进步。例如，转基因技术所引入的外源基因改变了作物性状，使其朝着人们生产或者消费需要的方向发展；基因编辑技术提高了现有新品种育种技术的效率，使新品种的选育朝着更可控的方向发展；基因组学技术为人类更深入地了解与掌握生物遗传规律创造了条件等。

三、生物技术是推进农业绿色发展的最有效技术

20多年的转基因农作物品种商业化实践表明，生物技术是推进农业绿色发展的最有效技术。采用基因工程技术研制的抗虫玉米、耐除草剂大豆、抗虫棉花、耐除草剂油菜、广谱杀虫 Bt 菌剂、高效抗菌肽、禽流感基因工程疫苗等新品种，有力地改善了环境与农产品质量。以阿根廷为例，转基因技术让免耕成为可能，2000～2019年，大豆种植面积扩大了近两倍，产量增长了2.74倍，其产量增加中的60%与所采用的转基因品种直接相关，另外40%与抗除草剂转基因品种种植所带来的免耕种植，以及新品种能更好地抵抗恶劣气候等因素有关（吉林省农业农村厅科教处，2019）。以转基因技术为核心的现代农业生物技术在缓解资源约束、减轻环境污染、确保国家生态和食物安全方面显现出巨大潜力（厉建萌等，2006）。据统计，1996～2014年，转基因作物减少5.835亿kg杀虫剂活性成分的使用，仅2014年就减少了270亿kg二氧化碳排放。转基因技术的应用使化学农药的使用减少了37%，作物产量增加了22%，农民利润增加了68%（Qaim and Kouser，2013）。自2008年以来，我国抗虫棉累计推广4.2亿亩，减少农药用量60%［见“自主创新彰显中国力量（砥砺奋进的五年）——国家科技重大专项实施综述”，http://www.cac.gov.cn/2017-06/02/c1121073117.htm］。我国基因工程抗虫棉的发展和应用，打破了跨国公司垄断，成为提升我国农业竞争力的重要标志（Jia et al.，2004；黄大昉，2013）。

我国农业发展已进入新的历史阶段，由过度依赖资源消耗、主要满足量的需求向绿色生态可持续发展转变。我国耕地面积仅占世界总耕地面积的7%，人均水资源占有量仅为世界平均水平的1/4，干旱、半干旱农业区约占全国总耕地面积的51%，盐碱地面积达7亿亩。我国森林覆盖率仅为21.7%，人均森林面积仅为世界平均水平的17%，土地荒漠化、盐碱化、沙化等形势尚未根本改变。另外，我国农业生产病虫害频发。水稻、小麦、玉米等主要农作物每年因病虫害导致产量损失超过20%，2016年仅水产养殖因病害造成的直接经济损失就超过273亿元。长期以来，以追求产量为主要目标的农业生产模式导致农药、化肥的超量施用，我国每年农药用量超过90万t（商品量），折纯量30万t，单位面积使用量比世界平均水平高2.5倍；化肥年用量6000多万t，占世界化肥总消费量的33%，是世界平均水平的3倍，肥料利用率仅约为30%。我国畜牧业集约化养殖导致的环境污染日益加重，每年使用抗生素超过18万t。养猪业每年排放大量氮和磷污染物，导致水体和土壤环境污染等日益突出。而针对上述问题的生物技术育种已全面展开，在许多领域已取得了技术突破，预期在不久的将来，解决上述资源与环境问题的生物技术新品种将实现规模化的商业化种植，实现绿色可持续发展的目标。

第二节 现代农业生物技术

1972 年 DNA 重组技术的建立标志着作为生物技术核心的基因工程技术的开始，也标志着生物学进入了现代生物技术发展阶段（曹军平，2007）。现代生物技术水平的不断提升主要得益于基因工程技术的快速发展。基因工程技术除在原有的分子水平上创造或改造生物类型和生物机能外，还能够在染色体、细胞、组织、器官乃至生物个体水平上派生出可以用于创造或改造生物类型和生物机能的系列工程技术，如染色体工程、细胞工程、组织培养和器官培养等（王中立，2006；贺小贤，2016）。与此同时，基因工程技术水平的不断提升带动和促进了现代细胞工程（cell engineering）、现代发酵工程（fermentation engineering，或微生物工程）、现代酶工程（enzyme engineering），以及现代生物反应器工程（bioreactor engineering）的发展，并由此形成了具有划时代意义的现代生物技术（钟晶石，2011）。

现代生物技术按照目的和用途的不同与多学科进行交叉融合，被广泛应用于农业、工业、环境、医药卫生等领域。现代农业生物技术是当今世界发展较快的高新技术领域之一，在解决粮食、资源、能源、环境及效率等影响可持续发展瓶颈问题方面发挥了巨大的作用（潘月红等，2011）。现代农业生物技术的应用不仅培育出优质、高产及带有其他优秀特性的农作物或新品种，还为可再生能源的开发与使用、无废物的良性循环机制等内容提供了新思路。与产业化密切相关的现代农业生物技术主要包括用于动植物新品种选育的转基因技术、基因编辑技术，以及用于基因测序与分析和分子设计育种的生物芯片技术、分子标记技术等，用于生物废弃物处理的原子转移自由基聚合技术等，用于生物制造的酶工程技术、发酵工程技术、生物合成技术等。

一、基因工程技术

基因工程是 20 世纪 70 年代以后兴起的一门新技术，其主要原理是运用人工方法分离生物体的遗传物质（DNA），在体外进行切割、拼接和重组，再将其导入某种宿主（微生物、动物、植物细胞或动植物个体），使后者获得新的遗传信息，新的遗传信息在宿主内大量表达，以获得基因产物（多肽、蛋白质或其他物质），这种创造新生物并给予新生物以特殊功能的过程就称为基因工程，亦称 DNA 重组技术。

自 20 世纪 50 年代 DNA 双螺旋结构被发现以后，遗传的分子机理——DNA 复制、遗传密码、遗传信息传递的中心法则、作为遗传的基本单位和细胞工程蓝图的基因以及基因表达的调控相继被认识。1972 年，美国科学家伯格首次成功地重组了世界上第一批 DNA 分子，标志着 DNA 重组技术——基因工程作为现代生物工程的基础，成为现代生物技术和生命科学的基础与核心。到了 20 世纪 70 年代中后期，由于出现的工程菌以及 DNA 重组技术等都具有了工程化的性质，基因工程或遗传工程作为 DNA 重组技术的代名词被广泛使用（潘月红等，2011）。我国对于基因工程技术的研究始于 70 年代后期，80 年代我国以基因工程为主导的现代农业生物技术逐步发展壮大，并且国家在“863”计划中将农业生物技术作为该项工程的首个研究主题（信乃诠，2002）。

（一）转基因技术

转基因技术是截至目前可进行大规模产业化的技术中具有里程碑意义的技术。转基因技术即将人工分离和修饰过的基因导入生物细胞的基因组中。由于导入基因的表达，从而引起原生物体对新引入基因表达性状的稳定整合和遗传。1856 年奥地利科学家孟德尔揭示了生物性状是由遗传因子控制的规律；1910 年美国科学家摩尔根创立了基因学说；1953 年美国科学家沃森和英国科学家克里克提出 DNA 双螺旋结构模型；1973 年基因克隆技术诞生；1982 年研究人员利用转基因技术重组了世界上第一个转基因大肠杆菌，用于生产胰岛素；1983 年全球首例转基因烟草问世；1988 年首个进行商业化种植的转基因作物大豆由美国推出，1996 年获得批准可商业化种植转基因作物的国家为 6 个，自此开启了转基因作物大规模产业化种植的序幕（何礼健等，2011）。

转基因技术在医学领域掀起了第一波浪潮，主要应用于基因工程疫苗、干扰素、抗生素和人生长激素等的制备；其大大降低了药物成本，在一定程度上提高了安全性，挽救了无数人的生命。在降低药物成本方面，较为典型的是治疗糖尿病的胰岛素，在转基因技术应用之前，胰岛素的制备需从猪、牛等动物中提取，每位患者每个月需杀死多头牛提取药物从而用于治疗，高昂的成本限定了可使用其进行治疗的患者群体。除此之外，由于可能存在不符合人体要求的生物活性，因此患者还需要承担对动物胰岛素出现排异反应的风险。1982 年科学家利用转基因技术，将人的胰岛素基因克隆到大肠杆菌，构建了重组胰岛素。此举大大降低了生产胰岛素的成本，使得普通患者也能消费。在医药产品安全性方面，以接种疫苗为例，早期疫苗大多是减毒疫苗，即处理后减弱了病毒的攻击性；尽管处理程序较为严格，但仍存在一定的安全隐患。科学家随后使用基因工程手段即转基因技术制造疫苗，疫苗的安全隐患明显减少。基于此，转基因技术在医学领域的应用得以迅速普及，如治疗肿瘤、心脑血管病以及免疫系统疾病等诸多领域。转基因技术还被广泛应用于工业，如利用转基因工程菌生产食品用酶制剂、添加剂和洗涤酶制剂等（苏延英，2018），以及应用于环境保护和能源领域，如污染物的生物降解以及利用转基因生物发酵生产乙醇等。

农业是生物技术应用最广泛的领域之一。农业生物技术采用遗传工程技术将外源基因引入植物体内并使其与所转入植物的 DNA 结合，形成具有外源物种特征的可稳定遗传的动植物新品种。这不仅缩短了常规育种技术在最初的自然驯化、人工选择、人工诱变、杂交育种等中的漫长研发过程，更重要的是打破了生物物种间的界限，实现了对人类有益的优良性状跨物种转移，拓宽了遗传资源利用范围，更为精准、高效和可控地获得新性状、培育生物新品种。

早在 20 世纪 80 年代，转基因农作物便已研发成功。1983 年世界首例转基因植物的诞生，标志着人类采用转基因技术改良农作物的开始；1986 年首例转基因植物批准进入田间试验，国际上已有 30 个国家批准了数千例转基因植物进入田间试验，涉及的植物种类达 40 多种（薛勇彪等，2007；赵弢，2014）。1988 年，Hinchee 等首次将 *npt II*基因和抗草甘膦基因导入大豆，获得了大豆转基因植株；1988 年，Rhodes 等利用电击法将 *npt II*基因转入玉米原生质体，首次获得了玉米转基因植株；20 世纪 80 年代末期，国内外相继报道利用聚乙二醇（PEG）法和电击法转化水稻原生质体，获得了水稻转基因植株；1993 年，Vasil 等利用基因枪介导法将 *bar* 基因导入小麦，获得了世界上第一例小麦转基因植株（Hinchee et al.，1988；Rhodes et al.，1988；Vasil et al.，1993；胡韬纲和谭晓荣，2008）。1994 年美国 Calgene 公司培育的延熟保鲜转基因番茄被批准商业化生产，标志着人类开始在相关法律的框架内开展转基因作物的商业化生产与利用。此后，1995 年转基因棉花在美国获准商业化生产，转基因油菜在加拿大获准大田推广，1996 年转基因玉米和大豆在美国开始产业化种植（邓青等，2010）。目前国际上大田生产所种植的转基因作物已从单一抗性性状转变为多目标复合抗性性状，有近 30 种植物的转基因品种已经或者正在进行商业化生产。转基因研发已从抗虫、抗除草剂等第一代产品向改善营养品质、提高产量、耐储藏等第二代产品以及工业、医药和生物反应器等第三代产品转变（张可嘉，2014）。

转基因动物研究也取得了显著进展。2015 年，美国批准上市了目前唯一的转基因动物食品——转基因鲑鱼，该鱼的生长速度比普通的鲑鱼要快一倍左右。科学家将肠乳糖酶基因转入奶牛中，培育了能生产低乳糖或无乳糖乳汁的转基因奶牛（多数人不能完全消化乳糖或对乳糖存在过敏现象）；此外，科学家通过过表达卵泡刺激素（FSH）基因提高了公猪的生精能力，已成功培育并开始小规模生产试验的转基因动物还包括抗禽流感的转基因鸡、抗蓝耳病的转基因猪、抗布氏杆菌病的转基因羊、抗结核病的转基因牛等。

（二）基因编辑技术

基因编辑技术又称基因组编辑技术，是指通过定点改变基因组 DNA 序列进而改变物种遗传特征。现在特指利用核酸内切酶等工具实现目的基因的定点插入、删除和替换。到目前为止，已经成功在动植物中应用的基因编辑工具主要有锌指蛋白核酸酶（ZFN）、类转录激活因子效应物核酸酶（TALEN），以及 CRISPR 技术。其中，CRISPR-Cas9 和 CRISPR-Cpf1 基因编辑技术是最有应用前景的基因编辑技术。目前已经实现通过靶标基因的定点编辑获得敲除突变体、定点修饰（一个或几个氨基酸替换）及外源基因定点整合，成为动植物重要基因功能验证和遗传改良的最重要与应用最普遍的工具及研究热点。研究利用 CRISPR/Cas9 介导的基因编辑技术进行基因定点突变，获得水稻、玉米、大豆和小麦基因敲除突变体，在水稻、小麦、玉米等作物中实现了单碱基定点替换（侯智红等，2019）。同时，利用基因编辑技术在猪、牛、羊等动物中实现了定点精确修饰、大片段敲除和基因置换等，并获得了一大批具有优良性状的育种新材料。

2014 年，美国 Cellectis 公司利用 TALEN 在大豆中对两个脂肪酸脱氢酶基因（*FAD2-1A* 和 *FAD2-1B*）的 4 个等位基因进行编辑，成功培育了高油酸大豆品系。2016 年，美国 Calyxt 公司通过基因组编辑技术降低了马铃薯中天冬酰胺和单糖的含量，使得马铃薯既能够耐冷藏又能够减少高温烹饪时产生的致癌物质丙烯酰胺。宾夕法尼亚大学的杨亦农实验室利用 CRISPR-Cas9 系统，在白蘑菇中将容易引起褐变的多酚氧化酶的编码基因敲除 1 个，使该酶活性降低了 30%，从而获得了不易褐变的白蘑菇，更易于保存及运输（王春和王克剑，2017）。美国杜邦先锋公司通过 CRISPR-Cas9 系统敲除控制直链淀粉合成的 *Waxy1* 基因从而获得了糯玉米新品种（邓青等，2010）。美国农业部于 2016

年 4 月认定经基因组编辑后的蘑菇、玉米不需要受传统转基因政策的监管，加快了基因组编辑作物的上市速度，让美国本土公司获得了先发优势。

利用 CRISPR 系统介导的基因编辑进行农作物改良的研发主要分为 3 种类型：通过靶标基因的定点编辑获得敲除突变体、定点修饰（一个或几个氨基酸替换）及外源基因定点整合。因 CRISPR/Cas9 发现和鉴定较早，靶标基因定点敲除技术相对成熟，在现实中应用也最多。目前，利用 CRISPR/Cas9 介导的基因编辑技术进行基因定点突变，已经获得水稻、玉米、大豆和小麦等作物基因敲除突变体，以及猪、牛、小鼠等动物基因敲除突变体，该碱基编辑技术为快速改良动植物重要性状提供了有效工具。利用单碱基编辑技术对水稻抗性途径中的两个关键基因 *OsSERK1* 和 *OsSERK2*，以及水稻理想株型 *IPA1* 基因实现了靶位点碱基的特异替换。此外，研究通过利用 nCas9 变体，成功实现对水稻隐性抗稻瘟病基因 *pi-ta* 的定点单碱基替换，扩展了该技术的应用范围。此后，通过 nCas9 与脱氨酶融合的方式，相继在拟南芥、小麦、玉米和番茄中实现了单碱基定点替换。在动物方面，2014 年，美国学者利用 CRISPR/Cas9 基因编辑技术分别制备了 CD163 和 CD1D 的基因编辑猪，为猪抗病育种指明了新方向。2015 年，乌拉圭学者利用该技术制备了 MSTN 基因组编辑羊，该羊的肌肉较非基因组编辑羊更为发达。2016 年，美国基因编辑公司 Recombinetics 等利用该技术获得了无角牛，使养殖管理更加高效安全。

基因组编辑技术在植物上的应用还具有不存在伦理问题的优势，将来在农作物遗传育种上应用的最大阻力可能来自公众的接受度及各国政府的监管，而非技术的限制。业内认为，是否需要对基因组编辑后的农作物进行食品、生物安全等政策监管，应主要依据其是否会对环境造成影响，而非仅以获得方式作为判别标准。因此，建议按照以下标准进行区分：①仅有个别核苷酸序列发生插入或缺失造成的突变，应视同自然突变，无须监管，且也无法检测监管；②有小片段序列插入或替换的材料，建议以比较开放的态度倾向不监管；③有大片段序列插入，特别是外源基因序列的插入，需要慎重监管，建议按照转基因材料的标准进行监管。

（三）基因分析与分子标记辅助育种技术

目前用于基因测序与分析的技术为生物芯片技术，用于农作物辅助育种的技术为分子标记技术。生物芯片（biochip）是 20 世纪 90 年代初建立的一种高通量的大规模基因测试分析技术，包括基因芯片、蛋白芯片、组织芯片、微流体芯片和芯片实验室等。即通过微加工技术，将数以万计乃至百万计的特定序列的 DNA 片段（基因探针）有规律地排列在固定的硅片、玻片等支持物上，构成的一个二维 DNA 探针阵列，由于其与计算机的电子芯片十分相似，因此称为生物芯片或基因芯片（管明星，2013）。

生物芯片主要用于基因检测工作。早在 20 世纪 80 年代，贝恩斯（Bains）等就将短的 DNA 片段固定到支持物上，借助杂交方式进行序列测定（Drmanac et al.，1998；孙秀兰等，2003）。但基因芯片从实验室走向工业化却是直接得益于探针固相原位合成技术和照相平版印刷技术的有机结合以及激光共聚焦显微技术的引入（王春和王克剑，2017）。这一技术使得合成、固定高密度的数以万计的探针分子切实可行，而且借助基因芯片激光共聚焦显微技术使得可以对杂交信号进行实时、灵敏、准确的检测和分析（王春和王克剑，2017）。生物芯片技术由于同时将大量探针固定于支持物上，可以一次性对样品的大量序列进行检测和分析，从而解决传统核酸印迹杂交（Southern Blotting 和 Northern Blotting 等）技术操作繁杂、自动化程度低、操作序列数量少、检测效率低等问题（程献，2001）。除此之外，通过设计不同的探针阵列、使用特定的分析方法可使该技术具有多种不同的应用价值，如基因表达谱测定、实变检测、多态性分析、基因组文库作图及杂交测序等。

分子标记技术是基于基因组 DNA 存在极其丰富的多态性而发展的一类可以直接反映生物个体间 DNA 水平差异的新型的遗传标记方法（孙正文等，2011）。它是继形态标记、细胞标记和生化标记之后发展起来的一种分子水平上的遗传标记形式。目前常用的分子标记主要包括限制性片段长度多态性（restriction fragment length polymorphism，RFLP）、随机扩增多态性 DNA（randomly amplified polymorphic DNA，RAPD）、扩增片段长度多态性（amplified fragment length polymorphism，AFLP）、简单序列重复多态性（simple sequence repeat polymorphism，SSRP）等。

分子标记技术已飞速发展，并被广泛应用于动植物的遗传研究中，主要用于基因组图谱构建、基因定位、辅助标记选择、种质资源评价、基因克隆、杂种优势预测、杂交育种及跟踪育种过程等方面，已取得了一系列应用成果。分子标记技术的开发是分子生物学领域的研究热点。随着分子生物学理论与技术的迅猛发展，必将研发出分析速度更快、成本更低、信息量更大的分子标记技术（张卫东等，2008）。而分子标记技术与提取程序化、电泳胶片分析自动化、信息（数据）处理计算机化的结合，必将加速遗传图谱的构建、基因定位、基因克隆、物种亲缘关系鉴别及与人类相关的致病基因的诊断和分析。

（四）原子转移自由基聚合技术

原子转移自由基聚合技术（atom transfer radical polymerization，ATRP）是目前最为有效的活性可控聚合技术，其广泛应用在高分子合成领域（Kumar et al.，2018），多用于功能性吸附材料的制备方面（Huang et al.，2017）。生物吸附剂在应对环境造成的重金属污染、对人体产生毒害作用的工业化产业上展现出了重要作用。生物吸附剂为自然界中丰富的官能团，如羧基、羟基等，通过形成离子键或共价键来达到吸附金属离子的目的。常见的可作为生物吸附剂的农副产品有玉米芯、稻壳等，利用原子转移自由基聚合技术将大量对重金属离子具有较强亲和能力的羧基嫁接到玉米芯表面，制备出丙烯酸钠/玉米芯接枝共聚物（MC-g-PGMA-g-PAA-Na），同时采用热重、能量色散光谱（EDS）、扫描电镜（SEM）、X 射线光电子能谱（XPS）和傅里叶变换红外吸收光谱（FTIR）对吸附 Ni^{2+}前后的吸附材料进行表征，研究其吸附机制。结果表明丙烯酸钠/玉米芯接枝共聚物可以有效地去除水溶液中的 Ni^{2+}，其羧基含量达 6.02mmol/g，是改性前的 35.4 倍。丙烯酸钠/玉米芯接枝共聚物与含有 Ni^{2+}的溶液接触后，主要是其含有的羧基吸附了溶液中的 Ni^{2+}，并形成了羧酸镍，吸附前后 Ni^{2+}的价态没有发生变化，羧基与 Ni^{2+}的配位方式主要是双齿桥式。同时丙烯酸钠/玉米芯接枝共聚物含有的 Na^{+}全部释放到溶液中，说明该吸附过程伴有 Na^{+}与 Ni^{2+}阳离子交换的最大吸附量为 543mg/g，且回收率高达 99.7%，具有良好的重复使用性（陈尚龙和唐仕荣，2021）。

（五）生物反应器

生物反应器即利用生物体所具有的生物功能，在体外或体内通过生化反应或生物自身的代谢获得目标产物的装置系统、细胞、组织、器官等。在动植物基因工程中，将转基因动物或植物作为生物反应器，由于这些转基因动植物可以表达具有较高生物活性的外源蛋白，且成本低、易提纯，因此是目前基因工程的热点领域（廖莎等，2018）。目前可达到商业化生产水平的动物生物反应器是乳腺生物反应器，已获批上市的为用于生产重组人抗凝血酶III（商品名：ATryn）和重组人 C1 抑制剂（recombinant human C1 esterase inhibitor protein，rhC1INH，商品名：RUCONEST）的反应器。动物生物反应器除多用于生产可替代抗生素作用的医药蛋白外，近期谢弗勒（Chevreux）等在转基因兔的乳汁中表达了一种新的重组人旁路因子 VIIa（FVIIa）——LR769，可有效治疗血友病。植物生物反应器可用于疫苗、抗体和其他医用蛋白的生产。1997 年，柯蒂斯（Curtiss）等利用转基因烟草表达链球菌变异株 SpA 蛋白（一种表面蛋白抗原），这是第一例利用植物表达系统生产疫苗。目前，植物生物反应器中应用最早和最广泛的植物为烟草，其表达的疫苗种类高达 20 种以上。除具有制备方法简化、成本降低的优点外，该反应器提供了一种新的免疫接种产品口服疫苗，为防疫工作节省了大量的成本。

二、细胞工程技术

细胞工程是指以细胞为基本单位，在体外条件下进行培养、繁殖，或人为地使细胞某些生物学特征按照人们的意愿发生改变，从而达到改良生物品种或创造新品种，加速繁育动植物个体，或获得某种有用物质的过程。细胞工程隶属于广义的遗传工程，其技术包括动植物细胞的体外培养技术、细胞融合技术、细胞及组织的立体培养技术、细胞器核移植技术等。从某种意义上来说，基因工程是现代生物技术的核心，细胞工程是基因工程的基础和平台；基因工程与细胞工程的完美结合决定着现代生物技术的发展（黄俊生，2000）。

以细胞培养和体细胞融合为代表的细胞工程技术的应用，缩短了育种周期，加快了优良作物品种的推广速度。在植物细胞工程技术中，花药和花粉培养是单倍体育种的主要方法之一，即通过对植物的花粉、花药进行组织培养，经过秋水仙碱处理，可使得染色体加倍，成为纯合二倍体植株；不但有效缩短了育种周期，提高了选择效率，也更易获得基因型一次纯合等优点，且性状稳定。20 世纪 70 年代至今，我国已培育获得的花药再生株有 40 余种，烟草、水稻、小麦、玉米等主要农作物花培新品种种植面积达数十万公顷，处于世界领先地位。细胞融合又称为细胞杂交，即在自然条件下或用人工方法，使两个或两个以上的细胞合并形成一个细胞的过程。该技术克服了杂交不亲和性，创造了新的物种或类型，实现植物种间、属间，甚至科间的体细胞杂交。植物体细胞融合基于由培养的原生质体来再生完整植株，已成为育种的重要手段之一，目前我国培育的玉米、大豆、高粱等 20 余种植物再生植株均属世界首例（张怡田，2017）。

细胞工程技术实现了农作物种苗迅速且安全繁殖。组织培养技术受环境和季节的影响程度较小，为实行工厂化生产提供了基础；同时结合可去除植物病毒的茎尖培养方法，可在一定程度上保证农作物免受病原菌侵扰，在很大程度上提高了农作物的产量，并且有效缩短了生长周期。我国已获多种植物“试管苗”，其中经过茎尖脱毒进行组织培养的脱毒苗，世界上已有 70 多种；我国的马铃薯、香蕉、柑橘、葡萄、苹果等经济作物已建立一定规模的脱毒快繁生产基地，其中草莓、无籽西瓜的脱毒快繁试管苗已有出口产品，山葡萄、猕猴桃的试管苗生产有百万株以上。

三、发酵工程技术

发酵工程即利用包括“工程微生物”在内的某些微生物及其特定功能，通过现代工程技术手段（主要是发酵罐或生物反应器的自动化、高效化、功能多样化、大型化）生产各种特定的有用物质，或者将微生物直接用于某些工业化生产的一种生物技术体系，又称为微生物工程。发酵工程对生态农业和绿色农业的形成均具有重要作用（管正学等，2000）。

发酵工程技术利用微生物进行微生物肥料、微生物饲料、微生物杀虫剂、农用抗生素、生物除草剂和生物增产剂等的生产。植入了固氮基因的微生物肥料可对土壤原有结构进行改善，从而达到生物固氮和提高粮食产量的目的。黑龙江省研制开发的富尔 655 高效生态肥具有固氮、解钾、降磷等性能，在各地田间应用，使大豆增产 14.2%～29.8%、玉米增产 13.6%～24.5%、番茄增产 30.4%～59.8%（赵弢，2014）。农业副产物秸秆以往是通过燃烧等有害方式进行处理的，经微生物菌种、营养剂等物质处理后，可转化为饲料用于支持畜牧业大发展，还可以转换为发酵型石油产品，如工业乙醇、甲醇、甘油等，部分可作为汽车燃料使用。

四、酶工程技术

酶工程技术是从应用的目的出发研究酶，在一定生物反应装置中利用酶的催化性质，将相应原料转化成有用物质的技术。酶工程包括酶的固定化技术、细胞的固定化技术、酶的修饰改造技术及酶反应器的设计等技术。酶催化具有专一性和高效性的特点，其在发酵工程技术的基础上，进一步促进了发酵工业向产率高、耗能低的方向发展。

酶工程技术在农业领域多用于农副产品加工贮藏方面。果胶酶是果蔬加工中最常用的加工用酶，对于出汁率、果汁澄清度等方面有显著成效；在水果相关产品贮藏方面，葡萄糖氧化酶可用于果汁脱氧化处理，从而有效防止食品腐化变质，延长食品保质期；溶菌酶又称为胞壁质酶，在消毒抗菌剂方面表现显著，可有效降低细菌污染，添加于鲜牛奶中可增加喝牛奶婴儿的抵抗力（唐忠海和饶力群，2004）。除此之外，在酶工程技术研究中，酶抑制剂由于在代谢控制、生物农药、生物除草剂等方面发挥特殊作用，且具有低毒性，因此也成为研究重点。

五、蛋白质工程技术

蛋白质工程是指在基因工程的基础上，结合蛋白质结晶学、计算机辅助设计和蛋白质化学等多学科的基础知识，通过对基因的人工定向改造等手段，对蛋白质进行修饰、改造和拼接以生产出能满足人类需要的新型蛋白质的技术。蛋白质工程技术又称为第二代基因工程技术，是后基因组时代的重要研究内容之一。

蛋白质工程技术在我国展现了较大的应用前景。其中较为突出的现代生物技术为蛋白质农药，即由微生物产生的，对多种农作物具有生物活性的蛋白激发子类药物；具有较强的环境相容性、高效性、多功能性等特点（邱德文和杨秀芬，2006）。蛋白质工程技术有效运用分子生物学手段，直接导入防卫基因，通过诱发过敏反应，从而激活防卫基因的表达，使用其产物达到发挥抗病功能的功效。该技术提升了农作物自身的抗病性，有效改善了品质，扩大了在病害方面的防治效果，从而使得产量得以提升。作为蛋白激发子之一的植物激活蛋白，在我国运用较为广泛，尤其是在植物花叶病的防治方面展现出了明显的效果。科学家于 1986 年将烟草花叶病毒（TMV）外壳蛋白（CP）基因导入烟草，培育出抗 TMV 的工程植株，开创了植物抗病毒基因工程的新纪元（钟晶石，2011）。相关试验表明，激活蛋白对辣椒、白菜和水稻的增产效果达 10%～26.52%；对烟草花叶病、豌豆赤斑病和草莓蛇眼的控制效果达 65%～89%（赵弢，2014）。2004～2005 年连续在湖南烟草基地的试验证明，3%的植物激活蛋白粉剂于大田施药 20 天和 45 天后的诱抗效果达 72.9%～73.4%，效果优于或相当于目前广泛使用的化学抗病毒剂，与菌克毒克效果相当，高于抑毒星，表现出良好的应用推广前景（赵弢，2014）。蛋白质农药在绿色农业生产过程中占有一定地位，其在显著提升农作物品质的同时，减少了对化学农药的使用，从而减轻其对自然环境的污染破坏及人体健康的危害程度。

六、合成生物技术

合成生物技术是在系统生物学的基础上，通过引入工程学的模块化概念和系统设计理论，以人工合成 DNA 为基础，设计并改造和优化现有自然生物体系，或者新合成具有预定功能的全新人工生物体系，从而突破自然体系下生物进化与发展的限制瓶颈，实现合成生物体系的过程。合成生物技术不同于转基因技术。转基因技术是对自然的重组、对基因转移的模仿；合成生物技术则是在 DNA 水平上合成按照设计创建的基因元件、器件或模块并将其综合集成的过程，在细胞水平上则是对自然生命的仿生并设计制造人工生物系统。

目前已知并在研发或者已成功开发的农业合成生物技术包括人工固碳、固氮技术，人工合成食品技术，人工细胞工厂，分子定向进化技术等（林敏，2020）。最有名的人工固碳技术是 2006 年国际水稻研究所发起的“C_4水稻计划”，即采用基因工程或者生物合成技术将 C_3 植物的水稻改进为 C_4 植物，以提高其光合效率，提高水稻的产量。包括我国等许多国家开展了类似的研究。人工固氮技术主要试图将豆科植物的固氮能力转移到非豆科植物上，国际上也开展了大量类似的研究。人工合成食品技术近年来进展较快。2014 年美国人造乳制品公司 Perfect Day 开发出人造牛奶，并将牛奶组分合成基因网络并组装到酵母细胞，生产的工业化模式人工牛奶已具产业化潜力。另外，著名的“黄金大米”技术也是现代合成生物技术的著名实例。2005 年英国科学家将维生素 A 的合成前体——β 胡萝卜素合成中的两个关键基因、来源于玉米的八氢番茄红素合成酶基因

PSY 和噬夏孢欧文菌中八氢番茄红素脱氢酶基因 *CrtI* 导入水稻胚乳中，使水稻籽粒的胡萝卜素含量提高了 23 倍，实现了通过每天食物消费满足摄入维生素 A 的需求。2002 年美国科学家利用合成生物学技术，将来自酵母和青蒿的基因转入大肠杆菌，开启了人工细胞工厂生物合成青蒿素的新时代。

第三节　现代农业生物技术的发展趋势

农业生物技术原始创新的不断突破及原始跨界技术在生物技术领域的广泛应用，推动了新一代生物工程技术向更加精确、定向、标准化、智能化和工程化方向发展，并催生了生物工程等战略性新兴产业，孕育了新一轮农业科技革命。

基因组大数据推动人类社会更深入地掌握生物规律。随着基因组测序技术的突破和第二代、第三代甚至更新的基因组测序仪的出现，大幅度降低了从头测序、重测序、外显子测序、简化基因组测序、基因组区段测序等基因型鉴定成本（田李等，2015；朱联辉等，2018）。大量的单核苷酸多态性（single nucleotide polymorphism，SNP）及其他结构变异均可以较小的成本、较短的时间鉴定完成。目前国际上已开发出了近 30 种农作物和多年生林木的 SNP 芯片，涉及水稻、玉米、小麦、大麦、燕麦、黑麦和马铃薯等粮食作物，豇豆和鹰嘴豆等豆类作物，大豆、棉花、油菜、花生和向日葵等经济作物，苹果、梨、桃、葡萄、樱桃等果树，辣椒、莴苣、十字花科蔬菜和番茄等蔬菜作物，杨树和玫瑰等林木花草等。迄今为止，水稻、玉米、小麦、大豆、棉花、油菜、黄瓜、马铃薯、谷子等主要作物的全基因组测序已经完成，多种作物的泛基因组测序数据已经发布，并获得了 4100 多份水稻、3000 余份小麦、6000 余份玉米、15 000 余份大豆、13 000 余份大麦以及其他多种农作物种质材料的海量测序数据，为基因组变异数据库的建立提供了保障，更为人类社会掌握主要农作物的遗传本质创造了条件。

基因叠加新技术拓宽了应用范围。快速发展的多基因转化的载体系统和转化系统、基因敲除等技术，大幅度提高了外源基因的相关转化和表达效率，实现了多基因聚合、多性状叠加，使生物工程产品抗性更强，抗性目标更广，拓宽了应用范围。例如，抗虫、抗除草剂叠加的同时提高了单产的转基因玉米（8 个基因叠加），降低天冬酰胺生成、抑制还原糖形成、阻止黑点淤伤扩展和抗晚疫病的转基因马铃薯（5 个基因叠加），抗除草剂且油酸含量高、饱和脂肪酸含量低的转基因大豆（4 个基因叠加）等。在动物方面，获得了转植酸酶基因和黏病毒抗性基因 A 的双基因猪，载脂蛋白 E 和低密度脂蛋白受体双基因敲除猪，唾液腺特异共表达植酸酶-木聚糖酶-葡聚糖酶的环保型转基因猪，嗜碱性成纤维细胞生长因子 5（FGF5）与肌肉生长抑制素（MSTN）双基因敲除山羊等。

基因编辑技术精准化应用。由于可实现对基因组靶位点缺失、敲入、核苷酸修正等操作，基因编辑技术已被广泛应用于主要农作物、动物、林木种质资源创制与性状改良（韩红兵等，2018）。基于基因编辑的不变褐蘑菇、糯性玉米已经推向市场，抗旱、高产的基因编辑玉米、抗病小麦和水稻、改良的高油大豆、耐储藏马铃薯、抗腹泻猪、抗蓝耳病猪、双肌臀猪牛羊、基因编辑无角牛等基因编辑动植物均已研发成功。基因编辑技术已经显示出巨大的发展潜力，3～5 年内，预计会有一大批基因编辑农业产品推向市场。

全基因组选择技术将得到广泛应用。借助标记辅助选择（MAS），全基因组选择技术不仅实现了早期选择，大幅缩短了育种世代间隔，而且拥有可同时对多个性状进行选择、对低遗传力性状进行选择、大幅度提高选择准确性的多重优势，从而加快育种进程（时间缩短 3/4 以上）和育种效率。为此，全基因组选择技术的发明被认为是“育种史上革命性的事件”。作为一种新型育种技术，基因组选择已经在动物种业展现了巨大潜力和优势（齐超等，2013）。世界主要畜牧业大国均通过持续研发投入，结合本国产业特点，建立了基因组选择技术体系，并应用于产业技术的开发。其中奶牛基因组选择育种技术已在全世界推广应用，所有青年公牛及母牛育种核心群均进行基因组检测（昝林森等，2014）。以美国为例，截至 2017 年，5 个主要奶牛品种累计基因组芯片检测已达 200 万头。猪基因组选择的应用也很广泛，从 2010 年起，丹育公司、Hypor 公司、TOPIGS、广东温氏集团等公司纷纷采用全基因组选择技术对猪的繁殖、肉质和抗病等性状进行选择（唐国庆和李学伟，2010）。英国 PIC 猪育种公司每年育种芯片检测已达 10 万头之多。需要说明的是，随着科技的发展，检测成本不断下降，全基因组选择技术正在向其他畜禽育种推广应用。

合成生物技术工程化、智能化。国际上合成生物技术体系构建及其实用技术开发已经取得了突破性进展（丁陈君等，2019）。合成生物学成为主要发达国家的发展战略。该技术将为细胞工厂（未来食品）、生物抗逆（抗病虫、节水耐旱等）、光合作用（高产增收）、生物固氮（节肥增效）和生物质转化等世界性农业生产难题提供革命性解决方案。通过模拟天然光合和固氮生物体系、智能设计和系统优化的人工生物叶片和非豆科根际固氮体系，显著提高光合固碳和固氮节肥能力，大幅度提高农业生产效率。另外，合成生物技术将为农业生物重大疫病防治提供新型可编程的生物治疗方案。利用基因线路和新一代基因表达干预技术，定量检测和整合疾病信号，编程和修复宿主细胞功能，识别和攻击病原生物等，将为人类战胜禽流感、猪瘟等农业生物重大疫病提供全新的技术途径。根据 DNA 存储生物遗传信息的特点，利用 DNA 来储存计算机数据，颠覆了传统的数据存储和提取技术手段，将数据存储密度提高 100 亿到 10 000 亿倍，为农业生物大数据和智能农业发展提供重要平台技术支撑。鉴于合成生物技术的快速发展及广阔的应用前景，跨国公司已对其进行了大量的介入性投资，该项技术的工程化、智能化将是未来的技术与产业发展方向。其中美国的生物合成牛奶和人造牛肉已初具商业化潜力，这一技术的工程化将颠覆传统养殖业的生产模式，引领未来食品生产的新方向。

第四节 现代农业生物技术的产业应用

生物工程技术在全球广泛应用，已成为继信息技术产业之后世界经济中又一个新的重要支柱产业（李志军，2006）。

一、植物生物技术及产业

已批准的商业化产品涉及 35 个科 50 多个物种，玉米、大豆、棉花、油菜、水稻、马铃薯、甘蔗、杨树、桉树等作物已商业化应用（万钢，2010）。抗除草剂、抗虫是第一代生物工程改良性状，抗逆、优质、养分高效利用、增加营养功能，以及多基因多性状综合改良成为主要发展趋势。以孟山都公司为代表的国际生物工程育种跨国企业推出的 8 个基因叠加产品，对多种害虫、多种除草剂具有良好抗性，实现了农田害虫和杂草的综合防治。品质改良马铃薯、抗褐化苹果等新的重要产品不断推向市场。另外，功能型专用产品不断涌现。生物反应器技术作为一种前沿生物技术，到目前为止全世界从事植物生物反应器研究的公司超过 100 家，至少 128 个蛋白或多肽通过植物生物反应器生产或表达，已有 9 个重组蛋白进入原料或试剂市场，17 个重组蛋白处于临床研究 I 期，5 个重组蛋白处于临床 II 期，3 个重组蛋白处于临床III期，6 个重组蛋白已获得批准在临床应用。胡萝卜植物根系细胞（ProCellEx®）中表达的一种可静脉输注的溶酶体酶，专一水解葡萄糖脑苷脂成为葡萄糖和神经酰胺，已经进入市场，该药已经于 2012 年被美国食品药品监督管理局（FDA）批准上市，预计市场规模为 12 亿美元。欧盟的 Pharma-Planta 采用烟草生产的单克隆抗体 P2G12，通过第一期临床研究，证明人体对植物源多克隆抗体具有很好的耐受性和安全性。

生物技术新品种的不断创新除了推动农业技术的更新外，也推进了种子及生物技术新兴产业的快速增长。在转基因时代，种子价格将大幅提升。根据 2020 年 Phillips Mcdougall 的统计，在转基因技术应用之前，美国的玉米种子价格的年复合增长率仅为 4.8%，而 1996 年转基因技术商业化之后，玉米种子价格的年复合增长率高达 23.8%，并且在转基因品种中，技术含量更高、功能更丰富的叠加性状种子定价也高于单一功能的抗虫（或抗除草剂）性状种子。华泰证券研究报告则预测到 2030 年，我国转基因种子市场规模有望达 460 亿元，利润总额有望达 157.8 亿元。转基因技术的产业化种植促进了相关种子产业的快速增长。除了已被拜耳公司收购的孟山都公司外，近 20 多年来，先正达、陶氏、先锋（被陶氏收购）等跨国公司均快速发展。

二、动物生物技术及产业

美国 1990 年获得转人乳铁蛋白基因牛；2002 年获得敲除了 α-1,3-半乳糖苷转移酶基因用于异种移植的猪；2006 年获得 fat-1 转基因克隆猪，其 n-6/n-3 不饱和脂肪酸值明显下降；2017 年使用基因编辑技术，一次性灭活 62 个猪内源性逆转录病毒，解决了猪器官移植到人体内的关键难题（昝林森等，2014；刘宇和赵春江，2019）。2001 年，加拿大培育出携带植酸酶基因的“环保猪”，已在美国和加拿大完成转基因生物安全评价。国际猪育种公司 Genus PLC 与美、英两国合作，开展抗蓝耳病新品种猪的培育工作，并于 2015 年宣布，约需 5 年时间将抗蓝耳病猪新品种提供给猪肉生产商（刘志国等，2018）。2016 年，美国 Recombinetics 公司等利用该技术获得了无角牛，使养殖管理更加高效安全。我国早在 1985 年就成功制备出世界首例转基因鱼。此后，美国、加拿大、英国、韩国等不仅培育出快速生长的转基因大西洋鲑、银大马哈鱼和泥鳅等新品种，而且针对性别控制、抗病、抗逆等重要经济性状，对罗非鱼、鲑鳟和鲇类等 30 多种世界重要的养殖鱼类进行了遗传改良。

生物工程产品研发已向医药、生物材料和化工等功能性产品方向拓展，产生了巨大的商业价值（苑小林和李致勋，1995）。2007年美国研制出一批表达重组丁酰胆碱酯酶的转基因山羊，其乳汁中生产重组人丁酰胆碱酯酶，最高可达5g/L，是神经毒剂的特效解药，已用于临床试验。自2009年以来，美国FDA先后批准转基因山羊生产的重组人抗凝血酶Ⅲ、转基因兔生产的重组C1酯酶抑制剂和转基因鸡生物反应器生产的重组溶酶体酸性脂肪酶上市，用于治疗急慢性血栓形成、遗传性血管性水肿和儿童溶酶体酸性脂肪酶缺乏症等罕见疑难病症，年销售额达数亿美元。2015年美国FDA批准了快速生长转基因大西洋鲑“水优三文鱼”为第一种可供食用的转基因动物产品，并于2017年在加拿大销售，一个价值数十亿美元的转基因新产品进入了市场。2018年，美国FDA已批准Xeno Therapeutics公司开始进行首次异种皮肤移植临床试验，该试验将使用来自转基因猪局部的活皮肤细胞，将其移植到人身上，作为严重烧伤的治疗方法。生物工程动物产业在农业和医学领域的应用范围不断拓展，呈现加速发展态势。

三、微生物生物技术及产业

新一代农业微生物产品更新换代加速（张瑞福等，2013）。目前，国际跨国公司利用生物工程技术构建生物质转化工程菌、节肥增产增效固氮菌、超级降解农药等污染物工程菌，确保其在国际农业微生物产业中的垄断地位。饲用抗生素替代产品不断涌现，抗菌多肽产品对细菌具有广谱杀菌活性，可以替代四环素类的杀菌功能，同时抗菌肽具有提高免疫力的功能。溶菌酶产品可以溶解革兰氏阳性菌，可以替代吉他霉素、恩拉霉素、维吉尼亚霉素等的抑菌作用。猪瘟和猪伪狂犬病是严重危害养殖业的重要疫病，欧美发达国家先后研制出猪瘟嵌合基因工程疫苗、猪瘟基因缺失疫苗以及猪伪狂犬病基因缺失疫苗。随着基因组化学合成成本的不断下降，合成基因组对象已从噬菌体、支原体等原核生物逐渐发展到酵母等真核生物，人工生物合成青蒿素、紫杉醇等植物源药物，人工生物合成新分子化学品，以及人造牛肉和人造牛奶等技术及其产业化不断取得新突破。美国已经或即将上市的合成生物技术产品有116种，包括农业种植、生物转化等。例如，将牛奶组分合成的基因网络组装到酵母细胞中，产生了工业化模式的人工牛奶等合成生物产品，已初具产业化潜力。

2017年全球农用微生物菌剂、基因疫苗和农业酶制剂等农业微生物产品销售额约为120亿美元，到2020年将达200亿美元（赵国屏，2019）。德国巴斯夫、德国拜耳、美国陶氏杜邦等跨国公司利用技术和资本优势以及生物工程改良菌种的生产性能优势，占据了全球微生物产品市场60%以上的份额。近年全球工业酶制剂市场规模逐年增长，年均复合增长率保持在5%。2015年全球工业酶市场规模约为43.178亿美元，作为工业酶行业龙头的诺维信占据全球市场48%的份额。蛋白酶、纤维素酶等水解酶生物工程产品广泛应用于农产品加工和农业废弃物转化等领域，创造工业附加值达数千亿元。全球疫苗行业成长空间广阔，2013年市场规模达1500亿元，预计2020年将达2500亿美元。合成生物产业发展拥有了巨大市场空间，美国已经或即将上市的合成生物技术产品将创造千亿美元的市场（赵国屏，2019）。在麦肯锡预测的12项颠覆性技术中，合成生物技术的经济影响力排在移动互联网、人工智能、物联网、云计算、先进机器人和自动化交通工具之后，位居第 7，预计 2025 年的市场规模将达 7000 亿～16 000 亿美元（李志军，2006）。跨国集团和行业巨头介入竞争，合成生物产业成为资本市场新宠。新兴合成生物中小企业纷纷成立，目前已超过 200 家，诞生了以 Zymergen、Ginkgo Bioworks、Twist Science、Intrexon、Amyris 等为代表的一批新兴公司，显示了合成生物产业强大的吸引力。2016 年全球风险投资额排前三位的公司都是合成生物中小企业，分别是 Zymergen、Ginkgo Bioworks、Twist Science，累计风险投资额超过 3 亿美元。这些趋势都进一步凸显了合成生物技术充满巨大的创新潜力，将在未来产业发展中扮演举足轻重的角色。

第六章　装备技术武装农业

第一节　农业装备技术概述

农业是国民经济的基础，其根本出路在于机械化。农业机械装备是指应用在农业生产过程中的各类机械，即在作物种植业和畜牧业生产以及农畜产品初加工和处理过程中所使用的各种机械。广义而言，还包括林业、渔业和副业全部生产过程中各项作业所需的各类机具。农业机械装备是现代农业发展的重要物质基础，是农业机械化的重要标志。

农业机械装备种类繁多，按用途可分为农用动力机械（各种农业机械和农业设施提供动力的机械）、农田建设机械、土壤耕作机械、种植机械、施肥机械、农田排灌机械、植物保护机械、作物收获机械、农产品加工机械、畜牧业机械和农业运输机械等。

农业机械是农业生产力中最具活力的要素，农业机械化是现代农业的重要组成部分，是提高农业劳动生产率的根本途径，建设现代农业的根本出路在于机械化。1999年由美国工程院牵头，《国家工程师周刊》和美国工程学会联合会协同评选出20项20世纪最具代表性的工程技术成就，农业机械化名列第7位，评选委员会认为“农业机械化使农业发生了翻天覆地的变化”，充分反映并肯定以农业机械为重要物质基础的农业机械化在推进农村社会经济和农业发展及农业现代化进程中的巨大作用及重要基础地位。

农业机械装备大幅度提高农业劳动生产率，如耕整地、播种、插秧、收获作业生产效率提高10倍甚至100倍以上，同时大大降低了农业生产的劳动强度，帮助农民摆脱繁重体力劳动。农业机械装备是实施农业科技的载体，通过机械作业应用能够实现精耕细作，推动了农业综合生产力水平的上升，还可以实现标准化生产和确保农产品的质量，加速了农业技术进步。农业机械装备为农业新技术推广提供了机械化作业保障，推动了保护性耕作技术、精密播种技术、化肥深施技术、节水灌溉技术、高效施药技术等先进农业技术在生产中的应用，实现种子、化肥、农药、水等的高效利用。性能先进的精量播种机能按照设定深度和数量精确播种、施肥，可比一般播种机节省种子20%以上；采用机械喷灌可以节水1/3～1/2；机械施肥可以使化肥的利用率从人工撒施的30%左右提高到60%以上；现代喷雾机械可实施精细喷雾作业，可节约30%～40%的用药量，减少农药对环境的污染和残留；采用农业机械实施秸秆覆盖，既可蓄水保墒，又能有效地避免秸秆焚烧带来的环境污染；种子加工机械提高了种子的等级，为实施精量播种提供保障；栽植机械实现标准化种植，普遍提高了产量；收获机械确保了适时收获，减少了损失；在农产品加工过程中，利用现代农业装备进行标准化的筛选、分类、清洗、保鲜、粗加工、精加工、包装等，大幅度提高农产品附加值，提升农产品的市场竞争力。农业机械装备在农业生产的产前、产中、产后的各个环节中的应用，有效地减少了农产品生产的人工成本，提高了资源利用率，推动农业产业化和可持续发展。

近年来我国农机装备产业发展迅速，已成为世界农业装备使用与制造大国，规模企业总产值已连续 10 年增幅超过 25%，自 2013 年以来，每年销售额突破 3500 亿元，农机作业与服务收入超过 4000 亿元，到 2019 年全国农作物耕、种、收综合机械化率已经超过 70%。

我国现代农机工业从零起步不断发展，特别是近 15 年来，受益于国家政策鼓励、资金投入、财税优惠等多个方面的扶持，随着科研、生产、开发体系的进一步创新和发展，产业规模不断扩大，并稳步保持快速发展态势，农机工业主要总量指标已经位于世界前列。农机工业生产总值、销售收入、利润总额、进出口贸易额连续多年增幅均在 20%以上，目前经济总量已居世界前列。拖拉机、联合收割机、植保机械、农用水泵等产品产量居世界第一位。2021 年，我国农机装备产业企业总数超过 8000 家，其中规模以上企业超过 1700 家，主要农机企业工业产值从 2004 年的 830 多亿元增长到 2021 年的 4000 亿元，能够生产 4000 多种农业装备产品，成为世界农机装备制造和使用大国。农机装备技术和产品不断优化升级，国际先进技术攻关取得重大进展，新型农业机械装备大量应用。农业机械关键技术及装备研发力度不断加大，自主创新能力不断增强，一批经济型及大马力动力机械、精准作业装备等具有自主知识产权的共性关键技术不断涌现，研究开发了大马力拖拉机与配套复式作业机具、大型联合收获机械等一批农业生产急需产品。小麦、玉米、水稻等主要粮食作物种植和收获机械装备基本成熟，攻克了精细耕作、精量播种、高效施肥、精准施药、节水灌溉、低损收获、增值加工等关键核心技术，能够研发生产农、林、牧、渔、农用运输、农产品加工等 7 个门类所需的 65 大类、350 个中类、1500 个小类的 4000 多种农机产品，主要农机产品年产量为 500 万台左右，保有量超过 8000 多万台（套），农机总动力达 10 亿 kW，种植业亩均动力 0.41kW，超过美国、日本、韩国等国家。农机拥有量为 1.9 亿台套、原值近万亿元。形成了与我国农业发展水平基本相适应的大中小机型和高中低档兼具的农机产品体系，满足 90%的国内农机市场需求。

由于我国农机工业为农业提供了大量的实用、先进装备，促进了农业机械化迅速发展，主要粮食作物综合机械化水平从 2004 年的 34.32%快速提升到 2021 年的 72%，马铃薯、油菜、棉花、花生、茶叶等主要经济作物生产机械化水平显著提升。畜牧水产养殖业、林果业、设施农业及农产品初加工等机械化取得了很大进步，为农业生产稳粮增收、提质增效、节能环保提供了有力保障。

经过半个多世纪的发展，我国农业机械装备技术发展已经走过了机械替代人畜力的机械化阶段，农业机械装备技术取得了长足的进步。但是，我国的农业机械化水平和农业装备的技术水平同发达国家还有很大的差距，产业技术、产业竞争力严重落后的状况并未根本改变。随着精准农业和智能农业装备技术的发展与应用，传统农业生产正在向现代农业转变，以卫星定位、智能控制、物联网、移动互联网、大数据等信息技术为核心的智能农业装备技术是未来农机装备发展的趋势和主流，卫星导航、无线通信和智能感知技术催生农机装备由单机精准作业控制向农机物联网方向发展，并快速形成农机作业监管与服务产业，农机装备与物联网等新一代信息技术的融合是智能农机装备发展的新阶段，欧美发达国家历经 20 多年的发展，已经形成了完整的产业，正在世界范围快速应用推广。

我国的农业机械装备的自动化、信息化和智能化等技术方面的研究尚处于起步阶段，正在经历以电控技术为基础实现自动化阶段，以信息技术为核心的智能化技术正在高速发展。因此，结合新形势下国家粮食安全战略，为推动农业可持续发展，今后我国农业装备技术应该围绕发展现代农业和促进城乡统筹的重大需求，以推进农业科技创新和加快农业科技推广应用为目标，为满足我国大田、果园、设施、畜牧、水产养殖等生产环节智能化精准生产需要，大力发展适应我国农业结构调整、农业生产方式转变、安全提质增效需要、保障农业可持续发展的精准作业技术与智能化农业装备，发展农业装备数字化、信息化、网络化，实现农业装备作业全程信息化管理，依托农业生产新模式，优化农业装备产品结构，发展适应于智慧农业生产需求的新装备、新设施，实现农业生产由粗放型经营向集约化经营方式的转变、由传统农业向现代农业的转变。

第二节　智能动力机械

一、概述

动力机械是指为农业生产、农副产品加工、农田建设、农业运输和各种农业设施提供原动力的机械。在农业生产中，用动力机械代替人力和畜力，可提高劳动生产率、减轻劳动强度、增强抗御自然灾害能力、及时完成各项农事作业，对产量的提高具有显著作用。

拖拉机一般由发动机和底盘（包括传动系统、行走系统、转向系统、制动系统、液压悬挂系统、电器仪表系统及牵引装置、驾驶室等）组成。按主要结构特征，拖拉机可划分为轮式拖拉机、履带拖拉机、手扶拖拉机、船式拖拉机和自走底盘五大类。每大类中又可按其结构特征分为若干小类。例如，轮式拖拉机根据驱动形式分为后轮驱动和四轮驱动两种类型。后轮驱动的拖拉机前轮小，后轮大，前轮用于转向，后轮用于驱动；四轮驱动的拖拉机，有的前后轮大小相同，有的前轮小、后轮大，有的折腰转向或斜行转向等。履带拖拉机可分为普通履带式、宽履带式、窄履带式、高地隙式等。手扶拖拉机有耕整机及独轮式、两轮式、履带式、乘坐式等。

为满足拖拉机配套各种机具作业的基本要求，拖拉机的功率为 1.5kW（手扶拖拉机）到 500kW 以上。按照功率大小不同，其可分为小型（≤22kW）、中型（22～74kW）、大型（74～147kW）以及重型拖拉机（≥147kW）。根据不同作业环境，同一功率等级的基本型拖拉机可由不同类型的变型构成一组产品。例如，以后轮驱动拖拉机为基本型，变型产品有四轮驱动型、高地隙中耕型、果园用矮窄型等。生产厂以产量最大的机型为基本型，产量较小的为变型产品。变型产品的结构合理性和使用性能可能受到一定影响，但零部件的通用程度较高，使成本降低。

农业航空器是执行农事任务的有人或无人飞行系统，主要包括各种固定翼飞机、直升机、多旋翼飞机，以及少量的飞艇和气球。此类航空器搭载农业专用设备如遥感相机、喷洒系统，进行农情信息采集和病虫害防治。应用农业航空器进行农情遥感具有作业面积大、成像精度高、信息获取时效性高的特点；同时农用航空器挂载多种植保器械进行航空施药作业，具有综合费效比高、适合大面积突发性病虫害防治的特点。

二、发展现状与应用效果

拖拉机作为最主要的农业动力机械，20 世纪 40 年代末，在北美、西欧和澳大利亚等地已取代了牲畜，成为农场的主要动力。此后，拖拉机在东欧、亚洲、南美和非洲得到了广泛推广使用。

随着农业劳动生产率的不断提高，拖拉机向着大型化的方向发展，使用户在农业生产中越来越依赖于少数几台大功率的拖拉机，因此，拖拉机逐渐向自动化、智能化方向发展。拖拉机的自动化和智能化技术主要包括：自学习地头管理系统、驾驶员增视系统和农机自动驾驶系统。

（一）自学习地头管理系统

农机在农田内往复作业过程中，需要在地头进行调头转弯，通常需要执行升降农机具、开关前后的动力输出、切换挡位等操作；因此在地头作业难度大、操作复杂、危险系数高。为了提高农机的作业效率、减轻驾驶员劳动强度，研发自学习地头管理系统，如约翰迪尔的 iTec AutoLearn；该系统能够根据驾驶员实际操作情况给出合理的建议，辅助驾驶员操作农机完成自动地头转向操作，是实现拖拉机智能化的关键系统。

（二）驾驶员增视系统

拖拉机驾驶员增视系统是为了增大驾驶员视野、提高驾驶安全性而设计的，主要采用数码摄像和实时图像处理技术，对驾驶室周围 360°的环境进行成像显示。目前，道依茨（Deutz）、约翰迪尔以及芬特等企业研发的农机都有各自的增视系统。例如，道依茨的 Driver Extended Eyes，其可探测拖拉机后方 7m 范围内的区域，并以点云的形式将探测范围内障碍物的相对位置展现出来，此外，为了进一步提高安全性，系统还能够自动规划最优的避障路径，这对于缺乏操作经验的驾驶员在操作大型农机时具有重要意义。

（三）农机自动驾驶系统

目前大型农机广泛配备工况感知、作业监测、障碍物感知、自动导航等精准作业装备，其整机智能化、自动化水平较高，正朝着无人化、一体化方向发展。日本于 20 世纪 90 年代成功研制基于 GPS 的自动耕地拖拉机、插秧机。德国 Fendt 公司同时也发布了领航-跟随型自动驾驶拖拉机，实现人工驾驶主机、从机自主跟随的机群作业。美国 Trimble、加拿大 Hemisphere、日本 Topcon 等知名公司先后推出农机自动导航、精准作业控制相关技术产品，成为行业标杆。随着无人驾驶技术的发展，无人农机装备的研发成为行业发展的主要方向之一。Autonomous Tractor Corporation 公司早在 2012 年就推出了无人驾驶拖拉机，能够自主完成直行、转弯、避障和常规作业。2016 年，美国 CASE

推出了无驾驶室的无人驾驶拖拉机，实现多机协同进行路径规划，完成多种类型作业任务。2017年，日本Kubota、Yanmar公司陆续推出量产的无人驾驶拖拉机、插秧机和收获机。美国John Deere也推出集成了TruSet技术的深松犁、GPS导航系统和机器视觉算法的无人驾驶拖拉机。

我国于2001年开始农机自动驾驶技术的研究，落后国外近十年。2010年之前，我国农机自动驾驶系统产品被国外品牌垄断。经过20多年的发展，我国逐渐形成了具有自主知识产权的农机自动导航技术及产品，代表性产品有北京市农林科学院智能装备技术研究中心研发的基于全球导航卫星系统（GNSS）的AMG-1102系列产品，该产品具备手动优先电液转向控制、速度自适应的作业纯路径跟踪控制等多项国内首创技术，导航控制误差小于2cm；中国农业大学于2009年开展了基于视觉的收割机导航系统研究，通过作物边界检测，实现了联合收获机自动转向控制，割幅误差控制在0.18m以内。第一拖拉机股份有限公司于2016年发布了国内第一台无人驾驶拖拉机，搭载了雷达及视觉测量、自动转向控制和整车控制等系统，实现了耕地无人作业；该公司又于2018年研制出国内第一台纯电动无人驾驶拖拉机“超级拖拉机1号”。

从1906年美国俄亥俄州使用飞机喷药进行牧草除虫开始，国外农业航空的发展已有100多年的历史。早期的农业航空器为搭载喷药装置的活塞式螺旋桨固定翼飞机，伴随着航空技术的发展，大载荷油动固定翼植保机、油动单旋翼有人直升机在20世纪80年代开始应用于航空施药；进入21世纪后，以信息技术为基础的农业植保无人机逐渐普及并应用到日常的生产管理中，在大量场合逐步替代地面机具和有人作业飞机；农业航空器的任务载荷也从单一的施药器械，延伸到高光谱、多光谱、激光雷达、高清晰度可见光相机、合成孔径雷达等复杂的光电任务载荷，实现病虫害探测、作物长势估计、土壤光谱养分信息反演、精准变量施药的全流程农业航空作业。

美国是农业航空最发达的国家，现有农业航空公司2000多家，拥有国家农业航空协会和近40个州级农业航空协会。由于土地广阔，美国以固定翼有人机作业为主，年航空植保耕地面积约为3400万hm^2，占总耕地面积的40%，而森林植保作业更是100%采用航空作业的方式。日本、韩国等国家从20世纪90年代起便凭借自身先进的工业技术体系，将无人直升机引入农业植保作业中，目前日本60%以上水稻植保作业由无人机完成。我国农业航空起步于20世纪60年代，作业区域主要集中在新疆和东北，主要服务对象为农垦系统和建设兵团的大型农场。与西方国家相比，我国农业地块普遍较小，适合小型农业无人航空器作业，因此，载荷30kg以内的小型农业无人机在我国近年来获得了爆发式的增长。目前全国涉足农业无人机制造和植保服务的企业达200多家，2019年我国植保无人机保有量达5万架，作业面积达0.3亿公顷次，2020年在无人作业需求的促进下，我国植保无人机保有量达12万架，在所有的省（自治区、直辖市）大田作物中都得到应用。我国植保无人机机型包括单旋翼植保无人机、多旋翼植保无人机，以及部分小型固定翼无人机等；根据动力部件类型分为电动和油动两种类型，其中电动无人机使用和维护方便，占据了80.3%的份额。农业无人机操控系统越来越智能化，自动规划路径、一键起飞、一键降落、一键返航以及避障等功能已经成为标配，使用门槛大大降低，在此基础上市场化的飞防服务产业蓬勃发展，“无人机手”已经成为新型职业。

三、展望

纵观农业拖拉机技术的发展历程，在经历了动力、传动、液压、电控以及机电一体化等技术的大规模突破后，拖拉机本体的技术革新在 20 世纪末已趋完善，在此之后，整机的升级换代主要体现在部件的局部创新和细节完善上。进入 21 世纪，互联网技术发展迅猛，在短短 20 年的时间内，互联网技术已经渗透到包括传统行业在内的各行各业，尤其是自 2015 年我国提出“互联网+”行动计划以后，移动互联网、云计算、大数据、物联网等先进技术开始与现代制造业相结合，一种以信息化为特征的国家发展战略开始形成，以农业物联网和智能农机装备为特征的精细农业系统成为研究重点，同时，它也代表了我国农业生产方式的未来发展方向。拖拉机作为智能农机装备和农业生产信息化网络的一个重要节点。

未来农业航空器将向着无人化、智能化方向快速发展，人工智能作业控制系统和具有机械学习能力的信息感知装备将大大提升农业航空器的作业范围及作业能力。基于遥感、地面传感器数据的多源信息融合智能作业决策方法的研究，使农业实现精确实时环境感知和精准对靶；进一步结合微机电系统技术、可控材料技术及雾滴形成机理，实现高穿透性、窄雾滴粒径谱的精准施药控制技术；引入模拟仿真和快速数字推演技术，使大部分过程关键状态变量在实际作业之前就已经被准确估计出来，在此基础上引入障碍物规避和多机协同避碰的智能植保作业路径规划技术；采用新型光电传感器进行雾滴沉积量反演，对农业航空器作业进行全过程监管，提高作业质量。

第三节　大田精准作业机械

一、概述

（一）土壤耕作机械

土壤耕作机械的种类较多，根据耕作的深度和用途不同，可分为两大类。一是耕地机械，它是对整个耕作层进行耕作的机具，常用的有铧式犁、深松机、圆盘犁、耕耙犁等。二是整地机械，即对耕作后的浅层表土再进行耕作的机具，按动力来源可分为牵引型和驱动型两种：牵引型整地机械包括圆盘耙、水田耙、钉齿耙、镇压器、联合整地机等，驱动型整地机械包括旋耕机、动力耙、水田驱动耙、水田灭茬整地机、秸秆、根茬粉碎还田机等，其耕作深度约等于播种深度。此外，土壤耕作机械还兼有耕、整、灭茬和垄作的联合耕作机械，如耕耙犁、联合耕作机、旋耕灭茬机等（李伟红，2012）。精细耕整地机械是指对土壤进行翻耕、细碎疏松、恢复团粒结构、地表平整和压实作业，为播种和栽植准备苗床创造良好条件的智能化监测与控制土壤耕作机械总称。例如，德国 LEMKEN 公司的 VariTitan 系列半悬挂式翻转犁、电子翻转犁控制系统，通过简单按钮操作实现犁体幅宽、岸上岸下、防过载、地头转弯及翻转过程的自动控制；北京市农林科学院智能装备技术研究中心的耕深稳定性变异系数在线评价系统与耕整地机械田间综合测试系统；华南农业大学的水田耕整地自动调平系统等。

（二）播种机械

播种机械是指按照农艺对播种量、播种深度和种子（幼苗）田间分布状态的要求，将种子（幼苗）适时、适量地均匀播种在土壤中，保证作物获得良好发育的机械。播种机械主要包括条播机械、精量播种机械和插秧机械等。条播机械是将种子按要求的播种量排入种沟，并进行适当厚度覆土和镇压的装置，多用于谷物条播，如小麦播种机。精量播种机械是指能按照农艺要求的播种密度，按照一致的行距、均匀的粒距和准确的深度，将种子播入土壤中，并进行适当覆土镇压的机械，多用于玉米、大豆、棉花等大籽粒作物，如玉米精量播种机等。插秧机械是能够实现均匀分秧、稳定送秧、垂直等距插秧的农用机械，多用于水稻育插秧种植。

（三）田间管理作业装备

田间管理作业装备主要包括施肥、施药等机械装备。在传统农业中，农民全凭经验对作物进行施肥、施药，作业效率低下，肥药浪费严重。与传统农业相比较，精准施肥（药）技术主要分为两种模式，即基于实时传感器模式和基于处方图模式，根据土壤、作物的空间变异信息，采用多种决策模型生成变量施肥、变量施药处方图，将处方图信息输入终端控制器，利用精准施肥、施药作业装备，在田间因地制宜、定位投入、变量实施（安晓飞等，2017）。精准施肥（药）技术装备主要包括基于 3S 技术的变量施肥机、自走式高地隙喷杆喷雾机和无人植保机。

（四）精准灌溉设备

精准灌溉是利用传感器技术对作物生长所需的水、肥、气、热、光等指标进行实时监测与决策，采用节水灌溉设施对作物适时适量灌溉补水，使作物达到最佳生长状态，实现节水、增产、调质的目标。大田精准灌溉设备分为几部分：信息感知设备，包括土壤水分传感器、作物生理传感器、农田气象监测站等；节水灌溉设施，包括水源首部系统，滴灌、喷灌等管网系统；控制计量设备，包括灌溉控制器、水肥一体化机、计量水表等。针对不同作物、土壤、生产特性需求，集成上述装备配置适宜性的精准灌溉系统，采用信息化感知与管理控制技术，实现作物需水量的精准灌溉和灌溉水量的精细控制，从而有效提高灌溉水利用率。

（五）联合收获机

作为重要的水稻、小麦、玉米等粮食作物收获装备，联合收获机的使用有效地减轻了农民的劳动强度，提高了农业劳动生产效率和土地产出率，得到了广泛的应用。联合收获机根据收获作物类型可分为谷物联合收获机（可收获小麦、水稻等）、玉米收获机、油菜收获机、薯类收获机、甘蔗收获机、辣椒收获机、青饲收获机等。根据收获机行走装置的不同可分为轮式收获机和履带式收获机。此外，根据收获机割台结构的不同可分为立式和卧式等。目前，国内谷物联合收获机常见的机型包括雷沃的谷神系列、沃得的锐龙系列等，常见的玉米收获机主要有勇猛的 4YZ 自走式玉米收获机，能够实现摘穗、穗茎兼收等。随着畜牧业的发展，青饲收获机近几年也得到了大量应用，比较典型的有中机美诺 9458 大型青饲收获机，该产品配备的动力目前为国内最高，带来了最大的工作效率，而且整机装配了先进的智能化技术，成为国产高端智能青贮饲料收获机的代表。

（六）农业废弃物收集装备

农业废弃物收集主要是指田间农作物秸秆收集。田间农作物秸秆收集多采用秸秆捡拾打捆设备，将残留在大田的农作物秸秆收集起来，再进行后续的集中处理。为提高农作物秸秆收集效率，降低运输成本，常采用捡拾打捆机将秸秆压制成高密度农、整齐的捆式结构，便于运输、贮存和综合利用。捡拾打捆机可对小麦、玉米、水稻等作物秸秆进行压缩打捆，应用范围非常广泛，是目前收集秸秆的最主要工具。打捆机通常分为圆捆打捆机和方捆打捆机。圆捆打捆机整机结构较方捆打捆机更加简单，但是压缩所形成的草捆体积、质量都较大，对运输装备和存放空间要求较高；方捆打捆机整机结构较为复杂，但其草捆外形规整、体积适中，便于运输和存放。目前圆捆打捆机和方捆打捆机在实际生产中都有广泛应用。

二、发展现状与应用效果

（一）耕整地机械

拖拉机耕整地田间作业机组可分为牵引式、悬挂式、半悬挂式等类型。农机具悬挂在拖拉机悬挂装置上，运输时，机具全部重量由拖拉机承受。工作时，拖拉机承受部分农机具重量和耕作阻力，改善了拖拉机牵引性能，重量轻、结构紧凑、机动性好、效率高。悬挂机组的耕深调节方法通常有高度调节、阻力调节、位置调节和力位综合调节等（孙鹏飞，2014）。以上几种调节方法的特点和应用情况如表 6-1 所示。

表 6-1 耕深调节方法主要特点比较

耕深调节方法	耕深稳定性		拖拉机负荷稳定性	对驱动轮的加载作用	应用范围
	平坦、土壤比阻变化大的地面	起伏不平，但比阻均匀的地面			
高度调节	较好	好	差	差	旱田耕作机具
阻力调节	差	较好	好	好	水田、旱田、犁耕
位置调节	较好	差	差	较好	水田、旱田地表作业，如旋耕机、收割机、推土机、装载机等
力位综合调节	比单独阻力调节好	比单独位置调节好	比阻力调节差，比位置、高度调节好	好	水田和旱田宽幅作业

自 20 世纪 30 年代以来，我国在农业机械的耕作深度控制方面大都采用耕整地机械力调节和位调节的方法，这两种方法都是相对来说比较简单的操作，是机械与液压系统的简单结合。所以在实际的运用当中会出现很多问题，主要是在作业过程中，遇到的阻力不恒定且不能实时监测，这就导致操作者不能实时监测农业机械耕作的深度。为了实

现对耕作深度的精准控制，采用机电液一体化技术的电子耕深控制系统是将来的发展方向（刘亮亮，2019）。

在耕深的检测方面，按照它们安装方式的不同分为接触式和非接触式两大类。在耕作深度的控制方面，目前国内外市场上使用的大部分是博世（Bosch）公司推出的耕整地机械耕深控制系统，早在 20 世纪 70 代初期就研制出具备电子控制功能的液压悬挂系统，产品相对成熟、稳定。Bosch 电控悬挂系统结构如图 6-1 所示。Bosch 电控悬挂系统结构主要包括控制器控制面板、电磁阀、液压缸、液压泵、CAN 总线、位置/角度传感器、力传感器、雷达等。其中，CAN 总线的应用使得拖拉机上各电子控制单元之间能够进行数据共享，有助于实现各控制系统之间的协同工作。控制面板上有耕深设置旋钮、工作模式选择开关，驾驶员只需根据作业需求和拖拉机的作业工况选择相应工作模式、设定目标耕深，便可实现农具耕深的自动控制，操作简单快捷。Bosch 电控悬挂系统功能齐全，可以实现位置控制、阻力控制、滑转率控制、力-位综合控制，同时 Bosch 公司也为用户和拖拉机企业提供了多种选择，用户可以根据自身需求，企业可以根据产品定位灵活选配具有不同控制功能的液压悬挂系统，该组合选配模式深受用户与拖拉机企业的喜爱（赵艮权，2020）。

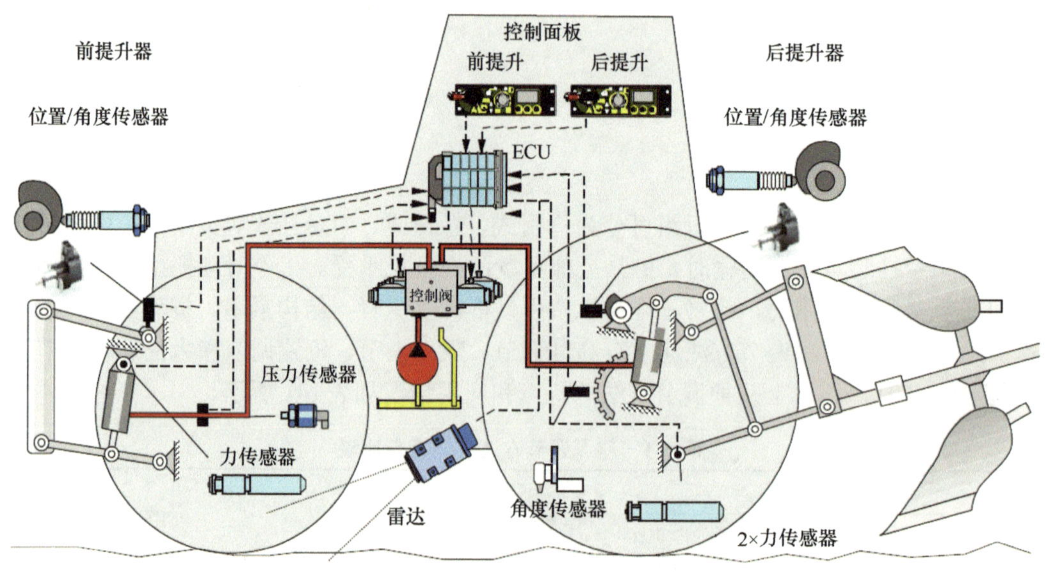

图 6-1　耕整地机械耕深控制系统

拖拉机在田间特别是水田作业发生倾斜现象时，会导致挂接在其机身后的农机具也向同一方向倾斜，破坏土壤硬底层，影响土壤平整度（王耀羲，2019）。华南农业大学对耕整地机械，尤其是水田平地机的自动调平系统方面的研究获得丰硕的成果。胡炼等于 2009 年利用激光设计了水田平地机的水平控制系统，水平控制系统的控制误差不超过 1°。周浩等于 2016 年将自动调平系统应用于旋耕机上，借助直线位移传感器测量调平油缸的伸长量，通过旋耕机构与调平支撑架的几何关系推算出控制角度，实现了旋耕机的自动调平控制。南京农业大学丁为民等于 2018 年研制了一种犁旋一体机自动调平系统，耕深稳定性和耕后地表平整度有较为明显的提高。

耕整地机械及其关键部件田间试验验证有3类方式。一是对农具关键触土部件表面或部件联结件进行改制，如Formato等于2005年在犁体上粘贴应变片测试合成犁体曲面三分力，刘春鸽等于2014年采用L型便携式三分力传感器联结开沟器对不同耕作部件进行田间对比试验。二是在拖拉机与农具之间安装测力框架，如Kumar于2016年设计校核了框架式三点悬挂牵引力及滑转率嵌入式综合测试系统，乔晓东于2013年设计了多挡位动力输出的后悬挂农具田间试验平台与基于虚拟仪器的多参数田间综合测试系统。三是替换拖拉机液压三点悬挂拉杆或销轴，Bauer于2017年研制了上拉杆、下拉杆“三杆式”水平与垂直分力的测力装置，许春林于2013年设计了上拉杆传感器与下拉杆销轴传感器多参数测试系统，并应用于大型联合耕整地机的研发，尹彦鑫于2014年采用无线传输模式对销轴拉杆式测力系统进行数据采集，提高了耕整地机械及其关键部件优化设计测试装备水平。

（二）播种机械

条播机械经历了从传统播量控制误差大、功能单一、对作业土壤条件要求严格向播量控制精准、功能全面、可实现少免耕作业的方向发展。智能化测控技术在条播机上得到了较好的应用，有效地解决了播种量分布不均、播深一致性差等问题；复式作业条播机具发展较快，除具备开沟、均匀条形布种和覆土镇压等基本功能外，集土壤深松、旋耕、施肥、播种等多功能于一体的条播作业机具被成功研发；少免耕条播技术与机具研究也取得较快发展，该类机具在上茬作物秸秆地或秸秆还田条件下可形成高质量播种带，有效解决机具堵塞、种子架空、晾籽等问题，如往复切刀式小麦固定垄条耕播种机，它是针对西北灌溉农业区固定垄保护性耕作条件下玉米秸秆覆盖地垄作免耕播种小麦存在的机具堵塞、垄形破坏等问题，设计的一种集切茬、播种和修垄于一体的往复切刀式小麦固定垄免耕播种机，该机具通过利用动力切刀往复垂直切茬和刀刃型开沟器水平切茬相结合的方式实现秸秆防堵，同时采用圆柱熟地型修垄犁解决垄形修复问题。

精量播种机械的核心部件是排种器，按照取/分种动力来源可分为机械式和气力式，机械式排种器作业速度慢、结构较复杂、排种精度低、易伤种，正逐步被淘汰。气力式排种器又分为气吸式、气吹式、气压式等，采用气流吸附或压附种子，作业速度快、排种精度高、对种子外形尺寸要求不严格，被大型农场和农机合作社使用。对于精量播种机整机而言，目前我国精量播种机正处于机械化水平较高、智能化水平不足的状态。播种机上几乎没有安装排种测控设备，故障诊断仍然依靠人来完成；种子离开排种器后通过导种管落入种床，高速时种子弹跳严重，无法平稳着床，株距一致性差；播种机仿形和播深调节仍然主要依靠平行四杆、机械弹簧和限深轮结合的方式，播深一致性有待提高（苑严伟等，2018）；国产气吸式精量播种机采用地轮驱动排种器，最佳作业速度为8km/h，合格指数为95%，而采用电机驱动可以提高到99%。

插秧机经历人/畜力洗根苗插秧机、机动洗根苗插秧机和毯状苗插秧机3个阶段。国外以日本为代表的插秧机技术经过多年的发展，机插秧同步施肥喷施除草剂、机械化除草、变量施肥喷药等绿色生态种植技术水平已相当完善。我国借助于农机工业十多年的黄金发展期，插秧机的生产制造已经达到较高层次，国内学者针对我国水稻种植特色，从机插壮秧培育技术、田间群体调控等方面进行了系统研究，钵体苗移栽机、毯状苗移栽机、多栽植臂插秧机、杂交稻单少株精准插秧机、长秧龄大苗插秧机、免耕插秧机等一批适应我国水稻种植特点的水稻插秧技术及装备逐渐兴起。

（三）田间管理作业装备

“十三五”以来，随着农机农艺深度融合，我国粮食作物生产田间管理作业装备研究取得了显著进展，突破了智能化精准施肥技术、高地隙精准喷洒控制技术，形成了精准施肥机、自走式喷杆喷雾机、植保无人机等一批面向实际生产使用的精准作业装备。2017 年化肥深施机保有量达 81.74 万台，农用机动喷雾机保有量达 618.32 万台，植保无人机保有量从 2014 年的 695 架增至 2019 年的 5.5 万架，作业面积从 2014 年的 426 万亩次增至 2019 年的 4.5 亿亩次。同步播种深施肥技术大规模应用，自走式高地隙喷杆喷雾机和无人植保机互补发展。

针对农田和耕地碎片化、土地流转、规模经营等不同的小麦生产条件，农机社会化服务组织通过农机的载体功能，使先进适用的农业技术得到更好的应用和推广，满足了不同主体的个性化社会化服务。机械施肥实现了定点、定深、定量施肥，减少化肥使用量 10%以上，自走式喷杆喷雾机整体作业效率提高 14.5%～32%，植保无人机空中喷洒效率达 210 亩/h，相当于 100 名农田劳动力的工作量，有效提高了粮食作物生产的劳动生产率、土地产出率和资源利用率，对提高农机精准作业技术水平、促进农业高效绿色发展具有重要的意义。

（四）精准灌溉装备

灌溉农业是保障粮食安全的重要途径，未来还需要通过有灌排设施的耕地的集约化生产发展。其中将信息化技术应用于高效节水灌溉中发展精准灌溉，协同提升工程、农艺、生物以及管理节水效率，是发展新形势下节水农业的新途径。

精准灌溉控制系统中的感知设备采用无线传感网络和物联网技术进行农田土壤、植物、天气的实时数据收集，对于设计构建高效的灌溉控制系统以减少水分损失和提高粮食产量至关重要。在土壤监测方面，以土壤水分监测为主，包括时域反射法（TDR）、频域反射法（FDR）和驻波率法（SWR）等依据测量土壤的介电常数来测量土壤体积含水量的土壤传感器，其中 FDR 传感器因成本低、使用简便，已成为精准灌溉系统大范围应用的土壤水分监测装备，随着集约化农业的发展，土壤水分的大面积快速获取成为发展趋势，基于宇宙射线的土壤水分监测技术逐渐成为研究与应用热点。在作物水分监测方面，该方法将信息监测的主体由土壤转向了作物自身，反映作物体内实际水分亏缺信息，并以此为依据进行灌溉控制（田宏武等，2016），随着传感器技术的发展，大量学者开展了用于监测作物水分的新型传感器研究，监测指标包括植物叶水势、植株茎流、气孔导度、叶片厚度等。机器视觉、光谱技术等因其可以对作物进行大面积无损成像并可以远程监测而逐渐成为研究热点，采用 RGB 图像、热红外光谱等监测作物生长覆盖度、颜色、冠层温度来确定作物的水分亏缺程度。在农田环境监测方面，利用测量的天气变量传感器数据衡量植物、土壤和环境的水分流失情况，实时估计参考蒸散量，是目前的主要应用模式。在灌溉系统中采用先进的控制技术是保障精准灌溉的重要装备，有助于在正确的时间按照作物所需的比例施用水，从而实现高水分利用效率、增产、节能、优化肥料使用和节约劳动力的目的。灌溉控制装备主要分为闭环控制、开环控制以及闭环控制与开环控制相结合的混合控制。开环灌溉器是基于灌溉定时或定水量进行控制，已经被农民广泛使用。随着智能化技术的发展，物联网监控需水信息实现按需补给已经成为一种趋势，利用云服务平台无缝连接传感器、无人机以及卫星数据采集和传输，使得闭环控制器逐渐发展，其基于反馈控制策略使得灌溉精准化程度更高。闭环控制器由早期的线性控制，如 PID 控制器，逐渐发展到智能控制器，如模糊逻辑控制、神经网络控制、专家系统等，以及最优/自适应控制器，已经形成了不同规模、策略、应用成本的精准灌溉装备。

（五）联合收割机

联合收割机作业环节多（包括切割、输送、脱粒、清选），是结构较为复杂的大型复式作业机械。联合收割机在我国应用广泛，其保有量从 2006 年至 2015 年增加了 120 多万台，增幅达 200%以上，如图 6-2 所示。联合收割机的主要性能指标包括收获质量及作业效率，这也是农机装备企业最核心的竞争力。

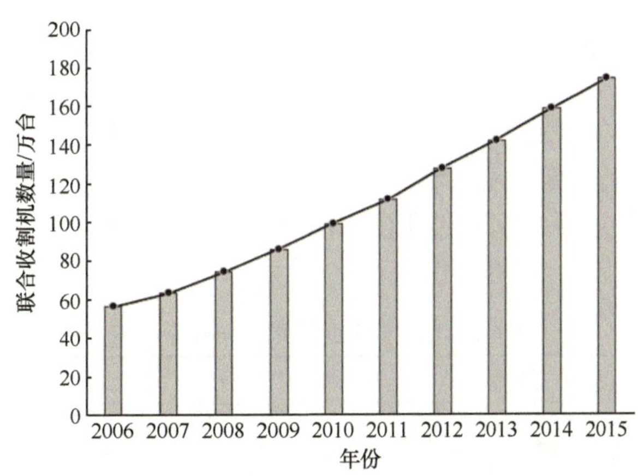

图 6-2 2006～2015 年我国联合收割机数量增长趋势

目前国外著名的联合收割机制造企业都在其主流产品上安装了具备特定功能的自动控制系统。例如，约翰迪尔公司在代表机型 70 系列 STS 上安装了智能动力优化管理系统，可以自动控制割茬高度，其五速动力换挡技术多速喂入系统可以根据谷物的状况和收获速度设置相应的喂入速度，操作者只需要通过联合收割机自动调节系统选择不同的作物属性，联合收割机便可自动调整脱粒滚筒的转速、清选风扇的转速和筛子的开度。德国克拉斯公司 Class LEXION 联合收割机安装了可以自动控制割台高度和方向的智能化控制系统，智能液压系统可以自动加大凹版包角，调整喂入量。马西•福克森公司 9000 系列联合收割机智能控制系统可以自动调整其拨禾轮转速，以适应作业速度，达到最优匹配（图 6-3）。

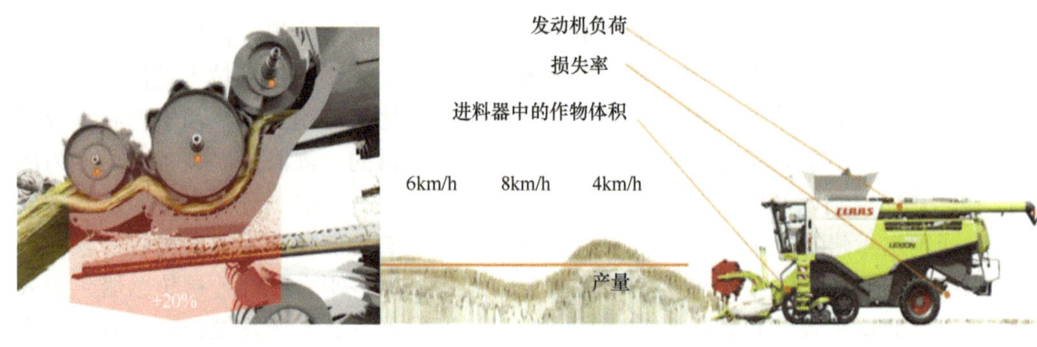

图 6-3　APS 脱粒系统和 CEMOS 自动控制系统

（六）农业废弃物收集装备

农业废弃物收集装备主要包括青贮饲料收获装备和秸秆捡拾打捆装备，应用现状如下。

1. 青贮饲料收获装备

青贮饲料收获机主要分为自走式和悬挂式。自走式往往配有高秆作物割台、牧草割台、捡拾器、收摘穗玉米的割台等附件。悬挂式青贮饲料收获机在国际上应用于青贮玉米、高粱等高秆青贮作物和苜蓿等矮秆牧草的机械收获，主机一般配有矮秆割台、对行（不对行）式割台、捡拾器等附件。美国及西欧的自走式青贮饲料收获机技术较先进，如美国的约翰迪尔公司、纽荷兰公司，德国的克拉斯公司、俄罗斯的罗斯托夫公司和捷尔诺波公司等生产的自走式青贮饲料收获机，不但能够收获玉米、高粱等高秆作物，还能收获大麦、燕麦和苜蓿等矮秆作物，适用性广，而且可以进行不对行收割。21 世纪初，我国从国外引进并使用青贮饲料收获机来满足青贮饲料机械化作业需求（王德成等，2017），主要应用于玉米、小麦等作物（表 6-2）。

表 6-2　国内外常见青贮饲料收获机械

型号	图片	主要结构及特点
美国纽荷兰 FR600 型青贮饲料收获机		配备了行业顶级发动机，集金属探测器、石头探测器、自动磨刀系统和定刀调整等多种青贮收获核心技术于一身，并且注重驾驶的安全、舒适与便利，最大功率为 591kW，最大扭矩为 2308N·m
美国约翰迪尔 8500 型自走式青贮收获机		配备业界独一无二的全新超耐磨籽粒破碎器，电动间隙调整，籽粒破碎效果更可靠，可挂接 400 系列大转盘割台、300+系列小转盘割台以及 600 系列捡拾器，割台和主机匹配度高，作物流顺畅不堵塞，3min 即可完成割台挂接，整机效率比前代机型提高 5%～10%
谷王 FS80-2/5（9QZ-16）型青贮饲料收获机		配有适用于青草和谷物的两种快速挂接割台，割幅分别为 4m 和 5m，割茬高度小于 12cm，整机质量为 11 000kg，采用静液压无级变速驱动的行走变速方式

2. 秸秆捡拾打捆装备

秸秆捡拾打捆装备是对农田收获后的残余秸秆进行收集的设备，根据秸秆的压捆形状一般分为圆捆打捆机和方捆打捆机。国外打捆机具有代表性的企业有凯斯纽荷兰、德国克拉斯、约翰迪尔、麦赛福格森等，上述生产的装备种类齐全，配套性能高，并且均带有智能控制系统，可实现秸秆收获的全程智能控制，是目前世界市场上的主流产品。而国内大多数捡拾打捆机为进口或根据国外的机械采用测绘或类比的方法设计的，在小方捆机及圆捆机的研制上相对成熟，但是在大方捆机整机、电液控制系统、关键零部件参数等方面仍存在很大的发展空间。目前国内打捆机应用相对较为成熟的企业主要有内蒙古华德牧草机械有限责任公司、星光玉龙机械（湖北）有限公司、北京轩禾农业机械科技有限公司（表 6-3）。

表 6-3 打捆机械

型号	图片	主要结构及特点
麦赛福格森MF2200 系列大方捆打捆机		采用旋转切割喂入转子、拨草指、喂入口、挡草指这一独特的喂入预压方式，确保机具高效作业、草捆紧实，具有作业速度快、效率高、适用性强的特点，可适用于苜蓿、燕麦、小麦、水稻、芦苇和甘蔗等多种作物茎秆的打捆作业
凯斯纽荷兰BigBaler1290高密度方捆打捆机		配有纽荷兰特有的二速动力换挡启动技术，该技术使打捆机操作更流畅，扭矩增加 79%。配备的 T7 系列打捆机控制系统，可识别出连接的打捆机，对悬挂前桥的控制逻辑部位启动打捆模式，根据打捆机作物压缩情况更改其硬度。可减少平均 15%的驾驶室纵摇运动，提升驾驶员的舒适度，减少疲劳度
克拉斯VARIANT 360RC 圆捆打捆机		德国克拉斯公司是欧洲最大的打捆机生产基地，在欧洲居于领先地位，该公司生产的 VARIANT 系列打捆机配备可调节大小的打捆室，可以打出高密度、不同大小的捆包，无论是青贮牧草饲料还是秸秆都可形成外观良好的捆包，生产效率高、操作方便、使用可靠、草捆密实，便于运输并能长期保存，可以满足不同用户的打捆需求
库恩 VB2200系列圆捆打捆机		采用新型整体转子设计可实现更高的效率，适合多种作物，吞吐率高；整体 OPTICUT 喂料转子，标配 14 把（也可选配 23 把）刀片，切割效率更高；如果出现阻塞现象，DROP-FLOOR 可以通过控制终端液压下调切割底板和刀片；渐进密度（progressive density）可以使拉力随捆包变大而增大，使得捆包更加结实且拥有致密的外层；传动系统工作可靠、使用寿命长；BalePack 打捆和缠膜系统，无论采用捆网捆绑还是捆绳捆绑，均可以制作出符合要求的捆包；配备监测器，作业过程可全程监控
华德9YFQ-1.9型方捆机		草捆横截面积为 355mm×440mm，草捆长度为 305~1321mm，草捆密度≥130kg/m³，捡拾宽度为 1965mm，生产率为 7~10t/h
星光玉龙9YYG-1.25系列圆草捆打捆机		采用无凸轮捡拾器，较传统凸轮捡拾器构造更简单，运行噪声小，保养维护更加简便、省时，转速提高 30%，效率更高，捡拾效果更佳；双联齿螺旋星形送草器确保了强大的输送、通过能力和优异的切割质量；控制终端操作方便，可以显示打捆压力、送网提示和草捆数量等，同时还可以通过界面关注传感器、阀门状态等；链板式压捆系统由高强度合成橡胶带连接六棱金属压捆杆组成，合成橡胶带的强度大，能够适应所有物料的物理性质（干、湿、滑等），在保证打捆密度的基础上运行平稳、噪声小，适用于牧草、稻草、小麦、玉米等多种农作物秸秆

续表

型号	图片	主要结构及特点
轩禾 BR6000-4.0 智能化重型圆捆机		配备了高强度辊筒，在保证草捆密度的同时，使用寿命更长；升级了5排捡拾机构，捡拾速度快，喂入流畅，效率高，捡拾秸秆更干净；采用高压钢管对轴承进行点对点的润滑，能更好地适应南北方不同温度差异，有效保证黄油能顺畅到达各润滑点；配备了远程控制系统，可通过互联网实现对圆捆机的GPS定位、作业数量查询、草捆密度值显示、作业轨迹实时查询等功能

（七）果园精准施药装备

针对果园风送喷药，由于不同果树种植模式和冠层分布存在差异，为提高喷药效果和作业效率，出现了不同类型的果园风送喷药机，根据风机出风口结构的差异，可将现有果园风送喷药机分为圆环式喷药机、塔式喷药机、多通道式喷药机和风送式仿形喷药机。欧美、日本、韩国等国家对果园风送喷雾机的研发已经进入产品成熟阶段，且拥有众多生产企业。欧美果园普遍为矮砧密植的标准化果园，多使用大功率、高风速风量、远距离的大中型风送喷雾机，而日本、韩国和我国果园种植疏散，行株距相同，多采用功率小、通过性好、药箱容积小的自走式中小型风送喷雾机。

果园风送喷药技术已经广泛应用于果园病虫害防治，我国果园风送喷药装备研究目前面临两大难题：①药量需求难以在线计算及变量控制，喷施过少则无法有效防治病虫害，喷施过量则引起大量农药残留，影响农产品安全；②风力需求无法在线计算及按需调控，风力包括风速和风量两个层面，其过小会导致冠层内部沉积不足，过大又会造成农药飘移和环境污染。果园精准施药技术是解决上述问题的有效途径，它包括药量按需调控技术和风力按需调控技术。它是指通过传感系统在线探测果园靶标特征信息（位置、体积、叶面积、生物量和病虫害等），根据上述特征信息和施药机运动状态，计算靶标药量和风送施药风力需求，变量调控药量和风力供给，实现农药按需对靶施用（何雄奎，2020）。其中，现有果树靶标特征信息探测方法如表6-4所示。

果园变量喷雾机通常是在原有喷雾机上增加变量喷雾系统，2020年的一项研究表明，果园变量喷雾机在一些欧美地区已得到产业化发展和小规模应用（郑永军等，2020a）。而我国已有一大批研究团队开展果园对靶变量喷雾技术研究，已经基于不同对靶方式研发出适用部分典型果园的精准变量喷雾样机，但尚未产业化。

（八）果园精准施肥装备

果树施肥是果园生产中的关键作业环节，施肥质量直接决定了果园产量和品质。目前主要的施肥方式有深施基肥、土壤追肥、果树喷肥或涂肥等，其中施基肥是影响果树产量及果品品质最重要的阶段，施用量占全年施肥总量的70%以上。我国果园土壤有机质含量低、土地贫瘠，通常采用开沟或挖穴的方式施加基肥（刘双喜等，2020）。目前，基肥的施肥方式主要有人工撒肥、开沟施肥、挖穴施肥。世界领先的果园施肥机功能完善、结构复杂，正向大型化、智能化发展。与国外先进产品相比，我国现阶段的撒肥机一般采用外槽轮式或螺旋输送器式排肥器，撒肥幅宽较小，直接影响了施肥效率（刘双喜等，2020），表6-5给出了国内外常用几种果园施肥机械。

表 6-4 靶标特征信息探测方法

探测技术	图片	探测原理	优点	缺点
光电传感器		向果树发射并接收反射红外线确定果树位置，控制系统控制喷头进行喷雾作业	成本低，响应迅速	传感器稳定性易受红外线强度和作业速度影响，探测范围窄，不能获取果树结构特征信息
超声传感器		根据超声波传播速度和从发射到接收的时间差判断靶标位置，计算喷雾距离	测量精度高，价格低，购买方便，方向性好	响应时间长、识别间距宽、需要多传感器组合获取果树结构特征信息
激光雷达（LiDAR）		通过激光扫描某一测量区域判断靶标位置，获得靶标点距离和角度信息，并对这些点云数据进行处理、建模，判定目标的位置与形态	测量精度高，响应速度快，识别间距窄，可获取树冠 3D 图像	价格高，多尘、多雾、潮湿等作业环境下探测精度低
机器视觉	试验阶段，尚未形成可应用样机	采用双目数码相机获取靶标图像，通过图像处理算法获得靶标特征参数	可获得冠层 3D 图像、冠层结构（体积、叶面积指数等）参数，测量误差 10%左右	光照影响较大，不适宜稠密果园

表 6-5 果园施肥机械

施肥方式	型号	图片	主要结构及特点
撒肥	德国 AMAZONE（阿玛松）公司的 ZA-X Perfect 系列撒肥机		该结构可以调节排肥量和排肥方向，自动输送肥料，能够防止堵塞。该机主要优点：肥箱和机架坚固；撒肥盘可快速调节；无须停车，利用“LimiterX”进行舒适便捷的边界播撒与智能搅拌
	山东大华机械有限公司设计生产的 2FGB 系列撒肥机		该结构可以提高撒肥均匀性，改变撒布范围。该机优点：适应性强，可撒施各种干湿粪肥、有机肥、颗粒肥等肥料
开沟施肥	美国 Vermee（威猛）公司生产的 Vermeer RTX 系列开沟机		该控制系统自动进刀，根据工况自动调整开沟机，同时监控开沟作业并记录机器工作参数。该机优点：配备有操作员在位系统，该系统提高作业安全性；采用履带式行走系统，转向灵活，为在狭窄空间里移动提供便利
	高密市益丰机械有限公司研制出的系列自走式多功能施肥机		多功能施肥机用于果园开沟施肥，兼顾旋耕、喷药、除草、园区开沟排水作业。该机体型小，操作灵活，可原地转向，齿轮传动，结实耐用。该机优点：采用螺旋输送器式排肥器强制排肥，肥量可调，不易堵塞；橡胶履带，具有良好的行走直线性和通过性
挖穴施肥	英国 OPICO（欧佩克）公司研发的悬挂式挖穴施肥机		安装于装载机侧面或底部，采用液压马达，传动更加灵活方便，有安全缓冲功能，可以根据地面的坡度对钻头进行调节。该机优点：整机结构简单，适用范围广，采用 Eaton 液压马达，传动平稳，作业效率高
	济南沃丰机械有限公司研制出的 1WX 系列挖穴施肥机		部件采用合金等材料制作，可靠性高、耐磨损；工作部分使用螺旋叶片，传动平稳；主要用于果树施肥、树木种植、温室立柱埋设等。该机优点：机具操作简单，安全可靠，维护保养方便，工作效率高

部分发达国家已经基于自动控制、智能检测、机电液一体化等技术研发了先进的果园施肥装备并实现商业化应用，现阶段我国果园施肥装备的施肥均匀性有待改善，智能化水平急需提高（刘双喜等，2020）。

（九）果园修剪装备

果树修剪时通过改变冠层稠密度、内部枝叶的分布和叶面积指数，促进果树的光合作用，改善果树的营养分布，对提高果园产量具有重要意义。目前，果树修剪方式主要有人工修剪、机械修剪和智能修剪等（郑永军等，2020a）。国外修剪装备发展较为成熟，功能类型多样，通用性好。我国果园多种植在丘陵山区，仍以人工修剪为主，机械化程度偏低。表 6-6 给出了几种果树主要修剪方式及其特点。

表 6-6　果树主要修剪方式及其特点

修剪方式	图片	探测原理	技术特点	剪枝程度
人工修剪		人工直接判断并修剪	作业强度大、危险性高，容易造成主枝断裂，影响果树产量	精剪
机械修剪		多用于葡萄园和矮化密植果园的整株几何修剪	修剪角度、高度和宽度可调，提高作业效率	粗剪
智能修剪	2.5m 3.5m 光源 照相机 机器人手臂	机器视觉、计算机视觉等识别系统结合图像处理进行修剪	剪枝条自动识别、定位并自主完成剪除的智能化修剪	精剪

（十）果园作业平台

在果园作业中，剪枝、套袋、采果等高位环节占比大，传统的人工攀爬、搭建扶梯或简易平台等作业方式，效率低、风险大，不利于果园产业的发展（郑永军等，2020a）。果园作业平台最早起源于美国，现已形成种类和功能多样的作业平台。美国常见作业平台种类如图 6-4 所示，主要分为单工位作业平台、自走式作业平台、吊篮式作业平台、多工位作业平台等。不同于美国，日本的果园由于地形限制多数分布于丘陵山区，一般使用具有调平和安全防护功能的小型作业平台（郑永军等，2020b）。

我国对果园作业平台的研究起步较晚，结合果园地形与种植方式开展的一系列研究主要集中在多功能、小型化、单人操控等方面。目前，果园作业平台智能化程度普遍不高，缺乏作业过程中平台侧翻自动监测与调整系统，同时，作业平台的使用只针对实际作业，缺乏作业信息的智能化监测与管理。

图 6-4　果园作业相关机械

a. 单工位作业平台；b. 自走式作业平台；c. 吊篮式作业平台；d. 多工位作业平台

（十一）果园采摘收获机械

我国是水果生产的世界第一大国，采摘作业需求量大，而水果的生产季节性强、劳动性紧密。果园采摘方式主要有人工采摘、机械采摘和智能采摘等（郑永军等，2020a）。表 6-7 给出了几种采摘方式优缺点对比。而我国果园大面积种植在丘陵山区，人工采摘是我国丘陵山地果园采摘作业的主要方式，难以适应林果产业的发展，采摘方式机械化和智能化对于减少果园采收成本、提高经济效益有着重要影响（郑永军等，2020b）。

表 6-7　几种采摘方式对比

采摘方式	采摘原理	优缺点
人工采摘	直接手采或借用采摘工具进行作业	采摘精确，但人员上下和果实运输不便，效率低、劳动量大、易造成果实损伤
机械采摘	机械振动机构振动果树，使其以一定的频率和振幅振动，当果实的惯性力大于与树枝的结合力时，果实脱落	振动式收获技术实现条件容易、效果明显，收获效率高、收获成本低，大量减少劳动力，可适时收获。缺点是收获过程中容易使未成熟的果实脱落，且损伤率较大
智能采摘	运用果实识别定位、路径规划以及自主导航技术操控智能采摘系统（包括移动机构、机械手、视觉系统、末端执行器以及控制系统）进行作业	智能采摘可精确识别区分果实成熟度，减少果实损伤率，提高作业效率。缺点是易受环境因素影响，光照、嘈杂背景等因素影响果实识别定位，地形条件差会影响采摘机器人自主作业

三、展望

（一）耕整地机械

耕整地发展需求正由“功能需求”向“品质需求”转变，加强精细耕整地机械关键零部件材料、加工工艺等核心技术攻关，优化宽幅联合耕整地机械工序组合，提升耕整地机械自动监测与故障诊断、作业深度控制、机组水平调节、作业速度匹配水平，研制减少进地次数、节能降耗、智能化、高速、宽幅大型智能联合耕整地被认为是农业机械化生产发展的重要方向（韩佳伟等，2022）。

（二）播种机械

在现代农业发展背景下，针对条播机械，需加强耕播监控、变量控制和智能决策等技术的研究，加快推进条播机械智能化转型升级，提升条播机具的自动化与智能化水平。针对精量播种机械，需加强种床信息感知、机具状态精准监测、执行部件智能控制等方面的研究，在种床信息感知方面重点围绕种床含水率、有机质含量、温度等开展实时在线监测，为精准播种决策提供数据支撑；在机具作业状态检测方面重点围绕作业速度、作业风压、播种量、施肥量、播深、下压力等内容开展深入研究，实现机具工况状态的准确识别，为智能控制提供反馈基础；在执行部件智能控制方面重点围绕排种转速、施肥转速、播深控制、下压力控制等方面开展研究，重点解决执行部件的智能化升级和精准控制，为精量播种打下良好基础。针对插秧机械，需加强作业效率提升、绿色生态种植、基于作物信息采集的变量作业、无人插秧机等方面的研究。基于我国插秧机技术发展，目前的研究热点主要集中在一些我国特有的种植模式需求，重点开展晚稻大苗育插秧技术、钵体毯状苗育插秧技术、插秧机复式作业技术、杂交稻单少株栽插技术、智能化插秧机技术等针对我国特有的种植模式需求的技术研究。

（三）农机装备信息化产品

未来，在肥药精准施用技术装备方面，将进一步加强农机农艺信息融合深度，实现对不同作物生产、不同地块大小和不同经营规模的适应性；在技术方面，先进的传感技术更多地应用于施肥、施药环节，将形成科学完善的施肥、施药作业模型；随着数据不断积累，农机大数据将发挥更大作用，补齐短板，使得传统农业向智慧农业加快发展，显著提高种、肥、水、药利用率，大幅提高生产效率、效能和效益。

（四）节水灌溉装备

在基于“互联网+”实时获得作物生长环境状况基础上进行智能灌溉控制的精准灌溉技术是未来发展的热点和趋势。统计数据显示，到 2022 年，精准灌溉行业预计将达 150 亿美元，近 5 年的复合年增长率为 17.2%。精准灌溉装备未来的发展方向将聚焦于数字化、智能化、标准化。

数字化，灌溉大数据的综合分析与应用将是未来研究的热点，通过灌溉系统云平台多年连续灌溉大数据积累，研究作物需水规律、作物耗水量、产量和质量，可以更准确地分析、优化田间灌溉和施肥过程的控制，实现作物生长的精确控制。

智能化，将遗传算法、蚁群算法和粒子群算法等进化算法集成到自适应灌溉控制器的参数整定中，对适应土壤水分消退、作物耗水过程的非线性和动态变化具有重要意义。此外，利用关联关系，实现从实时决策到精准预测，利用物联网发展过程中数据的监测和收集，在农业生产过程中引入机器学习等算法，构建基于数据驱动的水分消耗、产量、天气智能预测。

标准化，我国在智能灌溉控制领域的产品开发日趋成熟，控制器的开发结合了互联网和云计算技术的发展，强调田间灌溉控制器与云平台之间的数据交互，接受云平台的统一调度是该领域的发展方向。建立标准化的数据传输协议，形成了精准灌溉装备的检测参数和测试方法，用于开发、生产、检测，对于精准灌溉装备的推广具有重要意义。

（五）联合收获机

未来联合收获机将充分利用智能测控、人工智能等技术，重点聚焦收割机作业信息监测新方法、高效低损智能化收获机理和控制方法、收割机故障机理与诊断方法等基础技术，研发收割机主要作业质量参数监测、割台智能仿形、作业智能控制、自动驾驶、故障预警及诊断、一体化电控操控等技术产品，集成创制具备高度智能化的收割机产品，实现我国收割机产品的智能化转型升级。

（六）农业废弃物收集装备

未来将结合新一代人工智能技术，在农业废弃物收集装备设计研究基础上，利用图像识别、液压电控、自动导航、传感遥控等多项技术，将农业废弃物收集装备集成化，形成完整的智能化生产体系，提升农业废弃物收集装备的可靠性和智能化水平。

（七）果园智能装备

为保证精量对靶喷雾，实现送风量、药流量智能精准调节，应当加强小微型智能植保机器人研发。针对特殊类型果园施药难、受药不均、机械化作业水平低等问题，应当发展地空协同立体植保施药技术，研究小微型地面植保机具与植保无人机结合技术（郑永军等，2020a）。针对人工修剪以及机械修剪存在的不足，应当开展结合自动识别、定位和剪除的智能化修剪装备的研究（郑永军等，2020a），开展适用多种类型果园的作业平台，形成能够适应阶梯地块大坡度、高频次转场的自走式智能调平高位作业平台。针对果园采摘收获机械，开展采摘机器人研究，提高机器人适用范围和采收效率。针对丘陵山地果园规模小、地块间坡度大、种植密集和管理粗放的问题，应加强果园采收装置的研发。

第四节　工厂化农业装备

一、概述

工厂化农业是指利用工程技术手段或工业化生产方式，为农业生物（植物、动物和微生物）提供适宜的生长环境，使其在一定生长空间内，获得高产量、高品质和高效益的高效农业（杨其长，2016）。工厂化农业具有均衡生产（可以实现周年性、全天候、反季节生产）、产出效率高（规模化生产程度高、土地产出率高、劳动生产率高、资源利用率高）、产品价值高（质量安全性高、商品化程度高、市场适应能力高）等显著特征，主要包括工厂化种植（蔬菜、花卉、食用菌）、工厂化畜禽养殖、工厂化水产养殖等业态。工厂化农业的核心装备主要包括工厂化设施设计和制造、智能传感和感知设备、智能控制设备和精准作业装备等。

工厂化种植装备涵盖播种育苗、定植移栽、环境调控、灌溉施肥、收获运输等各个环节，包括温室设施、环控装备、水肥一体化设备、生产作业装备等，已形成一整套的装备支撑体系。通过多年的发展，无土栽培、节能调温、环境监测与控制、节水灌溉等装备广泛应用，日趋成熟。当前，随着工业机器人、计算机图像处理技术和人工智能技术的日益成熟，蔬菜育苗、定植、移栽、收获、分级包装等生产管理的智能机械，以及可替代人力的采收机器人、搬运机器人、种苗移栽机器人、喷药机器人、嫁接机器人以及整枝打叶机械手等智能装备已经进入中试阶段。

工厂化养殖装备主要涵盖养殖设施、信息感知设备、环境控制设备、饲料混配设备、自动投喂设备、个体及群体管控设备、疫病防控诊疗设备、粪污处理设备等。国外发达国家生产过程基本实现了机械化与自动化，并逐步向智能化与精准化方向发展。我国工厂化畜禽养殖设施、信息感知设备、环境控制装备、自动投喂设备、个体及群体管控设备、粪污处理及资源利用装备等方面都还存在较大的差距，高端智能化装备对国外依赖性较强。我国工厂化养殖起步较晚，工厂化养殖装备的研发与应用还处于发展的初级阶段，落后于其他西方国家。

二、发展现状与应用效果

（一）工厂化种植

1. 工厂化种植设施

我国工厂化种植的主流设施包括日光温室、塑料大棚、连栋温室和人工光植物工厂，是世界上温室设施结构最丰富的国家。

日光温室和塑料大棚建造成本低、管理方便，适合于一家一户小农经营，是我国温室种植的主导设施结构类型，约占温室总面积的90%以上。但由于空间狭小、环境调控能力弱、作业装备难以运行，也限制了温室装备水平的提高与发展。近年来，日光温室逐步朝“空间大型化、结构装配化、建设标准化、栽培基质化、作业机械化”的方向发展（图6-5）。

图6-5　大跨度日光温室结构

大型连栋玻璃温室空间利用率高，适宜机械化作业，可应用信息化、智能化手段和装备保证适宜的环境条件。我国大型连栋温室大多采用荷兰文洛式温室结构模式，为了保证采光和降低雨雪荷载，温室顶部采用众多小屋面组成的结构型式，冬季增温与夏季降温能耗大，增加了生产运营成本。北京市农林科学院智能装备技术研究中心创新提出了以“下沉式、大斜面、外保温”为特征的本体化大型连栋温室结构型式（图 6-6），在南北走向的天沟处安装滑动式外保温被，大大降低了冬季采暖热负荷，经测算，以寿光地区为例，本土化大型玻璃温室冬季严寒时段采暖负荷仅为 $120\mathrm{W/m^2}$，远低于荷兰文洛式玻璃温室 $220\mathrm{W/m^2}$，探索出了一条适合我国北方地区可营利大型连栋温室的发展道路。

图 6-6　本土化大型连栋玻璃温室结构

人工光植物工厂能够完全摆脱自然气候的制约，在人工控制环境条件下实现作物的周年生产，是工厂化种植的高级阶段。我国是全球植物工厂研发与产业化最活跃的国家，目前已有人工光植物工厂近百座，但由于初始投资较大、运营成本较高，主要用于科研教学、科普展示以及极地太空、远洋海岛等特殊工况。

2. 信息感知设备

信息感知是工厂化种植的一个重要环节，监测装备已涵盖传感监测、光谱监测和视频监测 3 个方面，并逐步形成了基于多源信息的耦合感知模式，监测方式也从实验室离线测量发展到便携式多参数测量，再到现在的实时在线测量，以快速提取工厂化种植所需的各种信息，为未来标准化流水线作业提供了重要的技术支撑。

传感监测是指利用电子传感器获取所需信息并进行数据观测的手段，环境信息、墒情信息和灌溉信息的在线提取方法和装备已经相对熟化，精确程度和分辨率也完全能够满足工厂化种植的需求。生理生态参数的获取目前还是以国外进口设备为主流，我国自主生产的植物生理生态数据采集系统标准化程度和数据准确度还需进一步提升（图 6-7～图 6-9）。

图 6-7　多因子气象站

图 6-8　叶绿素仪

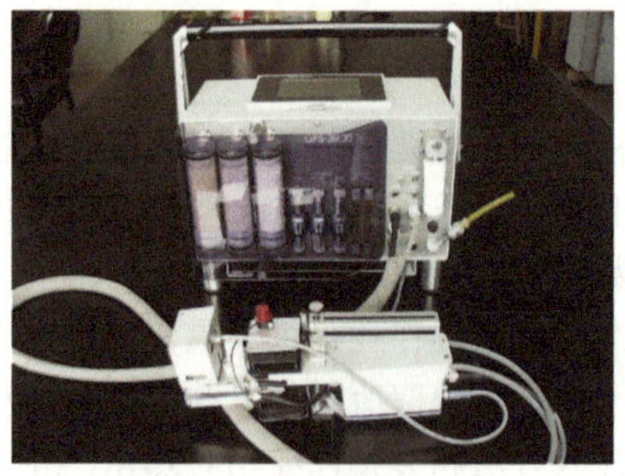

图 6-9　径流在线监测仪

光谱监测技术是近几年在农业领域发展起来的一种新型信息化技术，它通过测定物质发射、吸收或散射光的波长和强度来进行定性、定量分析。光谱监测技术因其距离不限性、非接触性和准确性的优势，在农业遥感监测、病虫害监测、土壤养分监测、元素吸收监测和作物长势监测、特定特征监测方面具有显著优势，正在成为工厂化种植模式下重要的精准监测手段。

视频监测技术可通过摄像机、传输线缆、监控平台的配合，辅助动态图像处理和分析，直观、准确、及时地反映植株现实生长趋势和装备实际作业情况，还可映射作物生长的整体状态及营养水平。在工厂化种植的生育期决策、营养诊断、机械手精准定位、机器人自动导航等方面，进一步推进了工厂化种植的发展，同时可以从整体上为智慧管控提供更加科学的决策理论依据。

3. 环境调控装备

设施环境调控装备主要包括环境调节设备与控制系统。目前，以荷兰为代表的设施园艺发达国家在设施温度、湿度、CO_2及光照调控等方面已经形成了非常成熟且固定的环境调控设备，同时环境控制系统也相对成熟。我国90%以上的温室缺乏环境调节设备及自动控制系统，主要依据经验进行手动控制，但在设施环境调控技术装备能力及创新方面我国处于世界领先水平。我国研发了基于正压通风的温室环境综合调控系统、基于双热源热泵的温室间能量转移加温系统、温室环境综合管控云平台、基于环境-作物耦合模型的最优控制决策算法等。目前温室环境控制策略及控制系统仍是我国设施园艺发展的薄弱环节，主要体现在缺乏合适的模型系统及控制算法（图6-10，图6-11）。

图6-10　基于正压通风的温室环境综合调控系统

图6-11　基于双热源热泵的温室间能量转移加温系统

4. 工厂化育苗装备

工厂化育苗装备主要包括穴盘精量播种、蔬菜嫁接和穴盘移栽等。穴盘精量播种技术在我国应用已非常广泛，可自动完成基质搅拌、穴盘填充、基质打孔、播种、覆土和浇水等流水线作业。穴盘播种机按照播种部件分为滚筒式、针吸式，滚筒式播种机生产效率为500～1200盘/h，针吸式播种机生产效率为300～400盘/h，滚筒的播种效率和质量最佳，该项技术已达到国际先进水平（图6-12）。

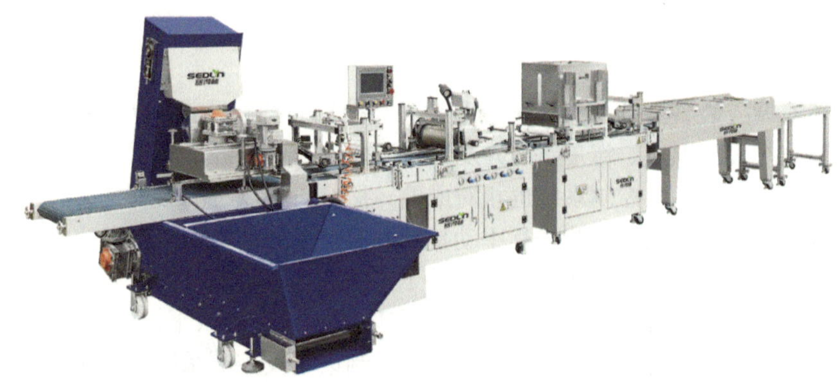

图6-12　滚筒式穴盘播种生产线

蔬菜嫁接装备的出现已有30多年，未实现广泛应用的主要原因是传统人工嫁接与机器嫁接模式不匹配，机器作业需要将秧苗从苗床上取出，完成嫁接后再放回苗床，缺少育苗物流系统与之相匹配，而人工嫁接可直接在苗床上作业；另外，机器嫁接对育苗标准要求较高，且需要人工操作机器，生产效率提升不够显著也是限制嫁接装备应用的技术难点（图6-13）。

图6-13　人工嫁接与嫁接装备

移栽装备主要用于完成花卉、蔬菜种苗培育阶段的分选、分级、剔苗和补苗等作业，目前仍处于研发示范阶段。国外研发机构主要有荷兰的Visser、TTA公司，意大利的ISO Group、URBINATI、Tea公司，开发的产品技术相对成熟，主要应用于花卉、叶菜种苗移栽，从穴盘播种、育苗管理、种苗识别、搬运物流等环节均具有配套装备。我国对秧苗健康苗识别、移栽执行器、移栽装备等开展了技术研究，研发的移栽机大多处于试验样机阶段，育苗配套关键技术相对缺乏（图6-14）。

图 6-14　种苗分级移栽设备

5. 水肥一体化装备

我国水肥一体化装备先后经历了消化吸收、设备自研、应用试验及试点推广等发展历程，截至目前，已形成了具有中国特色的水肥一体化装备应用场景。针对国内以日光温室为主的设施栽培特点，简易水肥一体化装备仍是应用类型，包括压差式施肥罐、文丘里管、泵注肥法、比例施肥器等，这种简易小型水肥一体化装备具有方便安装、操作简单、价格低廉等优点，但无法实现水肥精准控制；随着设施栽培规模与管理面积的逐渐增加，自动化精准水肥一体化设备的应用越来越多，这类设备多采用 EC/pH 法、离子选择性电极法或介电特性法，通过传感器实时监测管道中的肥液浓度，形成闭环控制，并结合模糊比例积分微分（PID）、模糊算法实时控制单位时间混入灌溉水中的肥料量，以精确调整肥水中的肥料浓度，实现灌溉在时间上的均匀性和可控性（李恺等，2018）。相比农民经验决策的滴灌施肥模式，利用水肥一体化设备的温室蔬菜年增产约 51 424kg/hm^2，年均节水 1794m^3/hm^2、节肥（纯 N）约 525kg/hm^2，水肥管理使劳动强度减少 10～15 人次/亩，综合效益提高 2000 元/亩以上（图 6-15）。

图 6-15　日光温室水肥一体化设备

6. 作业机器人

生产过程自动化、智能化一直是工厂化种植领域研究与发展的重点（齐飞等，2019）。将视觉技术、人工智能、植物表型组学以及作物生长模型等技术综合应用到作业机器人中，我国相继开发出巡检、智能运输、作物调整与授粉、病虫害防治及自动采摘等自动化与智能化装备，大幅度节省了劳动力、提高了资源利用率与生产效率，在一定程度上实现了设施园艺的智能化生产（齐飞等，2019）。目前，作业机器人仍然处于研发和示范应用阶段，还未能商品化，但大量的研究成果展示出这一领域巨大的发展前景（图 6-16）。

图 6-16　工厂化种植高效作业装备

（二）工厂化畜禽养殖

我国畜禽养殖业正处于由传统的劳动密集型养殖向现代化知识密集型养殖转型过程中，发展历程分为人工—机械化—自动/半自动化—智能化阶段。随着物联网、大数据、深度学习的快速发展，智能化装备技术应用越来越广泛。

1. 工厂化畜禽养殖设施

近年来，我国畜禽养殖模式逐步由传统中小户养殖向规模化平层、立体化高效养殖方向发展。

受非洲猪瘟疫情的影响，猪场设施向大型化、集约化、立体化方向发展加速，更是出现了楼房养殖的新生产模式。面对防疫防控的新需求，借助现代化科技手段，猪场设施更加完善，为猪的生长提供了安全、适宜的环境（表 6-8）。

表 6-8　猪舍典型设施结构及优缺点比较

分类	结构	优缺点
敞开式猪舍	单坡式、不等坡式和双坡式	优点：成本低、通风、采光性能良好 缺点：舍内气候与外界接近，生产过程受自然条件制约
半封闭式猪舍	在敞开式的基础上，背风的一侧建造一堵矮墙，具有四周墙体	优点：成本较低，室外温湿度适宜时节能 缺点：不能有效地降温和保温
封闭式猪舍	由屋面和四周闭合的墙构成一个封闭的空间，屋面和墙均设保温层	优点：保温好，利用率高，有利于生物安全防控 缺点：采光差，通风不畅
楼房养猪	多层高楼的钢筋水泥框架结构，每层采用双层式卷帘，每栋楼配有专用的赶猪通道，供料系统采用了专用升降机，采用智能化、全自动温控放气系统，供料采用液态料自动供给	优点：节约土地，有利于环保，高楼通风采光好，能有效防止病菌传播 缺点：养殖密度过大，易造成有害气体堆积

对于养牛产业，牛舍布局通常为标准化模式，即常见的双列对尾式或双列对头式，设施建筑多为混合结构（表 6-9）。

表 6-9　牛舍典型设施结构及优缺点比较

分类	结构	优缺点
双列对尾式牛舍	中间为清粪通道，两边各有一条饲料通道	优点：挤奶和清粪都较方便 缺点：不便于送料喂饲
双列对头式牛舍	中间为饲料通道，两边各有一条清粪通道	优点：便于送料喂饲 缺点：不便于清粪

对于养鸡产业，主要采用平养和笼养两种饲养方式。笼养鸡饲养密度高，饲养条件便于人工控制，保证蛋鸡产蛋率稳定、高产和肉鸡增重快，耗料相对少，节省空间、垫料等，成为目前我国主要的养殖模式。近年来，随着对畜禽福利的重视，我国也引入富集型鸡笼和本交笼饲养方式，并开展研究和应用（图 6-17、图 6-18，表 6-10）。

图 6-17　草甸平养

图 6-18　网上平养

表 6-10 鸡舍典型设施结构及优缺点比较

分类	结构	优缺点
平养鸡舍	分为厚垫草平养、半网平养和全网平养	优点：活动范围大、设备简单，投资少 缺点：密度低、占地面积大，生产率低
阶梯式鸡笼	沿笼架呈阶梯式布置	各层笼敞开面积大，具有光照均匀、通风效果良好、机械故障易修理等特点
层叠式鸡笼	各层笼沿笼架垂直方向重叠布置	优点：饲养密度高、机械化程度高 缺点：鸡粪产生量多、空气流通效率不如阶梯式
富集型鸡笼	福利化鸡笼，增加了栖木、产蛋箱、垫料区和磨爪棒等福利化装置	具有较好的动物福利，欧盟成员方大量应用
本交笼	将公鸡、母鸡在生产期按一定比例混养，适应其生活和自然交配习性	具有节约、高效和重视动物福利等特点，这种养殖模式逐渐受到国内蛋种鸡场的青睐，但是存在产蛋后期死淘率较高和受精率稍低等问题

2. 信息感知设备

养殖环境信息感知设备主要包括：温度传感器、湿度传感器、氨气浓度传感器、二氧化碳浓度传感器、氧气浓度传感器、硫化氢传感器、甲烷传感器、粉尘传感器、光照强度传感器、压力传感器、风速传感器等。借助上述设备获取相应环境信息，依据环境调控曲线，联动环境控制装备，及时改善舍内环境，为畜禽生长提供舒适的生长环境。

行为特征识别设备主要用于畜禽典型行为识别，包括趴卧、打斗、吃食、饮水、睡觉、发情、分娩、哺乳等行为识别，行为传感设备主要包括视觉识别设备、声音识别设备、生理信息识别设备、个体识别设备等。

3. 环境控制装备

环境控制装备主要包括光照系统、温控系统、通风系统、防疫消毒系统和风机、卷帘、湿帘、灯光、加热、通风窗等执行设备，它们共同实现畜禽舍环境的精准调控。典型环境控制器及主要性能和畜禽舍内除尘消毒措施如表 6-11 和表 6-12 所示。

表 6-11 典型环境控制器及主要性能

生产商	控制器型号	主要性能
德国 Big Dutchman	禽舍气候环境控制器 Viper Touch	控制整个禽舍的温度和通风。该控制器可用通风类型包括负压通风、平衡压通风等
京鹏畜牧	Kp2019 环境控制器	自动控制所有风机通风组、变速风机（纵向或横向通风）、卷帘及水泵的运行；测量舍内外温度
京鹏畜牧	F17 触屏型环境控制器	可以通过感应室内的温度或压力来控制风机、通风小窗、卷帘、湿帘、灯光、加热等设备运行，实现不同季节通风模式的自动控制，为不同畜禽提供适宜的环境条件

4. 饲料混合设备

当前，国外主要饲料混合设备自动化水平整体较高，部分设备已达到智能化水平。以奶牛养殖为例，加拿大 Valmetal 研发的立式饲料搅拌机 TMR MASTER 625，可精确计量配方饲料成分重量，Rovibec Agrisolusions研发了集TMR搅拌和饲喂于一体的喂食机器人。而国内主要饲料混合设备停留在自动/半自动化水平，功能以原料粉碎、搅拌与混合为主，智能化水平并不高。近年来，国内部分企业也开展了智能化TMR研究和探索工作，如石家庄市百牧旺乳业机械有限公司研发的TMR全日粮饲料制备机、青岛三合东行机械有限公司研发的TMR全混合日粮饲料制备机等（图6-19～图6-21）。

表6-12　畜禽舍内除尘消毒措施对比表

分类	具体方法	优缺点
畜禽舍喷雾技术	可用于畜禽舍内消毒免疫工作，还可用于畜禽舍内的日常除尘、降温。同时，舍内喷雾设施还可进行气雾免疫，喷雾装置可将疫苗稀释并均匀喷洒于舍内环境，提升畜禽免疫力	控制喷雾时间及消毒药剂的使用，避免对畜禽造成危害
空气电离净化技术	在畜禽舍内形成空间静电场，将舍内粉尘吸附到物体表面，同时释放臭氧和二氧化氮，达到杀灭粉尘或空气中的微生物、清洁鸡舍空气的效果	设备要求高、投资费用高
粪道等离子体灭菌除臭技术	利用交流放电技术产生等离子，通过分子碰撞释放热能产生多种活性自由基和臭氧、氮氧化物等强化剂，达到灭菌的目的；同时也可将畜禽舍内硫化氢、氨气等有害气体分解形成更小的无害分子，除臭效果优异	可改善动物生活环境，减少环境污染
过滤除尘系统	畜禽舍内应用的过滤除尘系统，可过滤掉粒径较大的颗粒物，但清洗需要吸尘器	—
湿法除尘	湿法除尘是指以水为媒介，将污染物中的废气分离，同时还可以起到降温作用	—

图6-19　TMR MASTER 625

图6-20　喂食机器人

图 6-21　全日粮饲料制备机

5. 自动投喂设备

当前，自动投喂设备主要包括自动供料设备、妊娠母猪电子饲喂站、哺乳母猪精准饲喂站、育肥和保育猪饲喂设备、奶牛精准饲喂站、蛋鸡/肉鸡盘式喂料系统和链式饲喂以及自动饮水设备等。相比人工投喂方式，自动投喂设备可显著提高采食量、提高饲料转化率、减少饲料浪费、减少各种疾病的发生、显著提高生长性能等（表 6-13，表 6-14）。

表 6-13　生猪主要饲喂方式对比

饲喂方式	饲喂特点	优缺点
人工饲喂	饲养人员根据饲喂经验添加饲料	优点：饲喂方式设施简单、成本低 缺点：劳动强度大，投料精度低，料损失量大
自动供料装备	从饲料厂直接运送到饲料塔，并输送到舍内	节省了人工费用，提高采食量、饲料转化率、生长性能，减少饲料浪费、疾病发生
母猪自动饲喂装备	识别母猪个体档案，制定饲喂计划，精确个体饲喂	有利于妊娠母猪个体膘情的控制，提高精准饲喂管理水平
育肥保育自动饲喂装备	自由采食模式，采用固态或液态饲喂	节省了人工费用，提高采食量、饲料转化率、生长性能，减少饲料浪费、疾病发生

表 6-14　肉鸡/蛋鸡饲喂设备对比表

分类	饲喂特点	优缺点
盘式喂料装备	由料盘、电机、料线等组成。每个笼架内放置一个料盘，开启电机后，可以将饲料通过料线输送到料盘内	能够增加饲养量，但是存在饲料浪费、霉菌超标和易堵料等问题
链式饲喂装备	由料箱、链条、电机、料槽、转角器、升降支架等组成。开启电机、拉动链条可将料箱中的饲料送达到料槽内	操作方法简单、送料速度快、均匀平稳、节省饲料，还有节省劳力和避免饲料受到污染的优势

6. 个体及群体管控设备

分群/分栏是将体征体况相近的猪只、牛只集中分类，便于管理。集成射频识别技术

（RFID）等多传感融合技术对猪只、牛只综合体况进行评估，实现精准分群/分栏，成为当前行业普遍认可的主要分群/分栏方式。典型设备有阿菲金奶牛全自动称重系统，具有牛只身份识别、位置识别与检测、体重测量、数据传输及分析等功能；利拉伐 AWS100 奶牛自动称重系统，提供奶牛动态称重、分析趋势的管理解决方案。

在巡检、盘点方面，自动化巡检设备适应高强度的巡检、盘点任务，作业效率高。巡检设备集成 RFID 传感器、红外传感器、视觉传感器、深度传感器等对猪只、牛只体温、数量、异常行为实现“非接触、零应激”养殖过程的快速监测（表 6-15）。

表 6-15　智能巡检设备

分类	结构	优缺点	典型企业/产品
轨道式巡检	依托固定的轨道	优点：控制精度高，精准定位，运行稳定可靠，可实现猪只盘点 缺点：只能在单一路径运行	牧场守望者轨道机器人（小龙潜行）
轮式巡检	采用激光雷达或者惯性导航作为建立地图的技术手段	优点：可自由规划运动路径，可实现多角度拍摄巡检，可实现全方位监测 缺点：导航方式受外界干扰较大	“木鸡郎 4”（福州木鸡郎智能科技有限公司）

7. 高效收获装备

高效收获装备主要包括自动挤奶设备、自动集蛋设备等，相比人工收获方式，作业效率高、劳动力消耗少、劳动强度减轻、收获损失少，大大提高畜禽产品收获效率。

自动挤奶设备一般包括挤奶平台和自动挤奶机器人。国内外广泛使用挤奶平台进行挤奶作业，主要包括鱼骨式挤奶机、转盘式挤奶机和并列式挤奶机。自动挤奶机器人是一种高度智能化挤奶装备，有利于延长奶牛泌乳寿命、提高泌乳量，对奶牛繁育起到积极作用，同时仍有很大的优化空间。目前在全球范围内，自动挤奶设备主要领导品牌有 Lely、DeLaval、Hokofarm、GEA Farm、Fullwood（图 6-22，图 6-23）。

图 6-22　瑞典 DeLaval 自动挤奶机器人

图 6-23　荷兰 Lely 挤奶机器人

自动集蛋设备一般由导入装置、数蛋装置、拾蛋装置、导出装置、缓冲装置、输送装置、扣链齿轮及长降链条等组成，可替代人工集蛋，适时完成集蛋作业，不受时间限制。自动集蛋设备以国外厂商为主，典型代表为大荷兰人（Big Dutchman）公司的 EggCellent 电梯式鸡蛋收集系统，拥有强大的收集能力，易维护，且可保障鸡蛋安全、高效输送（图 6-24～图 6-26，表 6-16）。

图 6-24　鸡笼鸡蛋收集装置

图 6-25　鸡蛋传送装置

图 6-26 鸡蛋分拣装置

表 6-16 国内外代表性自动集蛋系统列表

生产商	装备名称	主要性能
Big Dutchman	EggCellent 电梯式鸡蛋收集系统	具有强大的收集能力，每台收集系统每小时收集多达 19 000 枚鸡蛋，可同时收集多达 8 层鸡蛋，计数准确，适用于所有类型鸡笼，安装调试简单易行
Vanke Machinery And Equipment Co. Ltd.	鸡蛋收集系统	主要包含收集带、鸡蛋收集装置和交叉输送机。在鸡笼底部设置网状的蛋带收集鸡蛋，并将鸡蛋输送至鸡蛋收集机，每排鸡笼的末端都设有工作台，可以通过人工将鸡蛋捡到蛋盘上，或通过交叉传送器将所有鸡蛋收集器连接起来，将鸡蛋直接转移到鸡蛋库存房
日本石井畜牧（ISHII）	种蛋卸载机器人系统	该系统为六轴 Nachi 机器臂，模拟手动插板移动蛋托盘，50 000 枚鸡蛋/h
河北汉唐牧业有限公司	自动集蛋系统	包括鸡蛋上传系统、拾蛋装置、集蛋带和集蛋带驱动装置、缓冲装置、传输装置、扣链齿轮和起重装置
山东兴瑞达智能设备有限公司	自动集蛋机	由底座、鸡蛋上传系统、软破蛋过滤系统、集蛋带及集蛋带驱动系统、鸡蛋前端收集系统、配电系统组成；集蛋机是将鸡蛋从上传系统上收集下来，保证鸡蛋滚动速度适当并且不允许鸡蛋产生滞留现象；软破蛋过滤系统将软蛋漏到下面的软蛋盘内，防止软蛋运输过程中破碎后的鸡蛋黏液粘到上传系统上，污染成品鸡蛋
	自动化集蛋系统	包括导入装置、拾蛋装置、导出装置、缓冲装置、输送装置、扣链齿轮，以及升降链条组成的大型自动集蛋系统，自动集蛋系统通过输送带传动装置将鸡蛋从笼网蛋槽输送到鸡舍头端或经集蛋系统传送到蛋库内，自动化程度高，节省人力

8. 粪污处理及资源利用装备

机械清粪装备分为传统机械清粪装备和智能机械清粪装备。其中，传统机械清粪装备包括水冲粪装备、铲车清粪装备、电动刮板装备；智能机械清粪装备主要为智能化清粪机器人（图 6-27，表 6-17）。

（三）工厂化水产养殖

1. 工厂化水产养殖设施

工厂化水产养殖一般分为换水型和循环水工厂化养殖。换水型养殖是目前工厂化养殖的主要方式，养殖设施以“车间+鱼池+井水”为主要形式，配以微孔充气增氧和热水加温装置，或砂石过滤（徐皓，2016）。循环水工厂化养殖是工厂化养殖的高级形式，养殖设施设置了水质净化与调温系统，可形成稳定的养殖环境。

图 6-27　APOLLO 型号粪便清理机器人

表 6-17　代表性机械清粪装备特征对比

分类	类型	优点	缺点	典型用户/制造商装备
传统机械清粪装备	水冲粪装备	需要的人力少，劳动强度小，劳动效率高，能频繁冲洗	污水处理部分基建投资及动力消耗很高，干湿分离肥料价值低	—
	铲车清粪装置	大幅降低劳动强度，缩短清粪时间	铲车需在空舍的情况下使用，噪声较大，且价格较高，操作不灵活	①Mensch Manufacturing 清粪铲车；②曲阜市润众机械制造有限公司清粪车
	电动刮板装置	机械操作简便，工作安全可靠，噪声小，运行、维护成本低	清粪效果较差，智能化程度低	①新东机械智能化刮粪板清粪系统；②北京海慧高科畜牧科技有限公司多级刮板
智能机械清粪装备	智能化清粪机器人	对动物友好，维修费用低	初期成本较高，且只适用于漏缝地板	①奥地利 HETWIN 公司 APOLLO；②荷兰 Lely 公司 Discovery 90SW；③波兰 POLANES 公司 PRIBOT

2. 信息感知设备

工厂化养殖信息感知设备是指通过传感器网络技术、无线通信技术、机器视觉技术和遥感技术等获取水产养殖环境、水生动物行为特征参数等的设施设备。

水产养殖环境信息获取设备。大气温湿度、风向、气压等气象因子获取装备技术比较成熟，但对于水质数据监测难题，仍然需要攻克。近年来，光学溶解氧、pH、浊度等传感器在工厂化水产养殖中应用，较好地解决了测量稳定和可靠性的问题，但仍然存在成本较高、需要周期维护等缺点。在线水质监测系统通过各种传感器对水体中的温度、pH、溶解氧、氨氮、亚硝酸盐、盐度等，以及其他一些水质指标，如微量元素含量、重金属离子含量、农药残留含量等进行实时监测（陈忠东和蒋新跃，2019）。

水生动物行为特征参数获取设备。基于机器视觉的鱼类行为检测装备技术可以实现对鱼类尺寸、数量、速度等的获取。对水深较深或底栖鱼类，可利用水下相机检测其行为变化。立体视觉在获取鱼的尺寸、三维位置方面具有显著的优势，已经用于金枪鱼转网时的计数、三维尺寸测量及资源量估计等（周超，2018）。

3. 环境调控装备

工厂化养殖系统的水质调控以固形物过滤、生物膜过滤、杀菌、增氧为目的，主要装备有旋筛过滤机、各类生物滤器、紫外或臭氧杀菌装置、增氧设备等。

水温调控设备。包括锅炉系统、热交换器、电加热器、太阳能加热器、热泵和水温自控系统等，主要作用是调控水温，保证鱼类在最佳水温中快速生长（徐皓，2016）。

增氧设备。低密度养殖主要利用微孔曝气增氧机、充气式增氧机、叶轮增氧机、射流式增氧机、水车式增氧机和喷水式增氧机等。高密度养殖时利用纯氧增氧（陈忠东和蒋新跃，2019），通常的方法是使用气石曝气、射流器溶氧和氧气锥。

水质净化设备。机械过滤系统常见设备有微滤机、蛋白质分离器、过滤沙缸、精密过滤器等。

4. 养殖作业装备与机器人

养殖作业装备及机器人包括自动投喂设备、个体及群体管控设备（如清洗、巡检、死鱼捡拾、疫苗注射）、高效收获装备（包括起捕、分鱼等）等。

自动投喂设备。随着人工智能技术的发展，使用声学监测、计算机和传感器技术开发了可以实时计算饲料量的投饵机。此类系统主要由自动上料、传输系统和控制系统组成（周超，2018）。

管控设备。巡检机器人，包括无人机、无人船及水下机器人等，可以用于水面及水下鱼类生长状态（体长、体重等）、行为信息（异常、摄食）、网衣破损等的智能巡检；全自动鱼类疫苗注射系统，可实现每人每小时 10 000～20 000 条鱼苗的疫苗注射。

高效收获装备。水下采捕机械手用于代替人工采捕海珍品等；通过吸鱼泵，利用负压将鱼抽出，与分鱼机配合使用，按照大小规格进行分选，提高收获分拣的效率；鱼苗分级机械，将重力传感器、摄像头、激光等传感器识别的鱼苗通过挡板、托盘机械部件分到对应的区域，进而对鱼类实现分级。

三、展望

工厂化种植。我国工厂化种植产业发展起步晚，技术装备研发和应用相对滞后，在借鉴国外先进经验的基础上，必须加强设施设备研发的自主创新力度，开发适合我国工厂化种植特点的具有独立知识产权的装备技术核心产品（张睿，2010），特别是在作物生产过程智能化作业技术装备和作物生理生态信息获取装备方面，其中，智能化作业装备技术突破无人操控下的作物生产、采后、物流等环节关键技术，实现 AI、大数据技术、智能装备技术与农艺的结合，形成全产业链的智能作业技术装备，主要突破点包括作物育苗机器人、物流机器人、植保机器人、采收机器人、采后处理作业装备、农业废弃物处理机器人；开发能够实时获取动植物生理、生态特性的装备技术，重点通过集成先进的机械、电子和控制部件，开发实时监控植物生理、生态特性的生物传感装备，最大限度地获得植物生长需求信息，最大限度地减少人为影响，进行科学生产和信息化管理（张睿，2010）。

工厂化畜禽养殖。智能化设备的推广使用是未来的主要发展趋势，对畜禽养殖装备提出了新要求。制定统一的畜禽养殖装备技术、通信标准和试验验收规范，保证畜禽养殖装备的安全可靠运行；提升畜禽装备的智能化水平，搭载高质量、高精度的传感器实时监测畜禽状态、行为和环境等指标，实现由机械化、自动/半自动化到智能化的快速转变，是工厂化养殖装备的发展方向；大力推进低碳节能，尤其在当今碳达峰、碳中和目标下，着力研发低功耗、高效能、低排放的工厂化畜禽养殖装备。

工厂化水产养殖。养殖自动化：工厂化车间育苗、养殖、防病、分级、收获、初加工、废物处理等全部生产过程实现全自动化养殖，并将所有鱼类产生的垃圾或下脚料留在工厂内，为消费者提供优质、绿色、健康、安全的养殖产品。装备智能化：绝大部分养殖装备实现数字化和智能化，重要生产数据可通过网络服务平台汇总、分析、反馈、预警，装备使用寿命进一步提高，全国建立统一的养殖智能装备制造标准化体系。管理数字化：建立成熟的鱼类健康状态监测技术体系，进一步提升信息化管理和监测技术水平，进一步优化投饲工艺、增氧方案、循环量、水质环境等可控指标，为管理者提供最优辅助决策。模式标准化：不管是新建车间还是改造车间，均有成熟的模块化装备系统或工程设计方案，针对不同养殖品种有最佳养殖技术解决方案，生产、清洁、降耗、维护、运输、销售等产前、产中、产后的标准化程度进一步提升。

第五节　农产品产地初加工装备

一、概述

农产品产地初加工在农产品产业链中有着承上启下的作用，向上延伸至采收、种植甚至育种，向下延伸至精深加工、贮运销售，是农业现代化的重要标志（张正周等，2019）。农产品产地初加工即在农产品产后进行的首次加工，是使农产品性状适于进入流通和深加工的过程，主要包括产后净化处理、分类分级、干燥、包装、预冷和储藏保鲜等环节，其目的是减少农产品损失，提高农产品附加值（梁劲娟和马联，2021）。

农产品产地处理装备主要包括粮食干燥装备、农产品品质无损检测分级装备、生鲜农产品预冷保鲜装备等，农产品产地处理装备机械化水平逐渐向智能化、自动化快速发展。在粮食干燥装备方面，我国的粮食干燥机械化水平不足 10%，仍是农产品机械化处理工作的“短板”，从干燥机的研发制造来看，我国仍需在高效、高质、能源节约化、智能化等方面创新研发。在生鲜农产品预冷保鲜装备上，我国拥有的预冷设备和设施还相对较少，也缺乏对预冷农产品重要性的认知。农产品品质无损检测分级装备融合机械工程、信息技术、化学分析、生物技术和传感技术等多学科于一体，具有不破坏被检样品、检测速度快、样品前处理简单、少污染、自动化等优势，具有广阔的经济价值，但当前还存在检测指标较为有限、检测对象集中于苹果、梨、柑橘等中型尺寸水果、产品的可靠性和检测精度较低等问题，与国际研究水平存在一定的差距，但这种差距正在逐步缩小。

二、发展现状与应用效果

（一）粮食干燥装备

粮食干燥是粮食储存管理的重要环节。国外发达国家或地区，特别是欧美和日本等在此方面处于领先地位。欧美等的发达国家早在 20 世纪五六十年代就基本实现了谷物干燥机械化，六七十年代谷物干燥过程基本实现自动化，到了 80 年代，逐步向高质量、高效率的方向发展。目前，欧美和日本以及一些新兴工业化国家的粮食干燥技术和设备的发展已日趋成熟。主要表现在以下几个方面。①机械化程度高，美国粮食干燥工艺机械化水平达 95%，日本的粮食干燥水平达 90%。②干燥机规格多样化，一些国家在粮食干燥工艺方面已有多个大型品牌，如日本的 KANEKO 公司、丹麦的 CIMBRIA 公司都是发展成熟的大型粮食干燥设备厂家。这些厂家生产的设备处理能力也比较完备，可以适应各种不同规模粮食处理的需要。③自动化水平较高，近年来，国外粮食干燥技术发展迅猛，在线粮食水分检测技术、风温控制技术等显著提升了粮食干燥装备的自动化水平，极大地提高了整个粮食干燥工艺的效率。图 6-28 是日本 KANEKO 公司生产的 CEL-2000 粮食干燥机，其进料能力最大能达 32t/h，出料能力最大能达 25t/h，每小时降水率能达 1.1%。

图 6-28　日本 KANEKO 公司 CEL-2000 粮食干燥机

国内的粮食干燥技术发展较晚，初步发展是自新中国成立初期仿制日本、苏联等国的谷物干燥机开始的。直到 20 世纪 70 年代，我国开始吸收之前引进的技术，自主研制粮食干燥机。80 年代后又开始引进欧美等国的先进干燥机，如 Berico、Zimmerman、Shivvers 等公司的产品。自 2000 年以来，我国对粮食干燥技术和设备进行了大量的理论与实践研究，也培养了一批专业技术人员，与此同时，也涌现了大批粮食干燥设备的生产厂家。2015～2017 年，我国粮食干燥设备市场呈现“井喷式”发展，鼎盛时期有 400 家以上粮食干燥设备制造企业，但普遍规模小、技术研发能力弱、缺乏自主核心技术，在高端市场缺乏竞争力。2018 年，整个烘干机行业遭遇寒潮，农机补贴系统里只剩下不到 150 家。目前，我国粮食干燥设备发展较为先进的厂家有中联农机、沃得农机、辰宇科技等。图 6-29 是沃得农机公司生产的 5H-22A 横流式粮食干燥设备，该设备采用横向八槽结构，与传统四槽结构相比，能使粮食受热均匀，烘干效率高。进出料效率最大能达 60kg/min，降水率能达 0.5%～1.0%/h。

图 6-29　沃得 5H-22A 横流式粮食干燥设备

（二）生鲜农产品预冷保鲜装备

目前主要的预冷方式有自然降温预冷、强制通风预冷、真空预冷等。自然降温预冷成本低，耗时长，效果差；强制通风预冷操作简单，适用性较广，但在缩短预冷时间、提高冷却均匀度及减少能耗方面还需进一步研究；真空预冷降温快，效率高，但成本较高；差压预冷具有降温速度快，冷却均匀，效率高，成本低等优点。差压预冷，也称为强制通风冷却，是一个普遍应用在水果、蔬菜或切花上的预冷技术，主要是利用抽风扇使包装箱两侧造成压力差，冷风从包装箱一侧通风孔进入包装箱，使冷空气直接与产品接触后，由包装箱另一侧通风孔出来，同时将箱内的热空气带走。差压预冷设备简单，只需要在普通冷库基础上稍加改造即可，且几乎所有的农产品均可使用差压预冷方式降温，具有投入小、易推广的优势。

预冷保鲜装备在发达国家中发展较早。早在 1965 年日本就提出了农产品产地采收处理—预冷—冷藏—销售的流程，如今，预冷技术在日本已相当成熟，90%以上的农产品都经过预冷后贮藏、运输。20 世纪 80 年代，美国的低温冷藏链技术发展迅速，预冷技术在实践中得到了广泛应用，目前已经形成大规模农产品的产地预冷、冷藏运输及流通消费的连续低温冷藏链（凌建刚，2014）。我国既是生鲜农产品的消费大国，也是生产大国，受气候环境和经济水平影响，我国形成了典型的“西果东送”和“南菜北运”的农产品流通格局。《2021 年生鲜农产品冷链储运技术发展报告》显示，我国每年生鲜农产品的总调运量超过 3×10^8t，但综合冷链流通率仅为 19%，果蔬、肉类、水产品的流通腐损率分别为 0～30%、12%、15%，造成了社会资源的巨大浪费（杨天阳等，2021）。近年来，为了降低生鲜农产品流通损耗率、保障食品品质及安全，我国大力发展生鲜农产品预冷保鲜装备。例如，江苏、天津、海南等地果农采用冰块给冷水池降温，并将蔬菜浸入冷水中，以去除田间热，达到预冷目的。广东、广西等地也采用冷水冷却装备进行荔枝产地预冷（图 6-30）。通风降温和加冰预冷等田间预冷保鲜结合冷链运输等措施的实施，有效地降低了果蔬长途运输导致的流通损失。

图 6-30　果蔬冰水预冷设备

（三）农产品品质无损检测分级装备

无损检测装备技术是指在不破坏被检对象的前提下，运用声、光、电等物理学手段对物料进行检测分析的一种方法，该技术在水果、蔬菜、谷物等农产品品质分级领域具有较多研究和应用。与传统的化学检测方法不同，具有不破坏被检样品、检测速度快、样品前处理简单、少污染、自动化等优势。

国外，特别是美国、日本、欧洲等发达国家和地区在农产品品质无损检测研究方面起步较早，20 世纪五六十年代就已经开展相关科学技术研究，通过多年的积累和攻关已经形成了比较成熟的技术，并且进行了成熟的商业化应用。国外新西兰 Compac 公司、日本 Nireco 公司、法国 Maf Roda 公司等在果蔬的内外部品质无损检测分级装备研发中较为领先，图 6-31 为新西兰 Compac 公司研制的最先进的水果外部品质分级系统 InVision 9000，它已经可以实现大小、形状、颜色和表面缺陷的检测与分级。

图 6-31　Compac 公司研制的水果外部品质分级系统 InVision 9000

我国于 20 世纪 80 年代开始进行农产品品质无损检测领域的相关科学技术研究，通过多年的积累和攻关也获得了较快的发展，杭州行地集团、扬州福尔喜、江西绿盟、北京福润美农等公司已经研制了相关的水果分级检测系统（图 6-32），并进行了推广应用。但总体技术水平与国外尚有不少差距，主要表现在：①检测指标较为有限，其中重量和大小分选最为普遍，颜色、形状、体积、密度的检测较少，表面缺陷的检测精度较低；②检测的对象集中于苹果、梨、柑橘等中型尺寸水果，而蓝莓、草莓、樱桃等小型果和西瓜、哈密瓜等大型果检测装备较少或基本没有涉及；③检测装备的可靠性和检测精度较低，目前大型水果分级设备仍以进口为主。

图 6-32　江西绿盟公司研制的多通道水果分选机

从总体上讲，在农产品品质无损检测方面，国内虽然与国际研究水平存在一定的差距，但这种差距正在逐步缩小。

（四）畜禽粪便产地处理装备

1. 槽式堆肥装备

槽式堆肥目前在各类规模化养殖场中被广泛应用，综合考虑畜禽粪便处理量和翻堆机设备选型，决定堆肥槽的尺寸及数量。翻堆机的机械翻堆过程一方面能使堆体不同空间梯度处的物料破碎并混合均匀，同时增加堆体孔隙度，有利于提高强制通风系统的供氧效率，实现整体物料的高温无害化处理；另一方面能结合强制通风，带走堆体大量水分，极大地降低后续干燥成本；并且使堆体物料在堆肥槽内平移，允许定时进/出料，实现连续发酵（图 6-33）。

图 6-33　槽式堆肥具

槽式堆肥工艺的主要优点是：处理量大，发酵周期短，机械化程度高，可精确控制温度和氧气含量，不受气候影响，产品质量稳定。主要缺点是：设备较多，操作较复杂，土建成本较高，堆肥过程中温室气体和恶臭气体排放量大，堆肥产品中的养分损失率较高。

2. 堆肥反应器装备

堆肥反应器是将有机废弃物置于集进/出料、曝气、搅拌和尾气控制于一体的密闭式反应器内进行好氧发酵的一种堆肥工艺设施。一方面方便操作人员对堆体温度、含水率以及氧气浓度等进行快速、有效的调整，实现对反应进程的精准控制；另一方面对外界环境气候依赖性小，可以保证稳定的处理速度；此外反应器堆肥系统便于对尾气以及渗滤液等进行收集和处理（曾剑飞，2018）。密闭式堆肥反应器工艺主要用于规模养殖场的有机固体废弃物就地处理。堆肥反应器装备发展较快，不同的装备类型层出不穷，按物料的流向可将堆肥反应器装备分为水平流向反应器和竖直流向反应器。水平流向反应器包括旋转仓式、搅动仓式；竖直流向反应器包括搅动固定床式、包裹仓式（余群等，2003）。美国国家环境保护局将堆肥反应器系统分为推流（plug flow）式和动态（dynamic）混合式。根据反应器的结构、搅拌方式等，可以将好氧堆肥反应器装备归纳为筒仓式堆肥反应器装备、塔式堆肥反应器装备、滚筒式堆肥反应器装备和搅动固定床式堆肥反应器装备（图 6-34）。

堆肥反应器的主要优点是：发酵周期短，占地面积小，辅料需求少，保温效果好，自动化程度高，密闭系统臭气易控制。主要缺点是：单体处理量小，大规模项目需要布置较多设备（徐鹏翔等，2018）；此外，反应器堆肥目前还存在造价高、耗能高、单位有机肥生产成本高的问题。

3. 覆膜堆肥装备

覆膜堆肥技术是一种将静态垛式堆肥和反应器堆肥相结合的堆肥技术，通过覆盖功能膜材料使堆体维持在相对封闭的环境中，避免外界环境变化（如雨、雪）对堆肥过程的影响，实现快速发酵。在实际堆肥过程中，膜覆盖材料一般采用膨体聚四氟乙烯膜（ePTFE），该膜上均布0.2μm左右的微孔，能够允许气体穿透，但是可阻止堆肥过程中产生的水滴、病原菌、灰尘以及臭气等大分子物质透过，同时由于覆膜堆体内部的部分高温水蒸气在膜下冷凝形成一层液膜，能够溶解氨气并回流至堆体，减少堆肥过程中的氮损失，实现氨减排（图6-35）。

图6-34　堆肥反应器装备

图6-35　覆膜堆肥装备

该技术的优点是基建和运行成本低，处理量较大，温室气体和恶臭气体排放少；缺点是不能连续处理，水分去除效率低，无法翻堆，部分堆料发酵不均匀。

三、展望

我国目前正处于“自主创新”时期，农产品产地处理技术研究和装备研发正在快速发展，伴随移动互联网、大数据、人工智能等现代科技的发展，农产品产地处理技术必然向智能化、智慧化方向迈进，新能源、电子智能控制、农业机器人及北斗导航等智能技术的应用，将会进一步突显农产品产地处理装备精细化、精准化的发展趋势。未来5～10年将是我国农机装备追赶世界先进水平的关键时期，我们要抓住难得的历史机遇，发展农产品产地处理装备，保障农产品质量安全，提高农产品国际竞争力，让我国农业生产变得更高效、更舒适，农业资源得以更充分利用。

第七章　生态技术支撑农业

第一节　现代智慧生态农业的生态技术体系

近年来，农业生产在追求产量最大化的同时也带来了一些显著的环境问题，包括农业的面源污染和温室气体的大量排放，频频出现的食品安全问题，以及由于不合理的农业生产造成的生物多样性减少、水土流失等生态系统服务功能下降等。因此，现代智慧生态农业很重要的一个目标是在有效实现农业生产功能的基础上，减少农业对环境的负面影响，即要把农业生产的社会效益、经济效益与生态环境效益协调起来，这一目标的实现需要依赖各种现代高效生态技术的加持，以维持生态农业的管理和运作。现代智慧生态农业是从生态经济系统结构合理化入手，通过工程与生物措施强化生物资源的再生能力；通过改善农田景观及农林复合系统建设，使种群结构合理多样化，恢复或完善了生态系统原有的生产者、消费者与分解者之间的链接，形成生态系统的良性循环结构及物质的循环利用，在种群结构调整中，依据生态适宜性原则，改善农业系统内生物多样化，不但有力地促进了生态资源的保护与培育，也为产业的多样化、良性循环的生态农业产业化打下了物质基础，有利于实现资源高效利用，并减少废弃物排放造成的环境污染，实现农业的清洁生产。因此，生态农业的技术体系既要考虑生产的可持续性，又要考虑经济和资源利用、生态的可持续性。一般来讲，现代智慧生态农业的生态技术体系应当包含 3 个方面：一是水资源、土地资源、化肥、农药等资源投入精准化技术体系；二是以林下经济与农-林复合经营、间套种等复合种植技术等为代表的物质循环利用技术体系；三是以稻田生态种养、鱼-菜共生等为代表的物种共生技术体系（图 7-1）（Yang et al.，2022）。

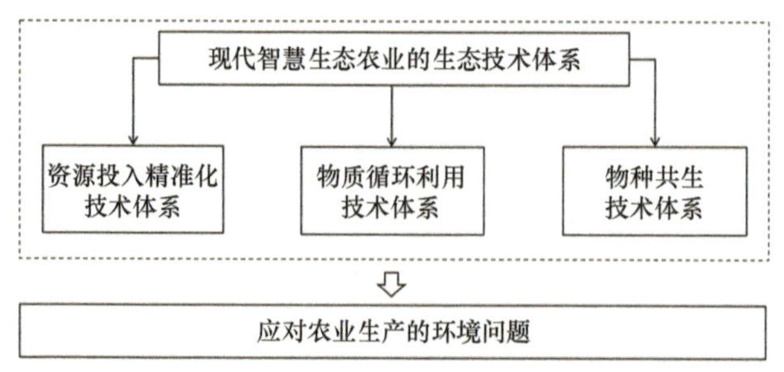

图 7-1　现代智慧生态农业的生态技术体系

总体而言，现代智慧生态农业的生态技术体系旨在通过提高资源的利用效率、加强农业生态系统中的物质循环效率、促进农业生态系统中物种之间的互利互惠以应对不合理的农业生产所造成的典型环境问题。值得注意的是，在利用现代智慧生态农业的生态技术时，需要注意应当因地制宜地引进、改造和优化组装，不仅要注意先进性，更要重视其适用性、技术间的协调性和总体效果，最终形成集传统农业技术精华与现代高效技术于一体的生态技术体系。

第二节 资源投入精准化技术体系

一、产生背景

水资源、土地资源和农药、化肥是农业投入中的基础性物质资源，这些物质资源的投入不仅关乎农产品的产量安全和质量安全，过量投入还可能造成资源浪费、面源污染等问题。例如，华北平原的“地下水漏斗”现象是典型的水资源过度利用造成的环境问题。

在三类农业投入的基础性物质资源中，水资源是限制农业生产的重要因素之一，水资源缺乏是我国尤其是北方地区最为突出的资源问题之一，节约用水、节水灌溉等一直是生产生活中提倡的重要口号之一。在现代智慧生态农业发展中，如何建立节水农业，降低农业生产灌溉用水，减少水资源的浪费，提高水资源利用率，是现代智慧生态农业发展的重要目标，也是实现节约型农业的重要手段。通过工程措施和非工程措施，采用多种节水灌溉手段，开发多种水源，综合利用水肥资源，提高农业用水产出效益，全方位提高生态农业用水效率。其中主要的技术类型包括高效节水灌溉技术、暗管排水技术、水肥一体化技术、农田多水源高效利用技术等。土地资源是农业的基础，肥力丰富的土壤可为植物性农产品的生长提供各类必要的营养物质。同时，肥沃的土壤还具有一系列良好的物理和化学性质，能够在一定范围内实现自身的修复、调节等。在现代智慧生态农业的发展中，要想提升土地肥力和维持土壤的良好性质，经常会用到一系列土壤肥力保持和提升技术，如保护性耕作技术、土壤培肥技术、水土流失预防与管理措施技术和生态优化植保技术等。

因此，现代智慧生态农业中的资源投入精准化技术体系旨在通过技术手段实现水资源、土地资源和农药、化肥的精准化投入，从而提高资源的利用效率。

二、现状、成效与问题

当前，现代智慧生态农业中的资源投入精准化技术体系主要包括水资源高效利用技术、土壤肥力保持与提升技术，以及农药化肥减量增效技术等三大方面（图 7-2）。

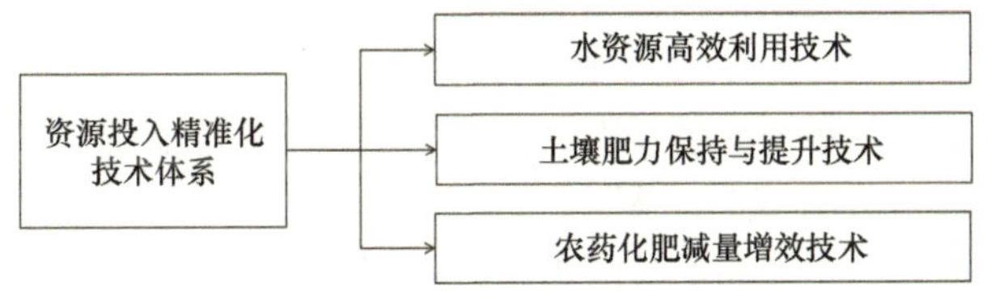

图 7-2 资源投入精准化技术体系

（一）水资源高效利用技术的现状、成效与问题

1. 高效节水灌溉

高效节水灌溉的发展不仅可以高效解决水资源短缺和农业灌溉之间的冲突，而且可

以在一定程度上降低农业生产的成本，是生态农业水资源高效利用技术体系中的一项重要技术。其中，主要包含喷灌、滴灌、微灌等技术。

喷灌技术是高效节水灌溉技术中最常见的，主要应用于平坦的土地环境中，特别是对于大规模农业生产种植，喷灌技术具有明显的应用优势，能够实现大面积、高效性喷灌，节水效果可以达 30%以上，并且能够适用于各类农作物种植，提高土地利用率（杨晓明，2021），但不足之处在于如果农田处于山地，则不适合采用这种技术。

滴灌技术根据农作物在不同的生长时期所呈现的蓄水规律，将水资源通过管道输送到农作物根部，相比喷灌技术，这种技术的节水效果更为显著。同时，结合有效的施肥还能提高施肥效果及利用率。采用滴灌方法能够较为均匀地进行灌溉，减少水分蒸发，实现灌溉量的精确化。

微灌技术的工作原理是在滴灌技术的基础上发展而来的，灌溉方式有小管涌流管、滴灌、微喷灌和渗灌等，主要由输配水管网、灌区、灌水器以及水资源组成，相较于其他灌溉技术，该技术的优势是灌水流量较小，灌溉时间较长，灌溉周期非常短，这样农民就可以对灌溉水量进行合理的控制，同时还可以保障将水资源直接灌溉到农作物根部。与传统的灌溉技术相比，微灌技术使水资源的利用率提高了 30%，同时也在一定程度上提高了肥料的利用率，促进了土壤结构的改善（沈岳飞和牛希华，2021）。

2. 暗管排水

暗管排水是将具有渗水功能的管道埋置于地下适当位置，用于控制地下水位、调节土壤水分、改善土壤理化性状，从而达到促进农业生产和生态保护的一项技术措施（程方武等，2005）。田间排涝是暗管排水技术最主要的用途，也是解决低洼地区涝害的主要手段之一。

暗管排水技术也可以用于排水排盐，根据“盐随水来，盐随水去”的原理，当土壤中水分达到田间最大持水量时，土壤水从管壁渗水微孔渗入暗管中，溶解在水中的盐分随水排出土体，从而降低土壤盐含量，达到治理盐碱地的目的（石佳等，2017）。暗管在使用的过程中，也存在淋失土壤养分尤其是氮素的情况，并且受到土壤质地的限制（邓刚，2010）。在 2000 年以前，暗管技术重心是暗管排水，占 80%，其次是排水排盐。

3. 水肥一体化

水分和养分是作物生长必需的基本要素，也是可进行人为控制的要素。在水分和养分的供给过程中，最关键的是要合理调节水分和养分的平衡供应，最有效的方式则是实现水分和养分的同步供给，即在为作物提供充足水分的同时，最大限度地发挥肥料的作用，水肥一体化正是可以实现向生长中的作物同步供给水分和养分的技术。水肥一体化是基于滴灌系统发展而成的节水、节肥、高产、高效的农业工程技术，通过借助压力系统，将可溶性肥料按作物种类和生长的需肥规律配兑的肥液，随灌溉水通过可控管道系统向植物供水、供肥（王学等，2013）。

与传统的灌溉和施肥措施相比，水肥一体化技术具有显著的优点。首先，它可以实现水分和养分在时间上同步、空间上耦合，在一定程度上改善了农业生产中水肥供应不协调和耦合效应差的劣势，大大提高了水和肥的利用效率，在作物增产增效和节水节肥等方面效果显著。其次，省水、省肥、省时，降低农业成本；降低病虫害发生概率，保证农作物品质和产量；减少环境污染；改善土壤微环境、提高微量元素使用效率等。因此，水肥一体化技术是现代农业健康科学发展的有力保障（杨林林等，2015）。经过多年的发展，水肥一体化技术在理论研究、技术水平等方面虽然取得了长足进步，但是仍然存在一些问题，如产品质量、技术性能、可靠性等方面还有待进一步提高，灌溉与具体作物的农艺要求配合度不够，灌溉与同步施肥的结合不足；针对性及智能化产品的研发不足等。

4. 农田多水源高效利用

农田的灌溉用水如果长期主要依靠抽提深层地下水，则会导致地下水位下降，甚至形成巨大的地下水漏斗区，产生一系列的环境问题。在实际的农业生产中，可以利用的灌溉水源是多源的，浅层微咸水资源、雨水资源等均可作为替代性水资源进行高效利用，应当充分挖掘咸水资源利用潜力，提高地下淡水与雨水利用效率，实现以咸补淡、以淡调盐、多水源互补高效利用的局面。对于浅层微咸水的利用，依据作物耐盐和需水规律，在作物生长的一定阶段，利用咸水进行补充灌溉，可获得显著增产与改善作物产品品质的效果。但是咸水灌溉不当不仅会使作物产量降低，而且会对土壤生态环境和土壤结构造成严重破坏。这就需要在生产实践中，根据不同作物和作物不同生育期对盐分的敏感程度差异，优化微咸水供水时间和供水方式，并结合田间农艺和工程措施，如深耕、深松、翻土、有机物（作物秸秆等）覆盖、灌水洗盐等，尽可能消减微咸水灌溉的不利影响。主要的具体途径可以分为以下几个方面。

第一，覆盖耕作措施，小麦秸秆覆盖可以降低咸水灌溉所导致的表层土壤的盐分累积和土壤钠吸附比，与此同时还能够改善盐分在土体中的垂直分布，使土壤根系分布密集层保持较低盐分水平，缓解盐分对作物的危害，并有显著的增产效果；耕作起垄，人为造成微域地形的高差，产生地表不均衡蒸发，使低处水盐向高处移动。

第二，优化灌溉制度和灌溉方式，利用微咸水滴灌可以避免叶面损伤，而且由于滴灌的淋洗作用，盐分向湿润锋附近积累，滴头下面的土壤含盐量比较小，有利于作物生长，并且维持一个高的基质势，同时在滴灌条件下土壤水分含量分布与盐分分布正好相反，有利于作物根系生长发育和水分、养分的吸收利用；咸淡水的混灌和轮灌技术，则既可以实现微咸水资源的充分高效利用，又能较好地控制根层盐分表聚，保持作物根层水盐平衡并保障作物生产安全。

第三，增施有机肥或者生物质炭等土壤改良剂，在增加土壤中腐殖质含量的同时，有利于土壤团粒结构的形成，改善盐碱土的透气、透水和养分状况。

第四，实施水利工程措施，咸水灌溉后，利用淋洗和暗管排水等措施保持表层土壤脱盐。纳雨蓄墒耕作技术主要包括深耕、深松保墒、耙耱和保护性耕作等。保护性耕作方式改传统的精耕细作对土壤的过度加工为少耕或免耕，同时采用秸秆、残茬或其他植被覆盖地表以减少雨水和风对土壤的侵蚀，减少蒸发；免耕最大限度地减少了土壤物理结构的破坏，提高保墒性能，降低了土壤水分的蒸发量，增产增收效果明显，土壤深松可打破犁底层，加深耕层疏松土壤厚度，增强对雨水的蓄纳能力，并促进作物根系对土壤深层水分的吸收，减少对土壤表层水分的过度依赖。耙耱和镇压保墒技术主要是通过碎土、平地及压紧土壤表层，以减少表土层内的大孔隙数量，减少土壤水分蒸发，达到保墒目的。

利用咸淡轮灌、混灌、蓄积雨水等技术实现对农业多水源的高效利用，可以减少对地下水源的依赖，提高多水源的利用效率，但是咸水灌溉不同于常规灌溉，不同土壤、不同作物、不同水质条件需要不同的咸水安全补灌技术，减少盐分在土壤表层积聚和促使盐分向下运移，依据作物需水与耐盐规律，通过先进的灌溉手段，减少灌溉用水量、降低输入土壤的盐分，通过抑制土壤蒸发，减少盐分在土壤表层的积聚；通过合适的栽培种植技术，创造淡盐化的根层环境等，创新咸水安全补灌下作物高效用水的水分和养分耦合技术、简易有效的咸水补灌技术、结合当地土壤-气候-水文地质等自然条件的咸水补灌管理、咸水补灌下的土壤盐分调控、作物产量品质调节等关键技术，以适应现代农业的发展要求（刘小京和张喜英，2018）。

（二）土壤肥力保持与提升技术的现状、成效与问题

1. 保护性耕作

保护性耕作是相对于传统耕作的一种创新耕作技术，其核心技术是秸秆覆盖和土壤少耕、免耕，具有节水保墒、培肥地力与固碳减排等功能和保水、保肥和环境友好等生态作用，符合我国刚性资源约束与脆弱水土资源保护的国情（胡春胜等，2018）。保护性耕作的关键技术分为秸秆残茬处理、免少耕施肥播种、土壤深松和杂草病虫害防治。其工艺过程为：收获后进行秸秆处理，必要时进行深松或耙地，冬季休闲，春季免耕播种，田间管理及收获。其配套机具主要可分为秸秆还田机械、免耕施肥播种机械、深松机械及植保机械（刘文政等，2017）。其中，秸秆残茬覆盖是保护性耕作的核心内容之一。它将作物秸秆残茬覆盖在耕地地表，以调节地温，控制土壤侵蚀，增强土壤微生物活动，抑制土壤水分蒸发，提高雨水利用率，改善土壤结构，增强土壤肥力，最终达到提高作物产量的目的。免少耕施肥播种是保护性耕作技术的重要内容，该技术是指在作物秸秆切碎还田覆盖的情况下，使用与36.8kW以上拖拉机配套的免耕施肥播种机直接进行播种作业，一次完成开沟、肥料深施、播种、覆土、镇压等作业工序。土壤深松是指用深松机具疏松土壤，打破坚硬的犁底层，增加土壤耕层深度而又不翻转土壤层，从而增加土壤透气、透水性，改善作物根系生长环境的一种耕作方式，作业深度可达20cm以上，是保护性耕作的一项重要作业模式。

相对于传统耕作方式，保护性耕作有很多优点：减小劳动强度，节省时间；节省燃料，减少机械磨损；改善土壤结构，增加农田有机质含量；减少农田蒸发，提高土壤水分利用率；保持水土，提高水质；增大野生动植物种群数量，促进生态群落良性循环；秸秆覆盖可防治风蚀，相对于传统焚烧秸秆的处理方式可提高空气质量，减少大气污染。但也存在一些不容忽视的问题：传统耕作理念根深蒂固；政府扶持力度不足；保护性耕作机具和售后服务不够完善；技术规范性差；缺乏大面积示范基地等。

2. 土壤培肥

土壤培肥对于土壤肥力的提升具有重要的作用。生态农业中常用的土壤培肥技术主要有矿物质培肥、生物培肥、植物培肥、动物培肥等（聂斌和马玉林，2020）。

矿物质培肥主要使用含有氯化钙、钾矿粉（石灰石、石膏、天然磷镁矿石粉等）、

磷矿粉等的天然矿物质肥，这些矿物质都具有较强的吸水固水性和离子交换性能，施入土壤后能够持续一段时间，吸收农作物周边土壤中的有害物质与重金属离子，有效避免农作物受到有害物质的污染，还能在很大程度上提高农作物自身的免疫力，减缓土壤中的水分蒸发。

生物培肥是利用生物降解或天然存在的生物进行施肥的一种方式，能够有效改善农作物的生长环境，还能在一定程度上提升农作物抗病虫害的能力，使农作物稳定生长，进而实现增产增收的目标，常见的生物培肥方式主要是菌肥培肥和蚯蚓培肥。

植物培肥主要是指在土壤中种植绿肥作物，再将其施入土壤中以实现土壤培肥的作用。常用的绿肥就是豆科作物，如紫云英、苜蓿、草木樨、田菁、蚕豆、苕子和紫穗槐等，还有一些自然环境中蕴含腐植酸的木炭、树皮等植物。

动物培肥可以与植物培肥结合使用，主要是利用动物的粪便作为肥料施入土壤中，可以起到快速增加土壤肥力的作用，同时还可以解决在植物培肥中容易出现的短期培肥能力差的问题。

从当前的发展情况来看，矿物质培肥主要使用天然矿物质，造价较高，难以大面积推广实施（贺秀祥，2020），动物培肥肥料来源逐渐减少，其所占比例和使用量逐渐下降。此外，因为不同区域土壤性质不同，需要首先对不同区域土壤性质进行细致的研究和监测，因地制宜地选择不同的培肥方式，以提升不同区域土壤的肥力。

3. 水土流失预防与管理

水土流失现象危害严重。一旦发生比较严重的水土流失，有可能改变土壤的组成成分，使土壤的存水能力和肥力大大下降，造成土壤硬石化、沙化，使农作物缺少生长养分，不利于农作物和植物的种植，导致农民收入不高，影响农业经济发展，可利用耕地面积也会大大减少。此外，在水土流失过程中，由于大量泥沙的出现，河道淤积现象也会变得更加严重，随着河床的不断升高，最终导致洪涝灾害的发生，威胁靠近河岸地区生活的民众的人身安全。另外，流失土壤中的农药和肥料也会污染水质，导致人民群众的用水安全无法得到保障。

以治理水土流失为中心的生态农业发展，就是以小流域为治理单元，合理布设水土保持各项生物与工程措施，依据系统工程方法，安排农、林、牧、渔、副各业用地，使各项措施互相协调，互相促进，形成综合防治技术体系。在治理水土的同时，使水土资源获得充分、高效利用，使农业生产得到发展。这种生态经济工程是涉及自然生态、社会经济、科学技术等诸多方面内容的复合系统工程，其目标是较少投入，获取较大的生态经济效益，以环境建设为突破口，实现资源永续利用、经济持续发展和保护生态环境的总体目标。

以水土流失最为典型的黄土高原地区为例，通过工程措施与植物措施、耕作技术进行优化组合与配置，不仅能够减少径流产生，还能防止流域内水土资源流失。典型小流域的水土流失治理技术体系可分为坡面治理技术体系和沟道治理技术体系。其中，坡面治理技术体系又可分为生态修复体系和坡耕地治理体系。生态修复体系是以退耕还林、封山育林和荒山造林等为主，以恢复植被从而预防水土流失；坡耕地治理体系主要是坡耕地地形改造、蓄排配套工程和水土保持耕作，形成不同坡度和地形主导下的独特生态景观格局，并且通过修建截排水沟、水窖蓄水池等小型水利措施，对坡面径流进行有计划地截排，从而提高土地生产力，预防或改善水土流失。沟道治理技术体系包括浅沟、切沟和冲沟治理，浅沟治理多采用沟头防护和修沟边梗，沟道修建柳谷坊或土谷坊；切沟一般通过在沟内栽植植物谷坊，削坡筑堤造林和修建拦沟式闸堤进行综合治理；冲沟治理是从上部到下部、从沟头到沟口、从沟坡到沟底建成完整防护体系，通过营造沟坡防护林、沟底防护林，修建淤地坝、石谷坊等进行综合治理（袁和第，2020）。常用的植物措施分为栽植分水岭防护林减缓严重风力侵蚀和水力侵蚀；营造水土保持林，并在不同的坡度上搭配不同的植被和工程措施，形成农林间作的模式；在缓坡立地条件较好的区域种植经济林，减少水土流失，保障经济生产；沟坡、沟岸和沟底建造沟道防护林，防止沟岸扩张、固土护坡；特殊区域则采取封禁的方式，依靠自然演替和恢复力使退化的生态系统恢复。而工程措施以坡面上的整地措施为主，包括梯田、水平阶、水平沟（卫伟等，2013）。主导耕作措施则包括间作技术、等高耕作技术、深耕技术、作物品种改良技术、草条与作物条套种技术、草条与灌木条套种技术、增施有机肥技术、合理密植技术、果树滴灌技术、轮作休耕技术、地膜覆盖技术、留茬覆盖技术等。

（三）农药化肥减量增效技术的现状、成效与问题

1. 生态植保

在农业发展中，农药的出现对农作物病虫害的控制效果理想，对于早期农业生产起到了巨大的保障作用，但是也带来了一些显著的问题，其中最典型的是生态环境问题和病虫害抗药性问题。在生态文明建设背景下，为了解决上述问题，生态植保技术应运而生并快速发展，逐渐演变为生态农业发展的重要技术，直接推动农业的发展。

植保是植物保护的简称，生态植保是一个综合性的农作物保护技术体系，其本质是调节生物和生物、生物和环境之间的关系，包含生态系统论、食物链、生态平衡、生物量等技术理论，经过多年发展，目前生态植保已经发展出预测预报技术、物理防控技术、生物防控技术、病虫害源头治理技术、农药减量增效技术、生态调控技术等（王少平和王玉珏，2021）。

生态植保技术的应用具有诸多意义：第一，生态植保技术要求植保人员对种植技术进行系统的学习，从种植与养护的基础层面提高农业产品的高质量，促进我国绿色农业生产理念的发展；第二，生态植保技术将物理防治、生物防治、化学防治相结合，进行病虫害防治等，减少了化肥与农药的用量，保障了食品安全；第三，生态植保技术的应用减少了农药、化肥对生态环境的破坏，直接加强了对生态环境的保护，有效减少环境污染。目前，我国的生态农业在生态植保技术的推广应用上还存在一些问题。首先，生态植保是一个综合性的农作物保护技术体系，复杂程度很高，需要一定的文化素质水平的支撑，造成很多新技术在推广当中遇到阻力，因为农民文化水平不高、接受速度慢，需要推广人员反复指导；其次，生态植保技术本身见效不够快，它需要农民从开始规划种植起就要进行相关的预防操作，并且要掌握农作物的生长周期规律，从时间成本上来讲，很难超越快速见效的农药，致使不少农民比较抗拒；最后，大部分乡村地区，包括

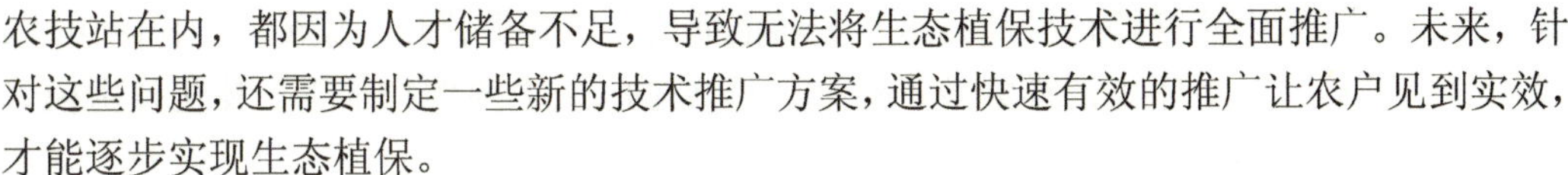

农技站在内，都因为人才储备不足，导致无法将生态植保技术进行全面推广。未来，针对这些问题，还需要制定一些新的技术推广方案，通过快速有效的推广让农户见到实效，才能逐步实现生态植保。

2. 化肥减量增效

当前，化肥减量增效技术主要包括测土配方优化施肥、机插侧深施肥、有机肥替代部分化肥和无水层追肥等。其中，测土配方优化施肥以土壤测试和肥料田间试验为基础，根据作物需肥规律、土壤供肥性能和肥料效应，在合理施用有机肥料的基础上，提出氮、磷、钾及中量、微量元素等肥料的施用数量、施肥时期和施用方法。有机肥主要是来源于植物和（或）动物，施于土壤以提供植物营养为其主要功能的含碳物料；经生物物质、动植物废弃物、植物残体加工而来，消除了其中的有毒有害物质，富含大量有益物质，包括多种有机酸、肽类以及包括氮、磷、钾在内的丰富的营养元素。有机肥不仅能为农作物提供全面营养，而且肥效长，可增加和更新土壤有机质，促进微生物繁殖，改善土壤的理化性质和生物活性，是绿色食品生产的主要养分。

三、发展趋势

资源投入精准化技术体系不仅要求继承和发扬传统农业技术的精华，注意吸收现代科学技术，而且要求对整个农业技术体系进行生态优化和技术集成，并且注重现有技术的推广。首先，应重视对传统农业模式的挖掘，如以活态性为重要特点的农业文化遗产的研究，能够为生态农业发展提供新的思路。其次，要重视总结和推广业已取得成效的多种多样的生态农业技术，如水资源高效利用技术体系、土壤肥力保持与提升技术体系、废物资源化利用技术体系等。同时，要重视高新技术在生态农业发展中的应用，如利用地理信息系统，逐步实现生态农业的合理布局；利用互联网技术与农业生产、加工、销售等产业链环节结合，实现农业发展科技化、智能化、信息化等。具体如下。

在水资源高效利用技术方面，2010 年以后暗管排水的主要作用正在慢慢从排水防涝为主转向排水排盐（谭攀等，2021）。这一时期，暗管排水排盐相配套的技术不断得到研发应用，推进了暗管排水的发展。例如，在干旱半干旱地区采用膜下滴灌与暗管排水结合进行盐碱地改良，可以节约灌溉水，水向下流入暗管的同时带动了盐分向下运动，持续性地排出盐分。另外也催生了暗管排水在新领域的发展，如暗管生态修复技术。暗管生态修复技术通常是指在土壤受到有机或无机污染的地域，采用溶解剂将污染物溶解，通过暗管排出土体，从而达到修复土壤的效果。同时，近年来国内出现了成熟的激光辅助开沟、铺管、回填一体机等暗管铺设辅助设备，大大提高了暗管的铺设效率和质量。随着强度高、轻便、柔性好的暗管材料和成本低、易运输、轻便高效的外包滤料的发展，以及智能化无沟暗管铺设设备的研发，暗管排水技术将会在更广阔的领域得到应用推广。在水肥一体化方面，在引进、消化吸收的基础上，未来应当加强关键共性零部件和设备的开发试验；加强与具体作物、土壤、肥料方面技术人员的协调与配合，提升水肥一体化的适用性和经济价值；针对提升空间较大的丘陵山区开展水肥一体化灌溉综合配套技术与装备的研究，针对井灌区、渠灌区、丘陵山区、设施温室等不同应用环境，摸索技术参数，形成本区域主要作物水肥一体化技术模式（易文裕等，2017）。

第三节　物质循环利用技术体系

一、产生背景

农业生态系统本身是一个人工生态系统，它具有特定的结构和功能特征。只有在具有一个能保证物质循环和能量流转过程畅通的良好结构中才能产出更多的产品，更好地发挥各种有益的效能。生态系统是由各个组成部分紧密结合在一起形成的一个有机整体，各成分之间相互作用、相互联系。其中任一成分的改变必然会影响其他成分的变化，并且可能进一步影响整个生态系统的结构和功能。农业生态系统的各个成分之间也不是孤立的，而是彼此相互影响、相互作用的。这就要求分析各生物成分之间以及生物成分与非生物成分之间的相互关系，在向系统中引入或去除某一生物成分之前，则需要弄清这一成分的引入或去除对其他成分以及整个农业生态系统的影响。

因此，物质循环利用技术体系以资源节约和废物资源化循环利用为特征，强调“废物”的再利用，将传统的“资源—产品—废物”的模式改为“资源—产品—再生资源”的反馈式流程。

二、现状、成效与问题

当前，现代智慧生态农业中的物质循环利用技术体系主要包括废弃物资源化利用技术和高效立体种养技术两大类（图 7-3）。

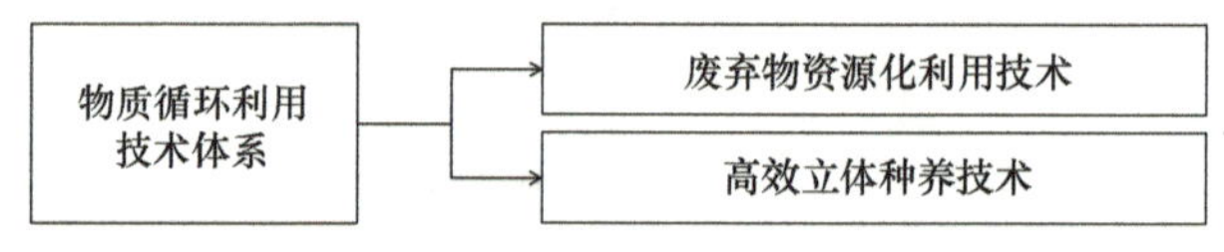

图 7-3　物质循环利用技术体系

（一）废弃物资源化利用技术的现状、成效与问题

农业废弃物是农业生产和再生产链环中资源投入与产出在物质和能量上的差额，是资源利用过程中产生的物质能量流失份额。我国每年产生的农业废弃物达几十亿吨，由于农业废弃物成分复杂，二次开发成本高、难度大，同时缺乏政策的引导和资金的投入，农业废弃物污染事故层出不穷。这些废弃物的无害化处理和循环利用是实现农村生态文明和农业生态化发展需要解决的实际问题。常见的废弃物资源化利用技术包括秸秆还田、尾菜饲料化、废物降解生防菌、反应器堆肥等。

1. 秸秆还田

农作物秸秆是一种可再生资源，大多指植物作物（如水稻、棉花、芝麻等）产出果实后剩余的部分，含有丰富的碳、氮以及矿物质等营养成分。作为农业大国，我国是农作物秸秆资源最为丰富的国家之一。据统计，2015 年全国农作物秸秆理论资源量为 10.4 亿 t，可收集资源量约为 9 亿 t，利用量约为 7.2 亿 t，秸秆综合利用率达 80.1%，其中肥料占 43.2%、饲料占 18.8%、燃料占 11.4%、原料占 2.7%、基料占 4.0%（陈玉华等，2018）。一般情况下，不宜直接作饲料的秸秆（玉米秸秆、小麦秸秆等）可通过还田的方式直接或堆积腐熟后施入土壤。通过秸秆还田将农作物生长所需的氮、磷、钾等元素归还土壤，补充和平衡土壤养分，主要包括直接还田和间接还田两种方式。

秸秆直接还田又可分为秸秆覆盖还田和翻压还田。不同的方式对微生物活性的影响存在差异，从而对作物秸秆腐解速率、土壤养分积累和秸秆有机物质释放的效果也有所不同（肖体琼等，2010）。翻压还田是在作物收获后，将作物秸秆在下茬作物播种或移栽前翻入土中。覆盖还田是将作物秸秆或残茬直接铺盖于土壤表面。随着时间的延长，秸秆逐渐腐解于土壤中，腐解后能增加土壤中有机质的含量。

秸秆间接还田主要包括快速腐熟还田、堆沤还田、过腹还田等方式，秸秆间接还田具有培肥、蓄水、调温以及减少环境污染等作用。快速腐熟还田是利用相关技术进行菌种的培养和生产，经过机械翻抛、高温堆腐和生物发酵等处理过程，将作物秸秆转化为优质有机肥，该技术具有自动化程度高、加工周期短、产量肥效高以及好氧发酵环境无污染等优点。堆沤还田也称为高温堆肥，是利用夏季高温将作物秸秆堆积，采用厌氧发酵原理，将其制成堆肥沤肥，待腐熟后再施入土壤。秸秆堆沤时将释放养分，降解有害有机酸，有效杀灭杂草种子、寄生虫卵等，但是该方式也存在氮素易流失、费时费工、受环境影响较大等问题。过腹还田是将秸秆作为动物饲料，利用动物将秸秆消化并形成粪便排出，最终还于田中，其有机质含量较高，各种养分充足。利用秸秆过腹还田对发展畜牧业、促进农作物生长、形成“秸秆—饲料—牲畜—肥料—粮食”的良性循环和培肥土壤都具有良好作用（杨滨娟等，2012）。秸秆还田经多方面的共同努力，近些年已经取得一定的成绩，但多数还田还是机械化的直接还田，在还田理论和设计及相关配套的机械及微生物技术参与等方面仍然存在一些问题。

2. 尾菜饲料化

我国蔬菜种植面积占世界的 43%，而产量达到了 49%，是名副其实的蔬菜生产大国。但是蔬菜采收后，要经过修整、分级、预冷、包装等商品化处理环节。商品化处理过程中会产生根、茎、叶、盘等腐败物质，统称为“尾菜”，其重量约占蔬菜重量的 30%以上。如果将其运往垃圾场填埋，不但费力耗资，而且会造成资源浪费和环境污染。应运而生的尾菜饲料化技术，是指通过生物或物理技术处理将尾菜转变为饲料，用于替代或部分替代饲料（戚如鑫等，2018）。尾菜饲料化的过程要求高效、经济，其关键是降低尾菜的含水量和延长贮藏期。压滤是目前最常用的方法之一，去除水分简单、经济，尾菜经压滤后含水量可降至 30%～60%，加入吸水剂、黏合剂等辅料，通过造粒、制块，制成供畜禽自由采食的粗饲料，不但加工简单、耐储、方便运输，而且可依据商品化处理量配备相应设备，实现环境保护和资源再利用。目前饲料所用吸水和黏合物料主要为膨润土、次粉、玉米蛋白粉、稻壳粉等（杨富民等，2014）。

尾菜资源相对廉价且丰富，将其饲料化不仅可以提高尾菜的利用率，还可为畜禽开发非常规饲料资源，将其应用于畜禽养殖中能够起到节省饲料、提高饲料营养价值、改善饲料适口性、提升动物生产能力和品质、降低动物饲养成本等作用，还可以在一定程度上缓解人畜争粮的问题，并且提高蔬菜种植的经济效益。因此，尾菜的饲料化将具有较好的发展前景。但其饲料化处理技术和畜禽饲养的应用技术还有待进一步研究推进。

3. 废物降解生防菌

连作是农业最常见的生产方式之一，但是连作障碍已经成为制约农业生产可持续发展的重要因素，其中土传病害是造成连作障碍的重要因子之一（段春梅等，2010）。利用生防微生物对土传病害进行控制，是一种安全有效的方法。但是，由于土壤抑菌作用等，将生防菌直接施用到土壤中并不能让生防菌发挥应有的防病效果。

利用秸秆等废物降解释放生防菌技术，对传统生防菌使用方法进行改良，则可以取得较为显著的效果。其中，“秸秆反应堆”技术是常见的方法之一，秸秆降解能补充土壤有机质，提高土壤酶活性，促进土壤微生物生长及活性提升。以秸秆为载体，将有益生防菌施入土壤，不但具有一般秸秆反应堆技术可为作物提供生长所必需的 CO_2、提高地温、改良土壤等作用，而且能够有效发挥防止和抑制土传病害发生的作用，可显著提高作物产量和质量（张婷等，2013）。废物降解生防菌技术对于土传病害等连作障碍的改良效果较好，外源有机物进入土壤，为生防菌等微生物提供碳源，有效地增加了土壤微生物量，同时提高了土壤有机质含量和营养元素含量，改善设施土壤局部生态环境。但是，目前相关研究还处在起步阶段，其对土壤其他理化性状的系统影响仍不清楚，需要进一步研究。

4. 反应器堆肥

堆肥可将粪便及其他有机废弃物转化为稳定的有机肥料和土壤改良剂，从而实现畜牧与农田系统之间的循环，并且降低集约化养殖过程中不当的粪便管理所造成的环境污染风险。与传统堆肥方式相比，反应器堆肥作为一项先进的堆肥技术，可以提高堆肥质量，改进处理效率低、恶臭气味散发和占地面积大等不足，逐步受到人们认可。堆肥反应器主要由反应器机架、仓体、上料系统、搅拌曝气系统、传动系统和臭气集中处理系统等构件组成。原料通过上料器送入反应器仓体内，设备对其定期搅拌、曝气，经过一段时间的发酵后，腐熟的物料从下方的出料口卸出，实现无害化处理和资源化利用。堆肥过程中产生的臭气则通过顶部引风管道送入除臭滤池，除去其中的异味化合物后，排放到空气中。曝气管道集成在搅拌轴内，可以对仓体内物料及时准确供氧，提高好氧发酵效率（闫飞等，2016）。

反应器堆肥方式的自动化程度高，占地小，节省人工和土地70%以上，可实现粪便等有机废弃物的就近及时无害化处理，使堆肥区达到环保要求，有利于改善养殖业等生产环境，同时为种植业提供优质低成本的有机肥料。与已有堆肥工艺及设备相比，该技术模式及设备具有可户外布置、占地面积小、处理时间短、效率高、无臭味、环境负面影响小、经济效益好等优点，代表着堆肥工艺未来发展的趋势，具有广阔的市场需求和良好的应用前景。

（二）高效立体种养技术的现状、成效与问题

农业生态系统中的众多生物通过营养关系相互依存、相互制约，由于它们相互连接，其中任何一个环节的变化都可能影响其他环节。通常情况下，生物种群结构复杂，营养层次多，则稳定性较强；反之，结构单一的农业生态系统，即使有较高的生产力，稳定性也较差。高效立体种养型生态农业模式通过生物（作物）与生物（动物）、生物与环境之间的高效联系，充分利用有限的土地、水等自然资源，提供优质、高产、种类丰富的农产品。当前，桑基鱼塘、猪-沼-果等是我国乃至全球高效立体种养技术体系的典型代表。

1. 桑基鱼塘

桑基鱼塘历史悠久，是我国劳动人民在长期生产实践中充分利用水陆资源创造出来的一种特殊耕作方式，也是一个完整的、科学的人工生态系统（钟功甫，1980）。桑基鱼塘系统由桑、蚕、鱼三大部分构成，而桑、蚕、鱼本身也各成系统，因此桑基鱼塘是由大小循环系统构成的、层次分明的水陆相互作用的人工生态系统。桑基鱼塘系统的运行是从种桑开始的，经过养蚕，进而养鱼。桑、蚕、鱼三者联系紧密，桑是生产者，利用太阳能、二氧化碳、水分等长成桑叶；蚕吃桑叶而成为初级消费者；鱼吃蚕沙、蚕蛹而成为第二消费者。塘里的微生物分解鱼粪和各种有机物质为N、P、K等元素，混合在塘泥里，又还原到桑基中。微生物是分解者和还原者，因而这个循环系统的能量交换和物质循环是比较明显的，各个部分之间紧密联系、相互促进、相互发展（图7-4）。

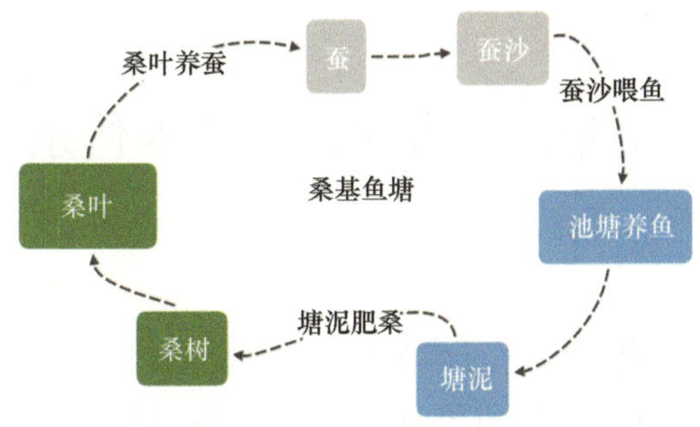

图7-4 桑基鱼塘示意图

当前，以桑基鱼塘模式为基础，我国的珠江三角洲地区和长江三角洲地区已逐渐形成并发展出了一系列基塘生态农业模式，如蔗基鱼塘、果基鱼塘、花基鱼塘、杂基鱼塘等，这些基塘生态农业模式通过丰富的塘基类型，促进了桑基鱼塘模式的不断完善。

2. 猪-沼-果

猪-沼-果是我国南方生态农业发展中最为典型的技术类型，同时也是沼气建设与庭院经济、生态环境保护相结合的一种循环经济发展模式。它是以农户为基本单元，以沼气为纽带，按照生态学、经济学、系统工程学原理，通过生物能转换技术，将沼气池、猪舍、厕所、果园、微水池有机整合，组成科学、合理、具有现代化特色的农

村能源综合利用体系，把畜禽养殖和林果、粮食、蔬菜等种植连接起来，畜禽粪便入池发酵生产沼气和沼肥，沼气用于做饭点灯，沼肥用于种植，形成的农业生态良性循环（王立刚等，2008）。

在猪-沼-果模式的基础上，我国各地尤其是南方地区通过增加系统组成成分的形式对该模式进行了进一步发展，以提高猪-沼-果模式的经济、生态和社会效益。例如，广东省梅州市将地理标志产品“客都草鱼”与猪-沼-果模式相结合，形成了猪-沼-果（草）-鱼-鸭模式（陈新仁，2017）。江苏省宿迁市基于对畜禽粪便的资源化利用目标，形成了猪-沼-果（谷、菜）-鱼模式，不仅发挥了种植业和养殖业的支柱作用，还提高了农业生产效率（顾东祥等，2015）。

三、发展趋势

当前，针对物质循环利用技术体系的主要问题在于能力建设方面，应当加强决策层、业务人员、技术人员和农民的能力建设，以制定促进生态农业发展的适宜政策；使生态农业的管理人员逐步成为掌握生态农业基本理论、方法，并具有管理技能和所涉学科的通才；使广大技术人员迅速获得生态农业发展中的最新技术和知识；通过示范、培训和经验交流，促进生态农业知识和技术的传播（李文华等，2010；李文华，2018）。尤其是在秸秆还田技术方面，未来发展还应融入机械、化学、生物及农艺等多个学科，以达到省人省时、节本增效的目的，同时做好还田后病虫害防治及重金属、抗生素残留等后续工作。同时，秸秆还田过程中离不开秸秆腐熟剂，秸秆降解菌既是研究的关键也是重点，应加快研究促使秸秆快速腐熟的生物菌剂，以实施“丰收技术、沃土工程”（郭炜等，2017）。

第四节　物种共生技术体系

一、产生背景

自然生态系统中的各种生物之间存在着各种各样的相互关系，这些相互关系可以分为两大类：对抗和共生（表 7-1）。在农业生态系统中，同样存在着各种关系。生态农业经营追求的目标就是控制、协调和利用好这些关系，以求获得最大的经济和生态效益。

表 7-1　物种之间的相互关系

物种 A	物种 B	相互关系	作用特征
+	+	互惠共生、协作	互利
+	0	偏利共生	偏利
0	0	零关系	无作用
0	–	他感	抗生
+	–	捕食、寄生、草食	捕食、寄生
–	–	竞争	竞争

注：+表示物种之间的正向影响；–表示物种之间的负向影响；0 表示无影响

在自然界中，物种共生是一种非常普遍的现象。森林中一些动物在林木上筑巢而对林木并不造成危害，称为偏利共生；蜜蜂在采集花蜜的过程中帮助植物完成了授粉过程，称为互利共生。在生态工程中如何选择和匹配好这种关系，发挥生物种群间互利共生和偏利共生机制，使生物复合群体“共存共荣”，是建造人工生态系统的一个关键。在农业上，人类有意识地利用生物之间的共生关系已经有了很长的历史。人们很早就发现农作物与豆科植物种植在一起要比单作时具有更高的产量，这其实是利用了豆科植物与固氮细菌的共生关系。近年来，人们把生物共生关系的应用推广到其他许多物种中，现在已经有了许多成功的例子。林业方面，造林时应用接种过菌根真菌的幼苗，营造混交林（如东北地区的落叶松和水曲柳的混交林），以及东北次生林的改造方法——栽针保阔等；农林复合经营方面，如长白山区的林参结构、河北的枣粮间作、河南的桐粮间作、江浙地区的杉粮间作等，都取得了很好的效益。因此，物种共生技术体系旨在通过技术手段利用生物之间的共生关系实现更高的产量。

二、现状、成效与问题

当前，物种共生技术体系主要包括稻田生态种养技术、林下经济与农林复合经营技术和近海生态农业技术等三大方面（图 7-5）。

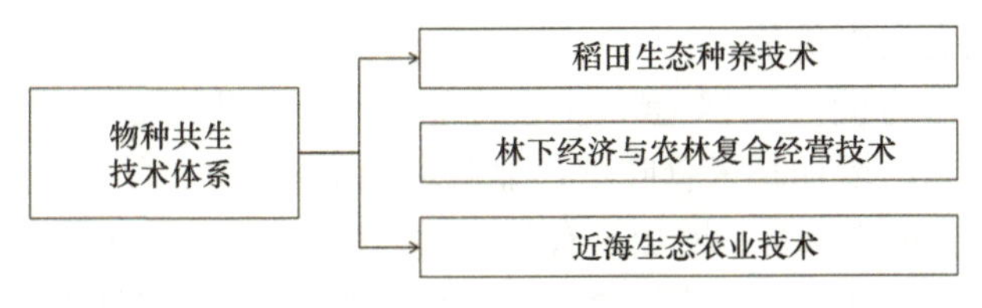

图 7-5　物种共生技术体系

（一）稻田生态种养技术的现状、成效与问题

稻田生态种养是我国最具代表性的生态农业技术，近几年发展迅速的稻田生态种养主要包括稻-鱼共生、鱼-菜共生等。

1. 稻-鱼共生

稻田养鱼在我国有着数千年的历史，通过人工构建的稻鱼共生关系，达到水稻增产、鱼类丰收的目的。在稻-鱼共生的农业生态系统中，水稻、杂草构成系统的生产者，各种鱼类构成系统的消费者，细菌和真菌是分解者。浙江、福建、江西、贵州、湖南、湖北、四川等省的山区稻田养鱼较普遍，养殖鱼类以草鱼、鲤为主，也养殖鲫、鲢、鳙、鲮等。其中，位于浙江省青田县的“浙江青田稻鱼共生系统”于 2005 年 6 月被联合国粮食及农业组织（FAO）列为全球首批、中国首个全球重要农业文化遗产（图 7-6）。

当前，在稻-鱼共生模式的基础上，各地逐步形成了稻-虾共生、稻-蟹共生、稻-鳝共生、稻-鳅共生、稻-菜-鱼共生、稻-萍-鱼共生等多种类型。其中，稻-虾共生模式是利用水稻种植的空闲期养殖虾类，由于水稻种植和虾类养殖在稻田中的能量和物质循环上实现了互补，从而提高了稻田利用效率，并改善了地力。由于该模式水稻种植和虾类养殖在时间和空间上基本不重叠，茬口衔接技术相对简单，因此发展较快。此外，在各类稻-鱼（虾）共生模式中，稻田内还可种植莲、藕、茭白等经济作物，由单品种向多品种混养发展，由种养常规品种向名特优新品种发展，并呈现多产业、多学科融合的技术特点。

图 7-6　全球重要农业文化遗产“浙江青田稻鱼共生系统”

与单一种植模式相比，稻田生态种养模式在稻米品种改善、生物多样性保护、温室气体减排等方面具有突出价值。

在稻米品种改善方面。①稻-蟹共生模式能够在保证优质食味粳稻产量的前提下，降低稻米蛋白质含量，增加稻米食味值；显著增加稻米中 Fe 含量，降低了有毒物质 Pb 含量，提高稻米的食用安全性；增加了有益物质 γ-氨基丁酸（GABA）和 α-生育酚含量，提高了稻米的抗氧化能力（马亮等，2021）。②垄作稻-鱼-鸡共生和垄作稻-鸡共生模式能够增加水稻穗长和穗鲜重，稳定水稻产量，增加水稻茎秆节间外径和壁厚，提高茎秆抗折力和抗弯截面模量，降低茎秆最大应力和倒伏指数（梁玉刚等，2021）。

在生物多样性保护方面。①稻-虾共生模式可显著增加稻田土壤微生物的丰富度指数，稻-蟹共生模式可显著增加蜘蛛个体数量（马晓慧等，2019）。②稻田投放初始覆盖面积 70%的多根紫萍和少根紫萍都能在降低稻田杂草密度和生物量的同时维持杂草群落的多样性，且多根紫萍覆盖能促进水稻产量增加，对保护稻田生物多样性和减少农田化学农药的施用有积极作用（王丰等，2021）。③稻-蛙共生模式具有较好的可持续能力，发展潜力大（钟颖等，2021）。

在温室气体减排方面。以稻-鱼共生模式为代表的稻田生态种养由于稻田养殖生物在稻田生态系统中添加生态位、延长食物链的增环作用，通过其持续运动、觅食活动等，不同程度地影响稻田温室气体的排放量，总体呈现减缓温室效应的趋势（徐祥玉等，2017；王强盛，2018）。

2. 鱼-菜共生

鱼-菜共生是当前受到国际广泛关注的生态农业技术，它通过将水产养殖与水耕栽培有机结合，可以同时生产两种经济作物（包括水产品和菜）。同时，鱼-菜共生模式通过蔬菜将养殖水体中残饵、粪便等产生的过剩营养物质（氮、磷等）转化为植物能量，净化池塘水质，实现经济效益和生态效益的双赢。为实现水生动物和水培植物的合理搭配及大规模种养，国际上的主流做法是将养殖池和种植区域分离，养殖池和种植区域通过水泵实现水循环和过滤。在栽培部分，主要的技术模式有营养液膜管道栽培、深水浮筏栽培或浮筏栽培、基质栽培等（邱楚雯等，2021）。

在全球范围内，鱼-菜共生得到快速发展。从曼谷的介质床养殖单位的启动到埃塞俄比亚 120 户全面发展的深水养殖单位，鱼-菜共生系统显示出它在不同时间和地点生产可持续食品的真正潜力。根据 2021 年 FAO 的统计资料，迄今为止，在研究层面，以及家庭及商业等层面的鱼菜共生系统中已成功栽培了超过 150 种蔬菜、药材、花卉和小型木本植物（图 7-7）。

图 7-7　鱼-菜共生

（二）林下经济与农林复合经营技术的现状、成效与问题

农林复合经营作为一种典型的土地利用方式，是一个多组分、多功能、多目标的综合性农业经营体系，在全球范围内均有分布且发展历史悠久。根据立地条件的不同，农林（牧）复合经营中的林与农或林与牧的结合可以是长期的，也可以是短期的（李文华，2003）。

1. 林下经济

早在 20 世纪 50 年代至 60 年代末期，我国国有林区就通过在林下开展养殖业和种植业来解决食物不足的问题；经过 70～90 年代的发展，林下经济得到快速发展，规模迅速扩大（曹玉昆等，2014）。进入 21 世纪之后，为了实现林业发展，林农增收，充分利用地理资源，林下经济得到各部门的充分重视。一般而言，林下经济模式应当具有 3 个基本特点：①提高资源利用率，即林下经济所构建的生态农业模式能够提高土地资源的利用效率，并且能够提高单位面积生物量和光能利用率；②增强森林生态系统稳定性，即通过发展林下经济形成上层是乔木层、中间是灌木层、下层是草本和动物、地下是微生物的复合结构，进一步提高生态系统生物多样性和稳定性；③促进资源循环利用，即通过林下经济模式延伸“生产者—消费者—分解者”产业经济链条，形成“资源—产品—再生资源—再生产品”互利共生的循环经济网络模式，实现物质能量流动的闭合式循环，最终达到“零排放”的理想目标（李金海等，2008）。我国林地面积大，各地情况相差较大，各地的林下经济发展模式存在较大差异，形成了丰富多样的林下经济类型（表 7-2）。

表 7-2 我国林下经济的主要类型

类型组	类型
林业种植复合经营类型组	林-粮复合经营类型 林-菜复合经营类型 林-果复合经营类型 林-菌复合经营类型 林-茶复合经营类型 林-药复合经营类型 林-竹复合经营类型 林-草复合经营类型 林-花复合经营类型
林业养殖复合经营类型组	林-畜复合经营类型 林-禽复合经营类型 林-渔复合经营类型 林-昆复合经营类型
林业景观复合经营类型组	林-湿复合经营类型 林-游复合经营类型
林业综合复合经营类型组	林-果-粮复合经营类型 林-果-草复合经营类型 林-粮-药复合经营类型 林-粮-畜复合经营类型 林-粮-渔复合经营类型 林-草-牧复合经营类型 林-湿-渔复合经营类型 林-果-游复合经营类型 其他复杂综合复合经营类型
庭院复合系统类型组	立体种植型 种养结合型 种养加工结合型 种养加工与能源开发结合型
区域景观复合类型组	生态县型 农田林网型 小流域复合型

资料来源：李文华，2021

（1）林-草-牧复合

在不同的林下经济模式中，林-草-牧复合模式的发展较为突出。林-草-牧复合模式是指林业、草业、牧业及其他各业的复合生态系统，其特征是以林业为框架，发展草、农、副业，为牧业服务，该种复合模式在北部和西部地区十分普遍（李文华，2003）。林-草-牧复合系统中的林木是主要的第一生产者，也是人工生态系统中的主要建群种、林地环境的主要建构者。而牧草通过保持水土，改良土壤，改善林地内微生态环境来促进林木的增长，并为家禽提供食料。家禽可以捕食林地中的害虫，其排泄物留在林地中可作为肥料还田。引入家禽，利用生物防治的办法来防治林地内的虫害，减少了化学杀虫剂的施用（李文华，2021）。林-草-牧复合模式系统结构一般较为复杂，以分布在沙地的林-草-牧复合系统为例，其构成包括：①防风林带。以防风固沙、改善小气候条件、保护天然草场或人工草场为主要目的而经营的防护林网。②固沙林及阻沙林带。在平缓的流动或半流动沙地，通过人工播种或飞播，播种灌木（狭叶锦鸡儿、差不嘎蒿）及草本植物等，形成灌-草复合系统。在草原边缘沙丘前沿营造较宽的阻沙林带，以防止流沙侵入草原造成危害。③疏林草场。疏林草场是干旱半干旱风沙草原地区的主要类型之一，也是主要的天然牧场。在广大的沙沼地、甸子或河岸阶地，稀疏残存的柳、榆、杨树林，能够起到防护其周围牧草的作用。④饲料林。主要选择对牲畜适口性好的乔灌木树种如沙枣、刺槐、榆树、柳树、胡枝子、山杏。这些树种叶量大，含粗蛋白质多，适应性强。林下则为多种草本植物。林-草-牧复合模式由于其较高的经济、生态和社会效益，在我国北方地区得到快速发展。然而，其发展过程中仍然存在以下三点突出问题：①林-草-牧复合系统的物质循环与能量流动的研究不足，特别是要深入研究林木、草本、牲畜三组分之间物质和能量的转化、利用效率；②林-草-牧复合系统中养分和水分竞争关系尚待进一步辨析，尤其是要探索品种控制竞争技术，筛选低竞争性品种；③林-草-牧复合系统的经济、生态和社会效益的定量化不足，应当在定量化的基础上建立林-草-牧复合系统的优化模式。

（2）林-药复合

近年来，在人口老龄化、全球医疗体制改革、保健养生以及“回归自然”的世界潮流影响下，传统医药在世界上的应用范围和使用率不断提高。随着中医药经济的蓬勃发展、植物药需求的高速增长，我国中药材资源日益紧缺，同时，过度无序开采和生态环境的恶化也导致中药材资源质量性紧缺，野生资源逐年减少。既要保护好我国现有的森林资源不被破坏，又要保证中药材的自主供应，林-药复合模式便就此产生。森林乔木-铁皮石斛复合模式是我国南方山地发展较为普遍的一种林-药复合模式，它是以自然生长的乔木作为载体，利用树木枝叶遮阴，将铁皮石斛附生于树干、树枝、树杈上，定时喷水（雾），构建铁皮石斛与林木和谐生长的生态系统。林下套种草珊瑚模式在我国北方较为常见，草珊瑚的套种以杉木和马尾松林为主，包括少量的针阔混交林，从树种特性来看，杉木和马尾松都喜光，适宜在温暖湿润的环境下，杉木适宜肥沃的土壤，马尾松在肥沃的土壤上能培育大径材，马尾松根系发达，杉木成年后根系深入生长，都能够充分利用地下土壤的营养，而草珊瑚喜阴凉、浅根系的特性正好可以利用林下的空间和土壤表层的营养，从而解决水土流失所造成的地力下降问题，改善小气候以及景观格局。

2. 轮作、间作、套种

轮作、间作和套种等是保持土壤肥力的重要耕作技术手段。轮作是指在同一块田地上有顺序地轮换种植不同作物的种植方式。例如，在一年一熟条件下，开展“大豆→小麦→玉米”3 年轮作。在一年多熟情况下，则既有年间轮作又有年内轮作，如“小麦-中稻/早稻-晚稻→棉花/早稻-豆类/蔬菜轮作”等。间作是在同一田地上于同一生长期内，分行或分带相间种植两种或两种以上作物的种植方式，常见的有玉米-豆类、玉米-薯类、玉米-花生、春小麦-豆类、棉花-瓜类、棉花-花生、早稻/晚稻-甘薯、甘蔗-豆类等间作。套种是指在前季作物生长后期的株行间播种或移栽后季作物的种植方式，常见的有小麦-玉米/棉花/花生、小麦-玉米-甘薯、小麦-甜菜/马铃薯/草木樨、小麦-烟草、小麦-瓜菜、棉花-瓜菜、晚稻-绿肥等套作。在我国，以轮作、间作和套种为核心形成了历史悠久、类型丰富的多种复合种植型生态农业模式，是我国生态农业模式中最为常见的类型，最为典型的模式类型包括南方水-旱轮作模式、北方旱地轮作模式。

（1）南方水-旱轮作

水旱轮作是亚洲各国普遍采用的一种稻田复合种植模式，也是我国南方主要的耕作制度之一，主要在淮海流域、长江流域稻作区集中分布，全国有十余个省份有分布。作物品种主要有小麦、烟草、油菜、蔬菜、绿肥等，其中以小麦、油菜最为常见。位于成都平原的“四川郫都林盘农耕文化系统”是我国南方水-旱轮作模式的典型代表，也是农业农村部认定的中国重要农业文化遗产。在四川郫都林盘农耕文化系统中，形成了以水-旱轮作为核心，增、间、套种等复种与小春作物轮种等结合的复合种植模式。该系统的水-旱轮作是指大春水作，小春旱作，大春主要种植水稻，以早稻和中稻为主、少量种植晚稻；小春种植以小麦、油菜为主的传统粮油作物，以圆根萝卜、大蒜等为主的传统蔬菜，以及近几年发展的以儿菜（学名：抱子芥）、棒菜、生菜等为主的其他小春蔬菜。当地最为常见的水-旱轮作有水稻-小麦、水稻-油菜、水稻-大蒜、水稻-圆根萝卜、水稻-蔬菜等。当地在轮作的同时还有增、间、套种等复种制度。增种是指在水稻收割后利用小春作物播种前的土地空闲和光能热量，增种一季生长周期较短的农作物，如红苕藤、白萝卜、青芹菜等。间作主要是小春作物间作和多种蔬菜间作，小春作物间种有油菜-蔬菜间作、韭菜-蔬菜间作、小麦-豌豆间作、烟草与蔬菜间作等；多种蔬菜间作一般有 3 种以上的蔬菜品种间作。套种也主要为小春作物套种和蔬菜套种，小春作物套种有玉米-马铃薯/红薯套种、油菜-蔬菜套种、生姜-藤蔓蔬菜套种、豆类/南瓜-玉米套种等。

（2）北方旱地轮作

轮作是用地、养地相结合的一种措施，不仅有利于均衡利用土壤养分和防治病、虫、草害，还能有效地改善土壤的理化性状，调节土壤肥力，最终达到增产增收的目的。长期以来，我国旱地多采用以禾谷类为主或禾谷类作物、经济作物与豆类作物的轮换，或与绿肥作物的轮换。位于东北平原的“辽宁阜蒙旱作农业系统”是我国北方旱地轮作模式的典型案例，也是农业农村部认定的中国重要农业文化遗产。在辽宁阜蒙旱作农业系统中，当地实行 3 年以上的轮作模式，其一是以大豆为主体的 4 年轮作制，即隔 4 年轮换种植 1 年谷子，具体为大豆-高粱-玉米-谷子轮作；其二是以杂粮为主体的 3 年轮作制，即每隔 3 年轮换种植 1 年谷子，具体为大豆-高粱-谷子轮作。

（三）近海生态农业技术的现状、成效与问题

大型海藻、海草是海洋中的初级生产者之一，在海洋生态系统中发挥着非常重要的作用，并且可以明显减弱海流和波浪的水动力（王雁等，2020）。随着海水养殖自身污染造成的近海海域富营养化问题日趋严峻，包括江蓠、石莼、浒苔在内的大型海藻作为生物过滤器与鱼、贝、虾、蟹等混养，既可以降低养殖水体营养负荷，又可以提高养殖的经济效益和生态效益（毛玉泽等，2006），因此逐渐受到关注并由此形成了鱼-藻共生模式、虾-藻共生模式和贝-藻共生模式，以及海洋牧场等海洋生态农业模式。

1. 鱼-藻共生

我国海水鱼类养殖主要采用传统的海水池塘养殖和浅海网箱养殖方式，均依赖人工投饵，但人工投饵的鱼类养殖过程中的未食饲料、鱼类的粪便和代谢产物可能会导致养

殖水域的富营养化和底质的有机污染，降低养殖效益（江志兵等，2006）。多种大型海藻被用来处理集约化鱼类养殖产生的废水。鱼-藻共生模式实现了大型海藻与海水鱼类在生态功能上的互相补充，鱼类和细菌的代谢消耗水体溶解氧（DO），降低 pH，释放无机营养盐；利用大型藻类作为生物过滤器，可以对鱼类、海藻集约化综合养殖系统进行调控，养殖水体中的 DO、pH、NH_4^+及无机磷等水质指标能基本稳定在适合鱼类生长的范围内（毛玉泽等，2005）。同时，大型海藻改善了养殖环境，也能从中受益，投饵及鱼类活动通过系统的物质转化作为海藻的养料，保证了海藻较高的生长率和产量。在我国北方地区沿海水域的温暖季节推广鱼-藻共生模式，可以从整体上提高养殖地区的经济水平和环境质量（王雁等，2020）。

2. 虾-藻共生

虾-藻共生通过在对虾池中混养大型热带性或温带性经济海藻，以实现良好的经济效益和生态效益，所采用的海藻主要有海带、紫菜、裙带菜、江蓠、麒麟菜等（董贯仓等，2007）。在虾-藻共生模式下，虾、蟹等排泄物中大量的 NH_4^+可被江蓠吸收利用，防止水质恶化。同时，江蓠在营养盐充分的条件下，能快速生长，两者混养可以形成良好的共生关系（王焕明等，1993）。此外，大叶藻与对虾混养，混养池的对虾产量、体长和体重均比单养池显著提高（任国忠等，1991）；在混养状态下，海藻的生长速率也比在单养情况下有很大的提高（王雁等，2020）。

3. 贝-藻共生

大型海藻和贝类的综合养殖是生产上应用较多的模式，贝-藻共生模式是一种简单的二元混养模式。从 20 世纪 70 年代起，贝-藻共生模式就应用于海水养殖。在贝-藻共生模式中，贝类的主要作用是过滤水中的浮游植物和有机颗粒，形成大量的沉积物从而为底栖藻类提供营养物质（杨红生和周毅，1998），同时通过排泄作用为混养的藻类提供二氧化碳和部分氮源；大型海藻则能有效地吸收养殖废水中的 N、P 等营养元素，减轻养殖废水对环境的影响。例如，在广东汕头市的太平洋牡蛎-龙须菜共生模式中，通过利用龙须菜与太平洋牡蛎之间的生物互补互利的生态位原理，可以减少病害、降低水系的营养盐含量，减少赤潮等因素的影响，保护了养殖海区的生态环境（马庆涛等，2011）。

4. 海洋牧场

海洋牧场是以增殖养护渔业资源和改善海域生态环境为目的、实现渔业资源可持续利用的渔业模式，是一种综合采用人工鱼礁、海藻床和海草床建设、生物增殖放流、配套设施建设、监测管理等手段的系统性渔业资源增殖方式（刘伟峰等，2021）。海洋牧场首先营造一个适合海洋生物生长与繁殖的生境，并进行水生生物放流（养），再由所吸引来的生物与人工放养的生物一起形成人工渔场，依靠一整套系统化的渔业设施和管理体制，将各种海洋生物聚集在一起，分为渔业增养殖型海洋牧场、生态修复型海洋牧场、休闲观光型海洋牧场、种质保护型海洋牧场以及综合型海洋牧场。海洋牧场具有突出的生态和经济价值，尤其是在优化海洋生态系统结构、参与海洋碳循环、改善水质环境、赤潮控制等方面尤为突出（王雁等，2020）。

三、发展趋势

随着新时期经济社会的发展，为实现农业可持续发展的目标，应当深入挖掘物种共生技术，努力实现以下几个方向的突破。首先，应强调经济、生态与社会效益的全面提高，突破单一、狭隘的产业限制，通过多种物质产品的提供来满足消费者的需求；通过系统中有机物质的循环，产生较高的经济效益和环境效益。其次，当前的产业化有所发展，但仍处于一个低水平的初级阶段。农业生产应当放眼国际市场、明晰产品标准、立足区域特色、发挥品牌效应、规范基地生产、拓展增值加工、提升竞争能力。此外，要充分重视不同水平和层次发展生态农业的作用，动员广大群众和社会不同阶层广泛参与。

第八章　信息技术提升农业

第一节　农业信息技术概述

自 1946 年世界上第一台电子计算机“电子数字积分计算机”（ENIAC，electronic numerical integrator and computer）在美国宾夕法尼亚大学问世以来，人类社会开始进入信息时代。信息技术的发展给各行各业提供了前所未有的发展机遇和挑战。信息科学与农业科学的相互渗透也深刻影响着农业科技发展，催生了一门新兴交叉学科即农业信息技术。

农业信息技术的内涵随着信息科学技术的发展、农业科学技术的发展和农业产业的发展而不断更新，广义上可以定义为基于计算机技术、网络与通信技术、电子信息技术等现代农业信息技术研究开发的，应用于农业生产、经营、管理和服务等各个领域的新技术、新产品。

回顾美国、欧洲、日本、韩国等发达国家和地区农业信息技术的发展，大致经历了 4 个阶段。第一阶段是 20 世纪五六十年代开展的，以科学统计计算为主的农业计算机应用；第二阶段是 20 世纪七八十年代开展的数据处理、模拟模型和知识处理的研究，典型代表技术为农业专家系统；第三阶段是 20 世纪 90 年代至 21 世纪初以网络信息服务、3S[遥感（remote sensing，RS）、地理信息系统（geography information system，GIS）和全球定位系统（global positioning system，GPS）]技术、智能控制等应用为主的全面信息化时期，典型代表技术为精准农业技术；第四阶段是 2008 年以来物联网、大数据、云计算、人工智能等新一代信息技术在农业领域的广泛应用，典型代表技术为农业物联网技术和农业机器人技术。世界农业发展和国内外信息技术实践经验表明，农业专家系统、精准作业技术与装备、农业机器人、农业大数据等信息技术和产品已经成为重要的农业投入品，能显著提高农业资源利用率、土地产出率、劳动生产率和生产经营管理水平。

我国农业信息技术研究起步晚，但与世界农业信息技术发展相比，大致也经历了农业信息技术的萌芽期（20 世纪 70 年代末至 80 年代初）、成长期（20 世纪八九十年代）、成熟期（21 世纪初至 2010 年）、4.0 时代（2011～2016 年）4 个时期。经过近 30 年的发展，国内农业信息技术已初步形成了包括农业大数据与云计算、农业传感器与物联网、动植物生命与环境信息感知、多尺度农业遥感信息融合、动植物生长数字化模拟与设计、农产品质量安全无损检测、农业飞行器智能控制与信息获取、农业机器人智能识别与控制、农业精准作业技术与装备、全自动智能化动植物工厂等技术的智能化农业技术体系。但与美国、日本、欧盟等发达国家或地区相比，在技术创新能力、产业化水平和体制机制等方面均存在较大差距（赵春江等，2018）。

当前，以互联网、物联网、大数据、云计算、人工智能、区块链等为代表的新一代信息技术蓬勃发展，与现代农业相互渗透、交叉融合，催生了智慧农业这一新业态、新模式，为现代农业持续提供更高级的生产力、生产方式和经济形态（刘旭等，2022）。世界主要发达国家都将推进现代信息技术与农业的深度融合作为实现创新发展的重要动能，在前沿技术研发、数据开放共享、人才培养等方面进行了前瞻性部署（周清波等，2018）。十九大报告指出，“我国经济已由高速增长阶段转向高质量发展阶段，正处在转变发展方式、优化经济结构、转换增长动力的攻关期，建设现代化经济体系是跨越关口的迫切要求和我国发展的战略目标”。“十四五”时期，加快建设智慧农业技术体系，分析未来发展趋势，对第二个百年奋斗目标的顺利实现具有重要战略意义和现实意义。

随着基因编辑、生物合成、新一代人工智能等技术的快速发展，农业信息技术正在深刻影响并开始变革农业生产、经营、管理和服务等活动，从应用领域角度来看，可以概括为作物信息获取、农业生产智慧管理、农产品智慧流通、农业“双碳”监测与评估、农情会商与决策指挥、农业智能知识服务等技术（刘旭等，2022）。

第二节　作物信息获取技术

一、概述

作物信息获取技术主要包括作物表型信息获取与智能育种技术、“空天地”农情信息获取与解析技术、碳监测技术等。

作物表型信息获取与智能育种技术主要利用传感设备、无线通信、数据库和大数据分析等自动化平台装备和信息化技术手段，系统、高效地获取作物组织-器官-植株-群体多尺度性状等表型信息，包含了从基因与环境互作形成的作物表型原始数据、作物表型性状元数据，最终到生物学知识的全集数据（韩佳伟等，2022）。智能设计育种是在分子设计育种的基础上，通过生命科学、信息科学等多学科交叉与协同创新，以作物基因型、表型、环境及遗传资源等组学大数据为核心，以人工智能技术为依托，通过遗传变异数据、多组学大数据、杂交育种数据的整合，实现基因的快速挖掘与表型的精准预测；基于全基因组层面建立机器学习预测模型，创制智能组合优良等位基因育种设计方案，最终实现智能、高效、定向培育作物新品种。基因型大数据、表型大数据、环境大数据等多维大数据是驱动智能设计育种的核心，人工智能、育种机械化、传感器、大数据、转基因、基因编辑、分子设计育种、合成生物等技术是实现智能、高效、定向育种的动力支撑（张颖等，2021）。

“空天地”农情信息获取与解析技术是近年来提出的一种新的监测手段，指利用不同平台的传感器或载荷对农田土壤、农田环境、作物生长和农田病虫草害等进行不同尺度全方位立体连续观测。“空”主要指航空平台，包括航空飞机、有人机、直升机、无人机等，尤其是近年来蓬勃发展起来的微小型无人机，搭载不同传感器（高清数码、多光谱、高光谱、热红外、激光雷达等）进行观测。“天”主要指航天平台，即卫星平台，利用极地轨道或静止轨道遥感卫星，搭载不同载荷，对农田进行大范围快速监测。“地”主要指地面传感器，包括地面移动平台（无人车、机器人、拖拉机、便携式等）、固定平台（台站、三脚架、支架等）上的各种类型传感器（环境、土壤等传感器），也包括由地面传感器组成的各种物联网等观测手段。“空天地”各种尺度的农情信息获取与解析技术各自有不同的优缺点。例如，“空”可以在作物生长的关键时刻进行精细的信息获取，满足作物全周期信息获取的需要，但受到无人机载重限制，传感器小，且监测范围十分受限，相对于卫星遥感成本高；“天”的特点是效率高、覆盖广，但卫星为瞬时观测，且受卫星周期性限制，难以进行过程观测，特别是受云雾的影响，有云的天气就不能很好地获取信息，作物生长的关键时期也可能会造成信息的缺失，此外分辨率也会受到限制；“地”的优势是灵活、精度高，易于连续观测，但为点测量，覆盖范围小、效率低、成本高。

碳监测技术是指对温室气体排放和固持封存的监测与核算，农业生产系统既是温室气体的排放源，也是重要的碳汇，根据联合国政府间气候变化专门委员会（IPCC）清单指南，农业生态系统碳源/汇计量监测内容主要有生物质碳库监测、土壤碳库监测、温室气体监测以及土地利用变化引起的碳源/汇增损。

二、发展现状与应用效果

（一）作物表型信息获取与智能育种技术

通过生命科学、信息科学、工程技术等多学科交叉融合，依托新型物理、化学和生物传感器，以及先进的 5G 通信与物联网等数据传输方案，为高效获取、管理海量育种试验数据提供技术支撑。表型信息获取技术根据实验环境不同可分为室内和室外两部分。室内表型信息获取技术不仅能够对温度、湿度、光照强度、光照周期等环境因素进行精准控制，而且可以严格调控作物的生长条件，实现复杂生境的精细模拟与精准分级，对作物精细研究具有重要的意义。国际上最早开展表型检测研究工作的当属比利时 CropDesign 公司，其于 1998 年自主研发了首套高通量表型平台 TraitMill。该平台打破了几百年来“一把尺子一杆秤”的植物表型性状获取瓶颈，可高通量、自动化获取包括地上部分生物量、株高、总粒数、结实率、粒重，以及收获指数等植物表型信息。该平台成功应用于水稻基因及其功能的评价和筛选，并实际应用于作物育种。之后，澳大利亚植物表型组学中心、德国尤利希植物表型研究所、德国 LemnaTec 公司等相继研发室内、温室高通量表型获取平台，并逐步应用于商业化作物育种。

相对于实验室或温室中进行的作物实验研究，大田试验是作物研究中最重要的一环，大多数实验室的发现或结论最终都需要大田试验结果或表型来验证。因此国际上也越来越重视田间作物表型信息获取技术的研发工作。2013 年，德国奥斯纳布吕克应用技术大学 Busemeyer 等成功研发出大田作物表型高通量采集系统 BreedVision。该系统巧妙地将 3D 深度相机、彩色相机、激光测距传感器、高光谱成像仪、光幕成像装置集成于一个可移动式成像暗室，由拖拉机牵引可在田间快速采集作物图像信息和分析表型性状，提取性状包括株高、分蘖密度、产量、作物水分含量、叶片颜色、生物量，测量效率达 0.5m/s，并结合全基因组关联分析技术成功应用于小麦功能基因组动态分析，挖掘出一批与小麦生物量积累有关的显著基因位点。2015 年 7 月，在小麦基因改良网络项目（Wheat Genetic Improvement Network，WGIN）和小麦计划战略项目（Wheat Initiative Strategic Programme，WISP）资助下，由德国 LemnaTec 公司负责研发安装的大型田间表型平台“Field Scanalyzer”在英国洛桑研究所正式投入运行。该平台由一个支撑带有多个传感器的机动测量平台的门架构成，传感器包括可见光成像、远红外成像、高光谱成像、3D激光扫描成像和测量叶绿素荧光衰变动力学过程的荧光成像；可对10m×110m范围内的作物进行24h的自动、连续监测，连续获取作物生长发育、作物生理、作物株型和作物健康指标等表型信息，有望快速挖掘出控制田间重要性状的关键功能基因，成为作物功能基因组研究和作物育种的支撑平台。

国内表型信息获取技术研究虽然起步较晚，但具有较强的后发优势，取得了一定的阶段性进展。国内已经有一些科研机构集中农学、生命科学、信息科学、数学和工程科学等多学科交叉，探究复杂环境下作物生长时空表型信息高分辨率、高通量智能获取技术，如华中农业大学、北京农业信息技术研究中心、中国农业大学、南京农业大学、中国科学院、中国农业科学院等研发了一系列高通量、高精度、自动化或半自动化的表型平台工具，初步获取并解析作物表型大数据，为揭示性状调控的分子机制和阐明基因功能提供数据与决策支持。北京农业信息技术研究中心研发一系列原创的作物高通量表型技术和设备，包括轨道式作物表型平台、流水线式作物表型平台和便携式表型平台等。自主研发的大田轨道式表型平台，有效表型高通量采集面积超过1000m^2，可以用于玉米、小麦、生菜等作物全生育期的表型信息获取；旱棚龙门吊式实验表型平台，有效表型采集面积为60m^2，主要用于作物种子萌发和苗期表型数据获取；联栋温室上行轨道式表型平台，有效表型采集面积为400m^2，主要用于盆栽作物表型数据获取。

随着表型信息获取技术与智能装备的迅猛发展，作物表型组、环境组大数据逐渐形成，推动作物科学乃至植物科学进入一个大数据、大发现的组学研究时代。机器学习、深度学习、边缘计算等新一代信息技术在复杂特征提取、多源数据融合解析、功能基因挖掘与预测等方面表现出独特的优势，为智能设计育种提供了新的可能。近年来，将表型组数据与基因组、环境组等数据相结合的多组学研究成为作物科学研究领域的又一制高点，解码了一批未知基因的功能，为精准设计育种的发展提供数据支撑与理论依据。国际种业巨头孟山都在其创建的现代农业育种流程中，利用高通量表型鉴定技术在数百个试验点开展表型、环境大数据获取，并与基因组数据偶联构建基于多组学数据驱动的育种决策模型，对作物进行定向改良，实现高效、精准的育种新模式。利用人工智能模拟的方法，人工设计聚合优势基因，构建“理想基因型”的虚拟基因组，海量计算组合组配后产生的“理想表型”，最终构建基因型-表型-环境多维大数据驱动的智能育种决策体系，实现数字化、定制化、智能化的颠覆性育种新模式。

未来育种将依托新型物理、化学和生物传感器及先进的5G通信与物联网等技术，实现作物表型、环境型等大数据的高通量获取与传输；利用深度学习、边缘计算、混合智能等人工智能技术，构建作物表型多模态数据融合与智能解析核心算法、多重组学大数据整合分析模型算法等，实现优质种质资源精准鉴定、数字设计育种智能决策；最终与农机装备、栽培管理、植保等田间管理结合，形成大数据驱动的智能育种新模式，实现“机器取代人工、电脑强化人脑”的颠覆性育种新模式。

高效信息感知是作物表型信息大数据获取的基础。目前，结合可见光、光谱、激光雷达、X射线等传感器，实现了作物群体、单株、器官、组织及细胞水平的形态结构、生理功能等性状信息的获取，但主要还集中在对单个特征的测量，对生物性状的连续监测和整合将是未来传感器技术发展的关键。另外，运用材料科学及微电子、纳米技术创造的新型纳米和生物传感器已成为未来发展的新趋势。表型信息高通量获取与智能解析是服务智慧育种的核心技术之一，为多组学研究、优质种质资源精准鉴定、数字设计育种、智慧栽培管理等提供数据基础与技术支撑。未来作物表型技术的发展将聚焦于地下、微观等深层表型、生理功能表型以及动态生育表型，重点突破作物多源异构信息同步采集、多模态数据融合和作物表型智能在线解析算法等关键技术。随着国内作物表型技术研究的不断深入，创制技术自主率高、性能稳定先进、能够自主作业和自动处理的系列化作物表型平台产品将是中国植物表型研究能否引领世界的关键。

（二）“空天地”农情信息获取与解析技术

1. 国外

发达国家正在实施“空天地”一体化的农情信息获取与解析技术，以实现作物不同生长阶段信息的快速高效获取。例如，美国农业部国外农业服务局（USDA-FAS）早在20世纪就开始利用粗分辨率卫星遥感数据，构建了全球作物生长状况和产量估算的信息系统；欧盟构建了作物产量预报系统（MCYFS），利用卫星遥感监测作物的生物物理参数；联合国粮食及农业组织建立的全球粮食和农业信息预警系统使用卫星遥感数据作为辅助变量来持续监视世界粮食供求状况；地球观测组织（GEO）在G20国家中发起了全球农业监测旗舰计划（GEOGLAM），为全球农业提供卫星遥感农情监测服务，在农田种植类型、种植结构、种植面积、土壤墒情、作物长势、灾情虫情等监测和预警方面得到较好的应用。近年来，国际各大农业巨头也开始构建数字农业平台，如孟山都的Climate Fieldview、科迪华的陶氏杜邦Granular、巴斯夫的Xarvio，以卫星遥感、物联网、气象、土壤等“空天地”数据为核心进行分析、诊断、决策和预测，即可以根据高频率高分辨率卫星、飞机和地面行走系统上的高性能传感器获取的图像数据，通过计算机的快速推算迅速识别农田地块中由各种原因造成的胁迫和变异，而这种变异识别可以迅速地转换成方案，为农机的田间精准操作提供控制依据，进而为农户提供监测服务和农事建议。

国际上这些蓬勃发展的数字农业产业，正是依靠“空天地”农情信息获取与解析技术的支撑以及国家对该领域的持续投入。美国、欧洲等国家和地区构建了完备的空间对地观测基础设施，此外，在航空遥感方面，以美国为代表的大规模农业生产体系，利用有人机在农田作业时进行航拍，采集农情信息，构建了比较完备的航空遥感农情监测体系。无人机技术的全面推广应用，使得农情监测具有大量在频度上、空间上、尺度上更高质量的全天候高分辨率数据成为可能。数据质量的提高和保证使欧美现代农业的应用更加深入和广泛，而且使精准农业技术迈入了一个以互联网、云计算为基础，通过高性能空间分析计算指导田间地块变异管理的新阶段。

2. 国内

我国也初步构建了“空天地”农情信息获取与解析技术体系，但由于起步晚、底子差，目前“空天地”一体化农情信息获取和解析能力还较弱、覆盖率低。此外，相对于美国和欧盟的农业现状，中国耕地地块破碎分散、种植结构复杂、品种和管理千差万别，给农情信息获取和解析带来的挑战更大。国内的农情遥感监测已研究多年，但这些工作主要服务于政府宏观决策，精度要求不高，在指导农户生产种植决策方面，尤其是水、肥、药等的精准决策上，目前的农情信息获取的分辨率、频次、时效性、精度等还远远不能满足需求。具体而言，我国“空天地”一体化农情信息获取和解析技术发展情况如下。

“天”——航天卫星遥感。我们国家得益于近些年来实施的“高分辨率对地观测系统”重大专项、国家民用空间基础设施建设、中国全球综合地球观测系统（China GEOSS）建设，不同时空分辨率的卫星数据源越来越丰富。目前，农业对遥感卫星数据需求的自给率达 80%，初步摆脱对外依赖国外的局面。

“空”——航空遥感方面。我国无人机产业异军突起、后发先至，带动了无人机遥感的快速发展。在以大疆、极飞等公司为代表的无人机植保产业带动下，我国农业无人机发展方兴未艾，2020 年植被无人机保有量超过 10 万架，无人机作业面积超过 10 亿亩次，无人机遥感数据获取手段迅速完善。目前，无人机遥感已经在农作物苗情监测、长势监测、水肥胁迫诊断、高通量表型性状监测辅助育种、农业灾害快速监测定损等应用领域产生了重大的作用。

“地”——地面物联网方面。由于各种传感器技术的发展，以及国家各种政策的鼓励，我国农业物联网发展迅速。中国气象局在全国构建了 653 个农业气象观测站，连续定点记录站点的生育期、苗情、生物量和产量要素等，不过以人工监测为主。农业农村部利用土壤水分传感器构建了全国土壤墒情监测平台，目前有 2000 个以上站点，以土壤传感器自动监测为主。此外，农业农村部建成了全国农情监测调度平台，基于 640 个农情基地县抽样调查和 1545 个农情监测点定点监测，从面上监测三大粮食作物的农情状况，但以人工上报为主，目前还缺乏地面自动监测。目前传统的农情地面自动监测等物联网设备主要是空气/土壤的温湿度等环境监测，缺乏对农作物自身生长状况的自动监测。此外，我国的农业专用传感器发展水平较为落后，自主研发的农业传感器数量不到世界的 10%，且稳定性差。

（三）农业碳源/汇监测方法的发展现状与应用效果

1. 土壤固碳

不同农田管理措施造成土壤碳输入量与输出量的变化，从而引起土壤碳储量变化，影响农田土壤碳输入量与输出量的农田管理措施包括作物残渣管理方式、耕作方式、施肥方式（无机肥/有机肥）、作物类型及其管理方式（连续耕作或间歇式轮作）、灌溉方式等。我国耕地平均有机碳含量低于世界平均水平的 30%以上，低于欧洲的 50%以上，土壤具有巨大的固碳减排潜力。目前，土壤有机碳监测主要有 4 种方式：原位采样测定法、基于样点数据的空间插值分析法、基于遥感影像的模型反演法和基于多源遥感数据的综合制图法。传统的土壤有机碳监测是通过在土壤样点野外采样，然后进行实验室分析从而实现定位样点有机碳的测定，或者通过土壤有机碳原位速测仪器在野外实现定位样点有机碳的测定。此类方法具有测定精度高的优势，但只能获取有限的土壤样点数据，效率较低。多源遥感技术的快速发展为土壤有机碳监测和制图提供了有力的数据与技术支持。为实现“由点到面”获取土壤空间分布面状数据，基于土壤有机碳样点监测数据，采用 GIS 空间插值算法可实现土壤空间分布面状监测与制图。由于土壤有机碳含量及组成与土壤反射率间关系密切，因此可根据土壤区域遥感影像反射率，通过土壤有机碳遥感监测模型实现大区域土壤有机碳的遥感反演。目前，利用各类型遥感数据预测土壤有机碳（SOC）含量的方法很多，主要有多光谱遥感反演法、高光谱遥感反演法和结合多源遥感数据的 SOC 预测性制图法。基于遥感技术的土壤有机碳监测具有快速获取大区域数据的特点，省时省力，但是因不同区域的土壤类型、成分、质地、含水量等存在差异，土壤有机碳遥感反演结果受多因素干扰，反演模型有待优化，反演精度具有进一步提升的潜力。

2. 温室气体

农业源温室气体排放主要包括施肥等农田管理措施造成的农田土壤 N_2O 排放、水稻种植过程中的 CH_4 排放、反刍动物 CH_4 排放、动物废弃物管理过程中的 CH_4 和 N_2O 排放，以及生物质燃烧的气体排放等。

土壤硝化作用和反硝化作用会产生 N_2O，其增温潜势约为 CO_2 的 298 倍，水稻种植和畜牧养殖产生的 CH_4 增温潜势约为 CO_2 的 25 倍，因此在实现“气候中和”中 CH_4、N_2O 温室气体的排放监测同样不容忽视。测定农业温室气体排放通量是估算区域农业温室气体排放量的基础，农业源温室气体净排放的观测方法主要有静态箱/气相色谱法、微气象法、同位素法和遥感方法等。静态箱/气相色谱法仪器廉价、灵敏度高，是我国目前应用最为广泛的监测方法，但手动收集温室气体劳动强度较大，不能获取连续数据，具有很大的局限性。微气象法中的涡度相关法在我国也较为常见，但由于对观测对象的下垫面和大气稳定度要求较高，难以应用于我国田块小且分散、机械化程度不高的农田观测；国外研发了自动采样分析技术，对观测对象进行实时监测，但仪器昂贵，运行费用高，在我国并未推广使用。我国研究团队也研发了几款连续监测仪器，中国科学院大气物理研究所团队基于近程量子级联激光光谱仪的涡流相关系统研发了氧化亚氮的监测系统，测试精度在排放下限范围内，但在亚热带蔬菜田的实际应用中还有一定的不确定性。

作物秸秆和残茬燃烧不仅损失了生物固碳量，还增加了碳氮化合物的排放。生物质残茬和燃烧获取方式主要包括实地监测或遥感数据监测。传统的人工监管方式成本高，费时费力，效率不高。随着高分遥感卫星和无人机的发展，信息化监测手段逐步得到应用。作物立地秸秆和残茬覆盖度遥感监测主要是根据作物秸秆中所含的木质素和纤维素在 2000～2200nm 的短波红外波段具有独特的光谱吸收特性，利用含有短波红外波段的遥感影像实现作物立地秸秆和残茬覆盖度遥感监测。秸秆焚烧遥感监测是基于秸秆焚烧时的高温，利用遥感中红外、热红外波段探测潜在火点，秸秆焚烧遥感监测数据源主要包括风云气象卫星、Himawari-8 静止气象卫星、HJ 卫星等，秸秆焚烧遥感监测发展时间较长，技术相对成熟，但空间分辨率和监测精度均有待进一步提升。秸秆焚烧迹地监测主要是根据秸秆焚烧后产生大量的黑色秸秆灰烬，焚烧过和未焚烧过区域存在光谱差异，根据光谱特征实现秸秆焚烧迹地监测，但目前该类研究相对缺乏，尤其是东北黑土地的黑土背景下秸秆焚烧迹地监测存在困难。

三、展望

（一）作物表型信息获取与智能育种技术

未来育种将呈现数据获取（表型、基因型、环境型大数据，人工智能，5G）+数据处理（人工智能、算法、模型）+田间管理（机械、栽培、植保）的大数据驱动的智能育种模式，最终实现电脑辅助或代替人脑工作、智能装备代替人工劳作的颠覆性育种新模式。

传感器是表型大数据获取的首要部件。当前，结合 RGB 相机、激光扫描、热成像、多光谱和高光谱、荧光成像、X 射线、超声波等传感器，实现了从细胞、组织、器官、植株到群体多尺度的作物形态结构、生理动态等表型数据采集（张颖等，2021），但主要还集中在对单个特征的测量，对生物性状的连续监测和整合将是未来传感器技术发展的关键。

作物表型信息获取与智能育种技术是推进农业数字化、智能化，引领未来农业发展方向的关键。未来表型技术发展将呈现地上表型至地下表型、宏观表型至微观表型、物理表型至生理表型、静态表型至动态表型的深层表型技术发展趋势。同时，针对作物表型信息采集手段单一、数据解析时效性不足等问题，未来作物表型技术将重点突破多传感器时空同步采集、多模态数据融合处理和实时在线解析等关键技术（韩佳伟等，2022）。

（二）"空天地"农情信息获取与解析技术

随着现代智慧生态农业的不断发展，农户对数字农业等新技术的接受度不断提高，"空天地"传感器和数据源不断丰富与完善，农情信息的需求主体和需求内容将不断发生变化，农情信息获取与解析技术将朝着更贴近农业定量化、精细化、个性化需求的方向不断发展完善，进而将催生新的应用场景和应用生态。未来"空天地"农情信息获取与解析技术的发展将体现出如下 4 个趋势。

1. 农情信息需求从政府宏观管理向农户实际生产决策深入渗透

农情信息需求的尺度向精细化、个人化、实用化转变，农情遥感监测服务正从政府宏观决策向农户种植生产决策过渡。过去的农情信息监测主要目标是服务国家尺度或者区域尺度的宏观决策，它从粮食安全和粮食贸易出发，虽然可以宏观了解全球或全国尺度的整体生长情况或者趋势，但其精细度、精准度还难以指导农户尺度或者田块尺度的种植生产决策。

2. "空天地"农情信息获取与解析技术从定性到定量深入发展

由于未来需求的升级，人们对农情信息获取与解析的质量和精度提出了更高的要求。依靠国家对空间基础设施的持续投入以及实际需求的牵引，国产自主可控的卫星数据源将不断增多，不断组网形成星座群，无人机和地面物联网成本大幅降低，可利用数据的数量和质量将几何级提升。卫星和无人机所搭载载荷的设计、定标和性能得到提升，遥感数据空间分辨率、时间分辨率、光谱分辨率和辐射分辨率将得到不断改善。地面物联网的传感器也将得到完善，如土壤养分（氮素）传感器、土壤重金属传感器、农药残留传感器、作物养分与病害传感器、动物病毒传感器以及农产品品质传感器等。更重要的是，对海量遥感数据的定量化解析的能力将得到加强，尤其是定量遥感反演能力。遥感监测的能力不只是局限于农田地块边界、属性、面积、大小等信息，还将定量化监测作物和土壤的养分信息、生理生化信息、虫害信息、病害信息、产量信息和品质信息等。

3. 面向多目标需求的"空天地"一体化协同融合发展

"空天地"不同技术手段获取信息的尺度和优势不同，空间尺度越高，覆盖面越广、效率越好、速度越快、成本越低，但是分辨率和精度相对会下降，未来将协同发挥多种手段的优势，"空天地"一体化协同融合将实现低成本、高效率、较高精度的信息获取，满足作物全生长周期、全天候、大面积的信息获取需要。通过空天地一体化协同获取，在解析手段上与栽培和育种知识融合，实现"空天地"多源数据与农艺和农机深入结合，农情监测从点扩展到面，从瞬时静态监测发展到过程动态监测，从监测发展到预警预测，并将农情信息转成处方决策，解决实际生产经营中的精细化管理和多目标需求问题。

4. "空天地"农情信息获取与解析的应用场景将不断扩展

伴随着数字农业应用的不断深入，"空天地"农情信息获取与解析技术将在更多实际产业场景中得到应用，不同产业场景中的实际应用需求将进一步刺激"空天地"农情信息获取与解析技术的完善和提升。目前"空天地"农情信息获取与解析技术以大田种植业为主，尤其是粮食作物。未来将逐步扩展到特色经济作物（油料作物、糖类作物、饲料作物）、特种作物（果园、茶叶、烟叶、药类）、畜牧水产等养殖业规模化生产区域。围绕大田种植、渔业、草地畜牧业、设施农业、农村基础设施建设、农村生态监测等业务领域，实现全要素、全生产流程的数字化、智能化动态监测（陈仲新等，2019）。此外，不只是局限在生产环节，还将在收储、加工、流通等领域，以及金融、保险等其他涉农领域中发挥作用。

（三）基于多源数据的碳监测

随着"碳达峰、碳中和"的推进，急需研发更加高效、智慧的碳源/汇关键参量监测装备，获取多源数据，为我国落实应对气候变化举措提供数据支撑。目前，我国对农田生态系统碳固定和温室气体排放进行监测的仪器设备以遥感监测为主，而涡度相关系统等地表或近地表在线监测仪器和原位测量仪器对外依存度高，缺乏自主研发、精准可控、造价低廉、能够大范围应用的设备，大尺度区域监测面临着数据源较少、数据质量低等问题。随着新材料、传感器、碳源/汇监测数据源逐渐丰富，土壤有机碳、作物固碳、温室气体浓度和通量传感器将能够实现连续自动原位准确监测；应用物联网技术能够提升对种子、化肥、柴油等生产资料的精准管理，从而实现碳足迹的准确测定；未来无人机、高空间分辨率/高光谱遥感卫星和数据传输技术的发展将为区域大气温室气体、土壤有机碳、生物质固碳和燃料监测提供技术支撑。

第三节　农业智能知识服务技术

一、概述

农业物联网、移动互联网、农业信息系统等的飞速发展与应用，形成了海量的农业数据资源，涉及耕地、育种、播种、施肥、收获、储运，以及加工和销售等各环节，但由于农业领域具有环境复杂、动植物种类繁多、生产过程烦琐各异等特点，在海量农业数据基础上进行知识学习和知识服务，为农业生产、经营、管理等环节提供专业化的决策支持、智能化的分析方法和个性化的信息服务，对于增强政府部门宏观政策调控能力、提高农业信息服务质量和水平、保障国家食品安全、促进现代农业快速发展等具有重要意义。

农业智能知识服务技术是农业人工智能领域的一个分支，该项技术可以有效缓解农业领域专家不足导致的技术服务不及时、农业生产经营资源利用效率低、水肥药过量施用的问题。农业智能知识服务技术是通过信息化手段，根据农业用户的个性化需求，通过线上服务方式，将分散的农业专家知识汇聚从而指导农业生产经营。农业智能知识服务包含 3 个关键环节：首先通过智能化的方式将农业领域知识进行有机组织；其次知识服务需要依托大量的实时数据，通过物联网、移动互联网等技术应用解决实时数据的获取；最后是领域知识的智能服务，通过建立用户精准画像、知识精准匹配模型、个性化推送服务等环节实现。由于我国农业产业类型多、区域生产条件差异显著、季节性生产需求变化快等特征，大数据、物联网、人工智能技术发展背景下，以大数据驱动的知识智能服务技术已成为当今的研究与应用热点。

二、发展现状与应用效果

（一）农业智能知识服务技术发展历程及现状

农业智能知识服务技术应用起源于 20 世纪 90 年代美国的农业专家系统。21 世纪以后，结合作物生长模型的农业专家系统成为研究热点，美国建立了大豆、禾谷类等管理系统，可以实现作物生长模型、水分平衡、灌溉等决策。我国在 20 世纪末、21 世纪初期开展了粮经作物、果树及园艺作物系列农业专家系统研发，围绕产前规划、栽培管理、病虫害防治、水肥管理、产后处理等环节提供决策支持，但当时的农业专家系统在知识规则构建、更新及维护方面需要大量专家参与，在一定程度上制约了知识库的更新效率，随着物联网、云计算、人工智能技术的发展应用，当今农业智能知识服务技术逐渐被基于大数据融合智能分析的知识服务技术所取代。

当前，农业生产主体复杂，生产过程发散，需求千变万化，面向跨领域，跨行业，跨学科，多结构的交叉、综合、关联的农业智能知识服务技术依然缺乏。农业智能知识服务技术领域正向多模态大样本数据挖掘、小特征大价值农业数据发现、多维关联智能交叉分析方向演进。

1. 在作物管理知识模型方面

国际上获得广泛认可的作物生长模型包括联合国粮食及农业组织（FAO）的

QUACROP、荷兰的WOSOFT系列、澳大利亚的APSIM系列等。我国在作物生育模拟模型及优化栽培决策系统方面研发了小麦、玉米、水稻和棉花等一些注重实用性和简洁性的模型系统。借助大数据的技术手段，作物模型的准确性、普适性、机理性、预测性有待进一步提升和完善。此外，还有学者建立了实时数据和知识规则库联合驱动的畜禽、水产、蔬菜等优势产业区域性环境监控、肥水决策、病虫害防治、饲喂决策等模型。

2. 在农业预测知识模型方面

国内农业预测与决策模型的相关研究较多，其中在实时信息处理方法与养殖水质、温室与畜禽环境参数的预测预警模型方面开展了深入的研究，如提出了基于主成分分析、蚁群算法优化最小二乘支持向量回归机的河蟹养殖溶解氧预测方法等。在知识挖掘方面提出基于频繁模式树的多重支持度关联规则挖掘算法，解决了关联规则挖掘中经常出现的数据项稀少问题。

3. 在农业知识图谱构建方面

随着农业知识与数据资源的不断积累，单靠人工增加与维护农业知识图谱已不现实。为此，研究人员开始从大数据挖掘的角度进行知识挖掘与分析，以实现基于大数据集的知识图谱维护与更新。知识图谱的可视化编辑可以更好地引入关联资源，通过改进的建模方法，降低计算成本。

4. 在农业生产知识服务方面

集成作物生长发育情况以及气候、土壤、农事操作等作物生长环境数据，利用大数据处理分析技术，突破专家系统、模拟模型在多结构、密度数据处理方面的不足，为农业生产决策者提供精准施药、科学施肥、水肥调控等高效、可靠的决策信息。例如，美国FarmLogs公司研发的具备智能预测功能的农作物轮作优化产品，国内如国家农业信息化工程技术研究中心研发的“绿云格”大数据智能分析平台，利用云端托管的形式实现了设施农业中作物生长信息与专家经验知识、专业模型的有机集成和决策分析。

5. 在农产品市场行情分析与预警方面

具有代表性的是经济合作与发展组织和FAO的AGLINK-COSIMO模型、FAO的全球粮食和农业信息及预警系统（GIEWS）、美国农业部的国家-商品联系模型、美国粮食和农业政策研究所的FAPRI模型和中国农业科学院农业信息研究所的CAMES模型等。借助大数据的智能计算，通过农产品中、长、短期市场发展态势和市场行情变化早期分析判断和预警服务，引导生产主体合理调整产能、确保重要农产品供给稳定。

（二）农业智能知识服务技术在蔬菜生产中的应用

我国设施蔬菜生产已进入了智能化为主导的新阶段，设施生产质量和效率的智能化升级面临着支撑农业智能化管控质量提升的核心决策技术受制于人，不能满足与农艺融合的需求，以及生产管理服务手段有待突破等问题，以自然语言处理、跨媒体分析为核心的农业智能知识服务技术能有效提高农业生产质量和效率。围绕设施蔬菜精细化智能生产，国家农业信息化工程技术研究中心研发了“绿云格平台”，支撑基于APP+微信的移动互联、基地个性化智能管控系统服务，提供智慧生产、农技指导、在线学习、互动交流、成果速递和服务对接等服务，验证并创新了全程生产管控的智能知识服务模式，实现了人工智能技术与农技服务的深度融合，成果推广推动了我国智慧农业绿色、高质量发展。

1. 平台集成了标准化生产知识服务模型

针对设施农业领域影响因素繁多、相互作用关系复杂、精准调控决策极其困难的问题，围绕棚体、土壤、种苗、栽培、肥水、环境、植保等七大关键管理环节，研究人员提出了作物生长状态与环境最优协同的关联知识挖掘方法，基于 Top-K 查询的不确定数据加权频繁项集挖掘算法、基于生物启发的频繁项集挖掘改进算法、基于粗糙集合规则归纳和扩张矩阵理论的知识获取算法等，构建了具有自学习功能的 229 个品种/茬口/长势/环境/市场多因子协同的农艺与控制参数动态模型 1319 个，形成了具有案例深度学习与规则优化迭代的设施生产经营知识数据库。

2. 平台集成了环境多目标优化控制知识模型

在蔬菜生产中，基于红外图像的作物蒸腾监测方法、基于设施蔬菜长势图像深度学习识别的水肥控制方法，基于灰色关联度理论和标准粒子群算法，通过图像深度学习的作物长势判定方法，结合每个阶段的水肥需求量、红外图像监测作物蒸腾量、实时环境温湿度和土壤温湿度数据，实现风机、湿帘、补光、水肥滴灌精准作业多目标优化控制。通过全生育期的水肥滴灌智能控制，灌溉水利用率和肥料偏生产力得到大幅提高。

3. 平台实现了基于深度学习的病害图像诊断知识服务

我国建立了 14 种蔬菜的 230 万余张 89 种主要病害图库，提出了基于卷积神经网络的病害图像诊断方法。在对海量作物病害图像去噪、增强和归一化预处理，以及精准语义标注基础之上，实现了作物叶片正反面、茎、果实、根等主要器官的病害特征图像属性提取和病害诊断分类识别，主要病害识别率达 89%以上，并且基于病害诊断结果给出合理的农药配方建议，通过联动雾化和精准对靶设施，减少了农药使用量，提高了农产品质量安全。

4. 平台创新了农业知识图谱自动化构建方法

构建了海量实时大数据的知识图谱库，建立了农业生产经营语义关系开放抽取模型，实现了设施蔬菜不同生产经营环节信息的语义关系的关联学习，构建了高产值的设施蔬菜大数据知识图谱库，涵盖农资、技术、土壤、植保、品种、市场、加工、仓库、物流、经营主体、农业社会化服务等 18 个分类、70 个主题、GB 级数据资源，解决了设施蔬菜生产经营过程中知识信息匮乏问题。

5. 平台创新了农业智能知识服务模式

平台利用农业知识图谱、互联网农技社区和互联网农技文本三类知识源，自动构建涵盖 1070 多万个对话样本的农技问答对话库，建立了非结构化文本对话模型，通过预训练模型和联合注意力机制解决了社区问答对话库和专家知识稀缺的问题。针对黄瓜/

番茄/西葫芦等不同品种的种植技术、市场价格、病虫害防治等不同领域对话系统开发训练成本高、冷启动时对话样本难获取的问题，提出基于迁移学习的可扩展农业多领域对话决策模型，降低了设施蔬菜多领域对话平台的开发成本。研发了具有知识自主进化学习能力的智能语音问答服务机器人，解决了农户技术问题找不到出口、农技人员跑村服务效率低的问题。

三、展望

由于大数据、云计算、人工智能技术的发展，互联网向物联网扩展，农业智能知识服务也进入了新的发展时代，借助大数据分析和多样的算法、方法和技术，大量的农业领域问题和事件被求解和模拟，机器学习、建模与仿真、基于云平台的计算、图像识别、复杂网络、地理信息系统等技术手段均在农业智能知识服务中得到了应用（韩佳伟等，2022）。

1. 多模态数据驱动的农业知识智能抽取技术

围绕农业大数据资源多模态特点，构建实时数据流驱动的智能处理模型，引入人类先验知识，提高现有农业知识抽取模型的识别、分类与可扩展性能。重点突破农业知识抽取中的跨媒体、无监督语义映射方法，建立多特征耦合和模型动态映射的农业知识抽取模型。

2. 类人思维的农业知识图谱神经元框架

借鉴人类思维与知识推理机制，以深度学习神经网络为基础，重点突破以自然语言分析、用户行为理解、直觉判断为核心的类人思维知识图谱模型研究，建立“环境—营养—表征—病害—生产—追溯—流通”全环节农业知识的语义空间关系。在大数据挖掘分析的基础上，探索人脑经验、直觉机理与知识表达模型，加强大数据、小样本条件下的知识迁移学习推理，实现农业大数据下的类人思维知识图谱神经元框架构建。

3. 基于深度学习的农业大数据自适应分析模型

研究基于凸模型的农业大数据表示方法，突破用于深度学习模型的自适应难点问题，建立农业大数据在线计算模型，挖掘农业大数据中的隐藏范式、未知关联、加载价值、市场趋势以及社会规律等，解决多类复杂的农业生产环境智能控制、农业灾害风险评估与预测、农产品市场行情监测预警、农产品质量安全溯源等智能问题。

4. 深度神经网络集成的农业知识学习方法

针对海量和稀少并存的农业大数据增量计算需求，引入选择性集成学习、混合集成学习、主动学习等，围绕农产品品种、气象、环境、生产履历、产量、空间地理、遥感影像等农业大数据资源，研究基于深度神经网络集成的农业大数据增量式知识学习方法，精确挖掘农业大数据的连续变化趋势和发现隐藏的相关性。

5. 强可视化农业知识分析机制

研究农业大数据决策分析任务建模理论，建立农业数据多模态可视化表达与用户交互模型，研究可视化计算分析方法，突破基于强可视化交互的人机混合智能决策方法，探索动态多维度的农业大数据流实时可视化分析机制，提高决策的准确性并缩短算法训练周期。

6. 跨媒体农业知识关联理解与服务交互机制

研究农业文本、音频、视频、光谱等跨媒体知识统一表征的新方法，研究建立公共映射空间不同模态数据的语义关联与相关性度量，突破跨媒体农业知识数据的高层级理解和融合，形成跨媒体关联理解与知识自我更新能力，探索农业场景下语音、手势、动作等内容在服务交互中的语义蕴涵。

7. 基于用户画像的农业知识精准投送机制

基于农业移动互联网个人行为数据拼接技术，研究用户画像绘制与更新机制，建立生成式对抗网络模型。重点研究变分推理与对抗网络整合方法，突破无反馈或被动反馈推荐系统优化技术，探索利用离线智能技术解决农业细分领域推荐系统冷启动问题。

第四节　农业生产智慧管理技术

一、概述

农业生产智慧化涉及多部门、多领域、多学科，具有独特的系统性和复杂性。按照产业领域，可以划分为作物生产智慧化、畜禽养殖智慧化、水产养殖智慧化。

作物生产智慧管理技术是在充分了解土地资源和作物群体变异情况的条件下，因地制宜地根据田间每一操作单元的具体情况，精细准确地调整各项管理措施和各项物资投入量，在获取最大经济效益的同时降低农业生产带来的环境风险（韩佳伟等，2022）。

畜禽养殖智慧管理技术通过互联网、大数据、云计算、区块链等新一代信息技术以及传感器、图像、声音等先进感知监测技术，进行畜禽养殖环境智能化管理、畜禽精准饲喂管理、畜禽疫病智能诊断与预警预报、畜禽养殖综合信息化管理以及畜禽遗传育种数字化管理、畜产品质量安全管理，实现生产智能化、经营网络化、管理精准化、模式标准化。

水产养殖智慧管理技术主要是以实现水产养殖作业的智能化管理和决策为目标，通过物联网技术，利用温度、溶解氧、pH等水质传感器，实时采集养殖设施中的温度、溶解氧等数据，并可实现增氧机、投饵机等设备的数字化互联；通过大数据分析和基于云计算的存储物联网技术采集到的数据，并且使用数据清洗、去噪等算法，借助云计算技术，对数据进行处理和计算，挖掘数据内隐藏的逻辑关系，并推理决策指令；通过人工智能技术自动提取海量数据中蕴含的主要特征，进而实现水质预测、投饵等养殖作业决策。以上技术互联互通，并通过各种业务紧密结合，最终可实现水产养殖中的智慧生产与管理（李道亮和刘畅，2020）。

二、发展现状与应用效果

（一）作物生产智慧管理技术

1. 精准施肥技术

精准施肥技术体系是智慧农业变量决策的重要技术体系之一，目前变量施肥系统的技术内涵主要包括：信息感知、定量决策、智能控制、精准投入和个性化服务。按照信息感知的数据来源划分，主要有两种形式：一种是以实时传感器为基础，系统以传感器实时监测到的土壤养分或农作物养分胁迫信息为基础，经过在线定量计算决策，实时控制并调节肥料的投入量，这种方法的缺点是传感器所获取的信息覆盖面小，代表性不足；另一种是以根据预先采集的各种相关信息，如历史产量变异图、土壤养分空间分布图等，制作变量施肥处方图，当施肥机械进行田间作业时，将按电子处方图的位置信息和对应的施肥量数据进行变量控制（宿宁，2016），其工作流程如图 8-1 所示。

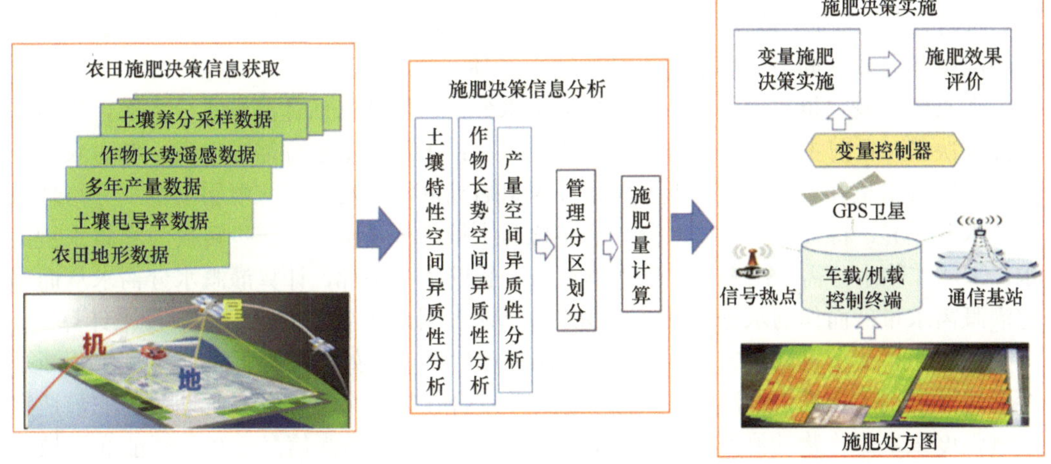

图 8-1　基于变量施肥处方图的作业流程

其中第二种方法，即基于变量施肥处方图技术，信息感知区域覆盖范围更大，考虑区域异质性，综合多种信息进行变量决策，得到的结果更为有效和可靠，是目前变量施肥研究的主要方向（宿宁，2016）。而通过管理分区划分生成精确合理的施肥处方图是该方法的先决条件。管理分区划分技术是实现精确农业变量输入的一种经济有效的方法，其划分依据基于限制作物产量的各种因素的空间变异性，如土壤肥力、质地，土壤水分，地形，生产管理因素等。近十年来，遥感由于覆盖范围大、快速、无损、成本低等优势受到了科学家的广泛关注，如通过植被指数等来反映作物生长变异性，进而开展管理分区划分，成为研究的热门（赵海涛，2020），与仅依靠大量地面实测数据的统计插值再进行管理分区的传统方法相比，基于多源数据的管理分区方法有效地改良了分区的效果。

欧美国家的学者对变量施肥的研究相对起步较早，且基础数据较为充分，变量施肥技术体系已初步形成，从变量施肥装备到变量施肥控制系统都相对完善，一些变量施肥应用系统已经得到大面积推广应用与商业化。我国在变量施肥方面的研究处于起步阶段，但发展很快，主要在国家政策的支持下引进国外先进的农业生产机械和配套的控制系统，以对外来技术的消化吸收为主，系统化原创性理论研究还相对薄弱。但国内农业、机械、自动化、遥感等领域的科研人员在吸收国外经验的基础上结合自主创新，尝试开发适合我国国情的变量施肥技术，通过不断的努力，也取得了不少研究成果（宿宁，2016）。

2. 精准灌溉技术

精准灌溉技术也是智慧农业变量决策的重要技术体系之一，根据农田生产的需水量因时因地进行精准灌溉，不仅可以提升农产品产量和质量，还可以最大程度地节约水资源。与变量施肥技术一样，技术内涵主要也包括：信息感知、定量决策、智能控制、精准投入和个性化服务。

在农田灌溉信息感知方面，目前最主要的还是依靠土壤墒情传感器和气象站点等，主要包括土壤信息如土壤温湿度、土壤养分和pH，农田局域气象信息（大气温湿度、风速、风向、太阳辐射、降雨量等）等。对于大范围的农田信息监测，主要依靠遥感技术，但精准度和时效性尚不能满足需求（吴迪，2018）。

在农田灌溉定量决策方面，主要是基于水分平衡原理来估计灌溉水分需求，进而制定灌溉决策，目前主要有两类方法来计算灌溉量：①从土壤水分需求出发，考虑农田土壤的田间持水量和萎蔫点，基于土壤水分阈值启动灌溉，判断当前根层土壤水分与理想土壤水分差异，将目前的土壤水分亏缺转化为土壤水分需求，进一步转换为灌溉水量需求。②从作物水分需求出发，计算作物正常生长的水分消耗，计算灌溉水分需求从而确定灌溉需求量；而作物水分消耗（作物水分需求）目前主要依靠农田蒸散发来计算。

在农田智能节水灌溉方面，一些发达国家已经从一开始的只根据土壤湿度来判断是否灌溉发展到了依据土壤湿度和气象参数，并结合作物各个生长发育时期所需的最适宜灌溉强度来决定作物的灌溉量（吴迪，2018）。我国农田灌溉信息感知与智能灌溉技术的发展仍在初级起步研究阶段，部分科研院校和企业在借鉴国外先进成果的同时，也都在积极开发符合我国农业特点的产品，无论是在农田信息采集还是在节水灌溉系统的研究上都加快了研究步伐（吴迪，2018）。

3. 精准施药技术

精准施药技术是智慧农业的重要技术组成部分，也是信息时代精准农业发展的重要特征之一。精准施药技术是通过传感探测技术获取喷雾靶标即农作物与病虫草害的信息，利用计算决策系统制定精准喷雾策略，驱动变量执行系统或机构实现实时、非均一、非连续的精准喷雾作业，最终实现适时按需施药。利用精准施药技术与高效施药装备可有效减少农药使用量、提高农药利用率、减少农产品农药残留、减少农药对环境的污染，实现对不同种类作物的精准施药。

精准施药技术体系主要包括靶标探测技术、施药控制系统及算法、喷雾控制技术等（何雄奎，2020）。靶标探测技术目前主要应用在果树、农作物、杂草等目标的自动识别和定位中，可以进行形态和体积等三维信息获取。施药控制系统及算法主要有 4 种方式

（杨光玉等，2022）：①注入式变量施药技术，通过将药液和水分开存储，在施药时控制水的流量不变，改变药液的流量来达到变量施药的目的；②压力调节式变量施肥技术，通过改变管路的压力来实现变量喷雾，对雾滴的雾化特性影响最大且流量调节范围最小；③基于脉宽调制流量调节式变量施肥技术，是指通过高低电平的信号来控制电磁阀的开闭，电磁阀可快速响应系统中的信号来实现对喷头喷洒流量的精确控制，与压力式控制相比，它无须改变系统管路压力，能够实现喷头流量的实时调节，对喷头的雾化特性影响较小；④自动对靶喷雾技术，包括基于地理信息系统的自动对靶喷雾技术和基于实时传感器的自动对靶喷雾技术，是精准变量施药技术的重要方向。喷雾控制技术通过研究植被冠层内部雾滴穿透比例分布规律，进行风场与雾场的分布建模，实际喷雾过程中通过对喷雾参数的实时监测，进而通过改善喷雾机结构，对风机气流场进行控制，达到理想喷雾效果。

目前施药技术与施药装备正向着智能、精准、低量、高效方向发展。经过科研人员多年努力，中国精准施药技术已取得长足进步，为智能施药装备的发展提供了良好的技术基础。例如，玉米田间自动对靶除草机、果园自动对靶喷雾机、基于风量调节的果园变量喷雾机、自适应均匀喷雾机、可调地隙与轮距的高地隙自走式喷杆喷雾机、循环喷雾机以及仿形喷雾机等新型施药装备纷纷问世，实现了农药的精准喷施，大大提高了农药利用率。此外，还有遥控自走式作物喷杆喷雾机和植保无人机，非常适合中国中小型农场的减量精准施药技术要求，发展迅速。但目前精准施药技术仍存在定位系统精度不足、关键技术的协调性差、传感器新技术的产业化难度大等问题，后续需对这些问题进行针对性研究。

4. 农情会商与决策指挥技术

农情会商与决策指挥是集成现代信息技术装备，针对影响我国农业生产稳定发展和主要农产品有效供给的突发性重特大气象灾害、农作物病虫害等快速决策响应而建立的技术体系，它不受时空限制，在各级农业农村部门、农业农村领域专家间打通的应急联动处置环境下，通过灾害发生类型、时间、区域和受灾作物的种类、面积、受灾程度、灾害损失等灾情信息快速汇聚决策，及时对灾害发生发展程度、趋势作出科学研判，并向社会公众发出预警。从农情会商与决策指挥应用服务领域划分，可分为农业气象灾害、重大农作物病虫害、重大动物疫情、农业生产调度；从农情会商与决策指挥关键技术环节划分，可分为农情监测、农情预警、农情会商、农情评估。

在遥感监测技术应用方面。农情会商与决策指挥技术应用起源于20世纪70年代的美国。1974～1977年，美国农业部、国家海洋和大气管理局、航空航天局和商业部合作主持了“大面积农作物估产实验”项目，对美国大平原9个小麦生产州的小麦种植面积、单产和产量作出估算，成为农情会商与决策指挥技术应用的里程碑。从1986年开始，美国又开展了农业和资源的空间遥感调查计划，主要包括灾害早期预警、作物状况评价、国外8种农产品产量预报。国内在农情监测会商与决策指挥技术方面，中国科学院遥感与数字地球研究所、国家农业信息化工程技术研究中心、中国农业科学院等多个团队利用光学遥感、航空无人机、地面采集“天空地”一体化监测技术，对我国主要粮食、经济作物的长势、墒情、营养状态进行监测分析，预测主要的粮食产量，并对粮食复种指数、粮食供需平衡情况、种植结构合理性进行监测分析，建立的系统平台为我国农情监测提供了快速反馈、动态响应、经济可用的有效手段，为保障国家粮食安全起到了积极作用。

在农情监测与服务系统方面。国外一些农业发达的国家已经建立起比较成熟的作物农情监测系统，利用先进的传感器技术、数据处理技术和网络技术等管理和共享相关的农情信息。联合国粮食及农业组织利用遥感卫星影像的归一化植被指数（NDVI）数据实现了全球农作物长势监测；澳大利亚通过建立系统长期动态监测农业生态环境、农作物种植面积，以及进行灾害实时预警预报与产量估测。我国建立的省、市、县、点四级全国土壤墒情监测管理系统能够对全国土壤墒情数据进行实时采集，并对干旱灾害进行监测预警。

在农情会商与决策模型方面，美国联邦调查局和美国航空航天局等单位联合研究出了通过红外图像识别、实时数据遥感测量、无人飞行器等整合改进灾害应急决策支持系统的技术。最终的系统具有全时，覆盖范围广，实时自动图像处理等特点。在农情决策模型方面，深度神经网络、案例推理模型、模糊逻辑推理、知识图谱等技术得到应用，通过深度神经网络可以实现异常农情的监测预警，通过案例学习快速发现类似的异常农情，通过知识图谱能够快速发现关联因素，给出对应的处置方案。

与国外灾害应急管理水平相比较，我国在农情会商与决策指挥管理方面，尤其是应对突发重大农业灾害时缺乏灾情综合分析、评价、决策、推演、会商等系统与工具支持。突出表现为对获取的各种错综复杂的灾情信息融合不够，对不确定、不完全、动态灾情信息缺乏强有力的综合分析与判断手段，无法及时明确应急救援物资的具体需求，短时间内很难作出切实可行的救灾物资调配与人员疏散方案，对作出的预案也很难预知具体的执行效果。因此需要在国家层面建立快速反应、运行可靠、准确决策的农情会商与决策指挥技术体系，提高应急救灾决策的可行性、准确性与快速反应能力。

（二）畜禽养殖智慧管理技术

1. 环境智能化管理技术

畜禽养殖环境智能化管理是利用现代信息技术，围绕畜禽养殖的生产和管理环节，建立不同养殖阶段、养殖目标、品种的指标体系和生长环境表达模型与报警机制，实现养殖环境快速获取、环境异常自动预警、设备自动控制，保证适宜养殖环境，保障动物的正常发育和生产（刘强德和赵黎，2022）。

针对畜禽养殖环境的智能化管理，在在线监测对象及评价方式上，从“单因素效应”转向“综合热效应”，温度、湿度、风速和太阳辐射等单个因子均可实现低成本、在线自动监测，但是各参数间存在耦合效应，建立动物反应与多环境参数间的耦合关系，实现综合热环境的智能感知。在在线调控模型及决策方法上，越来越多地使用图像分析、机器学习、大数据等方法，利用深度神经网络、随机森林、梯度递增等机器学习方法，通过设立环境参数估计/预测动物的生理参数、产热产湿，建立多元环境控制模型，利用大数据分析建立环境参数与饲料转化率、生产性能等的相互关系，实现基于多参数融合的环境舒适度评估。在环境控制技术及工程工艺上，趋向于“建筑+设备”的节能换气

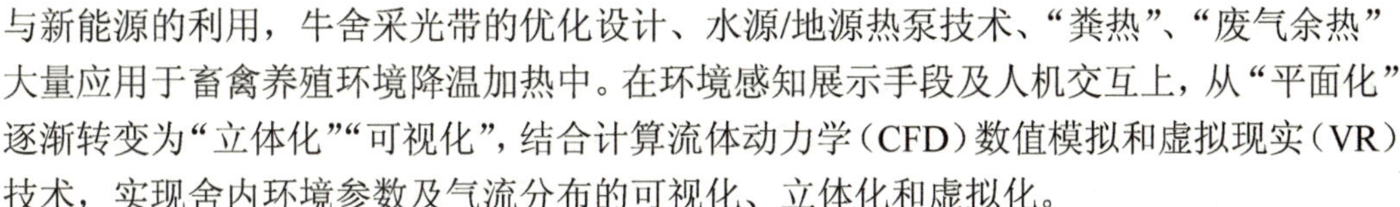
与新能源的利用，牛舍采光带的优化设计、水源/地源热泵技术、“粪热”、“废气余热”大量应用于畜禽养殖环境降温加热中。在环境感知展示手段及人机交互上，从“平面化”逐渐转变为“立体化”“可视化”，结合计算流体动力学（CFD）数值模拟和虚拟现实（VR）技术，实现舍内环境参数及气流分布的可视化、立体化和虚拟化。

2. 精准饲喂管理技术

畜禽精准饲喂管理是以“精准、高效、个性化定制”为主要特征，根据动物营养、生长状态、生长环境、效益目标等多种因素，形成针对不同养殖对象的饲喂配方和饲喂方案（刘强德和赵黎，2022）。现代化的畜禽养殖饲喂系统包括饮水系统、喂料系统、投药系统等，在实现自动化、智能化精准饲喂的过程中，重点要解决 3 个关键技术问题：饲养信息获取、饲料精准配方、智能饲喂。

饲养信息获取一方面通过喂料、喂水终端设备自动启停料线传感器、料塔称重传感器等，实现饲料、饮水数据的连续自动采集，另一方面通过传感器、图像、声音等监测技术获取畜禽体重、体长、行为等个体信息，建模计算，准确分析畜禽生长状况和饲养过程（刘强德和赵黎，2022），作为测算饲料配方及评价饲喂状态的依据。饲料精准配方是畜禽精准饲喂管理技术的核心，在畜禽生理信息获取的基础上，围绕饲喂目标综合考虑畜禽生理状况、饲料营养成分、饲料原料价格等要素来测算畜禽的饲料配方（孟蕊等，2021）。根据饲喂的不同季节及不同生长及生理阶段，研发电子饲喂站和智能化饲喂机等基于信息感知、具有物联网特征的畜禽智能饲喂系统（杨飞云等，2019），如生猪养殖中采用补充氨基酸减少日粮粗蛋白质 2.1%～3.8%或 4.4%～7.8%的同时，还可减少 40%以上氮、磷和其他污染物的排放。智能饲喂是畜禽精准饲喂管理技术的实现方式，在获取饲养信息、精准配备饲料的基础上，根据畜禽品种、生长特点、不同生理阶段、饲料类型、空气质量、环境温湿度等因素，设定饲喂决策模型和算法，得到固定畜舍的饮水量、次投喂量、投喂次数和投喂时间（孟蕊等，2021），实现精准化的智能饲喂。例如，全球著名的现代化养猪设备企业——美国奥斯本工业公司、华特希尔公司，德国大荷兰人国际公司等开发出的种猪生长性能测定、母猪电子饲喂群养系统（群养系统）、育成猪生长自动分栏管理系统（分栏系统）等已成为提升饲料资源利用率的主流数字化技术的重要体现。

3. 疫病智能诊断与预警预报技术

畜禽疫病智能诊疗与预警预报技术是指通过利用畜禽体征监测、程序化防疫、科学饲料配方，以及不同养殖动物不同生长阶段的饮食量、行为规律，结合各种疫情发生环境数据，运用智能推理与人工神经网络等方法构建的畜禽疾病预警模型，当实时监测养殖环境、动物个体饮食量、行为信息与模型偏离程度超过系统设定阈值时，实现对动物疫病的预警、诊断和防控。畜禽养殖智能传感诊断技术主要从畜禽形态与行为诊断、畜禽声音诊断、畜禽体温诊断和其他诊断等方面进行研究。在无接触测量中，常采用机器视觉与红外激光技术获取动物的图像或点云信息，进而对动物的采食、饮水、排泄、躺卧、站立等基础生理行为，以及步态、反射、交互、咬尾等高级社交行为的异常形态进行识别与判断；依据特异声音出现的频率、密度、响度、持续时长等参数对动物健康状态或环境适应状态进行判断；通过集成的可穿戴或植入设备、红外温度检测技术对动物体温进行监测（李奇峰等，2021），有效发现健康状态异常的畜禽个体；以畜禽味道、心率、呼吸频率等生物体征作为疫病诊断的指标依据。

系统利用远程传感技术、视频与图像识别技术，通过软件平台、用户端移动式巡视头盔、用户端/专家端固定式远程交互设备等实现了多点、快速、移动的远程诊断服务和基于兽医经验知识的自助诊疗服务。基于此，国家农业信息化工程技术研究中心与北京市华都峪口禽业有限责任公司联合研发了面向基层服务的、基于语义识别的智能自助诊疗模型，将蛋鸡临床兽医专家诊断技术、禽类专家养殖技术与计算机算法建模技术集成于一体，实现了对滑液囊支原体、鸡传染性支气管炎、新城疫、法氏囊等 38 种典型疫病的在线诊疗，准确率达 95%以上，用户满意度达 97.8%。

4. 遗传育种数字化管理技术

畜禽品种资源遗传育种主要是通过自动获取动物表型、基因型信息，进行系谱管理、种质资源分析、繁育活动管理，实现联合育种，提高遗传改良效率。基于网络测定和联合选育技术，通过计算机联网共享信息资源，在各牲畜群间建立起遗传联系的基础上，将各场测定的性能记录通过计算机网络传入中心数据库后统一进行遗传评定，已成为国内外畜禽遗传育种数字化管理的重要趋势。在畜禽育种管理信息化方面，牛育种数据平台比较有代表性，包括加拿大奶业网（Canadian Dairy Network，CDN）、美国国际资源育种公司（Cooperative Resources International，CRI）等育种管理系统，基本实现了牛群登记、牛奶记录、外貌鉴定和公牛培育，协助牧场进行选种选配以及种公牛表现追踪、种母牛筛选和系谱的完整性、生产管理数据等预警统计。国内典型性的育种数字化管理平台包括：中国荷斯坦牛网络育种平台、奶牛综合管理数据中心及畜禽遗传资源调查平台等，满足生产性能测定、后裔测定、良种登记、选种选配等功能需求。在种猪生产信息化领域，代表性的有新西兰养猪行业协会、新西兰技术开发公司联合开发的种猪场 PigWin 系统、西班牙 Agritecno 公司开发的 Swine-Porcitec 软件及美国 S & S Programming 公司开发的 Herdsman 育种软件等。目前大部分育种数字化管理系统存在不易二次开发、育种流程与国内企业存在差异、价格昂贵、跨种群评估及数据服务存在安全风险等问题。国内猪场育种包括 GBS、GPS、猪场管家、猪联网、安佑云、九方农场、微猪和智慧农场等数字化管理软件。

在畜禽业的生产过程中，遗传育种技术对提高家畜生产效率的贡献超过 40%，其他影响因素包括疾病、日粮饲料、生产管理等环境因素占 60%。因此，新的育种技术必须以提高育种效率、提升品种产出率为目标，瞄准大规模、商业化育种的需求，将现代信息技术与育种工作中的关键环节紧密结合（孙娜，2019），运用现代信息技术与先进的育种理念和生产管理思想相融合，实现商业化畜禽育种全过程的程序化、标准化、数字化，引导畜禽育种行为由靠经验育种向数据育种转变，实现畜禽全生命周期、全业务流程和全生产要素的育种信息管理，保障畜禽品种选育以市场需求为导向、品种繁育以产品质量为核心，实现育繁推一体化的畜禽育种。预计到 2030 年，主要畜种核心种源自给率达 70%，国家级保护品种有效保护率达 95%以上，基本建成与现代畜牧业相适应的良种繁育体系及育繁推一体化育种信息平台（苏永腾，2021）。

5. 质量安全管理技术

近年来自动识别技术、传感器技术、移动通信技术、智能决策技术等的不断发展，为畜产品质量安全管理系统建设提供了有效的技术支撑。目前，许多国家建立了农产品安全认证与可追溯信息系统，如欧盟的“牛肉可追溯系统”、瑞典的“农产品可追溯管理系统”、美国的“农产品全程可追溯系统”、日本的“食品追溯系统”、澳大利亚的“牲畜标识和追溯系统”等（高迎春等，2015）。

人工智能技术快速发展，逐步可以构建基于深度学习的追溯属性数据自学习机制，建立追溯信息分级传递模型，并降低质量安全追溯过程的断链程度。通过大数据技术的应用，构建“环节衔接、品类整合”的畜产品质量安全大数据中心，变被动发现为提前研判，提升质量安全预警能力。区块链作为促进智慧农业发展的核心技术之一，凭借其分布式存储、不可篡改和可追溯等特征，通过与物联网、大数据、云计算、人工智能、5G 等数字技术的有效结合（王梓煜等，2021），解决农产品质量安全、农产品产供销以及农业保险信贷等难题。通过运用区块链技术，以农业供应链为基础的产业链在双链结构上，可以充分兼顾交易信息的开放性和安全性以及企业信息的隐私，自适应地完成寻租和匹配资源，大大提高了公共服务平台的公信力和整体效率（钱建平等，2020），增强了全程追溯可信度。沃尔玛（Walmart）和克罗格（Kroger）公司最早将区块链引入供应链中，最初的应用案例是中国猪肉和墨西哥芒果；应用结果表明在使用区块链技术以后，确定芒果从超市到农场的来源和路径只需要几秒钟就可以完成，而未使用前则需 6.5 天。电子商务平台京东（JD.com）监控在内蒙古生产的牛肉，这些牛肉被销售到中国不同的省份，通过扫描 QR 码，可以看到有关动物的详细信息，包括营养、屠宰和肉类包装日期，以及食品安全检测的结果（钱建平等，2020）。

6. 综合信息化管理技术

畜禽养殖综合信息化管理技术是在集成养殖环境调控模型、动物行为模型、精准饲喂模型、遗传育种模型、疾病预警预报模型等的基础上，融入企业资源计划（ERP）管理技术，实现对畜禽养殖投入品、产出品、生产记录、人员、成本等的精准管理，降低农业企业生产和管理成本，提高养殖企业市场竞争力。国家农业信息化工程技术研究中心基于畜禽生产养殖、精准饲喂、产品加工等业务环节的数据资源，建立场区级的数据采集系统和信息服务平台，打通产前、产中、产后的信息壁垒，打破硬件设备接口限制，链接业务系统数据孤岛，构建出数字畜禽综合信息化管理互联互通模式。北京农信互联科技集团有限公司创建了猪联网，通过移动互联网、物联网、云计算、大数据等技术，为养殖户量身打造集采购、饲喂、生产、疫病防控、销售、财务与日常管理为一体的猪管理平台。

（三）水产养殖智慧管理技术

1. 环境及生命信息智能感知技术

（1）水产生物生命信息智能获取

在养殖及收获期间对鱼种和规格进行分级分类，可实现经济利益最大化。机器视觉、声呐等技术已经被用于鱼的种类识别，通过提取鱼个体形态、颜色、纹理、声纹等特征，并结合机器学习、深度学习等技术，实现鱼的种类识别。此外，鱼类行为也是养殖中的重要信息。例如，在缺氧时，鱼类会浮头。在环境胁迫情况下，鱼类会表现出体色改变、呼吸频率变化等一系列的行为响应，进而可以判断鱼类的健康状态和福利状况。养殖者也可以根据其行为变化，采取针对性的措施（Liu et al.，2022）。利用机器视觉可获取鱼群或单条鱼的运动轨迹，提取相关动作信息，并得到鱼类游泳行为与环境因子变化的关系。投饵是生产中最重要的养殖作业之一，基于人工智能技术，可实现对鱼类行为的量化和摄食强度的判断，进而评估鱼类饥饿状态。鱼类的生物量信息有助于获取生长、收获相关的信息，是制定科学投饵、收获策略等的关键。采用机器视觉可获取鱼、虾等长与宽、肥满度等表型参数，以及生物量等（Zion，2012），并可为活鱼在线分拣等提供参数支持。正常生长的鱼类，其重量、长度、肥满度等参数之间存在一定的关联关系，参数与图像面积、像素间存在一一对应关系。基于此，机器视觉可以实现养殖对象的无损重量估测，可为后续计算饵料投入量、监控养殖对生长发育状态影响、分栏分级分池、确定最优捕捞计划等提供重要的参考依据（Li et al.，2020），实现“订单式”养殖。

（2）环境信息智能感知

对水质参数进行实时监测和调控，可以保证养殖对象的安全生长。温度、溶解氧、pH、电导率、浊度等是水产养殖中主要关注的常规参数，主要通过相应的传感器感知。养殖环境参数以流数据为主，具有时序相关性。此外，水质参数间影响因子多、互相耦合关联，实体传感器往往在测量单一参数时性能受限。水质参数预测可较好地解决以上问题，其主要通过一系列的算法，对前期采集的数据进行分析，力求挖掘无法获取的变量或未知变量与已知变量间的耦合关系，并通过推理相关的其他变量，间接获取主变量的值，进而实现未来一段时间内水质参数的预测。在人工智能发展初期，主要是通过传统的机器学习算法实现水质的感知与软测量，常用的有决策树、集成学习、随机森林等，以上模型均取得了较好的效果。但是，在面对海量的大数据时，其应用往往受限制，模型的普适性、鲁棒性等需要改进。近年来，随着深度学习的发展，其不需要手工提取特征，被大量用于预测任务，可有效克服传统方法的不足（LeCun et al.，2015），常用的算法有卷积神经网络、注意力机制、Transformer 等。

2. 智能调控与优化决策技术

（1）生长发育调控

在水产养殖中，温度、溶解氧等水质指标至关重要，合适的环境参数有助于保证鱼类的正常生长（胡金有等，2015）。例如，溶解氧不足会导致鱼类生长发育迟缓，甚至大批量死亡；而过高的溶解氧则会导致能源的浪费；同样，氨氮含量过高，其分解会消耗氧气，并产生有毒物质，直接或者间接导致鱼病发生。因此，探明养殖对象生长发育与环境指标的影响变化规律，有助于制定最优的生长发育调控策略，在保证鱼类正常生长的前提下，尽可能避免资源浪费。人工智能技术利用水质数据，以及养殖对象的生理参数数据库，提取生理参数与水质环境间的关联关系，获取其生长发育曲线，并构建生长模型，同时利用专家知识库，制定最优的养殖对象生长发育调控策略（Kamisetti et al.，2012），实现“订单式”管理，直接提高资源利用率。

（2）智能投喂决策

鱼类投喂是一个复杂的系统工程，影响鱼类摄食的因素多，且复杂关联。利用声、光、电等传感器，实时感知多模态信息并分析鱼类的饥饿状态，同时利用大数据分析、人工智能等新技术，在学习专家知识的基础上，制定科学的投饵策略，可有效避免单一技术手段的缺陷（Zhou et al.，2018）。根据鱼类行为，直接实现智能投喂是常用的方法，帧间差分法、动能模型等图像处理算法已经被用于评估鱼类的饥饿程度，并将鱼类摄食强度分为 4 个等级（周超等，2019），以此为据调整投饵量。此外，还有利用残饵、水花面积等间接特征的方法来反馈投喂，通过红外光电传感器、机械触碰开关。图像等传感器采集鱼类摄食饵料的速率，并多次试验设定停止投喂的最优阈值，以实现鱼类的按需投喂（赵建等，2016）。

（3）水质调控

在水产养殖中，溶解氧是关键水质指标之一，不合理的溶解氧浓度会导致生产事故的发生。在实际养殖中，传感器可以实现溶解氧的实时监测，借助控制器等设备，可以按设定阈值自动控制增氧。但是，基于传感器数据的水质调控具有滞后性，基于预测的控制可以在探明溶解氧变化规律的前提下，智能增氧，避免溶解氧浓度大幅度波动，线性回归、逻辑回归等均是常用方法，近年来，机器学习尤其是深度学习的发展，通过其强大的逻辑推理能力，提前预测未来一定周期内的溶解氧变化规律，从而提前制定增氧策略，可以有效弥补阈值控制的缺点（刘双印，2014），是未来发展方向。

（4）鱼类疾病预测与诊断

传统人工检测鱼类、虾类等水生动物疾病的方法耗时久、实时性差，难以大范围普及应用。人工智能、大数据、物联网等技术为鱼类疾病预测和诊断提供了有效的技术手段。但受品种、环境等多种复杂因素的影响，单一的方法和技术手段无法完全兼顾鱼病发生的内在和外在表征特征，常引起误判或时滞（刘星桥等，2005；冯子慧等，2014）。

在实际生产中，可利用传感器采集鱼类生长的微环境信息，结合机器视觉采集的鱼类体色、重量、呼吸频率等表型参数，结合专家知识库，经机器学习模型训练后，可判断鱼类的健康状态及疾病情况（Xu and Wu，2009），实现对鱼类疾病快速、大规模诊断。可从鱼类的游动状况和颜色、纹理等表型性状出发，构建基于微环境信息和鱼类行为的养殖对象疾病预测与诊断方法（Li et al.，2009），对鱼类病因作出初步判断。开发相关的预警系统和基于 web 的鱼类疾病在线预测系统，可以在确定疾病类型后制定相应的治疗方案。同时，鱼病存在影响因子复杂，种类较多，发病周期不固定等情况。而目前国内养殖模式多，养殖对象品种多，覆盖面积大，因此，难以获取大量用于学习的鱼病数据，国内对此领域研究偏少。在生产实际中多数采用实验室化验的方法来诊断鱼病，但无法满足智能实时管理的需求。未来一段时间内，随着微生物检测传感技术的发展，融合养殖对象的微环境信息和鱼类行为信息的鱼病预测预警模型，与传统实验室检测方法结合使用，互相补充，可为智慧渔业的发展开辟新的研究点。

3. 水产品品质与质量安全追溯技术

水产品品质与质量追溯技术主要是基于条形码、电子标签、区块链、密钥分配和加解密等技术，实现养殖对象生产、储运、销售环节信息的全过程、全要素的品质安全信息监管（段青玲等，2018），对水产品进行唯一标识，从而建立水产养殖产品质量追溯平台。

三、展望

（一）作物生产智慧管理技术

1. 精准施肥技术

在可预见的未来，精准施肥会向着信息化、自动化、智能化、轻简化方向发展（白由路，2018）。①高效土壤养分传感器，目前国家实施的测土配方或者第三次全国土壤普查主要还依赖于实验室化验分析，成本太过高昂，且时间滞后，难以满足精细化实时变量施肥决策的需求，而突破便携式快速土壤养分传感器检测技术，有望大大降低成本，大幅缩短检测时间；②高效作物营养诊断技术，传统的测土配方施肥实现了县域因田施肥，但缺少地块因苗精准决策，县域测土“大底方”+田块追肥因苗“小处方”将提供更为理想的解决方案，其中的关键在于作物营养的精准快速诊断，尽管近些年来高光谱无损探测技术有一定的进展，但在作物营养高效诊断方面，还需要结合相关技术进一步深入研究；③全程智能化养分管理服务系统，目前精准施肥技术在测—配—产—供环节断裂，配肥装备智能化水平低，导致肥料供需不匹配，全程智能化服务是短板，成为精准施肥技术进村入户的瓶颈，所以发展全程智能化养分管理服务系统是精准施肥技术大范围应用的关键；④加强施肥机械与变量施肥技术的结合，通过改变机械结构实现多种肥料的在线合成，实现多变量的在线配肥施肥作业；改变单一施肥方式，加强变量施肥技术与农艺和其他先进农业技术相结合，一次作业同时完成旋耕、播种和氮、磷、钾等多变量施肥，实现复合作业（陈金等，2017）。

2. 精准灌溉技术

研究作物对水分、肥料的需求，从而进行科学合理灌溉已成为共识，在以下两方面还需要加强研究。①作物生长需水量定量计算，深入开展作物水分生理研究，研究作物产量和品质对水分盈亏的响应关系，界定不同生长时期的理想需水量以及对应的土壤水分阈值，并从实际出发考虑未来的作物需水量和降雨量，从而决定灌溉量和灌溉时机。②水肥一体化决策，研究作物产量与需水量、施肥量之间的定量关系，分析氮、磷、钾等营养养分及灌溉对作物产量的影响，综合考虑土壤水分、土壤养分、肥料利用率、最高产量及经济效益等指标，建立作物需肥模型及作物需水模型，为精准施肥提供科学依据，从而更好地实现精准灌溉施肥（刘永华等，2014）。

3. 精准施药技术

为了确保农药的精准喷雾，植保机械在今后一段时期的主要发展方向是精准对靶、智能变量以及实现“人机分离”的自动化作业（何雄奎，2020）。①核心部件的突破，开展关键传感技术与专业传感器、关键部件的研发，系统性地开展专业仿形变量喷雾的算法研究，研发出可边缘计算的专门芯片，在线进行配药决策，并通过中央控制装置控制电磁阀进行“有靶标喷雾，没有不喷雾”的仿形喷雾作业；②精准施药技术与植保装备深度融合，新型精准施药技术与植保装备必将取代传统植保模式，将植保领域推向“简单化、智能化、精准化”的方向，加大高效施药技术与新型精准植保装备的推广应用，提高病虫草害的防治水平，让农业的增产增收达到良性循环的过程；③精准施药植保技术更加符合中国国情，除大力研发推广适合中国现有种植模式与作业规模的低空低量航空施药植保无人机以外，应加大研发植保装备的人机分离、人药分离并结合北斗自主导航的各类大田粮食作物、果树与其他经济作物的地面自走式精准变量植保装备与技术，实现跨越式发展（何雄奎，2020）。

4. 农情会商与决策指挥技术

随着遥感监测、大数据智能、多媒体虚拟展示、通信网络等技术的发展，农情会商与决策指挥技术也进入了新的发展时代，遥感监测与大数据分析、低延时/高通量的网络通信、不确定/不完整信息下的决策分析等技术在农情快速响应服务中实现应用。未来相关技术主要包括农情“天空地人网”一体化监测技术、农情应急决策知识建模技术、重大农情灾害演进模拟与调度交互模型技术、重大农情灾害应急指挥群智决策技术、农情会商群智决策与知识服务技术等。

（二）畜禽养殖智慧管理技术

1. 无人/少人智慧牧场

大数据、云计算、人工智能、区块链等技术的突破给无人/少人智慧牧场带来了发展的动力。“无人牧场”可从称重、存栏、饲喂、饮水等方面，集成基因遗传、精准营养、环境控制、生产管理、生物安全等关键技术，实现智能化精准健康管理、发情期精准预测、自动补饲、牧场管理等（韩佳伟等，2022），全方位守护畜禽健康生长，节约 90% 以上的人工，提升效率 2 倍以上，降低 7 成以上的巡场成本，把因为人的接触而感染疫病的风险降到最低。在基因遗传方面，集成基因组选配算法，建立了自动化的精液分选平台，实现基因组精准选配，发挥优良基因潜力；在营养供给方面，利用互联网技术打造从饲料厂到畜禽的饲料营养智能计划、智能生产、智能配方、智能输送、智能饲喂的个性化精准方案；在环境控制方面，利用模糊推理、神经网络和遗传算法等多种智能控制理论对多因子参数进行预测、评价和调控；在生产管理和生物安全方面，构建立体式、纵深式的“外部辅助防控+内部结构防控”相结合的“铁桶模式”生物安全防控体系，配备畜禽健康巡检机器人、清洗消毒机器人、自动清粪机器人以及挤奶、捡蛋、喂料等系列机器人，优化集成舍内环境识别、路径规划、自主导航定位、自动避障等关键技术，解放生产人员的双手和大脑，实现无人化/少人化养殖。

2. 畜禽养殖全产业链智慧决策技术

以智能传感器、区块链技术为依托，构建包括养殖环境感知、个体信息监测、养殖流程数据收集、物流运输和产品质量安全信息采集的畜禽产品全产业链信息非接触原位感知技术，自动采集全产业链数据资源。以数据挖掘、融合分析和人工智能技术为手段，统一接口标准协议、汇聚分散异构数据、整合多源信息系统，构建业务专题智能决策数据模型。围绕畜禽监督管理与遗传评估、饲料行业管理、畜禽生产监测预警、奶业质量安全追溯、产品交易流通等畜禽管理的电子化、高效化，建立和完善畜禽行业监测预警公共信息平台（刘强德和赵黎，2022）。通过大数据挖掘技术、大数据关联分析、分布式计算等技术建设畜禽监测、预警模型及服务产品，实现畜禽全产业链数据的可视化展示与智能化应用。将农业各种生产过程进行数字与计算机模拟的专家系统是农业信息分析决策技术研究和应用中最广泛及最活跃的领域，未来将在大数据和人工智能的驱动下形成农业信息分析技术更加智能、涵盖内容更加广泛、服务技术更加便捷、应用调控更加精准的大数据分析决策支持服务平台。

（三）水产养殖智慧管理技术

水产养殖智慧管理的核心是数据，数字化是基础，精准化、智能化是目标，人工智能大数据等是技术保障，未来水产养殖智慧管理技术的研究将主要从如下几方面展开。

1. 水产养殖数据获取自动化

水产养殖中，随着物联网技术的发展，摄像头、水质传感器、光电、声音传感器等技术进步带动了数据量的提升和数据种类的增多，进而可以提取更丰富的特征，基于传感器、无线通信等技术，实现养殖中环境信息、农事操作信息（施药、投喂、收获等）、设备工况信息等养殖全产业链的全时、全程感知和数字化获取。

2. 水产养殖作业管理智能化

目前，机器学习、云计算、大数据等技术已经深入水产养殖的各个领域，其更能挖掘出更深层的特征信息，基于养殖者的业务需求，基于数据驱动智能的养殖作业管理决策，可实现更科学的管理，有助于实现水产养殖由自动化向智能化的转型升级（Yang et al., 2021）。

3. 水产养殖管理全产业链链条化

基于养殖设备、传感器和养殖所产生的海量大数据，涉及种苗、成鱼、养殖、储运和销售的全产业链条。其中，信息流的安全、完整是保证水产品质量安全和品质的关键。基于区块链技术，可以推动全产业链条相关方达成共识，以实现需求端对生产端的正向激励反馈，推动全产业链的结构转型升级，有助于满足买方对合法、负责任来源鱼品的日益增长的需求，在改善市场可及性方面拥有巨大的潜力。

4. 水产养殖数据标准体系建设

国内水产养殖面积大、养殖模式复杂、品种多、设备接口复杂，导致数据量大、结构复杂、业务需求不一等，迫切需要建立适合中国国情的应用接口协议、数据管理标准体系等，以实现数据标准的规范化（段青玲等，2018）。

第五节　农产品智慧流通技术

一、概述

农产品智慧物流主要指在农产品产后的运输、贮藏、加工、包装、装配等各个环节实现智能感知、智能分析、智能处理以及智能调控的功能。物流基础设施的建设与发展是驱动并实现农产品智慧物流的主要载体，两者相辅相成。然而，目前我国农产品智慧物流的发展还处于起步阶段，相对于西方发达国家，我国农产品智慧物流基础设施建设尚不成熟，国家政策制定、标准化产业体系建设以及高层次专业人才培养等方面相对滞后，高精度、低成本物联网设备也较为匮乏，而且缺少相对成熟的农产品物流智能管理与监控系统。因此，精准掌控我国目前农产品智慧物流发展现状与存在的问题，是落实我国农产品智慧物流发展需求的前提，也是明确我国农产品智慧物流发展方向的关键举措，对于建成具有中国特色、适合中国国情的农产品智慧物流体系具有重要的指导意义。

发展农产品智慧物流的战略意义主要体现在以下 3 个方面。

（1）国家层面

2010～2020 年全国社会物流总额呈现稳定增长态势，GDP 中全国物流总费用占比已下降至 14.7%，降低了 3.1%，物流效率总体提升。基于农产品智慧物流的快速发展，物流成本在 GDP 中的比例显著降低，有效提升了国民经济的运行效率。此外，国家统计局资料显示，2017 年我国生鲜市场（畜禽肉、水产品、水果、蔬菜等）规模已突破 13 亿 t 大关，达到 13.28 亿 t，生鲜冷链市场总交易额高达 4700 亿元。庞大的生鲜市场规模、较低的冷链流通率以及较高的产后损失率又进一步加大了对农产品智慧物流技术发展的需求，因此，农产品智慧物流的发展可有效满足我国强大的内部需求，同时提升我国生鲜农产品国际市场竞争力，伴随着人均收入和消费水平的提升，居民对于食品质量也有了更高的需求，因而农产品智慧物流的发展也可助力消费升级以及食品质量安全保障。通过智能化农产品物流监管系统，可有效降低农产品的腐损率，减少不必要的能源消耗，进而减少碳排放，为构建智能、绿色且可持续性的农产品智慧物流创造了有利条件。

（2）企业层面

农产品智慧物流的高质量发展，不仅显著降低了生鲜农产品的流通损失率，而且通过智能化信息技术有效提升了企业运营管理效率。此外，基于互联网平台的共享经济模式，给农产品物流“降本增效”带来了新思路，同时也是企业的隐形“利润源”，企业管理效率、经济和环境成本投入等方面得以显著提升，进而有效提升企业利润与效益。基于农产品智慧物流大数据平台，企业对数据分析利用能力显著增强，通过大数据、云计算等技术，企业风险预知能力以及智能管控能力进一步提升，能够有效减少不必要的经济损失，提升企业服务管理水平。

（3）生产者层面

农产品智慧物流的发展可有效打通农产品进城全链条，成为农民的“金钥匙”，增加农民收入；此外，随着农产品智慧物流的发展，增加了农产品产地销售通道，极大地降低了农产品产地滞销风险，显著降低产地损耗率。

二、发展现状与应用效果

（一）流通环境信息获取技术

在农产品流通过程中，温度、湿度等环境参数是冷链系统中非常重要的检测参数，必须严格控制食品流通过程中的温湿度信息，尤其对于长距离运输和长期存储过程。温湿度监控系统在运输过程中对车厢内环境温湿度信息进行采集，并将采集数据立即上传网络，以便专业人员及时对食物所处环境进行调整，避免食物在运输过程中发生变质与损失。温度和湿度是目前重点监测的两个参数，适用于各种产品和各个物流环节，其他需要监测的环境参数包括光照、空气含氧量、乙烯含量、硫化氢含量等，可根据具体食品物性特征及运输条件进行选择。目前基于现有传感器已能较好地实现对单一温区和单一农产品配送的冷藏车内微环境信息进行实时获取、传输和存储。但对于多温区冷藏运输车，它比单温区冷藏运输要求更高、更复杂，目前尚缺乏多温运输过程中车内的温度场分布状况及其温度变化与相互影响研究，对于多温区、多品类产品的冷链运输，尚需要深入研究并开发感知能力强、价格低廉的环境监测传感器或传感器阵列。

（二）农产品品质感知技术

农产品品质感知是确保农产品质量和安全的关键环节之一。农产品品质可划分为外观品质、物理品质、营养品质、安全品质、感官品质等 5 个方面。

传统的冷链物流侧重于冷冻食品的运输，因此重点关注了安全品质，即冷冻食品是否发生变质。随着生鲜物流的发展，消费者对食品的要求已不仅仅只是停留在理化指标合格、微生物指标达标、农兽药残留符合标准等这些基本的安全指标，人们越来越关注功能成分损失等营养品质，关注色香味、新鲜度等感官品质。每个消费者面对产品时，首先感受到的是产品的感官质量，然后才会判断是否喜欢以及是否购买，感官质量是消费者购买产品的第一驱动力并始终影响消费者的购买意向，直接关系到产品的市场销售情况。对于生鲜食品，在冷链中其感官质量极易发生变化，如风味、质地、外观等。因此，如何在冷链过程中实时监测食品的上述品质参数，是进行物流调控、预警的基础。针对化学分析不足发展的系列快速无损检测技术，主要是运用各种物理学的方法如声、光、电等对物料进行检测分析，涉及力学、电子学、光学、电化学以及生物学等技术原理，如常见的嗅觉传感器技术、味觉传感器技术、视觉传感器技术、光谱分析技术以及生物传感器技术等。

电子鼻主要包括气敏传感器阵列、信号预处理模块以及模式识别系统等 3 个部分（吴莉莉等，2010），主要应用于畜禽肉、水产品、水果、蔬菜、饮料、酒类等易产生挥发性气体的产品的识别与分类，进而进行质量评估分级以及新鲜度判别（李文敏等，2007）。例如，利用电子鼻技术可检测水果成熟度（如梨、桃、苹果等），通过神经网络算法分析，能够将水果划分为 3 个类别，即未熟、成熟、过熟，此外还能进一步预测水果货架期。电子舌技术是 20 世纪 80 年代中期发展起来的一种通过模拟人体味觉系统来分析、判别食品特征的新型检测技术（吴莉莉等，2010），可以对人的 5 种基本味感即酸、甜、苦、辣、咸进行有效识别。

机器视觉（即计算机视觉）通过图像传感器获取产品图像，并通过图像处理系统来获取产品形态信息进而模拟人体视觉功能，结合计算机和模式识别技术进行特征提取，加以分析处理，最终根据判别结果进行实际检测和控制，如利用颜色信息对水果、猪肉的新鲜度进行判别。

光谱分析技术主要包括近红外光谱、中红外光谱、荧光光谱、拉曼光谱、激光诱导击穿光谱等，这类技术主要是对食品中的有机物分子、官能团信息进行检测，从而定性或定量地判别食品品质，包括各种营养元素检测、品质劣变监测。光谱分析技术的优点在于检测速度快，可实现非接触式测量，非常适合在冷藏运输过程中进行实时监测，缺点是这类仪器比较精密，易受灰尘、高湿、振动等条件干扰，另外需要针对具体食品类别建立模型，建模成本较高，且需要专人维护。

生物传感器是一种对生物物质敏感并能够将物质浓度转换为电信号进而实现监测的仪器，主要由敏感元件和理化转换器两部分组成。其中，敏感元件主要由酶、抗体、微生物、细胞等生物敏感材料制成，可直接或间接地检测生物分子相关参数值，进行分子识别。生物传感器可以基于现场环境快速、无损、实时在线和精准识别生物分子，并具有灵敏度高、选择性好、低成本等特点。因而目前在食品行业中应用广泛，包括但不限于食品成分分析、食品添加剂分析、农药残留量分析、有害物质分析以及食品新鲜度监测等方面。在冷链物流过程中，除了监测产品本身的品质参数外，还需要监测其新陈代谢及质量变化相关参数的传感器，如乙烯含量监测传感器、硫化氢含量监测传感器等。然而目前食品品质快速实时检测大多仅限于室内静态条件下的研究，缺乏车载、实时检测仪器、装置及相应的品质预测模型，因此目前冷链物流过程中大多仅针对温湿度等环境参数进行监测，较少涉及产品本身品质的实时监测，随着生鲜电商的发展及消费者对食品新鲜度和营养的关注，食品品质的实时监测将成为必然趋势。

（三）农产品预冷技术

果蔬预冷也称为果蔬冷却，是在运输上市、贮藏或加工以前，将采收的新鲜果蔬尽可能早地迅速去除田间热，冷却到果蔬的中心温度接近于适宜贮藏温度的过程，大多数果蔬特别是易腐果蔬的采后预冷非常重要。适当地预冷可以减少果蔬腐烂，保持其采前的新鲜度和品质。预冷是创造良好温度环境的第一步，在高温下延长果蔬从采收到预冷的时间必定增加腐烂度，及时将果蔬预冷到所需的温度，可以抑制腐败微生物的生长、酶的活性和呼吸作用，控制水分损失和减少果蔬释放的乙烯。常用的预冷方法有以下几种：空气预冷（冷库预冷、压差预冷）、冷水预冷、蒸发预冷（真空预冷、水蒸发冷却）、冷水或流态冰预冷，冷却速度取决于以下 4 个因素：①果蔬和冷却介质的对流换热，特别是围绕或通过果蔬或其包装容器的冷却介质流速和果蔬与冷却介质的接触程度；②果蔬和冷却介质的温差；③冷却介质的种类和物理性质；④果蔬的热导率。表 8-1 对比了不同预冷方式之间的差异。

表 8-1　不同预冷方式之间的比较

冷却原理	名称	适用农产品
热传递	冷库预冷	呼吸强度低，如土豆、洋葱、大蒜、苹果、橘子、牛肉和猪肉等
	压差预冷	大多数农产品
	冷水预冷	对水不敏感，表面积大，如玉米、芒果、苹果、哈密瓜、桃子、根菜、鸡肉等
	流态冰预冷	对冰敏感性较低的产品和大部分水产品，如花椰菜、菠菜、萝卜、鲣、白虾、大西洋鲑、褐尾鱼等
相变	真空预冷	表面积体积比大，含水量高，如葡萄、叶菜、西瓜、卷心菜、熟肉等
	低温冷却（如液氮或固态 CO_2 蒸发）	水果质地软，季节性生产，鲜花行业或价格相对昂贵的产品

（四）农产品运输与配送路径优化技术

近年来，科研院所、高校以及冷链物流企业在冷藏运输环节信息化建设方面都开展了不同方向的应用与学术研究，包括但不限于配送过程中的路径动态优化与信息实时反馈系统、智能化物流管理系统以及运营策略优化调整系统等。另外，随着信息化技术的不断发展，大数据与云计算技术在冷链物流各个环节的应用也得到了政府部门和企业的高度重视与认可，通过对海量数据的挖掘、处理与分析，对增强冷链物流企业管理决策力、洞察力以及流程优化能力具有十分重要的意义，同时也为农产品冷链物流中物联网的建设与发展提供了信息平台。特别是大数据与云计算技术在冷藏运输环节中的应用，对于搭建云平台实现冷藏车车厢微环境智能化、可视化温湿度监管与调控、最优配送路径的动态选取与故障预测等具有关键性的意义，为提升生鲜农产品运输效率、稳定冷藏车车厢微环境，进而维持新鲜农产品品质、延长货架期及降低农产品损耗率等提供了有效保障。目前，针对多目标最优配送路径选取问题，大部分相关模型算法的构建与应用都是利用加权求和的方式将多目标寻优问题转化为单目标寻优，然后在实际配送过程中，特别是在时间窗口限制的情况下，由于多个目标之间存在彼此冲突性或决策者的侧重点不同，单纯利用加权求和将多目标寻优问题转化为单目标寻优并不能获取唯一的最优配送路径解，因此，基于群体智能算法真正解决最优配送路径多目标寻优问题，以及依据不同目标侧重性获取所有最优解应作为后续进一步研究的方向。

三、展望

（一）人工智能技术

随着互联网、新媒体、无线通信与移动设备、普适计算与泛在网络等信息技术在食品生产、加工、储运等全供应链中的深入应用，信息体量持续增长、不断积累，具有数据体量大、生成和传输速度快、价值密度低、数据形式多样化（文字、图片、语音、视频等）等特点，数据集合复杂多样，单机计算架构难以有效实现数据聚类，需要依托云计算技术，进行并行/分布式处理，快速抽取出模式、关系、变化、异常特征与分布结构，把数据转化成智慧，通过大数据预警、预测、决策、分析为未来智慧冷链以及可持续冷链发展提供技术支撑，同时也在国家宏观调控、企业提升服务水平以及农户提升个人收入等方面提供可靠决策支持。食品冷链供应链各环节相互关联、相互依赖，且各环节人力、设备之间也应协同操作，形成群智、共智体，对于提升食品冷链流通效率与服务水平至关重要。在易腐食品低温冷链流通中，实现多媒体信息数据的深度感知与融合，不仅可以有效提升冷链上下游一体化监管与协调能力，同时有利于精准追溯品质问题发生时间、地点以及责任主体等。

（二）数字孪生技术

随着物联网技术以及冷链信息化程度的不断发展，如何实现冷链物理空间与数字空间的深度交互融合与感知，提升冷链物流食品品质安全数字化管理能力以及推进冷链智能制造转型升级等必将成为行业内所面临的重大瓶颈问题。数字孪生技术是近年来提出的以物联网技术为核心，以实现虚实互联互通、数据共享以及群体共智为目标的新兴技术。通过对冷链物理空间的数字化建模，实现冷链动态环境下易腐食品品质的温湿度时空分布模拟、预测与感知，并结合低温环境与食品品质之间的耦合机制，实现食品品质的跨尺度感知，对于提高食品品质安全的精准调控水平，实现环境信息（湿度、光照、空气含氧量、乙烯含量、硫化氢含量）、品质信息（营养成分、功能成分、感官特性）等多源信息感知具有重要作用。

（三）区块链溯源技术

区块链是一组通过加密哈希链接的时间戳块。它通过特有的共识机制以及分布式数据库存储来协调交易活动（李旭东等，2022），每笔交易都保存在块中用于核实，可追溯性信息存储在分散的数据平台上。基于区块链的可追溯性可以实现物理流（RFID、条形码、物联网设备等）与信息流的有效链接，进而记录和维护不可篡改且不能伪造的交易信息，更加快速且准确地追溯业务中涉及的实体产品和信息流。因此，区块链能有效提升业务信息的安全性和透明度，并通过物联网设备实时获取产品信息，从而为产品提供可靠的追踪和溯源服务（张哲等，2022）。然而，区块链共识算法效率是制约其应用的重要因素，如何根据农产品供应链追溯的特点，建立高效的分布式节点共识算法是建立农产品区块链需要解决的关键核心问题。

第九章　政 策 保 障

第一节　体 制 保 障

一、建立跨部门的协调体制，为现代智慧生态农业的顶层设计做好制度保障

作为一场全新的科技革命，现代智慧生态农业的发展将带动整个农业生产与产业体系的技术更新。抓住并充分利用这一全球性的发展契机，将是我国农业生产参与国际竞争并保障国家农业与食品安全的重要挑战，也是国家未来经济社会可持续发展的重要挑战。发展适合中国特色的、保障绿色发展条件下国家食品安全的现代智慧生态农业不仅是我国农业科技进步的需要，同时也是我国农业现代化的重要内容。

现代智慧生态农业是一项系统工程，涉及多个部门，其综合性、技术性与协同性都非常强。从综合性来看，现代智慧生态农业的相关工作涉及很多学科领域，因此要求相关行政管理人员具备交叉学科背景，如农学、生态学、经济学、管理学、工程学、信息学、生物学、环境学等学科，要具备较强的业务素质和能力，这对于提高管理水平和效能十分重要。从技术性来看，现代智慧生态农业是建立在现代生物技术、智能技术、大数据信息技术、机械技术、生态技术、工程技术等多种前沿技术领域的综合体，因为其必然是以高科技作为发展的主要动力和支撑力，技术性要求远高于传统农业。从协同性来看，在多学科交叉的背景下，现代智慧生态农业必然要求相关部门和管理环节间能够有效协作，既做到统一领导，又能够有效地分工协作，从而最大限度地发挥多部门、多学科的协同效应。为此，现代智慧生态农业的发展需要建立跨部门的协调融合机制，通过组织各方力量，协调好各利益相关方的权益，使得各方团结一致，才可保证达到预期目标。

二、加强法律法规建设，明确现代智慧生态农业的法律地位

目前与现代智慧生态农业相关的法律比较分散，建议国家尽快建立统一的法规来支撑和指导现代智慧生态农业的发展。首先需要明确现代智慧生态农业的内涵，以法律法规的形式将这一内涵加以明确说明。其次需要梳理目前与现代智慧生态农业相关的法律法规，将所有与现代智慧生态农业发展有关的规章制度都统一起来，加以有效实施，如相关的补贴制度、税收制度、生态补偿制度等。另外，在法规中要明确与发展现代智慧生态农业有关的金融信贷扶持政策等，为现代智慧生态农业的发展提供充足的资金。最后需要明确说明对于不利于现代智慧生态农业发展的行为所应该承担的法律责任。

三、各地应将现代智慧生态农业建设的总体规划纳入地方性法规

在国家立法的基础上，各地应将现代智慧生态农业建设总体规划列入地方性法规。针对本地区现代智慧生态农业发展中的特有问题，制定符合本地区具体情况的现代智慧生态农业总体规划。立法要侧重于补充完善该地区具体执行的现代智慧生态农业相关标准，包括产地环境标准、生产技术标准、产品质量标准、包装储运标准和综合管理标准等。尤其要重视农田化肥使用超量、农田灌溉超定额、秸秆大田燃烧、畜禽粪便不经处理排放、海洋禁渔期捕鱼等严重危害生态环境的农业行为的法律红线。地方立法应将现代智慧生态农业建设规划作为本地区人民必须执行的地方性法规，推动农业高效可持续发展。

四、深化农业科研体制改革，为建立政府与企业相辅相成的农业研发与科技创新体系提供制度保障

首先，明确政府研究机构的公共职能，在弄清基础研究、应用基础研究和应用研究以及公益性研究和商业化研究的基础上，从国家农业科研体制和政府投入机制着手，探讨政府研究机构的改革方案，以加强政府研发部门的基础研究与应用基础研究、公益性和共享及平台研究，逐步分离非公益性和商业化的研究职能。其次，在推进政府研发部门改革的同时，制定国家扶持企业人才引进政策，吸引政府研究机构从事商业化研究的人员来企业工作。

五、加大知识产权保护力度和健全知识产权利益分享机制，为建立现代农业研发与科技创新体系提供激励保障

首先，成立政府农业知识产权管理与监督机构，加大知识产权保护和处罚力度，确保政府研发部门和企业投资农业研发的利益。其次，建立基于市场的知识产权利益分享机制，理顺政府研发机构、科研人员和企业的利益关系，促进国家利益最大化和农业科技产业的发展。

六、确定改革与发展的路线图，加快农业研发企业的整合，做大做强农业企业

首先，基于我国的国情和农业研发特征，探讨农业科研单位改革和农业企业发展的路线图和时间表及相应的制度保障与扶持政策。其次，加大政策支持力度，加快农业研发企业的整合速度，有目的地培育多个能同主要跨国公司竞争的大企业。出台相关财税等扶持政策以激励农业企业投资研发活动和加快企业的兼并速度。近期，也可探讨如何借中国化工收购先正达的机遇，为中国农业企业的发展起到示范作用。

七、健全和优化法律体系，确保农民教育培训法制化

农民教育培训管理的法制化是农民教育培训事业发展的根本保障。发达国家对农民

教育培训十分重视，很早就建立了农民教育培训的法律法规保障。表 9-1 列出了美国、日本、法国和韩国 4 个国家在颁布农民教育培训相关法律时的农业就业人口占比以及相当水平时我国所处的历史时期。可以看出，各国颁布农民教育培训法律法规的时间都比较早。其中，美国、法国在其农业就业占比为 20%左右就制定了农民教育培训的相关法律法规；而人多地少的日本和韩国分别在其农业就业人口占比为 45%和 63%时颁布了相关法律法规，并且不断完善。

表 9-1　发达国家农民教育培训法律颁布时间及背景

国家	法律及颁布时间	农业发展水平或农民特征	对照中国
美国	1.《史密斯・休斯法案》，1917 年； 2.《乔治-埃雷尔法案》，1934 年	农业就业人口占比为 22%(1930 年)、22%（1940 年）	农业就业人口占比为 25%（2019 年）
日本	1.《社会教育法》，1949 年； 2.《青年振兴法》，1953 年	农业就业人口占比为 45%(1940 年)、48%（1950 年）	农业就业人口占比为 45%～49%（2003～2005 年）
韩国	1.《农村振兴法》，1962 年； 2.《农渔民后继者育成基金法》，1980 年	1. 农业就业人口占比为 63%（1963 年）、34%（1980 年）； 2. 农业劳动力人均农业生产总值为 2525 美元（1980 年）	1. 农业就业人口占比为 54%（1994 年）、35%（2011 年）； 2. 农业劳动力人均农业生产总值为 2409 美元（2012 年）
法国	20 世纪 60 年代颁布一系列农业职业教育法令	农业就业人口占比为 20%（1960 年）	农业就业人口占比为 25%（2019 年）

数据来源：美国、日本和法国的农业就业人口占比数据来自郭熙保和冯玲玲（2015）的研究。韩国的农业就业人口占比、农业劳动力人均农业生产总值数据来自 FAO。中国的农业就业人口数据来源于世界银行

相较于发达国家，我国虽然对农民教育培训立法工作很重视，但针对农民农业教育培训的相关法律还不够健全。美国、英国、法国、德国及日本、韩国等发达国家都通过立法形式明确了农民职业教育培训资金投入、培训内容等关键问题，形成了协调和保障农民教育与培训开展的重要法律依据。我国目前虽然在《中华人民共和国农业法》《中华人民共和国教育法》《中华人民共和国职业教育法》《中华人民共和国农业技术推广法》中对农民教育培训有部分规定，在《2003～2010 年全国新型农民科技培训规划》《“十三五”全国新型职业农民培育发展规划》《新型职业农民培训规范》等文件中进一步对农民职业培训中的培训对象、培训内容、资金投入、监督机制等问题进行了规定，但是关于农民教育培训的专项法律仍然缺位。

只有将农民教育培训的相关规定上升到法律层面，才能进一步为我国农业教育培训提供充足的支持和保障。要加快农民教育培训的立法进程，需要通过立法确保农民的主体地位，明确其接受农业教育培训的权利和义务；从法律层面上对农民教育培训的组织管理、经费投入、机构设置、培训体系加以规范；从法律层面上强化农民教育培训的监管机制建设。

八、构建职能分工明确的农业人才培养体系和管理体系

我国应结合自身情况并借鉴发达国家经验，尽快建立起统一、协调、高质的农民教育培训体系。首先，发挥政府的主导作用，政府相应主管部门对培训机构、培训师资进行管理、考核及认定。其次，整合农业科研机构、高等院校、职业院校、农业企业、农

民合作社等资源，形成多层次、广覆盖的农民教育培训网络，为不同需求、不同特点的对象提供合适的教育培训服务。此外，促进农民教育培训与学历教育的融入与衔接，普及农业知识，培养高素质农业后备人才。而在管理方面，关键是要建立农业人才的认定、考核和激励机制，树立人才服务意识，提高农业人才的社会地位，为农业人才创造良好的发展环境。

第二节 机制保障

一、建立现代智慧生态农业的补偿机制

国家财政可以在以下两个方面建立现代智慧生态农业的补偿机制：①国家补偿机制。明确各级财政对现代智慧生态农业投入的责任，中央财政应承担隶属全国范围或者跨地区的项目支出，对于范围属于省级以及跨市级的项目支出应由省级财政掌握；市县财政应在承担本区域农业工程设施建设与养护项目的基础上，推广先进适用的现代智慧生态农业技术。②区域内补偿机制。区域内补偿机制包括开发者补偿、受益者补偿和资源性补偿。例如，矿区的开发造成了小流域的生态破坏，开发者应该支付一定的补偿金用于生态恢复和小流域生产；大型水电站、水库等受益部门和单位，应当支付一定的补偿金用于源头区、水源涵养区的森林和植被等生态保护与建设。

二、建立现代智慧生态农业的财政补贴机制

从宏观调控的角度来看，在健全现代智慧生态农业的补贴机制方面可以采取如下措施。①加强对现代智慧生态农业科技研发的技术补贴，包括对科技人员的培训、现代智慧生态农业科研项目的支撑、现代智慧生态农业技术的推广和成果转化的补贴等。②加大对相关基础设施的补贴，加大农村信息化基础设施建设、农田水利设施建设、农村水土保持、村居环境改良等方面的推进力度。③建立农业保险保费补贴，鼓励农业从业人员发展符合现代社会生态农业定位的相关产业，并给予投保人保费补贴。采取政府补贴占大头、农户适度自筹部分保费、专业保险机构承办农业保险的形式，通过政府引导、农户自愿、专业保险机构承办相结合的方式，建立健全农业风险保障体系，助推现代智慧生态农业的健康发展。

三、建立现代智慧生态农业的投入激励机制

现代智慧生态农业投入激励机制主要针对农民群体而言，主要是让农民在土地上看到希望，得到实惠。具体工作可从如下几个方面开展。①政策支持。政府可以为生态农业建设制定引导政策和鼓励政策，通过政府行为增加农民从事现代智慧生态农业的信心。②资金支持。政府需要在金融服务方面给予资金支持，弥补农民自身经济状况的不足，支持他们参与现代智慧生态农业建设。③技术支持。完善高效现代智慧生态农业相配套的人才培养，积极构建农业创新创业人才支撑体系。政府应加大对农业科技创新人

才及农村实用人才的引进、培养力度，提高劳动者素质、职业技能、经营能力。对农民进行技术培训，配置农业技术员，用于教授现代智慧生态农业所需要的新技术和新方法，让农民了解生态农业，并促进先进科技成果在广大农村的快速转化。④信息支持。与城市相比，农村的基础设施建设相对落后，知晓信息的速度相对较慢，这就需要政府以适当的方式让农民快速了解新信息、新动态。⑤土地支持。在生态农业土地使用上，以政府主导和农民志愿相结合的方式，给予农民土地支持，鼓励其在耕作模式、经营方式等方面大胆创新。

四、建立现代智慧生态农业的产品市场激励机制

现代智慧生态农业市场激励机制主要针对农产品市场而言，使农民所获得的劳动农产品及时流入市场，实现农民经济效益的最优化。①拓展销售渠道。销售渠道是农产品进入市场的重要环节，实现销售渠道的多样化有助于加速农产品的市场流入，快速体现农民的劳动价值，提高农民的劳动积极性。②税费和运输支持。降低或减免农产品税费和运输费用，减少农产品进入市场的成本，不仅有利于农产品流入市场，而且有利于提高农民的收入水平。③追踪服务支持。对进入市场的农产品可以对其产地、种植时间、进入市场时间、检测结果、检测部门等信息进行采集，制成标签粘贴在农产品上，并利用二维码、条形码、图标等识别技术，使消费者能够直接用手机查询到所需农产品的信息，从而增加消费者的消费信心，带动农产品的销售数量。④农产品质量支持。坚持产品质量是农产品在市场中可持续发展的保证。这就要求农民和中间商确保输出的农产品有质量保证，对政府而言，要加强农产品的质量监察，制定必要的奖罚措施。

五、建立奖励机制以提高农民参与教育培训的积极性

在农民教育培训的补贴发放机制上，农业培训资金的投放应在激发供给方积极性的同时，充分激发农民参与培训的积极性，可以试点补贴供给方和补贴需求方相结合的形式，补贴政策的落实情况及时向社会公开，推动社会公开监督。

借鉴发达国家经验，通过农民职业资格准入、扶持协会组织等方式促进了农民职业化发展。例如，加拿大推行“绿色证书”制度，不获取绿色证书，既不能成为职业农民也不能继承或购买农场。德国对农业劳动者进行分类定级考核，使农民从事与资格证书相对应的农业活动。在职业资格认证上，实行 5 个等级的农业执业资格认证制度，只有取得相应的资格证书才能从事相应的农业生产活动。法国设置了农业职业准入和教育评价机制，农民只有取得合格的文凭和证书才能从事农业生产。澳大利亚的职业教育体系和普通学历教育互相衔接，学分互认，确保了普通教育、职业教育与成人教育的互通，使教育资源被高效利用的同时也使得终身教育成为可能。而在英国，农民培训的职业资格证书和农民职业学历教育证书相互分离。英国农民培训的职业资格证书分为农业职业培训证书和技术教育证书两大系列，农业职业培训证书有 11 种，技术教育证书有 4 种。通过更加细化的培训科目和门类，促进英国农民专业化程度的不断提升（查明建等，

2015）。在德国，农民资格证书分为“农业合格证书”和“农场师傅证书”两种，每一种证书划分为5个不同的等级，覆盖农场主、林业工人、马匹饲养业人员、鱼类饲养业人员等不同技能水平的职业人员。我国可以通过农业从业人员终身学习积分实现不同等级的农民职业资格认定与农业准入。

对持有高素质农民资格证书的农户给予政策扶持和社会认可。例如，根据资格证书的级别给予不同程度的贷款优惠政策的倾斜、给予土地租用优先权，在创办家庭农场或者合作社的初始阶段可申请政府补贴、资助和减免税收，可以申请获得免费的或者有补贴的农业技术支持，政府补贴养老保险，子女享有优质教育资源、优先入学权等。对于表现卓越的高素质农民，可以设置类似于五一劳动奖章的丰收节劳动奖章，让更多的高素质农民得到社会认可，提升农民的社会地位。

第三节 投资保障

建立财政、金融、保险“三位一体”的绿色农业投融资机制是政府对现代智慧生态农业经济扶持的主要策略。构建财政、金融、保险“三位一体”的总体框架，其基本要求是使市场在资源配置中起决定性作用，优化政府投资使用方向和方式，充分发挥财政杠杆性的引导带动作用，推动现代智慧生态农业持续健康发展。

一、提供财政补助

首先，政府对生态农业提供稳定的财政补助，是生态农业得到快速发展的前提。西方发达国家的政府财政对生态农业的高额补助充分说明了财政支持对生态农业的重要性。例如，德国政府为了推动生态农业的发展，在2002年和2003年提出了联邦生态农业纲要，德国农业部在2002年从财政预算中拨款3500万欧元，2003年继续拨款3600万欧元，用于实施这一纲要。发达国家对生态农业的财政扶持主要集中在以下几个方面。①加强对生态农业的公共服务，包括生态农业的教育和人才培训、生态科学和技术的研究、生态农业的信息服务、无公害化肥和农药及其他生态技术和产品的推广、生态农业的宣传等。②大力改善生态农业的基础设施。由于农业基础设施的质量和水平直接决定着生态农业的发展规模、速度和经济效益，各国政府均十分重视。③直接补助生态农业的生产、加工和销售过程，即对农民的财政补贴，包括直接补贴与间接补贴，有机肥料和病虫害生物防治的财政补贴，生态农产品的生产、加工和销售补贴等。奥地利政府规定，根据经营品种的不同，每公顷生态农田连续5年每年可获得3500～11 000欧元的补贴。

二、提供金融支持

政府应积极制定激励机制，推动银行进行“绿色银行”建设，如实施优惠利率、贴息贷款和提供担保等政策，积极向参与农村环境治理的企业和农民提供贷款，从而通过银行贯彻国家“绿色信贷”政策。由于我国现有的绿色信贷制度中，对于环境保护做得好或从事有利于环境行为的企业，政府缺乏具有激励性的经济政策，也没有对这些企业提供针对性的服务；同时，政府方面对商业银行支持环保项目缺少奖励政策，不能有效调动商业银行推进绿色信贷、支持环保项目的积极性。因此，建议政府相关部门应制定绿色信贷指导目录、相关的监管措施及实施细则，提高绿色信贷措施的可操作性，为银行“择优扶持，有保有压”提供政策依据，通过明确的激励约束机制，推动绿色信贷的有效实施。

政策性金融是农业生态补偿中一个重要的资金支持渠道。中国农业发展银行和国家开发银行作为我国主要的政策性银行，应当解决农村地区生态资金的内引外联问题，发挥区域融资功能，开展绿色信贷，为农业生态补偿机制的构建提供稳定的金融支持。实践中应当将政策性金融的融资优势和政府的组织协调优势结合起来，在与各地政府的合作中推进农业生态补偿融资的市场建设。通过贷款平台，大量的环保项目得以运作，为农业重点环境保护区域和重大环境保护项目提供大额政策性贷款支持。政策性银行也可以提供技术援助贷款，积极参与和支持编制环境保护规划，在贷款期限、贷款利率等方面向环保项目提供政策倾斜，积极探索新的金融工具，为环保企业提供灵活、便利的金融服务。

三、提供税收优惠

对于生产经营生态农产品的企业适当减免其增值税或其他相关的税种；对从事现代智慧生态农业生产经营的企业、家庭或个人，如果将其所得用于生态农业的扩大再生产，应当退回该部分的所得税。类似此种税收减免措施可以增强生态农业主体的市场竞争能力，鼓励其扩大生态农业的再生产。

四、提供保险支持

现代智慧生态农业的脆弱性很大程度上体现在高市场风险和高自然风险。抵御风险的手段不外乎两种，即财政补偿和农业保险，两者都以财政支持为条件，相互补充。通过这两种手段尽可能避免现代智慧生态农业主体遭受巨大损失是一项重要的投资保障措施。例如，对于较大宗的重要生态农产品的生产，其面对自然灾害和价格剧烈波动时，按一定比例进行补偿（如损失的 80%）。对于一般生态农产品，也存在市场风险和自然风险，可以采用农业保险对其进行财政保障。农业保险具有一般商业保险的特点，即交易双方自愿互利原则，但它又不是一般的商业保险，而是对相关的农业保险公司进行财政补贴，相关农业保险公司以较低的保费出售保险，生产者可以以较低的保费支出规避风险，使生态农业生产获得较高的安全边际，农户能以较小的代价获得更多的收益。

另外，政府也可以积极参与现代智慧生态农业的保险工作，如承担一部分保险费，或者政府以投保人的身份直接为生态农业的生产经营者投保，以提高其抵御自然灾害的能力。总体而言，探索适合我国生态农业发展的保险模式，不仅要以国家政策鼓励现有商业保险公司代办政策性农业保险，也要支持股份制农业保险公司、农业保险合作社等多形式多渠道农业保险发展，更重要的是推动中央或地方建立政策性农业保险公司，从而保障生态智慧农业的稳定和可持续发展。

五、新时代农民教育培训的经费保障

重视对农民教育培训的经费投入。发达国家农民教育培训所需经费主要来自政府投入，同时社会各界的赞助也是不可或缺的一部分。我国农民教育培训对象数量庞大，但教育经费总体投入水平较发达国家偏低。受此制约，我国农民教育培训经费保障面临较大压力。因此，我国在加大政府财政投入的同时，还应注重多方筹措，建立鼓励企业、社会团体等多种主体参与的机制，保障农民教育培训资金投入稳定提升。

第四节 重点工程

一、现代智慧生态农业试点示范工程

开展现代智慧生态农业试点示范工程建设。现代智慧生态农业的发展是一个复杂而漫长的过程，需要与各省农业生产特征与发展阶段相结合。因此，先期需要通过开展大量试点实践工程，探索相关科技推广和工程落地的最优途径，并“由点及面”推动现代智慧生态农业的有序发展。

“十四五”是建立“现代智慧生态农业”示范试点工程的关键时期。各省需要根据农业生产特征和发展阶段，以代表性区县为单位，围绕科学技术、生产方式和经营模式，全面开展各类农业示范区和试点示范工程的建设，以期尽快形成支持农业产业“三大战略”部署的路线图和加强“四大体系”重构的体制机制保障，以及推动“五大工程”实施的具体方案和保障措施。特别是规划需要在明确产区、产品制度的前提条件下遵循实现经济效益和良性循环原则，并涵盖适合东北（如规模化现代农业）、黄淮海（如生态节水高效的高值农业）、长江中下游（如多功能的高值农业）、东南沿海（如生态高效外向型的高值农业）、西北（节水高效的现代农业）、西南（如多功能的特色农业）和南部丘陵山区（如种养结合和草地农业）等不同区域的不同发展模式。

2022 年以前需要依据各地区资源环境承载力和比较优势完成示范工程的顶层设计，并建立适合各个地区、各个产品发展的现代智慧生态农业代表模式的完整规划。2022～2025 年开始构建可复制的模式并大范围推广，发挥农业示范区和试点示范工程的带动与引领作用，并使之成为“巩固脱贫攻坚成果，全面推进乡村振兴”的有效手段。2025～2035 年还应该继续探索未来发展模式，率先实现现代智慧生态农业的新发展，为其他类似地区提供依据。

二、以养殖企业为主导的种养结合模式创建工程

20 世纪以来我国规模化养殖发展迅速，畜牧生产持续呈现平稳发展的良好态势，对改善人民生活水平、调整人们膳食结构、提高农民收入作出了巨大的贡献。然而，种植业与养殖业“脱钩”，全国仅有不足 30%的农业园区为种养兼营，农业资源无法得到循环利用，并且带来严重的环境问题。

随着经济发展进入新常态，农业发展的内外部环境正发生深刻变化，生态环境和资

源条件“紧箍咒”越来越紧，农业农村环境治理的要求也越来越迫切。因此，以在资本、技术、市场等方面具有显著优势的养殖企业为主导，开展种养结合模式创建工程势在必行。即按照“以种带养、以养促种”的种养结合循环发展理念，以养殖企业为主导，以就地消纳、物质循环、综合利用为主线，采取政府支持、企业运营、社会参与的运作方式，构建集约化、标准化、组织化、社会化相结合的种养结合发展模式，探索养殖企业与种植农户的种养业废弃物循环利用的综合性整体解决方案，形成养殖业与种植业联动、建设与管理运行结合的长效机制，推动农业发展方式转变，促进农业可持续发展。工程预计在“十四五”期间、2035年和2050年分别实现10%、30%和80%的规模化养殖企业采用种养结合模式，形成养殖业与种植业相互衔接、协调促进的农业绿色发展格局。

三、现代生产生活废弃物处理工程

当前，生产生活废弃物已成为我国实现全面现代化、由小康迈向富裕的一个主要限制因素。启动现代生产生活废弃物处理工程，对于国家实现全面现代化具有重要的现实意义。

现代生产生活废弃物的处理技术主要包括3种类型，即人畜粪便及生活污水的净化及再利用、农作物秸秆的处理与再利用、农用薄膜的收集及处理等。其中人畜粪便及生活污水的净化技术已比较成熟，部分城市已基本实现了对其净化处理，但除净化水外，污水处理的残留物未被利用；农村地区人畜粪便及生活污水处理比例较低，是目前江河湖泊污染的主要来源。农作物秸秆及农用薄膜处理技术目前尚未成熟。

现代生产生活废弃物处理工程的内容：一是通过对现行生物废弃物处理技术的研究，弄清现有各种处理技术的成本，提出生物处废技术及废物管理与处理规范；二是开展废水、农作物秸秆及农用薄膜生物处理与再利用的基础理论及技术和产业开发研究，通过科技攻关，实现生物处废技术的突破；三是开展生产者、消费者与城乡建设管理部门废物处理行为研究，发现目前生物废弃物处理的主要影响因素，提出相应的解决方案。

现代生产生活废弃物处理工程的目标：实现对生产与生活废弃物的规范化管理，通过生物处废国家重大研发项目，在2025年实现生活废弃物的规范化管理，在2035年实现农业废弃物处理技术的突破。

四、农业全产业链高质量发展监测与评估工程

面向数字中国、乡村振兴、食物安全以及“藏粮于地、藏粮于技”等国家战略需求，以高质量发展为目标，集成卫星遥感、物联网、大数据、人工智能、区块链等现代信息技术，构建农业全产业全过程高质量发展监测与评估技术体系，强化为农业服务的5G基站、大数据中心、人工智能等新型基础设施建设，研究农业资源与环境、农业生产与经营、农产品加工与流通、农产品消费与贸易、农业碳汇与碳排放等涉农数据的采集、整合、共享与分析的关键技术，制定农业大数据标准，构建农业全产业链高质量发展大数据监测平台，研发国家农情监测与调度分析系统、农产品质量安全管控系统、农业社会化服务系统、全球农产品数据调查分析系统等，实现农业大数据监测预警、决策辅助、展示共享，制定农业全产业全过程发展评估标准方法，开展区域性的农业高质量发展监

测与评估，为政府管理决策、企业生产经营、农民信息服务、居民放心消费等提供科技支撑。到 2025 年，基本建成农业全产业链高质量发展大数据监测平台，监测能力覆盖主要涉农部门和 50%以上的农业生产经营主体；到 2035 年，进一步完善大数据监测平台并开展评估，监测评估能力覆盖所有涉农部门和 80%以上的农业生产经营主体；到 2050 年，进一步提升大数据监测平台的监管水平，完成主要典型农业区域的发展质量评估，监测评估能力覆盖所有涉农部门和全部生产经营主体，成为政府管理决策、企业生产经营、农民信息服务、居民放心消费的重要工具。

五、现代智慧生态农业的人才工程

国内外的经验都表明，高素质人才队伍不仅能直接提高劳动生产率，还将通过优化整个产业链的运行效率促进生产率的提升。乡村振兴首先要人才振兴，现代智慧生态农业的发展也要首先建设一支高素质的农业人才队伍。

农业人才队伍建设是一项系统工程，利在千秋。建议从以下几个方面系统推进。

以高校新农科建设为基础，全面启动高等院校农业教育提升工程。加快推进农业高等教育改革，打破学科间的藩篱，培育一批跨学科、复合型的高水平农业人才。

启动农业科研与推广人才创新工程。深化管理体制改革，充分激发人员的积极性和创新力，建成从基础研究、前沿研究、应用研究到应用推广等分阶段多层次的农业科研与推广体系。

加快推进高素质农民培育工程。以提升农民的非认知性技能（规划能力、交流能力、执行能力）为核心，培育能适应快速变化的社会需要的高素质农民；加强部门协调，做好农民职业教育与培训的顶层设计和总体规划，建立对参与农民职业教育与培训的机构或者人员的监督考核和能力建设制度，提升农民职业教育与培训的质量；逐步推行农民职业资格认证制度及人才管理制度，提倡“终身教育”，造就一批能生产、会管理、懂经营的高素质农民。

实施高素质农村经营与管理人才工程。改革农业农村部门用人制度，吸引一批懂农业、爱农村、爱农民、能带领农民共同富裕的经营管理人才投入农业和农村。

实施青年农民培育工程。通过定向培养、学费返还、优惠贷款、土地承包优先、减免税收、提高社会保障水平、解决子女入学问题等措施鼓励青年尤其是大中专院校的学生从事农业。

实施未来农民培育工程。农业科普要从娃娃抓起，从幼儿园到大学开设不同级别、不同类型的农业通识课程，让大众认识和了解农业，从小培养真正热爱农业的人才。

“十四五”时期，农业人才队伍建设应以创造可复制、可推广的模式为主要目标，并在此基础上到 2035 年基本建成能有效支撑我国农业农村现代化需求的人才培育与管理体系。

第十章　展　　望

一、未来可以预见的情况

（一）农村基本制度将得到进一步的巩固和完善

现有的承包关系保持稳定，农村土地始终归农民集体所有。家庭承包经营基础性地位继续得到保障，第二轮土地承包到期后再延长 30 年，现有耕地经营用途没有改变，坚持农地农用，有效遏制粮田非粮化。农村各要素活力进一步激发。农村土地“三权分置”的有效实现形式不断丰富，农村土地资源得到优化配置。在家庭承包经营基础上，实现多种形式适度规模经营，新型农业经营主体不断壮大。小农户与现代农业有机衔接更加紧密，打破“小”的局限，以更加开阔的视野、更加灵活的方式融入市场大潮。多种形式的社会化服务，满足不同主体、不同品种的服务需求，提高针对性和精准性。

（二）国家强农惠农富农政策持续加强

中央继续坚持把支持“三农”作为预算安排和财政工作的重点，巩固、完善和强化各项强农惠农财税政策，突出加强农业基础，促进农业发展和农民增收，扎实推进乡村振兴战略的实施。加大对农民的补贴力度，大力支持农业生产发展，中央财政安排用于支持农业生产等的支出持续增加，继续提高农村义务教育经费保障水平，改善新型农村合作医疗制度，继续深化农村综合改革，多渠道增加“三农”投入。

（三）全国耕地面积坚守 18 亿亩红线

耕地是人类赖以生存和发展的基础，中国的耕地总面积排世界第三位，但人均耕地面积还不到世界人均水平的 1/3。面对中国耕地严重不足的严峻形势，坚持“十分珍惜、合理利用土地和切实保护耕地”这一项基本国策，耕地保护条例发挥着越来越大的作用。为保障粮食安全，坚决遏制耕地“非农化”和防止耕地“非粮化”，使耕地面积稳定或扩大，耕地的物质生产能力进一步提高，预防或治理耕地的环境污染，土地永续和合理使用得到有效保障，农业基础地位稳定和促进国民经济发展得到促进。严格守护 18 亿亩耕地的红线，耕地保护成为统筹我国工业化、城市化与农业现代化协同发展的长远战略的重要内容，成为关系我国经济和社会可持续发展的全局性战略问题。

（四）水资源不足依旧是制约现代农业发展的关键因素

我国有 2.8 万亿 m^3 的水资源，但是人均占有量只有 $2700m^3$，远远低于世界人均水资源占有水平。我国北方地区严重缺水，地下水资源的开发率已经达到了 80%左右，地表水使用率也高达 65%。过度使用地下水，以及大面积的漫灌农田，导致地面下沉，江河开始出现断流，严重匮乏的水资源使得农田无法获得充分的灌溉。水资源不足将长期制约现代农业发展。

（五）食品消费需求升级

未来 30 年，我国食品消费结构升级，肉禽和奶制品需求增加，粮食需求量减少，需要加快发展畜牧业，拓展农产品产业链，完善农产品深加工，提高餐饮业比例，促进经济稳步发展。食品类别中粮油食品、食用油类以及肉类、蛋类、家禽类零售额增速相对较低，而符合人们高品质需求的水产品类、干鲜果品类、奶及奶制品类零售额增长较快。同时，中国消费者对食品的需求已经发生了质的变化，食品已经从温饱（物美价廉）的需求升级为健康、享受的层次（品质优先），品质消费成为食品消费升级的重要方向，越来越多的人愿意为了高品质的健康食品支付额外的价格。消费需求在不断升级，个性化、多元化、定制化消费成为新趋势，零售业态也在朝着更全面、更个性化、更注重体验的方向发展，新业态、新模式不断涌现。作为消费主力的年轻一代对食品消费也更加理智，对传统品牌的依赖日益减少，他们善于利用互联网技术手段，购买高品质的食品，在外就餐时也会选择环境和服务较好的餐厅。

（六）农业生态环境进一步好转

当前，我国农业生态环境保护取得积极进展。但总体上看，保护形势依然严峻，村庄“脏乱差”问题在一些地区依然比较突出。在生态文明建设的战略背景下，农村人居环境整治和农业投入品减量化、生产清洁化、废弃物资源化、产业模式生态化建设持续推进。

二、未来不确定性因素

（一）我国农村人口，特别是农村从业人口

自新中国成立以来，我国农业就业人口数量经历了先增后减的过程，农业就业人口占比持续下降。农业就业人口占比的持续下降对我国实现经济结构转型具有重要意义，但是距离发达国家水平仍然有较大差距。未来人口政策如何调整、人们生育意愿是否增强都将影响我国人口的实际变化，再加上城镇化、乡村振兴的持续推进，农村从业人口还具有一定的不确定性。

（二）后疫情时代国际农产品贸易

“后疫情时代”中国的农产品消费，以及国际农产品出口国的出口意愿都将对我国农产品贸易造成显著影响。在此背景下，面对国际复杂的经济贸易形势，我国农产品进出口都存在一定的不确定性。

（三）气候变化对农业生产的影响

全球气候变化还具有一定的不确定性，我国不同地区的气候变化趋势也不完全一致，特别是我国在联合国大会上提出将为减缓全球气候变化提高国家自主贡献力度，二氧化碳排放力争于 2030 年前达到峰值，努力争取 2060 年前实现“碳中和”。我国未来的气候变化还具有不确定性。同时，气候变化对我国农业生产格局和生产效率的影响也具有不确定性，有些地区气候变暖、降雨量减少，有些地区降雨量增多，造成有些地区作物增产，有些地区作物减产。尽管我国已经研究出一些应对气候变化的技术体系，但气候变化对农业生产的影响依然具有很大的不确定性。

三、未来展望

（一）人人“能吃饱、能吃好、能买起”，粮食安全得到有效保障

民为国基，谷为民命。粮食安全是国家安全的重要基础，是关乎国运民生和社会稳定的头等大事。在“确保谷物基本自给、口粮绝对安全”的新粮食安全观和“以我为主、立足国内、确保产能、适度进口、科技支撑”的国家粮食安全战略指引下，国家粮食安全保障体系不断完善。“藏粮于地、藏粮于技”得到有效贯彻落实，耕地保护制度严格落实，耕地保护红线坚决守住，粮食生产科技和人才支撑不断强化，以现代生物技术、信息技术和装备技术为代表的农业高新技术逐步突破资源环境约束，统筹兼顾粮食安全和生态安全，农业科技进步对粮食增产提质的贡献逐步增大。农村土地制度改革进一步深化，农村土地经营权流转管理办法不断完善，粮食生产支持保护制度逐步完善。国内、国外两个市场得到充分利用，粮食对外开放新格局基本构建，粮食适度进口，我国成为全球和区域粮食安全治理的重要参与者。小麦和稻谷两种口粮的自给率到 2035 年和 2050 年也能保持在 98%以上，基本自给自足。可以预见的是，未来我国国家粮食安全能够得到有效保障，我国所有家庭都可以买得起满足健康生活所需要的粮食，实现“能吃饱、能吃好、能买起”。

（二）山青、水美、地洁，农业实现绿色高效可持续发展

农业绿色可持续发展是守住绿水青山、建设美丽中国的时代担当，对维系当代人福祉和保障子孙后代永续发展具有重大意义。在“绿水青山就是金山银山”理念的指引下，农业生态系统发展规律得到充分尊重，农业发展方式得到根本转变，以资源管控、环境监控和产业准入负面清单为主要内容的农业绿色发展制度体系不断完善。农业生态系统得到有效修复，产地环境更加清洁、绿色供给能力明显增强、资源利用效率显著提高，以绿色生态为导向的农业科技创新体系、农业生态补贴制度、绿色农业标准体系、农业资源环境生态监测预警体系全面构建，激活了农业发展内生动力，人与自然和谐共生的农业发展新格局基本构建，绿色生产方式和生活方式逐步形成，农业强、农民富、农村美的美丽乡村基本建成。

（三）农业有奔头、农民有吸引力、农村能安居，新型工农城乡关系形成

国家城乡融合发展的体制机制和政策体系建立健全，城乡要素有序流动、平等交换和公共资源均衡配置得以实现，以工补农、以城带乡、工农互促、城乡互补、协调发展、共同繁荣的新型工农城乡关系形成。农业成为有奔头的产业，农民成为有吸引力的职业，农村成为安居乐业的美丽家园。到 2050 年，从事农业生产经营的都是有知识、有能力、

有理想的新型高素质农民，他们工作选择多，而且体面有尊严，经济来源渠道广，增长幅度大，收入比城市居民还要高，城乡收入差距逐渐消失，能享受和城市一样的医疗、卫生、教育等生活设施和社会福利，忙时乡间劳作，闲时进城逛逛，生活丰富多彩；在农村能够望得见星空，闻得见草香，听得见鸟鸣。越来越多的人在农业劳作中感受创造的价值，在农耕文化传承中获得情感熏陶，在与大自然亲密接触中找到心灵归属。

（四）农业自带科技范，现代技术装备促进“效能提升、系统优化、资源高效”

农业科技自主创新能力全面提高，一批现代生物技术、育种技术、信息技术、装备技术得以突破，到 2050 年关键核心技术基本实现自主化。现代智慧生态农业技术体系成为我国农业现代化的技术支撑，以现代种业和装备技术为代表的智慧化、生态化集成解决方案在种植、养殖、水产等领域广泛应用，成为推动农业产业结构转型和升级发展的主要推动力，到 2050 年，生物、信息、装备等高新技术推进现代农业产业成功转型升级，信息技术与智能装备在农业中的应用比例达 50%以上，农业机械化、设施装备化水平取得明显突破，实现“机器替代人力”“电脑替代人脑”“自主技术替代进口”的三大转变，农业强国梦已经实现。在大田种植领域，机械化、信息化和智能化成为主要方向，到 2050 年将实现信息化技术、生命科学技术、重大装备技术、集成技术以及营养改良技术等在大宗作物生产中的集成应用。在设施和工厂化农业方面，电脑自主决策、农用机器人智能控制的现代化高科技温室、植物工厂、太空农业的生产性能和效率大大提升。在畜禽养殖方面，到 2050 年，实现精准喂养、智能饲喂、自动清扫以及疫病防控等规模化、智能化、绿色化设施设备，以及大数据、人工智能等现代信息技术集成应用，兼具智慧与生态的现代养殖体系逐步形成，生产效率和质量控制能力显著提升。

（五）实现农业全产业链协调融合发展

农业全产业链发展能够以消费者为导向，有效解决“千变万化的大市场”与“千家万户的小农户”连接的难题，实现农业生产和消费的供需平衡，形成安全、营养、健康的食品供应全过程，提升价值链。全产业链包括研发、生产、加工、储运、销售、品牌、体验、消费等所有环节，实现各个环节和主体紧密关联、有效衔接、耦合配套、协同发展、融合发展。农业加工业进一步壮大，新型经营主体自主开展清洗分拣、烘干储藏、杀菌消毒、预冷保鲜、净菜鲜切、分级分割、产品包装等，实现减损增效。大型农业企业开发营养均衡、养生保健、食药同源的加工食品和质优价廉、物美实用的非食用加工产品，提升农产品加工转化增值空间。建成现代农产品流通体系，龙头企业、新型经营主体和农户运用通风贮藏库、机械冷库、超低温贮运库、气调贮藏库等设施，满足市场农产品商品化处理和错峰销售需求。农产品产地市场、骨干冷链物流基地、区域物流中心、直销配送中心、电商交易中心基本建成，农产品产地集散分销能力显著增强。农商直供、预制菜肴、餐饮外卖、冷链配送、自营门店、商超专柜、团餐服务、在线销售、场景销售等业态逐步壮大，“原料基地+中央厨房+物流配送”“中央厨房+餐饮门店”等模式逐步推广。农业新业态、新功能壮大，智慧农业、工厂化农业、高科技农业、定制农业、品牌农业、农产品电子商务、会展农业等业态逐步壮大，充分发掘农业生态功能，农村绿水青山、田园风光、乡土文化等资源成为农业增值溢价的关键。

（六）农有多型、各具风采，逐步形成多种独具特色的发展模式

基于各地产业基础、资源优势，我国将逐步形成东北大农场模式、西北节水模式、华北适度规模化经营模式、沿海外贸出口模式、西南特色农业发展模式。东北地区大农场模式逐步发展形成类似于美国大农场生产模式，机械化、智能化、专业化、集约化成为典型特征，是我国最重要的商品粮基地。西北节水模式逐步发展形成类似于以色列农业节水发展模式，节水、高效是其典型特征。华北地区小农户依然是农业生产经营主体，龙头企业、合作社与农户签订合作协议，形成适度规模化经营模式。沿海发达地区重点发展专业化、标准化的高值农业，满足发达国家特色农业需求，赚取外汇。

（七）农业结构进一步优化

种植业结构布局不断优化，水稻和小麦的播种面积与产量均呈现降低的趋势，北方高耗水作物播种面积受水资源影响进一步减少，雨养作物种植面积进一步增加，生态不适宜种植区作物逐步退出。饲料作物种植面积持续增长，特色、优质蔬菜和水果农产品种植面积逐步扩大。随着人均收入快速增长和城市化程度的提高，畜产品消费量将进一步增长，畜产品供需都保持较快幅度增长，多数畜产品供需基本保持平衡。集约化、智慧化、生态化成为畜禽水产养殖的主要方向，进一步向优势区聚集，高品质畜禽水产品不断丰富，满足不断提高的消费需求。

（八）农田成“绿肺”，农业可持续发展能力增强

资源保护和生态修复取得显著成效，耕地数量、质量、生态“三位一体”保护能力增强，耕地质量逐步提升，节水灌溉水平增强，草原得到修复，农业生态功能增强。未来 30 年，在国家政策扶持以及资本市场介入的条件下，我国种养结合的农业发展将进入快车道；随着农业发展速度的提升，保收入、保安全、保生态被纳入农业发展战略。农业环境改善，化肥和农药使用量减少，农业废弃物资源化利用和无害化处理能力增强，面源污染减少。农业二氧化碳排放契合碳中和目标。农产品质量安全程度提升。

参考文献

安晓飞, 付卫强, 魏学礼, 等. 2017. 基于处方图的垄作玉米四要素变量施肥机作业效果评价[J]. 农业机械学报, 48(S1): 66-70.

白岗栓, 杜社妮, 于健, 等. 2013. 激光平地改善土壤水盐分布并提高春小麦产量[J]. 农业工程学报, 29(8): 125-134.

白由路. 2018. 高效施肥技术研究的现状与展望[J]. 中国农业科学, 51(11): 2116-2125.

曹军平. 2007. 现代生物技术在农业中的应用及前景[J]. 安徽农业科学, 35(3): 671-674.

曹玉昆, 雷礼纲, 张瑾瑾. 2014. 我国林下经济集约经营现状及建议[J]. 世界林业研究, 27(6): 60-64.

陈金, 赵斌, 衣淑娟, 等. 2017. 我国变量施肥技术研究现状与发展对策[J]. 农机化研究, 39(10): 1-6.

陈尚龙, 唐仕荣. 2021. 丙烯酸钠-玉米芯接枝共聚物的制备及其对 Ni^{2+}的吸附机制[J]. 复合材料学报, 38(6): 1939-1949.

陈新仁. 2017. "猪-沼-果(草)-鱼-鸭"山塘水库立体养殖技术[J]. 安徽农学通报, 25(14): 134-135.

陈修岭. 2019. 复兴之路: 旅游市场中非物质文化遗产的产业化: 以云南大理非物质文化遗产产业化实践为例[J]. 中南林业科技大学学报(社会科学版), 13(2): 86-94.

陈勇. 2005. 自动施药机器人及可变量控制系统研究[D]. 南京: 南京林业大学博士学位论文.

陈玉华, 田富洋, 闫银发, 等. 2018. 农作物秸秆综合利用的现状、存在问题及发展建议[J]. 中国农机化学报, 39(2): 67-73.

陈忠东, 蒋新跃. 2019. 工厂化水产养殖装备技术及其设备使用现状[J]. 福建农机, (4): 38-41.

陈仲新, 郝鹏宇, 刘佳, 等. 2019. 农业遥感卫星发展现状及我国监测需求分析[J]. 智慧农业, 1(1): 32-42.

程方武, 宋功明, 王贵田, 等. 2005. 暗管排水技术在鲁北应用的探讨[A]//山东水利学会第十届优秀学术论文集. 济南: 山东省科学技术协会: 3.

程献. 2001. 对生物芯片技术的认识: 2000 国际生物芯片技术大会简介[J]. 江西医学检验, 19(2): 125-127.

戴建国, 薛金利, 赵庆展, 等. 2020. 利用无人机可见光遥感影像提取棉花苗情信息[J]. 农业工程学报, 36(4): 63-71.

邓刚. 2010. 暗管排水系统土壤渗流氮素拦截效果试验研究[D]. 扬州: 扬州大学硕士学位论文.

邓青, 陈巨莲, 程登发, 等. 2010. 转基因作物抗虫因子的研究进展[C]//公共植保与绿色防控: 中国植物保护学会 2010 年学术年会. 鹤壁: 347-351.

邓巍, 陈立平, 张瑞瑞, 等. 2020. 无人机精准施药关键技术综述[J]. 农业工程, 10(4): 1-10.

第二次气候变化国家评估报告编写委员会. 2011. 第二次气候变化国家评估报告[M]. 北京: 科学出版社.

丁陈君, 陈方, 郑颖, 等. 2019. 生物科技领域国际发展趋势与启示建议[J]. 世界科技研究与发展, 41(1): 53-62.

董贯仓, 田相利, 董双林, 等. 2007. 几种虾、贝、藻混养模式能量收支及转化效率的研究[J]. 中国海洋大学学报(自然科学版), (6): 899-906.

杜鑫, 蒙继华, 吴炳方. 2010. 作物生物量遥感估算研究进展[J]. 光谱学与光谱分析, 30(11): 3098-3102.

段春梅, 薛泉宏, 呼世斌, 等. 2010. 连作黄瓜枯萎病株、健株根域土壤微生物生态研究[J]. 西北农林科技大学学报(自然科学版), 38(4): 143-150.

段青玲, 刘怡然, 张璐, 等. 2018. 水产养殖大数据技术研究进展与发展趋势分析[J]. 农业机械学报, 49(6): 1-16.

樊英, 李明贤. 2013. 未来谁来种地研究现状及展望[J]. 当代经济管理, 35(8): 57-61.
方应波, 易文芳, 王艳君. 2021. 乡村振兴视角下的高职院校涉农人才培养[J]. 教育与职业, (7): 47-51.
冯霞. 2018. 对上海发展智慧农业的初步思考[J]. 上海农村经济, (9): 10-11.
冯子慧, 王丽娟, 梁晶莹, 等. 2014. 水产养殖病害远程动态图像采集与传输系统的组成及实现[J]. 水产科技情报, (4) : 180-183.
付伟, 王宁, 庞芳, 等. 2017. 土壤微生物与植物入侵: 研究现状与展望[J]. 生物多样性, 25(12): 1295-1302.
高尚宾, 徐志宇, 靳拓, 等. 2019. 乡村振兴视角下中国生态农业发展分析[J]. 中国生态农业学报, 27(2): 163-168.
高迎春, 薄永恒, 杨林, 等. 2015. 畜禽产品安全生产信息化和质量追溯系统研究进展[J]. 山东农业科学, 47(3): 127-130.
顾东祥, 杨四军, 杨海. 2015. “猪-沼-果(谷、菜)-鱼”循环模式应用研究[J]. 大麦与谷类科学, (3): 64-65.
管大海, 张俊, 郑成岩, 等. 2017. 国外气候智慧型农业发展概况与借鉴[J]. 世界农业, 456(4): 23-28.
管明星. 2013. 解析几个与“基因”有关的概念[J]. 生物学教学, 38(8): 56-57.
管正学, 管铁众, 王建立, 等. 2000. 生物工程在农业资源开发中的应用[J]. 资源科学, 22(6): 46-50.
郭炜, 于洪久, 于春生, 等. 2017. 秸秆还田技术的研究现状及展望[J]. 黑龙江农业科学, 277(7): 109-111.
郭熙保, 冯玲玲. 2015. 家庭农场规模的决定因素分析: 理论与实证[J]. 中国农村经济, (5): 82-95.
国际农业生物技术应用服务组织. 2021. 2019 年全球生物技术/转基因作物商业化发展态势[J]. 中国生物工程杂志, 41(1): 114-119.
国家统计局. 2018. 2018 年国民经济和社会发展统计公报[R]. https://www.gov.cn/xinwen/2019-02/28/content_5369270.htm [2019-02-28].
国家统计局. 2020. 2020 中国统计年鉴[M]. 北京: 中国统计出版社.
韩红兵, 谢卡斌, 曹罡, 等. 2018. 基因编辑技术在农业种质资源上的应用[J]. 中国工程科学, 20(6): 82-86.
韩佳伟, 李佳铖, 任青山, 等. 2021. 农产品智慧物流发展研究[J]. 中国工程科学, 23(4): 30-36.
韩佳伟, 朱文颖, 张博, 等. 2022. 装备与信息协同促进现代智慧农业发展研究[J]. 中国工程科学, 24(1): 55-63.
何礼健, 周玉婷, 左停. 2011. 转基因生物技术在农业领域的发展现状分析[J]. 安徽农业科学, 39(1): 66-68.
何露, 闵庆文, 张丹. 2010. 农业多功能性多维评价模型及其应用研究: 以浙江省青田县为例[J]. 资源科学, 32(6): 1057-1064.
何雄奎. 2020. 中国精准施药技术和装备研究现状及发展建议[J]. 智慧农业(中英文), 2(1): 133-146.
贺小贤. 2016. 现代生物技术与生物工程导论[M]. 2 版. 北京: 科学出版社.
贺秀祥. 2020. 有机农业种植的土壤培肥技术分析[J]. 现代农业研究, 26(4): 46-47.
侯智红, 吴艳, 程群, 等. 2019. 利用 CRISPR/Cas9 技术创制大豆高油酸突变系[J]. 作物学报, 45(6): 839-847.
胡春胜, 陈素英, 董文旭. 2018. 华北平原缺水区保护性耕作技术[J]. 中国生态农业学报, 26(10): 1537-1545.
胡金有, 王靖杰, 张小栓, 等. 2015. 水产养殖信息化关键技术研究现状与趋势[J]. 农业机械学报, 46(7): 252-263.
胡瑞法. 1998. 种子技术管理学概论[M]. 北京: 科学出版社.
胡韬纲, 谭晓荣. 2008. 转基因粮食作物的研究进展与 PCR 法检测[J]. 河南工业大学学报(自然科学版), 29(2): 82-86.
黄大昉. 2013. 我国农作物生物育种发展战略的思考[J]. 湖南农业科学, (14): 11-15.
黄季焜. 2013. 新时期的中国农业发展: 机遇、挑战和战略选择[J]. 中国科学院院刊, (3): 295-300.

黄季焜. 2018. 四十年中国农业发展改革和未来政策选择[J]. 农业技术经济, (3): 1-18.
黄季焜, 胡瑞法. 1998. 农业科技革命: 过去和未来[J]. 农业技术经济, (3): 2-11, 50.
黄季焜, 胡瑞法, 方向东. 1998. 农业科研投资的总量分析[J]. 农业科研经济管理, (3): 23-25, 32.
黄俊生. 2000. 生物芯片技术及其应用[A]//中国热带作物学会六届二次理事会暨学术研讨会论文集. 海口: 中国热带作物学会: 35-43.
吉林省农业农村厅科教处. 2019. 思维上的困惑: 公众关心的转基因问题[J]. 吉林农业, (11): 22-25.
江志兵, 曾江宁, 陈全震, 等. 2006. 大型海藻对富营养化海水养殖区的生物修复[J]. 海洋开发与管理, 23(4): 57-63.
蒋阿宁, 黄文江, 赵春江, 等. 2007. 基于光谱指数的冬小麦变量施肥效应研究[J]. 中国农业科学, 40(9): 1907-1913.
蒋建平. 1990. 泡桐栽培学[M]. 北京: 中国林业出版社.
蒋瑞祥, 余礼根, 丁露雨, 等. 2020. 畜禽疫病智能防控技术发展现状与展望[J]. 中国畜牧杂志, 56(10): 23-27.
焦炳华, 孙树汉. 2007. 现代生物工程[M]. 北京: 科学出版社.
焦雯珺, 崔文超, 闵庆文, 等. 2021. 农业文化遗产及其保护研究综述[J]. 资源科学, 43(4): 823-837.
柯炳生. 2018. 三种农业补贴政策的原理与效果分析[J]. 农业经济问题, (8): 4-9.
孔四新, 李海奎, Shuya K, 等. 2016. 中外有机农业发展比较及中国有机农业的热点难点问题解析[J]. 农学学报, 6(8): 64-69.
李丹丹, 史云, 李会宾, 等. 2018. 农业机器人研究进展评述[J]. 中国农业信息, 30(6): 1-17.
李道亮, 刘畅. 2020. 人工智能在水产养殖中研究应用分析与未来展望[J]. 智慧农业(中英文), 2(3): 1-20.
李金海, 胡俊, 袁定昌. 2008. 发展林下经济 加快首都新农村建设步伐: 关于发展城郊型林下经济的探讨[J]. 林业经济, (7): 20-23.
李恺, 尹义蕾, 侯永. 2018. 中国设施园艺水肥一体化设备应用现状及发展趋势[J]. 农业工程技术, 38(4): 16-21.
李奇峰, 李嘉位, 马为红, 等. 2021. 畜禽养殖疾病诊断智能传感技术研究进展[J]. 中国农业科学, 54(11): 2445-2463.
李奇峰, 王文婷, 余礼根, 等. 2018. 信息技术在畜禽养殖中的应用进展[J]. 中国农业信息, 30(2): 15-23.
李思经. 1999. 走向 21 世纪的农业生物技术[J]. 世界农业, (12): 9-11.
李伟红. 2012. 玉米生产机械化技术概述[J]. 农业科技与装备, (10): 65-66, 69.
李文华. 2003. 生态农业: 中国可持续农业的理论与实践[M]. 北京: 化学工业出版社: 1-11.
李文华. 2008. 农业生态问题与综合治理[M]. 北京: 中国农业出版社.
李文华. 2018. 中国生态农业的回顾与展望[J]. 农学学报, 8(1): 145-149.
李文华. 2021. 林下经济与农业复合生态系统管理[M]. 北京: 中国林业出版社.
李文华, 赖世登. 1994. 中国农林复合经营[M]. 北京: 科学出版社.
李文华, 刘某承, 闵庆文. 2010. 中国生态农业的发展与展望[J]. 资源科学, 32(6): 852-860, 1015-1021.
李文华, 刘某承, 闵庆文. 2012. 农业文化遗产保护: 生态农业发展的新契机[J]. 中国生态农业学报, 20(6): 663-667.
李文华, 闵庆文. 2004. 中国生态农业研究和建设的进展与展望[M]//李文华, 赵景柱. 生态学研究回顾与展望. 北京: 气象出版社: 617-624.
李文敏, 吴纯洁, 黄学思, 等. 2007. 电子鼻和电子舌技术及其在中药加工炮制中的应用展望[A]//中华中医药学会四大怀药与地道药材研究论坛暨中药炮制分会第二届第五次学术会与第三届会员代表大会论文集. 焦作: 中华中医药学会: 47-52.
李显军. 2004. 中国有机农业发展的背景、现状和展望[J]. 世界农业, 303(7): 7-10.
李旭东, 杨千河, 姚竟发, 等. 2022. 基于区块链的农产品溯源技术研究综述[J]. 江苏农业科学, 50(6): 16-24.

李志军. 2006. 加快生物产业发展步伐[J]. 中国创业投资与高科技, (2): 27-29.
李卓, 杜晓冬, 毛涛涛, 等. 2016. 基于深度图像的猪体尺检测系统[J]. 农业机械学报, 47(3): 311-318.
厉建萌, 宋贵文, 沈平, 等. 2006. 全球转基因作物商业化发展现状及特点[J]. 农业科技管理, 25(5): 6-7, 11.
梁劲娟, 马联. 2021. 兴业县农产品加工业发展存在问题与对策[J]. 农家参谋, (21): 66-67.
梁玉刚, 陈奕沙, 陈璐, 等. 2021. 垄作稻-鱼-鸡共生对水稻茎秆倒伏、穗部性状及产量的影响[J]. 中国生态农业学报(中英文), 29(2): 379-388.
廖莎, 李国玲, 吴珍芳, 等. 2018. 转基因动植物生物反应器研究进展及应用现状[J]. 广东农业科学, 45(11): 126-136.
林敏. 2020. 转基因技术[M]. 北京: 中国农业科学技术出版社.
林世成, 闵绍楷. 1992. 中国水稻品种及其系谱[M]. 北京: 农业出版社.
林文雄, 陈婷, 周明明. 2012. 农业生态学的新视野[J]. 中国生态农业学报, 20(3): 253-264.
凌建刚. 2014. 浙江鲜活农产品产地预冷发展现状与对策[J]. 农业工程技术(农产品加工业), 4(4): 27-30.
刘成良, 林洪振, 李彦明, 等. 2020. 农业装备智能控制技术研究现状与发展趋势分析[J]. 农业机械学报, 51(1): 1-18.
刘建波, 李红艳, 孙世勋, 等. 2018. 国外智慧农业的发展经验及其对中国的启示[J]. 世界农业, (11): 13-16.
刘剑虹, 陈传锋, 谢杭. 2015. 农民教育培训现状的调查与思考: 基于全国百村万民的实证分析[J]. 教育研究, 36(2): 123-129.
刘亮亮. 2019. 基于 AMESim-Simulink 旋耕机耕深控制系统研究[D]. 郑州: 华北水利水电大学硕士学位论文.
刘茂松. 2011. 洞庭湖区农业工业化战略研究: 论农业主产地区的农业现代化道路[J]. 武陵学刊, 36(6): 74-81.
刘某承, 张丹, 李文华. 2010. 稻田养鱼与常规稻田耕作模式的综合效益比较研究: 以浙江省青田县为例[J]. 中国生态农业学报, 18(1): 164-169.
刘强德, 赵黎. 2022. 中国猪业数智化进程与品牌新机遇[J]. 今日养猪业, (4): 8-13.
刘锐金. 2020. 新形势下我国农业支持制度改革研究: 政策效应评估及制度改革方向选择[D]. 北京: 中国社会科学院大学博士学位论文.
刘双喜, 徐春保, 张宏建, 等. 2020. 果园基肥施肥装备研究现状与发展分析[J]. 农业机械学报, 51(S2): 99-108.
刘双印. 2014. 基于计算智能的水产养殖水质预测预警方法研究[D]. 北京: 中国农业大学博士学位论文.
刘伟峰, 刘大海, 管松, 等. 2021. 海洋牧场生态效益的内涵与提升路径[J]. 中国环境管理, 13(2): 33-38, 54.
刘文政, 李问盈, 郑侃, 等. 2017. 我国保护性耕作技术研究现状及展望[J]. 农机化研究, 39(7): 256-261, 268.
刘小京, 张喜英. 2018. 农田多水源高效利用理论与实践[M]. 石家庄: 河北科学技术出版社: 12.
刘星桥, 孙玉坤, 赵德安, 等. 2005. 采用图像处理技术对鱼体健康状况监视和预报[J]. 农业工程学报, 21(6): 118-121.
刘旭, 李文华, 赵春江, 等. 2022. 面向 2050 年我国现代智慧生态农业发展战略研究[J]. 中国工程科学, 24(1): 38-45.
刘永华, 俞卫东, 沈明霞, 等. 2014. 智能化精准灌溉施肥技术研究现状与展望[J]. 江苏农业科学, 42(8): 384-387.
刘宇, 赵春江. 2019. 有望对科研和生产做出贡献的五种转基因猪[J]. 百科知识, (19): 24-25.
刘志国, 王冰源, 牟玉莲, 等. 2018. 分子编写育种: 动物育种的发展方向[J]. 中国农业科学, 51(12): 2398-2409.

卢闯, 王永生, 胡海棠, 等. 2019. 精准农业对华北平原冬小麦温室气体排放和产量的短期影响[J]. 农业环境科学学报, 38(7): 1641-1648.

路永莉, 白凤华, 杨宪龙, 等. 2014. 水肥一体化技术对不同生态区果园苹果生产的影响[J]. 中国生态农业学报, 22(11): 1281-1288.

骆世明. 2007. 传统农业精华与现代生态农业[J]. 地理研究, 26(3): 609-615.

骆世明. 2010. 论生态农业的技术体系[J]. 中国生态农业学报, 18(3): 453-457.

骆世明. 2013. 农业生态学的国外发展及其启示[J]. 中国生态农业学报, 21(1): 14-22.

骆世明. 2017. 农业生态转型态势与中国生态农业建设路径[J]. 中国生态农业学报, 25(1): 1-7.

骆世明. 2020. 生态农业确认体系的构建[J]. 农业现代化研究, 41(1): 1-6.

马亮, 李跃东, 田春晖, 等. 2021. 稻蟹生态种养模式优质食味粳稻的稻米营养品质分析[J]. 中国生态农业学报(中英文), 29(4): 716-724.

马庆涛, 陈伟洲, 康叙钧, 等. 2011. 太平洋牡蛎与龙须菜套养技术[J]. 海洋与渔业, (11): 52-53.

马世骏, 李松华. 1987. 中国的农业生态工程[M]. 北京: 科学出版社.

马晓慧, 车喜庆, 王井士, 等. 2019. 稻蟹共作与常规稻田蜘蛛群落组成及多样性分析[J]. 中国生态农业学报(中英文), 27(8): 1157-1162.

毛玉泽, 杨红生, 王如才. 2005. 大型藻类在综合海水养殖系统中的生物修复作用[J]. 中国水产科学, 12(2): 225-231.

毛玉泽, 杨红生, 周毅, 等. 2006. 龙须菜的生长、光合作用及其对扇贝排泄氮磷的吸收[J]. 生态学报, 26(10): 3225-3231.

孟庆法, 侯怀恩. 1995. 黄淮海平原沙区金银花与农桐间作模式研究[J]. 生态经济, (6): 43-45.

孟蕊, 崔晓东, 余礼根, 等. 2021. 畜禽精准饲喂管理技术发展现状与展望[J]. 家畜生态学报, 42(2): 1-7.

闵庆文. 2006. 全球重要农业文化遗产: 一种新的世界遗产类型[J]. 资源科学, 28(4): 206-208.

闵庆文. 2020. 重要农业文化遗产及其保护研究的优先领域、问题与对策[J]. 中国生态农业学报(中英文), 28(9): 1285-1293.

闵庆文, 孙业红. 2009. 农业文化遗产的概念、特点与保护要求[J]. 资源科学, 31(6): 914-918.

慕艳平, 周文凤. 2019. 我国云仓储物流模式发展探析[J]. 电子商务, (9): 1-2.

聂斌, 马玉林. 2020. 有机农业种植土壤培肥技术要点浅析[J]. 南方农业, 14(29): 5-6.

农业转基因生物安全管理部际联席会议办公室, 中国科协科普部. 2014. 理性看待转基因[M]. 北京: 科学普及出版社.

潘月红, 逯锐, 周爱莲, 等. 2011. 我国农业生物技术及其产业化发展现状与前景[J]. 生物技术通报, (6): 1-6.

彭建, 刘志聪, 刘焱序. 2014. 农业多功能性评价研究进展[J]. 中国农业资源与区划, 35(6): 1-8.

戚如鑫, 魏涛, 王梦芝, 等. 2018. 尾菜饲料化利用技术及其在畜禽养殖生产中的应用[J]. 动物营养学报, 30(4): 1297-1302.

齐超, 黄金明, 仲跻峰. 2013. 全基因组选择及其在奶牛育种中的应用进展[J]. 山东农业科学, 45(2): 131-134, 145.

齐飞, 李恺, 李邵, 等. 2019. 世界设施园艺智能化装备发展对中国的启示研究[J]. 农业工程学报, 35(2): 183-195.

钱建平, 吴文斌, 杨鹏. 2020. 新一代信息技术对农产品追溯系统智能化影响的综述[J]. 农业工程学报, 36(5): 182-191.

秦田, 邱卫, 周庆华. 2015. 智能化母猪精确饲喂站的设计[J]. 当代畜牧, (21): 36-41.

邱楚雯, 王韩信, 施永海. 2021. 鱼菜共生系统中植物根系微生物及氮转化影响因素研究进展[J]. 复旦学报(自然科学版), 60(1): 124-132.

邱德文, 杨秀芬. 2006. 蛋白质农药研究与产业化进展[J]. 中国农业科技导报, (6): 1-4.

任国忠, 张起信, 王继成, 等. 1991. 移植大叶藻提高池养对虾产量的研究[J]. 海洋科学, (1): 52-57.

申格, 吴文斌, 史云, 等. 2018. 我国智慧农业研究和应用最新进展分析[J]. 中国农业信息, 30(2): 1-14.

沈岳飞, 牛希华. 2021. 农田水利工程中高效节水灌溉技术的应用[J]. 工程技术研究, 6(1): 249-250.

盛阳荣. 2009. 农民职业教育和培训: 现状、问题与发展策略[J]. 教育研究, 30(8): 88-91.

石佳, 田军仓, 朱磊. 2017. 暗管排水对油葵地土壤脱盐及水分生产效率的影响[J]. 灌溉排水学报, 36(11): 46-50.

苏延英. 2018. 农民专业合作社发展中存在的问题及建议[J]. 青海农技推广, (2): 62-63.

苏永腾. 2021. 一头平凡种猪背后的扼喉之急与恢弘韬略[J]. 今日养猪业, (3): 7-9.

宿宁. 2016. 精准农业变量施肥控制技术研究[D]. 合肥: 中国科学技术大学博士学位论文.

孙娜. 2019. 农田玉米高通量表型信息采集系统研究[D]. 保定: 河北农业大学硕士学位论文.

孙鹏飞. 2014. 铲抛式葡萄埋藤机的设计与性能研究[D]. 保定: 河北农业大学硕士学位论文.

孙新章. 2010. 新中国 60 年来农业多功能性演变的研究[J]. 中国人口・资源与环境, 20(1): 71-75.

孙秀兰, 赵晓联, 张银志, 等. 2003. 生物芯片及其在食品中的应用前景[J]. 食品科学, (9): 149-152.

孙正文, 黄兴奇, 李维蛟, 等. 2011. 分子标记技术及其在水稻基因定位上的应用[J]. 基因组学与应用生物学, 30(1): 78-86.

谭攀, 王士超, 付同刚, 等. 2021. 我国暗管排水技术发展历史、现状与展望[J]. 中国生态农业学报(中英文), 29(4): 633-639.

唐国庆, 李学伟. 2010. 基因组选择与猪育种[J]. 猪业科学, 27(7): 37-39.

唐忠海, 饶力群. 2004. 酶工程技术在食品工业中的应用[J]. 食品研究与开发, 25(4): 10-13.

田宏武, 郑文刚, 李寒. 2016. 大田农业节水物联网技术应用现状与发展趋势[J]. 农业工程学报, 32(21): 1-12.

田李, 张颖, 赵云峰. 2015. 新一代测序技术的发展和应用[J]. 生物技术通报, 31(11): 1-8.

万方浩, 郭建英, 王德辉. 2002. 中国外来入侵生物的危害与管理对策[J]. 生物多样性, 10(1): 119-125.

万钢. 2010. 提高农业科技创新能力发展生物育种战略性新兴产业[J]. 中国科技投资, (3): 6-7.

王春, 王克剑. 2017. CRISPR-Cas 系统在植物基因组编辑中的研究进展[J]. 生物工程学报, 33(10): 1712-1722.

王德成, 贺长彬, 武红剑, 等. 2017. 苜蓿生产全程机械化技术研究现状与发展分析[J]. 农业机械学报, 48(8): 1-25.

王丰, 赖彦岑, 唐宗翔, 等. 2021. 浮萍覆盖对稻田杂草群落组成及多样性的影响[J]. 中国生态农业学报(中英文), 29(4): 672-682.

王国萍, 闵庆文, 何思源, 等. 2020. 生态农业的文化价值解析[J]. 环境生态学, 2(8): 16-22.

王宏广. 2004. 试论"生物经济"[J]. 生命科学仪器, (3): 40-44.

王宏广, 朱姝, 尹志欣, 等. 2018. 国际生物经济发展的趋势与特征[J]. 中国科技论坛, (5): 158-164.

王焕明, 李少芬, 陈浩如, 等. 1993. 江蓠与新对虾、青蟹混养试验[J]. 水产学报, 17(4): 273-281.

王金武, 唐汉, 王金峰. 2017. 东北地区作物秸秆资源综合利用现状与发展分析[J]. 农业机械学报, 48(5): 1-21.

王立刚, 屈锋, 尹显智, 等. 2008. 南方"猪-沼-果"生态农业模式标准化建设与效益分析[J]. 中国生态农业学报, (5): 1283-1286.

王强盛. 2018. 稻田种养结合循环农业温室气体排放的调控与机制[J]. 中国生态农业学报, 26(5): 633-642.

王少平, 王玉珏. 2021. 生态农业发展中对植保新技术的推广分析[J]. 农业开发与装备, 230(2): 108-109.

王帅, 曹少奇, 胡小亮, 等. 2021. 精准饲喂对母猪繁殖性能的影响[J]. 中国畜牧杂志, (9): 212-215.

王松霈. 2013. 生态经济建设大辞典: 上册[M]. 南昌: 江西科学技术出版社.

王向峰, 才卓. 2019. 中国种业科技创新的智能时代: "玉米育种 4.0"[J]. 玉米科学, 27(1): 1-9.

王学, 李秀彬, 辛良杰. 2013. 河北平原冬小麦播种面积收缩及由此节省的水资源量估算[J]. 地理学报, 68(5): 694-704.

王雁, 吕冬伟, 田雨, 等. 2020. 大型海藻、海草在生态养殖中的作用及在海洋牧场中的应用[J]. 湖北农业科学, 59(4): 124-128.

王耀羲. 2019. 智能水田旋耕平地一体机设计[D]. 南京: 南京农业大学硕士学位论文.
王一杰, 管大海, 王全辉, 等. 2018. 气候智慧型农业在我国的实践探索[J]. 中国农业资源与区划, 39(10): 43-50.
王铮, 乐群, 夏海斌, 等. 2016. 中国 2050: 气候情景与胡焕庸线的稳定性[J]. 中国科学(地球科学), 46(11): 1505-1514.
王中立. 2006. 议未来生物工程及应用[J]. 安阳工学院学报, (5): 40-42.
王梓煜, 侯艺瑾, 郑泽杰. 2021. 区块链技术与农产品供应链结合的价值研究[J]. 商展经济, (8): 83-85.
卫伟, 余韵, 贾福岩, 等. 2013. 微地形改造的生态环境效应研究进展[J]. 生态学报, 33(20): 6462-6469.
吴迪. 2018. 农田信息采集与节水灌溉系统的研究[D]. 天津: 河北工业大学硕士学位论文.
吴莉莉, 李辉, 惠国华, 等. 2010. 传感器技术在农产品无损检测中的应用研究[J]. 江西农业学报, 22(5): 101-105.
武淑霞, 刘宏斌, 黄宏坤, 等. 2018. 我国畜禽养殖粪污产生量及其资源化分析[J]. 中国工程科学, 20(5): 9.
席运官, 李刚. 2014. 基于有机农业基本原则的有机完整性诠释[J]. 农学学报, 4(10): 107-110, 124.
夏于, 孙忠富, 杜克明, 等. 2013. 基于物联网的小麦苗情诊断管理系统设计与实现[J]. 农业工程学报, 29(5): 117-124.
肖体琼, 何春霞, 凌秀军, 等. 2010. 中国农作物秸秆资源综合利用现状及对策研究[J]. 世界农业, (12): 31-33.
信乃诠. 2002. 中国农业科学技术: 过去和未来[J]. 农业科技管理, (2): 6-10.
熊振民, 闵绍楷, 申宗坦, 等. 1986. 新育成籼稻品种的产量性状分析和展望[J]. 中国农业科学, 19(6): 17-23.
徐皓. 2016. 水产养殖设施与深水养殖平台工程发展战略[J]. 中国工程科学, 18(3): 37-42.
徐鹏程, 尹吉祥, 周映梅, 等. 1993. 桐粮间作速生丰产综合技术试验研究[J]. 甘肃林业科技, (2): 6-11.
徐鹏翔, 杨军香, 李季. 2018. 畜禽粪便堆肥工艺与控制参数[J]. 畜牧业环境, (1): 33-37.
徐祥玉, 张敏敏, 彭成林, 等. 2017. 稻虾共作对秸秆还田后稻田温室气体排放的影响[J]. 中国生态农业学报, 25(11): 1591-1603.
薛领, 胡孝楠, 陈罗烨. 2016. 新世纪以来国内外生态农业综合评估研究进展[J]. 中国人口 • 资源与环境, 26(6): 1-10.
薛娴, 李友军, 赵威, 等. 2008. 现代生物技术发展的趋势及对传统农科专业发展的影响[J]. 高教论坛, (4): 35-37.
薛勇彪, 王道文, 段子渊. 2007. 分子设计育种研究进展[J]. 中国科学院院刊, 22(6): 486-490.
闫飞, 吴德胜, 孙长征, 等. 2016. 园林绿化废弃物堆肥处理新技术: 密闭式堆肥反应器[J]. 现代园艺, (11): 93-95.
杨滨娟, 钱海燕, 黄国勤, 等. 2012. 秸秆还田及其研究进展[J]. 农学学报, 2(5): 1-4.
杨飞云, 曾雅琼, 冯泽猛, 等. 2019. 畜禽养殖环境调控与智能养殖装备技术研究进展[J]. 中国科学院院刊, 34(2): 163-173.
杨富民, 张克平, 杨敏. 2014. 3 种尾菜饲料化利用技术研究[J]. 中国生态农业学报, 22(4): 491-495.
杨光玉, 孔辉, 兰玉彬, 等. 2022. 精准变量施药关键技术及应用现状[J]. 农业技术与装备, (1): 96-97.
杨红生, 周毅. 1998. 滤食性贝类对养殖海区环境影响的研究进展[J]. 海洋科学, 22(2): 42-44.
杨林林, 张海文, 韩敏琦, 等. 2015. 水肥一体化技术要点及应用前景分析[J]. 安徽农业科学, 43(16): 23-25, 28.
杨伦, 王国萍, 闵庆文. 2020. 从理论到实践: 我国重要农业文化遗产保护的主要模式与典型经验[J]. 自然与文化遗产研究, 5(6): 10-18.
杨其长. 2016. 供给侧改革下的设施园艺将如何发展[J]? 中国农村科技, (5): 40-43.
杨瑞珍, 陈印军. 2017. 中国现代生态农业发展趋势与任务[J]. 中国农业资源与区划, 38(5): 167-171.
杨天阳, 田长青, 刘树森. 2021. 生鲜农产品冷链储运技术装备发展研究[J]. 中国工程科学, 23(4):

37-44.
杨晓明. 2021. 新时期农业种植高效节水灌溉技术选择研究[J]. 农业开发与装备, 232(4): 80-81.
易文裕, 程方平, 熊昌国, 等. 2017. 农业水肥一体化的发展现状与对策分析[J]. 中国农机化学报, 38(10): 111-115, 120.
于红. 2020. 水产动物目标探测与追踪技术及应用研究进展[J]. 大连海洋大学学报, 35(6): 793-804.
余群, 董红敏, 张肇鲲. 2003. 国内外堆肥技术研究进展(综述)[J]. 安徽农业大学学报, (1): 109-112.
袁和第. 2020. 黄土丘陵沟壑区典型小流域水土流失治理技术模式研究[D]. 北京: 北京林业大学硕士学位论文.
苑小林, 李致勋. 1995. 现代生物工程技术简介: 生物工程在化工、能源及医药工业方面的应用[J]. 化工生产与技术, 2(2): 12-19.
苑严伟, 白慧娟, 方宪法, 等. 2018. 玉米播种与测控技术研究进展[J]. 农业机械学报, 49(9): 1-18.
昝林森, 梅楚刚, 王洪程. 2014. 奶牛生物技术育种研究进展[J]. 中国牛业科学, 40(5): 1-6.
曾国安, 胡晶晶. 2008. 城乡居民收入差距的国际比较[J]. 山东社会科学, (10): 47-53.
曾剑飞. 2018. 间歇供氧对畜禽粪便好氧堆肥氧气供需和主要气体产排的影响及机制研究[D]. 北京: 中国农业大学博士学位论文.
查明建, 高健, 李冠杰. 2015. 现代职业农民培养的英国经验[J]. 中国职业技术教育, (10): 80-81, 86.
翟明普. 2011. 关于林下经济若干问题的思考[J]. 林业产业, 38(3): 47-49, 52.
张彩萍, 黄季焜. 2002. 现代农业生物技术研发的政策取向[J]. 农业技术经济, (3): 23-28.
张丹, 成升魁, 高利伟, 等. 2015. 城市餐饮业食物浪费的足迹: 以北京市为例[J]. 生态学报, 36(18): 5937-5948.
张吉鹍. 2018. 运用猪营养工程技术, 高效实施精准营养[J]. 中国猪业, 13(7): 24-28.
张可嘉. 2014. 论转基因作物的利与弊[J]. 天津科技, 41(1): 74-77, 80.
张启发. 2010. 大力发展转基因作物[J]. 华中农业大学学报(社会科学版), 85(1): 1-6.
张瑞福, 颜春荣, 张楠, 等. 2013. 微生物肥料研究及其在耕地质量提升中的应用前景[J]. 中国农业科技导报, 15(5): 8-16.
张睿. 2010. 温室智能装备系列之十四我国设施农业装备技术发展方向[J]. 农业工程技术(温室园艺), (4): 50-51.
张天佐, 郭永田, 杨洁梅. 2018. 基于价格支持和补贴导向的农业支持保护制度改革回顾与展望[J]. 农业经济问题, (11): 4-10.
张婷, 李世东, 缪作清. 2013. "秸秆降解生防菌强化技术"对黄瓜连作土壤微生物区系的影响[J]. 中国生态农业学报, 21(11): 1416-1425.
张卫东, 廖力, 蒋立琴, 等. 2008. 分子标记技术在植物检疫线虫分类鉴定中的应用[A]//中国植物病理学会 2008 年学术年会论文集. 北京: 中国植物病理学会: 453-456.
张晓梅, 钟志贤, 沈建华. 2016. 面向"一村一名大学生计划"的远程开放教育教学质量评价体系研究[J]. 中国远程教育, (1): 32-40, 80.
张怡田. 2017. 浅谈生物细胞工程[J]. 农家参谋, (16): 200.
张颖, 廖生进, 王璟璐, 等. 2021. 信息技术与智能装备助力智能设计育种. 吉林农业大学学报, 43(2): 119-129.
张予, 林惠凤, 李文华. 2015. 生态农业: 农村经济可持续发展的重要途径[J]. 农村经济, (7): 95-99.
张哲, 杨信廷, 于合龙, 等. 2022. 基于区块链技术的生鲜农产品追溯系统研究进展[J]. 农业大数据学报, 4(1): 25-34.
张正周, 郭奇亮, 刘继, 等. 2019. 农产品产地初加工及冷链物流发展现状[J]. 农业与技术, 39(3): 39-41.
赵春江. 2014. 农业遥感研究与应用进展[J]. 农业机械学报, 45(12): 277-293.
赵春江. 2019a. 智慧农业发展现状及战略目标研究[J]. 智慧农业, 1(1): 1-7.
赵春江. 2019b. 植物表型组学大数据及其研究进展[J]. 农业大数据学报, 1(2): 5-18.
赵春江, 杨信廷, 李斌, 等. 2018. 中国农业信息技术发展回顾及展望[J]. 农学学报, 8(1): 172-178.

赵艮权. 2020. 拖拉机电控液压悬挂系统多参数控制研究[D]. 镇江: 江苏大学硕士学位论文.

赵国屏. 2019. 合成生物学: 生物工程产业化发展的新时期[J]. 生物产业技术, (1): 1.

赵海涛. 2020. 基于多源数据的精准农业管理分区划分研究[D]. 合肥: 安徽大学硕士学位论文.

赵洪璋. 1979. 作物育种学[M]. 北京: 农业出版社.

赵洪璋, 张海峰, 宋哲民. 1981. 小麦杂交育种工作中的若干问题[J]. 陕西农业科学, (3): 1-8.

赵建, 朱松明, 叶章颖, 等. 2016. 循环水养殖游泳型鱼类摄食活动强度评估方法研究[J]. 农业机械学报, 47(8): 288-293.

赵弢. 2014. 理性看待转基因问题[J]. 粮油加工(电子版), (3): 15-18, 21.

赵颖文, 吕火明. 2014. 农业人口高龄化危机: 日本应对措施及对中国的启示[J]. 农村经济, (12): 120-125.

赵振利, 翟晓巧. 2020. 泡桐农林复合经营模式及效益评价[J]. 河南林业科技, 40(4): 6-7, 15.

郑阳. 2017. 作物生物量遥感估算方法研究[D]. 北京: 中国科学院大学(中国科学院遥感与数字地球研究所)博士学位论文.

郑永军, 陈炳太, 吕昊暾, 等. 2020a. 中国果园植保机械化技术与装备研究进展[J]. 农业工程学报, 36(20): 110-124.

郑永军, 江世界, 陈炳太, 等. 2020b. 丘陵山区果园机械化技术与装备研究进展[J]. 农业机械学报, 51(11): 1-20.

中共中央网络安全和信息化委员会办公室. 2017. 砥砺奋进的五年 自主创新彰显中国力量: 国家科技重大专项实施综述[EB/OL]. http://www.cac.gov.cn/2017-06/02/c_1121073117.htm [2017-06-02].

钟功甫. 1980. 珠江三角洲的“桑基鱼塘”: 一个水陆相互作用的人工生态系统[J]. 地理学报, (3): 200-209, 277-278.

钟晶石. 2011. 转基因技术已成为现代农业必然选择[J]. 北京农业, (31): 8.

钟颖, 沙之敏, 顾麦云, 等. 2021. 基于能值分析的稻蛙生态种养模式效益评价[J]. 中国生态农业学报(中英文), 29(3): 572-580.

周超. 2018. 基于近红外机器视觉的鱼类智能投喂决策方法研究[D]. 北京: 北京理工大学博士学位论文.

周超, 徐大明, 吝凯, 等. 2019. 基于近红外机器视觉的鱼类摄食强度评估方法研究[J]. 智慧农业, 1(1): 76-84.

周建明. 2014. 中国传统村落: 保护与发展[M]. 北京: 中国建筑工业出版社.

周清波, 吴文斌, 宋茜. 2018. 数字农业研究现状和发展趋势分析[J]. 中国农业信息, 30(1): 1-9.

周素芬, 张晖, 陈翩, 等. 2019. 黄淮海地区农林复合经营模式总结分析[J]. 中国林业经济, (2): 6-8, 11.

朱联辉, 李京京, 曹诚. 2018. 基因组大数据在生物安全中的应用[J]. 生物技术通讯, 29(1): 94-99.

祝士苓. 2008. 现阶段中国农民教育培训成就及存在的问题[J]. 世界农业, (8): 60-63.

James C. 2014. 2013 年全球生物技术/转基因作物商业化发展态势[J]. 中国生物工程杂志, 34(1): 1-8.

Altieri M A. 2010. Campesino a Campesino: Voices from Latin America's Farmer to Farmer Movement for Sustainable Agriculture - By Eric Holt-Gimenez[M]. New York: John Wiley & Sons, Ltd.

Alvarez A, Arias C. 2004. Technical efficiency and farm size: a conditional analysis[J]. Agricultural Economics, 30(3): 241-250.

Binswanger H P, Ruttan V W. 1978. Induced Innovation: Technology, Institutions, and Development[M]. Baltimore: Johns Hopkins University Press.

Bohlen P J, Lynch S, Shabman L, et al. 2009. Paying for environmental services from agricultural lands: an example from the northern Everglades[J]. Frontiers in Ecology and the Environment, 7(1): 46-55.

Brookes G, Barfoot P. 2016. Global income and production impacts of using GM crop technology 1996-2014[J]. GM Crops & Food, 7(1): 38-77.

Byerlee D. 1992. Technical change, productivity, and sustainability in irrigated cropping systems of South Asia: emerging issues in the post-green revolution Era[J]. Journal of International Development, 4(5): 477-496.

Costanza R, d'Arge R, de Groot R, et al. 1997. The value of the world's ecosystem services and natural capital[J]. Nature, 387(15): 253-260.

Cruz R V, Harasawa H, Lal M, et al. 2007. Asia climate change 2007: impacts, adaptation and vulnerability[M]. *In*: Parry M L, Canziani O F, Palutikof J P, et al. Contribution of Working Group II to the Fourth Assessment Report of the Intergovernmental Panel on Climate Change. New York: Cambridge University Press: 469-506.

Drmanac S, kita D, Labat I, et al. 1998. Accurate sequencing by hybridization for DNA diagnostics and individual genomics[J]. Nature Biotechnology, 16: 54-58.

Fischer K. 1996. Impact of IRRI on Rice Science and Production[A]. Paper presented at the International Conference on the Impact of Rice Research. Bangkok, Thailand: International Rice Research Institute.

Godwin R J, Wood G A, Taylor J C, et al. 2003. Precision Farming of cereal crops: a review of a six-year experiment to develop management guidelines[J]. Biosystems Engineering, 84(4): 357-391.

Grafton R Q, Williams J, Perry C J, et al. 2018. The paradox of irrigation efficiency[J]. Science, 361(6404): 748-750.

Griliches Z. 1957. Hybrid corn: an exploration in the economics of technological change[J]. Econometrica, 25(4): 501-522.

Hayami Y, Ruttan V W. 1971. Agricultural Development: An International Perspective[M]. Baltimore: Johns Hopkins Press.

He G, Liu T, Zhou M. 2020. Straw burning, PM2.5, and death: evidence from China[J]. Journal of Development Economics, 145: 102468.

He X, Zeng A, Liu Y, et al. 2011. Precision orchard sprayer based on automatically infrared target detecting and electrostatic spraying techniques[J]. International Journal of Agricultural and Biological Engineering, 4(1): 35-40.

Hinchee M A W, Conner-Ward D V, Newell C A. 1988. Production of transgenic soybean plants using *Agrobacterium*-mediated DNA transfer[J]. Nature Biotechnology, 8(6): 915-922.

Hou L, Chen X, Kuhn L, et al. 2019. The effectiveness of regulations and technologies on sustainable use of crop residue in Northeast China[J]. Energy Economics, 81: 519-527.

Huang J K, Hu R, Pray C, et al. 2003. Biotechnology as an alternative to chemical pesticides: a case study of Bt cotton in China[J]. Agricultural Economics, 29(1): 55-67.

Huang J K, Hu R, Rozelle S, et al. 2005. Insect-resistant GM rice in farmers' fields: assessing productivity and health effects in China[J]. Science, 308(5722): 688-690.

Huang J K, Rozelle S. 1996. Technological change: the re-discovery of the engine of productivity growth in China's rural economy[J]. Journal of Development Economics, (49): 337-369.

Huang Q, Liu M, Wan Q, et al. 2017. Preparation of polymeric silica composites through polydopamine-mediated surface initiated ATRP for highly efficient removal of environmental pollutants[J]. Materials Chemistry and Physics, 193: 501-511.

Huang, J, Yang G. 2017. Understanding recent challenges and new food policy in China[J]. Global Food Security, 12: 119-126.

Jat M L, Gathala M K, Ladha J K, et al. 2009. Evaluation of precision land leveling and double zero-till systems in the rice-wheat rotation: water use, productivity, profitability and soil physical properties[J]. Soil & Tillage Research, 105(1): 112-121.

Jia S R, Guo S D, An D C, et al. 2004. Transgenic Cotton[M]. Beijing: Science Press.

Jiao X, Mongol N, Zhang F. 2018. The transformation of agriculture in China: looking back and looking forward[J]. Journal of Integrative Agriculture, 17(4): 755-764.

Kamgr S, Singh S K, Singh A K, et al. 2017. Muzzle point pattern-based techniques for individual cattle identification[J]. IET Image Processing, 11(10): 805-814.

Kamisetti S, Shaligram A, Sadistap S. 2012. Smart electronic system for pond management in fresh water aquaculture[A]. 2012 IEEE Symposium on Industrial Electronics and Applications. Bandung, Indonesia: IEEE Industrial Electronics Society.

Kiley-Worthington M. 1981. Ecological Agriculture. What it is and how it works[J]. Agriculture and Environment, 6(4): 349-381.

Klümper W, Qaim M. 2014. A meta-analysis of the impacts of genetically modified crops[J]. PLoS One, 9(11): e111629.

Koohafkan P, Altieri M A. 2017. Forgotten Agricultural Heritage: Reconnecting Food Systems and Sustainable Development[M]. London and New York: Routledge.

Kumar S, Karfa P, Madhuri R, et al. 2018. Designing of fluorescent and magnetic imprinted polymer for rapid, selective and sensitive detection of imidacloprid via activators regenerated by the electron transferatom transfer radical polymerization (ARGET-ATRP) technique[J]. Journal of Physics and Chemistry of Solids, 116: 222-233.

LeCun Y, Bengio Y S, Hinton G. 2015. Deep learning[J]. Nature, 521(7553): 436.

Li D L, Hao Y F, Duan Y Q. 2020. Nonintrusive methods for biomass estimation in aquaculture with emphasis on fish: a review[J]. Reviews in Aquaculture, 12(3): 1390-1411.

Li L, Zhang Q, Huang D F. 2014. A review of imaging techniques for plant phenotyping[J]. Sensors, 14(11): 20078-20111.

Li N, Wang R M, Zhang J, et al. 2009. Developing a knowledge-based early warning system for fish disease / health via water quality management[J]. Expert Systems with Applications, 36(3): 6500-6511.

Liu J T, Bienvenido F, Yang X T, et al. 2022. Nonintrusive and automatic quantitative analysis methods for fish behaviour in aquaculture[J]. Aquaculture Research, 53(8): 2985-3000.

Liu Y S, Li Y H. 2017. Revitalize the world's countryside[J]. Nature, 548(7667): 275-277.

Monaghan J, Daccache A, Vickers L, et al. 2013. More 'crop per drop': constraints and opportunities for precision irrigation in European agriculture[J]. Journal of the Science of Food and Agriculture, 93(5): 977-980.

Paraforos D S, Sharipov G M, Griepentrog H W. 2019. ISO 11783-compatible industrial sensor and control systems and related research: a review[J]. Computers and Electronics in Agriculture, 163: 104863.

Qaim M, Kouser S. 2013. Genetically modified crops and food security[J]. PLoS One, 8: e64879.

Rhodes C A, Pierce D A, Mettler I J, et al. 1988. Genetically transformed maize plants from protoplasts[J]. Science, 240: 204-207.

Scherr S J, McNeely J A. 2008. Biodiversity conservation and agricultural sustainability: towards a new paradigm of 'ecoagriculture' landscapes[J]. Philosophical Transactions of the Royal Society of London Series B-Biological Sciences, 363(1491): 477-494.

Schmidhuber J, Tubiello F N. 2007. Global food security under climate change[J]. Proc Nat Acad Sci USA, 104: 19703-19708.

Schmookler J. 2013. Invention and Economic Growth[M]. Cambridge: Harvard University Press.

Sheng Y, Tian X, Qiao W, et al. 2019. Measuring agricultural total factor productivity in China: pattern and drivers over the period of 1978-2016[J]. Australian Journal of Agricultural and Resource Economics, 64(1): 82-103.

Tan G, Lehmann A, Teo Y M, et al. 2019. Methods and Applications for Modeling and Simulation of Complex Systems[M]. Singapore: Springer.

Vasil V, Srivastava V, Castillo A M, et al. 1993. Rapid production of transgenic wheat plants by direct bombardment of cultured immature embryos[J]. Bio/Technology, (11): 1153-1158.

Wang J X, Mendelsohn R, Dinar A, et al. 2010. How Chinese farmers change crop choice to adapt to climate change[J]? Climate Change Economics, 1(3): 167-185.

Wang J X, Zhu Y Y, Sun T H, et al. 2019a. Forty years of irrigation development and reform in China[J]. Australian Journal of Agricultural and Resource Economics, 64(1): 1-24.

Wang S L, Huang J, Wang X, et al. 2019b. Are China's regional agricultural productivities converging: How and Why[J]? Food Policy, 86: 1-12.

Wang S L, Tuan F, Gale F, et al. 2013. China's regional agricultural productivity growth in 1985-2007: a multilateral comparison[J]. Agricultural Economics, 44(2): 241-251.

Xu M J, Wu Y H. 2009. Fish diseases diagnosis based on rough set and neural network[J]. Computer Engineering and Design, 30(7): 1738-1741.

Yang L, Liu M C, Min Q W, et al. 2018. Specialization or diversification? The situation and transition of households' livelihood in agricultural heritage systems[J]. International Journal of Agricultural

Sustainability, 16(6): 455-471.

Yang L, Liu M C, Yang X, et al. 2022. A review of the contemporary eco-agricultural technologies in China[J]. Journal of Resources and Ecology, 13(3): 511-517.

Yang X T, Zhang S, Liu J T, et al. 2021. Deep learning for smart fish farming: applications, opportunities and challenges[J]. Reviews in Aquaculture, 13(1): 66-90.

Zhang P X, Wang Y F, Chachar S, et al. 2020. eRice: a refined epigenomic platform for Japonica and Indica rice[J]. Plant Biotechnology Journal, 18(8): 1642-1644.

Zhou C, Xu D M, Lin K, et al. 2018. Intelligent feeding control methods in aquaculture with an emphasis on fish: a review[J]. Reviews in Aquaculture, 10(4): 975-993.

Zion B. 2012. The use of computer vision technologies in aquaculture: a review[J]. Computers and Electronics in Agriculture, 88: 125-132.